免费停车的高昂代价
（下册）

The High Cost of Free Parking (Volume II)

〔美〕唐纳德·舒普(Donald Shoup)　著

冯苏苇　译

科学出版社

北　京

图字：01-2018-0154 号

内 容 简 介

　　一个世纪以来，机动车导向的公共政策给西方社会带来很多负面影响。美国城市为建筑物设定了停车位最低数量标准，并规定所有新建筑必须为免费停车的高峰需求提供充足的停车位。本书质疑了这样的规定，认为提供免费停车会产生很多显而易见的成本，包括抬高房价，对汽车的不合理补贴，扭曲出行方式，城市蔓延，社会隔离和环境损害等。免费或低价的停车政策还导致汽车为寻找停车位而巡游，产生更多的车辆行驶里程。本书提供了一些可行的解决方案：收取公平的停车市场价格，废除停车位最低数量标准，将停车收入返还社区，改善社区的公共服务，来缓解推行过程中可能遭遇的政治障碍。

　　本书读者为城市规划与管理、交通运输等相关专业的研究者、管理者以及学生。

图书在版编目（CIP）数据

　　免费停车的高昂代价：全 2 册/（美）唐纳德·舒普（Donald Shoup）著；冯苏苇译. —北京：科学出版社，2024.3
　　书名原文：The High Cost of Free Parking
　　ISBN 978-7-03-074857-7

　　Ⅰ.①免… Ⅱ.①唐… ②冯… Ⅲ.①城市–存车–研究–美国
Ⅳ.①U491.7

　　中国国家版本馆 CIP 数据核字(2023)第 027656 号

责任编辑：王丽平　孙翠勤 / 责任校对：彭珍珍
责任印制：赵　博 / 封面设计：无极书装

斜 学 出 版 社 出版
北京东黄城根北街 16 号
邮政编码：100717
http://www.sciencep.com

北京富资园科技发展有限公司印刷
科学出版社发行　各地新华书店经销
*
2024 年 3 月第 一 版　　开本：720×1000　1/16
2024 年 8 月第二次印刷　　印张：47 3/4
字数：970 000
定价：**288.00 元**（全 2 册）
（如有印装质量问题，我社负责调换）

目　录

第 III 部分　路边停车提现

第 IV 部分　结论

表 格 目 录

图 目 录

第 14 章　巡游在加州

只要你深入观察，一切都很有趣。

——理查德·费曼[①]

巡游停车在洛杉矶的生活中扮演着重要的角色，记者经常对此发表评论。例如，《洛杉矶时报》描述了梅尔罗斯大道上巡游的情景——这是一个在城市出台路外停车标准之前修建的热门购物区：

> 大多数购物者必须在大街上争夺有限的一小时收费车位，或者在拥挤的小路上争夺免费车位。街道上下搜索一番，周围也一位难求，结果令人沮丧。[1]

一位好莱坞编剧在接受《洛杉矶时报》采访时，提到即使财富状况突然好转，他仍继续巡游：

> 我们要去见一位导演，花了 20 分钟找一个路边停车位，而不是把车交给代客泊车……后来我意识到，现在我们可以负担得起泊车服务了。我们正在和一部价值 3,000 万美元电影的导演见面，而我们还是想把钱投进计价器。[2]

许多商店和专业办公室会预约路外停车位，这样顾客就不必搜索路边停车位。看看这个故事，一个作家在去贝弗利山整形外科的路上，那里想得到停车许可似乎是神的干预：

> 开车走在威尔夏大道上，我意识到我没有资格去看整容医生……我是爱尔兰天主教徒——我们应该咬紧牙关，把痛苦奉献给炼狱中的可怜灵魂，而不是拼命追随一些医学上的所多玛和蛾摩拉，在那里，脸部磨皮，乳房填充，肉毒杆菌认为是灵丹妙药。当我决定掉头的时候，车已经到了那里，当发现医生为我预留车位时，好吧，我把它当成了上帝的旨意。[3]

---

① 理查德·菲利普斯·费曼 (Richard Phillips Feynman, 1918~1988)，美籍犹太裔物理学家，加州理工学院物理学教授，1965 年诺贝尔物理学奖得主。他被认为是爱因斯坦之后最睿智的理论物理学家，也是第一位提出纳米概念的人。(译者注)

如果你不愿意路边停车位付费，而又没有预约停车位，你就会被判处进入巡游找车位的炼狱。

第 13 章的模型表明，路边停车价格过低会产生巡游的激励。为了验证这一结论，我和研究助理们利用英国道路研究实验室①测量伦敦搜索时间的停车-访问法②（见第 12 章），在洛杉矶搜索停车位。我们在韦斯特伍德村的四个地点进行了 240 次观察，韦斯特伍德村③是加州大学洛杉矶分校校园附近一个 15 个街区的商业区，找到路边车位的平均时间是 3.3 分钟。虽然每个司机花在巡游上的时间并不太多，因为许多司机每天都在韦斯特伍德村停车，但加总起来就很多了。在一年时间里，韦斯特伍德村的停车巡游产生的车辆出行里程足以绕地球旅行 38 次。

韦斯特伍德村的停车–访问测试

韦斯特伍德村是一个商业社区，北面和西面与加州大学洛杉矶分校接壤，南面和东面与设有停车许可区的住宅区接壤（见图 14-1）。韦斯特伍德村在 20 世纪 20 年代和 30 年代发展起来，尽管这些年来它失去了一些原始的地中海魅力和风格上的一致性，但也增加了许多电影院、办公室、商店和餐馆。大多数建筑是两到三层，但沿着其南部边界的威尔夏大道都是高层办公楼。1984 年进行停车-访问测试时，该村的 20 个地面停车场和停车库共有 470 个计费路边停车位和约 3,400 个路外停车位。因此，路边停车位占总停车供应量的 14%。虽然路边停车位在高峰时段被完全占用，但路外停车位始终可用。随后，洛杉矶交通局于 1994 年委托进行了一项停车研究，发现韦斯特伍德村在高峰时段（下午 2 点）有 1,200 个路外停车位（占总数的 35%）空置。4

在 1984 年研究期间，路边停车的收费价格为每小时 50 美分，从星期一到星期六上午 8 点到下午 6 点，有一小时的时间限制，下午 6 点以后免费停车，没有时间限制。相比之下，大多数路外停车位的价格白天是每小时 1 美元，晚上是每小时 2 或 3 美元。因此，在晚上巡游的动机更强烈：白天在路边停车而不是在路外停车，每小时可节省 50 美分，但在晚上任何时间都可节省 2 到 3 美元。5

第 13 章的巡游模型表明，当路边停车位变成免费时，搜索时间在下午 6 点之后应该会更长。为了验证这一结论，我和研究助理们在工作日下午 4 点到 8 点之间，在四个不同的地点巡游寻找路边停车位。我们每小时访问每个地点 10 次，共进行 160 次观察。每次我们开车到某个地点，然后在街区里转圈，直到找到一

---

　　① 原文为 Britain's Road Research Laboratory。（译者注）

　　② 原文为 park-and-visit。（译者注）

　　③ 原文为 Westwood Village，直译为韦斯特伍德村，当地俗称西木村，它是环绕加州大学洛杉矶分校的商业社区。（译者注）

个路边停车位。[6] 因为所有路边车位几乎都被占用，所以我们到了之后很少发现有空车位。相反，我们通常会一直寻找，直到发现一辆停在路边的车即将腾出车位，然后等待它离开。

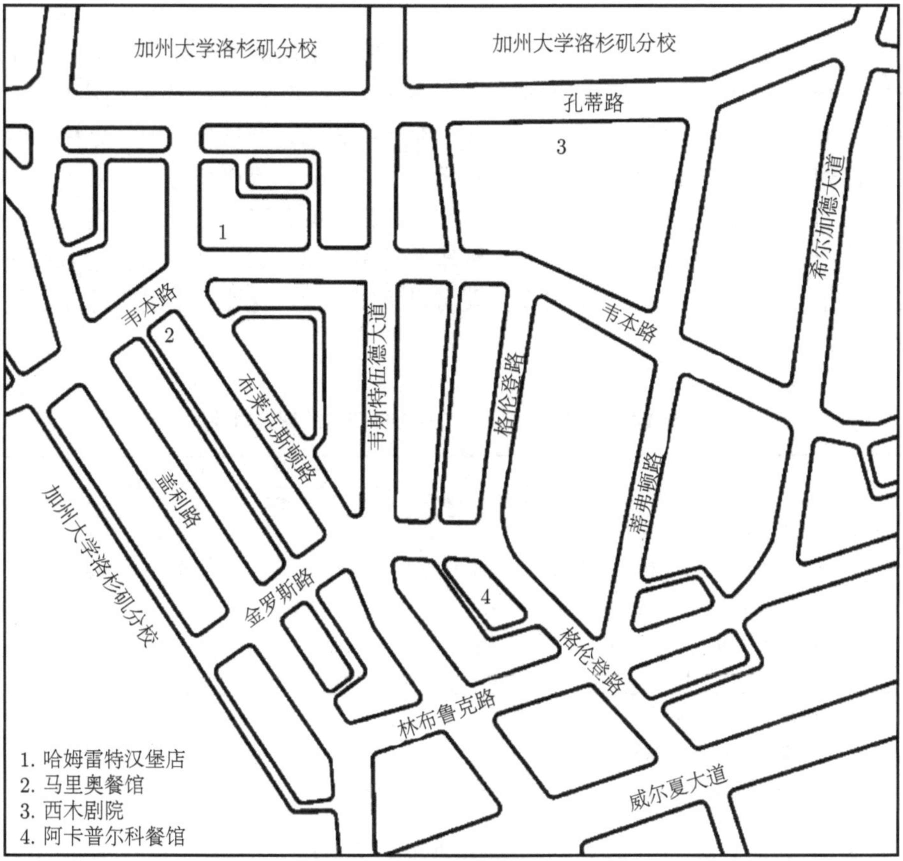

图 14-1　韦斯特伍德村

大多数正在寻找停车位的司机都尽量避免跟随在其他似乎在巡游的汽车后面，以便最大限度地增加首先找到空位的机会。因此，使用汽车测量巡游时间的过程可能会影响正在研究的停车行为。[7] 为了避免这一潜在的缺陷，也为了积累一些经验，我们决定通过骑自行车来模仿汽车寻找停车位，以此进行大部分观察。因为骑行者不会影响巡游者的停车决定，所以使用自行车可能会提高停车-访问测试的准确性。[8] 此外，在韦斯特伍德村，由于每个十字路口都有停车标志或交通灯，汽车平均巡游速度只有每小时 8 到 10 英里，因此骑行者很容易跟上车辆的行驶速度。在测试中，每辆自行车都配备一个测量行驶时间、行驶距离和平均速度的测速仪。我们会注意模仿汽车司机在交通中行驶或等待启动的行为，所以骑自行车的搜索时间应该与开车时间非常接近。

便宜的路边停车带来更多巡游

表 14-1 显示工作日下午 4 点到 8 点期间停车-访问测试结果。在 4 点到 5 点之间，找到一个停车位的平均搜索时间是 6.2 分钟。5 点到 6 点之间增加到 7.8 分钟，6 点到 7 点之间增加到 9.4 分钟，7 点到 8 点之间增加到 9.7 分钟。四个地点的搜索时间差别不大，但在所有情况下，当下午 6 点停车免费之后搜索时间都急剧增加。[9] 此外，下午 5 点到 6 点之间比下午 4 点到 5 点之间的搜索时间要长。这或许可以解释为，在下午 5 点停车的司机可以为第一个小时支付 50 美分，而在下午 6 点之后，只要他们喜欢，就可以免费停留，这比晚上的路外停车便宜得多。

表 14-1   韦斯特伍德村路边停车位的搜索时间

时段	路边停车价格	搜索时间 (分钟)				
		阿卡普尔科餐馆	哈姆雷特汉堡店	马里奥餐馆	西木剧院	平均
下午 4 点 ~ 下午 5 点	$0.50	6.6	5.7	5.4	7.2	6.2
下午 5 点 ~ 下午 6 点	$0.50	7.6	6.8	7.6	9.0	7.8
下午 6 点 ~ 下午 7 点	$0.00	8.7	9.8	8.5	10.6	9.4
下午 7 点 ~ 下午 8 点	$0.00	8.3	9.2	10.0	11.1	9.7
平均		7.8	7.9	7.9	9.5	8.3

注：巡游时间为每个场所每小时 10 个观测值的平均值。

下午 6 点前，路边车位价格为每小时 50 美分，6 点以后免费。

下午 6 点前，路外车位价格为每小时 1 美元，6 点以后为每次 2 美元。

下午 6 点之后 (当路边停车变为免费时) 平均搜索时间比 4 点到 6 点之间 (价格为每小时 50 美分时) 长 36%。由于路边停车位的限制时间发生了变化，晚上搜索时间的增加并不能单独反映价格的影响。出行的目的和特征 (包括停车时间) 可能在白天和晚上也有所不同。[10] 然而，有一个结论是明确的：由于路边停车在下午 6 点之后是免费的，司机们发现花 9 分钟以上的时间寻找路边停车位还是值得的。

如前所述，这四个地点的搜索时间是相似的，可能是因为它们彼此靠近。在阿卡普尔科餐馆、哈姆雷特汉堡店和马里奥餐馆，搜索时间几乎相同，而在西木剧院①的时间仅高出 17%(见表格最后一行)。[11] 解释这种相似性的一个假设是司

---

① 这四个地点的英文依次为 Acapulco Restaurant、Hamburger Hamlet、Mario's Restaurant 和 Westwood Playhouse。(译者注)

机可能会迁移到搜索时间较短的街区，直到相邻街区的搜索时间变得相似。[12] 虽然司机们不知道在某个街区找到路边停车位要花多长时间，但会避免跟随另一位似乎也在寻找路边车位的司机，这种自然倾向应该会把巡游者均匀分散在附近街区中。

为了估计一天剩下时间里的情况，我们在上午 8 点至下午 4 点之间进行了额外的观察。由于下午 4 点到晚上 8 点之间平均搜索时间在不同街区变化很小，所以我们只在哈姆雷特汉堡店进行了额外的测试，那里下午 4 点到 8 点之间的平均搜索时间与所有四个地点最接近。同样，我们每小时对这个地点进行 10 次访问，共进行 80 次观察 (表 14-2)。[13]

表 14-2　韦斯特伍德村一天内的巡游

时段	平均搜索时间 (分钟)	每咪表周转率 (车)	每咪表搜索时间 (分钟)	总搜索时间 (小时)	每次停车巡游距离 (VMT)	每咪表巡游距离 (VMT)	总巡游距离 (VMT)
(1)	(2)[1]	(3)[2]	(4)[3]	(5)[4]	(6)[5]	(7)[6]	(8)[7]
上午 8 点至 9 点	0.0	1.9	0.0	0	0.0	0.0	0
上午 9 点至 10 点	0.0	2.3	0.0	0	0.0	0.0	0
上午 10 点至 11 点	0.9	1.2	1.1	8	0.2	0.2	113
上午 11 点至中午 12 点	2.0	2.1	4.2	33	0.3	0.6	296
中午 12 点至下午 1 点	4.4	1.5	6.6	52	0.6	0.9	423
下午 1 点至 2 点	3.5	1.8	6.3	49	0.4	07	338
下午 2 点至 3 点	4.1	1.4	5.7	45	0.5	0.7	329
下午 3 点至 4 点	3.4	1.0	3.4	27	0.5	0.5	235
下午 4 点至 5 点	6.2	1.2	7.4	58	0.9	1.1	508
下午 5 点至 6 点	7.7	1.3	10.0	78	1.2	1.6	733
下午 6 点至 7 点	9.4	0.3	2.8	22	1.4	0.4	197
下午 7 点至 8 点	9.7	0.7	6.8	53	1.4	1.0	461
平均	3.3	1.4	4.5	35	0.5	0.6	303
总计	—	17	54	426	—	7.7	3,633

注:

1. 第 2 列，上午 8 点到下午 4 点的搜索时间为每小时内 10 个观测值的均值；下午 4 点到下午 8 点的搜索时间为表 14-1 中 40 个观测值的均值。

2. 第 3 列，车位周转率是通过对布莱克斯顿和韦斯特伍德之间的韦本路①所有咪表的连续观察得出的。

3. 第 4 列 =(第 2 列)×(第 3 列)。

4. 第 5 列 =(第 4 列)× (470 个咪表)/(60 分钟)。

5. 第 6 列是读取自汽车里程表的平均巡游距离。

6. 第 7 列 =(第 3 列)×(第 6 列)。

7. 第 8 列 =(第 7 列)×(470 个咪表)。

---

① 原文为 Weyburn between Broxton and Westwood。(译者注)

表中第二列显示从上午 8 点到晚上 8 点每小时的平均搜索时间。在上午 10 点之前，大多数商店开门营业，而在此之前很多路边停车位是空的，搜索时间为零。上午 10 点之后，空车位数量减少，搜索时间也相应增加，并在晚上达到顶峰。如最后一行所示，对所有小时进行平均后，找到停车位所需的时间是 3.3 分钟。[14] 这些结果表明，平均巡游时间不仅仅取决于路边和路外停车位之间的价格差异。因为路边停车的时间限制是一小时，所以白天短期停车的需求变动也会影响到巡游时间，就像下午 6 点以后咪表时间限制结束同样会对巡游时间有影响。

巡游一整年

如果每位司机平均花 3.3 分钟寻找停车位，那么一天内所有司机的巡游总时间是多少？为了回答这个问题，我们首先测量了每个停车位的周转率 (白天平均每只咪表的停车数量)。为了抽样调查这一比率，我们在工作日上午 8 点到晚上 8 点之间，连续观察韦本路①上一个街区 (哈姆雷特汉堡店所在地) 的所有停车位，记录停在该街区的每辆车的到达和离开时间 (第 3 列)。如第 3 列最后一行所示，每天上午 8 点到晚上 8 点，平均每个路边停车位停放 17 辆车。在一天中，每个停车位的总搜索时间是每次搜索的平均时间乘以停车周转率 (第 4 列 = 第 2 列 × 第 3 列)。根据这一计算，第 4 列最后一行显示，在上午 8 点到晚上 8 点之间，每个路边停车位产生了大约 54 分钟的车辆巡游时间。

所有咪表停车位的巡游总时间，也就等于每个停车位的平均时间乘以韦斯特伍德村 470 个咪表停车位。[15] 例如，从中午到下午 1 点，每个停车位的搜索时间为 6.6 分钟，因此，这段时间内司机们总共花了 52 个车辆小时②巡游停车 (6.6 分钟 × 470 个车位 ÷60 分钟)。第 5 列最后两行显示，每小时平均花 35 个车辆小时巡游停车，所有司机加起来，每天总共花 426 个车辆小时。

两次往返月球的出行

有一种方法可以直观反映出一个小时内平均 35 个车辆小时的巡游时间，那就是想象所有巡游车辆都涂成亮黄色。从空中俯瞰韦斯特伍德村，可以看到 35 辆亮黄色的汽车混杂在车流中。有些车找到了路边的车位，但随着这些车辆停入车位，新来的汽车出现了，在 "未停车后备军"③中占据一席之地。因为韦斯特伍德村包括 15 个街区，35 辆巡游车相当于每个街区有两辆汽车不停地打转。另一种思考 35 辆巡游车的方法是将其与村里 470 个路边车位进行比较：每 100 个路停

---

① 原文为 Weyburn Avenue。(译者注)

② 原文为 vehicle-hours。(译者注)

③ 原文为 reserve army of the unparked。(译者注)

车位就有 7 辆车在寻找停车位；也就是说，有 107 辆车想停在 100 个路边车位上，所以 7 辆车必须在车流中"等待"。

这种巡游产生数量惊人的过剩车辆出行。为了估计数量的大小，我们用里程表读数衡量平均巡游距离，变化范围从早上 8 点到上午 10 点之间的零英里，到下午 6 点到晚上 8 点之间的 1.4 英里 (第 6 列)。白天的平均巡游距离为 0.5 英里。[16] 我们可以使用该距离来估计每个路边车位产生的过剩车辆行驶里程数 (VMT)。例如，在中午到下午 1 点之间，每位司机在停车之前巡游了 0.6 英里 (第 6 列)，周转率为每个车位 1.5 辆车 (第 3 列)，因此司机们在这一小时内总共巡游了 0.9 英里/车位 (第 7 列)。每个车位的巡游距离从上午 8 点至 10 点之间的零英里，变化到下午 5 点至 6 点之间的 1.6 英里不等，每个车位每天产生 7.7 VMT 的巡游距离。韦斯特伍德村共有 470 个咪表停车位，因此每天巡游停车总共产生 3,600 VMT。在下午 5 点到 6 点之间的一小时内，巡游贡献了白天总巡游时间的 20%(733 ÷ 3,633)，这可能是因为从那个时间起任何停车的人都可以整晚占据车位 (咪表在下午 6 点以后停止工作)。[17] 因此，交通最拥挤的高峰时间也是巡游的高发期。

有了这些数据，我们现在可以仔细琢磨韦斯特伍德村的巡游了。每天，这 15 个街区内巡游车辆行驶的距离比横跨美国的距离还要远。[18] 一年多来，它们的巡游产生了 945,000 过剩的 VMT——相当于 38 次环绕地球或两次往返月球。[19] 当我们考虑到巡游中汽车的低速和燃油效率时，明显的时间和燃料浪费更是令人震惊。司机在每个十字路口遇到停车标志或交通灯时，通常要等待行人过马路，并且当路边车位被腾空时，司机可能不得不在车流中等待，因此，平均巡游速度只有每小时 8 到 10 英里。如果我们乐观地估计司机平均每加仑汽油行驶 20 英里，巡游每年行驶 945,000 英里就浪费了约 10 万小时 (11 年) 驾驶时间，消耗了 47,000 加仑汽油，产生了 730 吨二氧化碳排放量。[20] 因此，韦斯特伍德村停车巡游所消耗的汽油足以为 44 个美国普通家庭的汽车提供全年出行 (包括巡游) 燃料。[21] 难怪每个人都认为韦斯特伍德村存在停车问题！

简单的测算

每年两次往返月球？在一个小商业区？尽管这似乎难以置信，但简单的计算表明，在任何城市的类似区域，路边停车巡游很容易造成如此之多的过剩汽车行驶里程。结果仅取决于四个变量：

1. 在路边停车之前的巡游时间
2. 路边停车位的周转率
3. 平均巡游速度
4. 路边停车位的数量

为了简化计算，假设司机在找到路边停车位之前巡游三分钟，停车位周转率为每天每个车位 10 辆车，司机以每小时 10 英里速度巡游，该区域有 500 个路边停车位。我们可以通过四个步骤估算每年巡游 VMT 总量：

1. 每天在路边车位停车 10 次，每次巡游 3 个车辆分钟[①]，每个路边车位每天可产生 30 个车辆分钟的出行时间。

2. 以每小时 10 英里速度巡游 30 分钟，每天每个车位可以产生 5 VMT。

3. 一年 365 天每天巡游 5 VMT，每年每个路边车位产生 1,825 VMT。

4. 500 个停车位每年每个车位巡游 1,825 VMT，每年产生 912,500 VMT。

可见，采用 4 个符合现实的假设和 4 个简单的乘法，可计算出每年巡游将产生 912,500 VMT。因此，每年在韦斯特伍德村巡游的估计量为 945,000 VMT，只有通过实地考察和仔细计算才能证明这是常识。[22] 正如约吉·贝拉所说，窥一斑而见全豹[②]。这里对韦斯特伍德村的精确估计并不是重点。重要的一点是，停车巡游会使车辆行程极大地膨胀。如果每年一个路边停车位产生 1,825 VMT 的巡游量，那么 14 个路边停车位的巡游量相当于绕地球一圈的距离。[23] 收取合适的路边停车费，可以消除所有这些巡游行为。

在普通街区巡游

这些惊人的数字提出一个明显的问题——韦斯特伍德村是典型的吗？事实证明，韦斯特伍德村的路边停车供应似乎处于商业区的平均水平。一项对俄勒冈州波特兰市所有非住宅区路边停车位的研究发现，该街区平均长度为 253 英尺，每 100 延尺路边上有 3.3 个停车位。按照这个比例，平均每个街区每侧有 8 个路边停车位，周长上总共有 32 个停车位。[24] 这接近于韦斯特伍德村每个街区 31.3 个路边停车位的平均值 (470 个路边停车位 ÷ 15 个街区)。

由于韦斯特伍德村一个街区路边停车位的大小和数量似乎接近标准，我们可以利用韦斯特伍德村收集的数据，估计一个平均 253 英尺长、每侧有 8 个路边停车位的普通商业街区周围巡游的效果。在图 14-2 上半部分，路边停车的价格过低，所有车位都被占用，两辆车在街区周围寻找车位 (白天每个街区周围巡游的平均数量)。在找到路边车位之前，司机平均巡游 0.5 英里 (见表 14-2 第 5 列倒数第二行)。[25] 由于每侧 253 英尺长的街区周长为 0.2 英里，所以司机在停车前平均绕街区 2.5 圈 (0.5÷0.2)。每个路边车位每小时产生 0.6 VMT 的巡游 (第 7 列)，因此该街区周围 32 个停车位平均每小时产生 20 VMT，每天产生 240 VMT，每年产生 62,000 VMT。[26] 如果巡游在每个街区周围每小时产生 20 VMT，并且每一圈均为 0.2 英里，那么巡游本身就会在街区周围制造出每小时 100 辆车的交通流量。[27]

---

① 原文为 vehicle-minutes。(译者注)

② 原文为 you can sometimes see a lot just by looking。(译者注)

每位司机巡游的短距离很快就会累积起来，因为每个停车位每天的周转率是 17 辆车。韦斯特伍德村共有 470 个咪表停车位，每天有 7,990 辆车停在路边 (17×470)，每年则有 200 万辆车停在路边。因为那么多的车停在路边，每个司机产生一个小的巡游距离就制造出惊人的交通量。虽然平均每位司机在停车前只绕街区转了 2.5 圈，但巡游累积起来，每年产生了 94,5000 VMT。

相比之下，图 14-2 下半部分描述了另外一种情形，如果路边停车位的价格设置得足够高，每 8 个停车位产生一个空位 (空置率为 12.5%)，那么会发生什么。因为司机们可以在任何想停之处找到一个空车位，或者他们可以把车停在路外停车场，价格与之相当，因而搜索时间为零，所以他们没有激励去巡游。现在想象

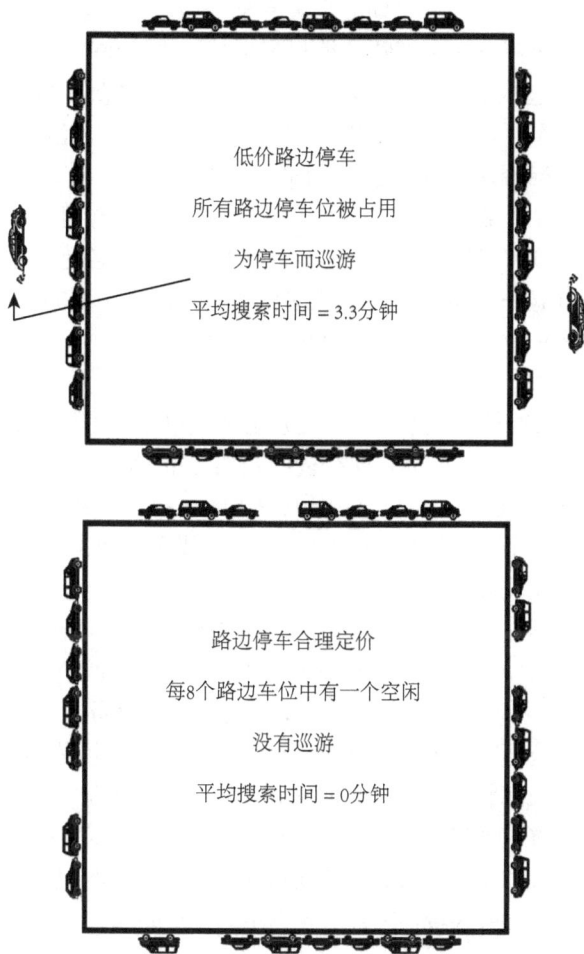

低价路边停车

所有路边停车位被占用

为停车而巡游

平均搜索时间 = 3.3 分钟

路边停车合理定价

每 8 个路边车位中有一个空闲

没有巡游

平均搜索时间 = 0 分钟

图 14-2　路边停车价格和巡游

一下，路边停车的价格随着停车需求而变化，使韦斯特伍德村大约每 8 个停车位中就有一个车位保持全天空置。每年需求响应定价策略可减少 945,000 VMT 的停车巡游量。价格过低的路边停车造成惊人的交通量，而市场定价的路边停车可以消除它。

更多的巡游

据估计，每年在韦斯特伍德村巡游的 VMT 接近一百万，这一数字似乎很高，但它只涵盖工作日每天从早上 8 点到晚上 8 点。额外的巡游数量相当可观，发生在晚上 8 点之后，因为所有路边停车位在晚上 10 点之后都被完全占用，并且每当一辆车在这段时间内腾出路边车位时，第一个看到车位的司机几乎总是选择停进去。路边停车位在星期六和星期天也被完全占用，所以额外的巡游会在那时发生。因此，每年巡游停车在韦斯特伍德村产生超过 945,000 VMT。

这一估计还不包括那些先寻找路边车位、然后把车停在路外停车场的司机。他们没能找到路边车位，但还是会造成交通堵塞。有时，巡游者经过路外停车场时减速，抬头看看标价，在省钱还是省时之间左右为难。为了调查路外停车者是否首先搜索路边车位，我们调查了 1984 年 11 月某个工作日上午 10 点到晚上 8 点之间在布罗克斯顿路①路外停车场停车的司机。在 150 名受访者中，51％的人表示他们停车得到过验证减免费用。在那些付费停车的人中，35％的人说他们在停车前先找过路边停车位。因此，在路外停车场付费的司机中，有 17％的司机为了在路边停车曾巡游过 (49％×35％)。这些司机由于没能找到咪表停车位，最终放弃了，并将车停在了路外，因此他们的巡游距离不包括在每年 945,000 VMT 的估算中 (这是实际找到路边停车位之前行驶的距离)。正如第 11 章所述，在纽黑文和沃特伯里中心商务区 (CBD)②中，有相似比例 (18％) 的人在路外停车之前就已经搜索过路边停车位，而且他们的巡游距离是那些找到路边停车位的人的两倍。因此，排除那些先试图在路边停车、然后又停在路外停车场的人所行驶的距离，将导致韦斯特伍德村路边停车的 VMT 巡游总量被低估。

最后，一些没有找到路边停车位的司机只得放弃离开了。我不知道这种情况有多普遍，但有人告诉我，有几次他们开车在村子里四处寻找路边停车位，结果找不到，只得怏怏地离开了 (显然，花钱把车停在路外停车场是不可能的)。基于这三个原因，韦斯特伍德村每年 945,000 VMT 的巡游总量是一个非常保守的估计。

巡游是一种奇怪的车辆出行方式，因为它只增加了 VMT，而没有增加新的车辆数量或出行次数——停在路边的车辆数量也不会增加，也不会产生实际的出行，因为车辆只是绕着街区转，什么地方也不去。正如约吉·贝拉所说的那样，没

---

① 原文为 Broxton Avenue。(译者注)

② 原文为 New Haven and Waterbury Central Business Districts。(译者注)

有人再去那里，因为那里太拥挤了，如果潜在的游客也这样认为，那么巡游甚至可以减少前往拥挤地区的出行。所有过剩 VMT 指的是在司机到达韦斯特伍德村之后，为搜索路边停车位而行驶的路程。巡游造成的拥挤印象会让游客望而却步，如果无需巡游就能找到一个车位，他们会愿意为路边停车付费，因此限制了便宜的路边停车可能招揽到的商业客流量。价格过低的路边停车造成了一种错误的拥挤——车太多，顾客太少。

巡游占交通多大比重？

由于无法得知司机的动机，我们不知道路上哪些行驶的车辆是为停车而巡游。然而，一些研究人员试图估计搜索停车位车辆占交通流量的比例。最早的一项研究 (1927 年) 估计，在底特律市中心行驶的汽车中，有 19% 到 34% 在为路边停车而巡游。对其他城市的后续研究估计，8% 到 74% 的交通流量是为了停车而巡游 (表 11-4)。

那么，在韦斯特伍德村的交通流量中，巡游所占的比例是多少呢？当所有的路边停车位都被占用、没有人可以不搜索就找到车位时，一辆停进新腾出车位里的汽车可能在巡游，而一辆驶过空置车位的汽车可能不在巡游。这样，一个空的路边车位可以作为交通中的"样本"，显示出接近该车位的汽车是否巡游。假设交通中有一半的汽车在巡游，而另一半不在巡游。可以预期，当一个咪表停车位空置时，第一辆接近它的汽车停车的概率是 50%。同样，如果 30% 的汽车在巡游，那么第一辆接近空位的车停入的概率是 30%。根据这个推理，第一辆接近新空出车位的车停在里面的情形显示了正在巡游的车辆占交通流的比例。

为了估计韦斯特伍德村一条街道上有多少交通流量在巡游，我们观察路边停车位占用率的大小，以及第一辆接近新腾出车位的车辆是否停入其中。[28] 表 14-3 显示了在工作日上午 8 点到晚上 8 点之间，布罗克斯顿路[①]和韦斯特伍德大道[②]之间的韦本路 (表 14-2 测得的搜索时间所对应的街区) 上所有路边停车位的结果。韦本路是一条东西向的集散道路，宽 55 英尺，每个方向上有两条车道，每个路边各有一个停车道。在上午 10 点之前停车没有问题，那时的占用率在 70% 左右，搜索时间为零。但是，当上午 11 点后占用率接近 100% 时，平均搜索时间迅速增加 (第 3 列和第 4 列)。

如果大多数沿街行驶的汽车都在巡游，那么大部分路边空位应该由第一批接近它们的车辆占用，而且这种情况通常发生在上午 11 点以后的韦本路。当一辆车离开路边并留下空位时，第一辆接近它的车通常会停进去。例如下午 7 点到晚上 8 点之间，在第一批接近空位的汽车中有 94% 停在其上，这表明当时 94% 的

---

① 原文为 Broxton Avenue。(译者注)

② 原文为 Westwood Boulevard。(译者注)

车辆都在停车巡游 (第 5 列)。虽然似乎很难相信大多数司机在路上寻找停车位，但我收集数据的亲身经历证实了这一点。到了晚上，路边停车位免费开放，而且没有时间限制，如果有人把钥匙插进停在路边的车门里，就可以阻碍交通，因为第一个见此情景的司机通常在等待车位时会堵住一条车道。

表 14-3　路边停车位占用率、搜索时间及交通流中巡游所占的比例

时段	路边停车价格 ($/小时)	路边车位占用率	每次停车搜索时间 (分钟)	巡游占交通的比例
(1)	(2)	(3)	(4)	(5)
上午 8 点至上午 9 点	$0.00	68%	0.0	20%
上午 9 点至上午 10 点	$0.00	72%	0.0	13%
上午 10 点至上午 11 点	$0.50	91%	0.9	39%
上午 11 点至中午 12 点	$0.50	97%	2.0	66%
中午 12 点至下午 1 点	$0.50	98%	4.4	90%
下午 1 点至下午 2 点	$0.50	99%	3.5	96%
下午 2 点至下午 3 点	$0.50	98%	4.1	56%
下午 3 点至下午 4 点	$0.50	99%	3.4	71%
下午 4 点至下午 5 点	$0.50	99%	6.2	87%
下午 5 点至下午 6 点	$0.50	100%	7.7	91%
下午 6 点至下午 7 点	$0.00	100%	9.4	92%
下午 7 点至下午 8 点	$0.00	100%	9.7	94%
平均		93%	3.3	68%

注：第 4 列摘自表 14-2 中第 2 列。
第 3 列和第 5 列来自韦本路的实地观测。

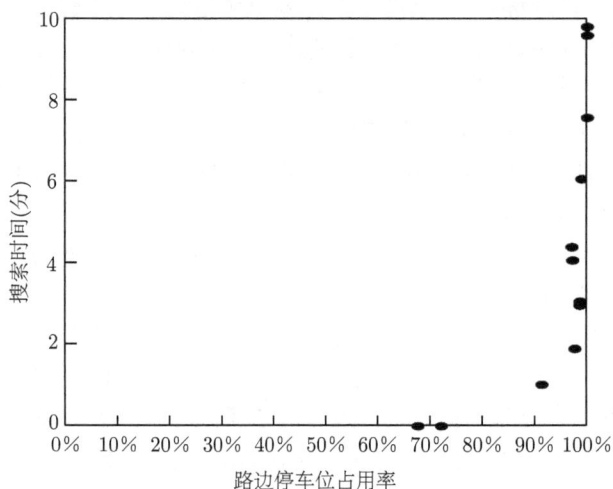

第 5 栏中的百分比高估了占用率低于 85% 时巡游在交通中的比例，因为超过

15％的路边车位空置时，就没有理由去巡游。第一个看到空位的司机可能刚刚到达目的地。[29] 但是路边车位的占用率在一天大部分时间里都超过 90％，而且第一个看到空车位的司机停进去的比例很高，表明大多数汽车都是为了路边停车而巡游。平均来说，一整天，韦本路有三分之二的汽车都在停车巡游。[30]

路边车位的占用率也会影响找到空位所需的时间。表 14-3 底部的图 (见 314 页) 显示路边车位占用率 (第 3 列) 和平均搜索时间 (第 4 列) 之间的关系。当占用率低于 90％时，每辆新到达的车辆都会增加占用率。但当占用率上升到 90％以上时，每辆新到达的车都会增加寻找车位的时间。当所有路边车位都被占用时，停车需求的上升会增加平均搜索时间，但不会增加路边停车的数量。

高占用率和长搜索时间并不少见。例如，当 Aaron Adiv 和 Wenzhi Wang(1987) 研究密歇根州安阿伯的路边停车时，他们发现高峰时段占用率为 99.5％，许多汽车都在巡游：

> 占用率，即占用的停车位小时数[①]/可用的停车位小时数，全天主要街道平均为 93.0％，高峰期校园周围为 99.5％。即使是非高峰时段，平均也有近 80％。实际上街道上的咪表一直在使用。看来供不应求。调查者观察到……许多车辆继续为了路内停车而巡游。[31]

类似地，在韦斯特伍德村，当路边停车位占用率接近 100％时，搜索时间和巡游在交通中的比例都急剧增加。

巡游的副作用

路边停车价格过低是交通拥堵一个潜在的根源。巡游在交通中的比例取决于巡游车和出行者的数量。出行者和巡游者混合在同一个交通流中，但他们的出行目标完全不同。出行者想开快车，但巡游者在右侧车道上缓慢前行，观察是否有车要离开车位的迹象。一辆停泊的车辆即将驶离而引发"停车前戏"[②]，即当车位要被腾空时，巡游者等待在车辆后方以争夺车位。巡游者还会询问接近或进入停泊车辆的人是否离开 (提问和回答通常用肢体语言表达)，这些谈判进一步阻碍了交通。

停车"侧摩擦"[③](汽车进出路边车位造成的交通延误) 大大降低与路边停车位相邻车道的通行能力。当所有路边停车位都被占用，车道上一辆车停下来准备占据一个腾出的车位时，这种侧摩擦变得非常严重；停下来的车不仅阻塞自己的

---

① 原文为 space-hour。(译者注)

② 原文为 parking foreplay。(译者注)

③ 原文为 side friction。(译者注)

车道,而且当车辆驶出阻塞的车道时,还会减慢中心车道上的车辆速度。因此,巡游增加了交通流量,而停车前戏和侧摩擦降低了道路通行能力。在进行停车-访问测试时,有一次,我看到一辆白色的劳斯莱斯敞篷车在韦斯特伍德大道上挡住了一条车道,而司机却在耐心地等待一辆同样的劳斯莱斯空出车位。对两位司机来说,简单地交换钥匙就比把车开走停好更容易做到。

除了延误交通,巡游也会造成交通事故。例如,当街道对面出现路边空位时,巡游者经常会违规掉头以便占据车位,我在韦斯特伍德村见过这种情况导致的几起事故。在 17 个州 32 个城市交通事故率的研究中,托马斯·塞伯恩发现,"平均18.3%的事故直接或间接涉及停车。"[32] 同样,罗伯特·威恩特和赫伯特·莱文森报告说,大约 15% 的交通事故涉及停车,40% 到 60% 的交叉口事故涉及停车。[33]在其他估计中,与路边停车相关的城市交通事故比例在 16% 至 20% 之间。[34] 如果其中一些事故是由于巡游和过于追求低价路边停车造成的,那么,市场定价的路边停车可以降低事故发生率。

最后,巡游会降低骑车人和行人的环境安全。与巡游相关的新增交通量以及突然停车会阻碍骑自行车的人,等待着准备占据路边车位的司机阻塞了右侧车道,迫使骑车人进入街道中心。环绕街区的巡游者通常在红灯处右转,以避免等待绿灯,这可能威胁到行人在十字路口通行。巡游给交通流带来不可预测性,专注于发现路边车位的司机可能没有注意到骑车人和行人。然而,这并不意味着司机和行人之间存在阶级冲突;许多行人可能是刚刚才找到停车位的司机。

根据一天中的时间以及每条街道的具体情况——道路宽度、交通流量和路边车位停泊车辆的周转率,巡游的副作用有很大的不同。如果路边停车位过于拥挤,司机在等待另一辆车离开时导致所在车道的交通流停滞下来,那么外部成本就会特别高。拥挤路边停车的高昂外部成本表明,路边停车的适当价格至少是保持 15%空置率的价格。[35]

单驾司机更有可能巡游

按第 13 章提出的模型预测,单独驾驶的司机更有可能寻找价格较低的路边停车位,因为他们无法将路边停车的成本与任何乘客分摊。一个单驾的司机可能会愿意巡游,只要能找到一个路边车位就可以了,但是车里有两三个急于吃晚饭的乘客,这种累积的紧迫感可能会说服司机为路外停车付费。为了验证这一预测,我们观察了工作日上午 8 点到下午 4 点期间所有停在路边的汽车占用率,以及位于韦斯特伍德大道和布罗克斯顿路之间的韦本路上一个路外停车场的汽车占用率(表 14-4)。在路边停车的汽车中,69% 是单独驾驶,但在路外停车场中有 53% 是单独驾驶。停在路边的汽车中只有 2% 载着两名以上的乘客,而停在路外停车场的汽车中只有 13% 载着两名以上的乘客。因此，停在路边汽车的平均车辆占有率只有 1.3 人，相比而言，在路外停车的汽车，其平均车辆占用率是 1.7 人。因此，价格过低的路边停车位主要是将稀缺的路边停车位分配给单人驾驶者，使得前往当地商店、餐馆、影院的人数减少。

表 14-4　路边停车者和路外停车者的车辆占用率

停放位置	车辆占有率 (人/车)						平均车辆占有率	观测车辆数
	1	2	3	4	5	6		
路边	69%	29%	1%	1%	—	—	1.3	172
路外	53%	34%	5%	4%	2%	2%	1.7	225

市场价格可以吸引更多的人

如果路边停车的价格比路外停车场更低时，司机就会得到激励给咪表投币，并且停留时间超过法定限制。表 14-5 显示韦本路上午 8 点至下午 4 点期间路边停车持续时间的分布情况，根据所有停在路边的车辆到达和离开时间计算得出。有五辆车的停车时间超过两个小时，只占所有车的 3%，却占总停车位使用小时数①的 15%。在观察过程中，有个人从电影院冲出来给咪表投币，然后冲回去继续看电影，而另一个人请我的研究助理当他在电影院时给咪表付费。相比之下，停车时间不超过 15 分钟的汽车占白天停在路边的汽车总数的 42%，但仅占总停车位使用小时数的 8%(见第 1、3 和 8 列)，60% 的路边停车者停留时间不到 30 分钟。这些短期路边停车的人似乎正是韦斯特伍德村想要的那种顾客——他们把车停在路边，匆忙买东西，然后迅速离开，腾出一个路边车位，让其他顾客可以使用。当人们想在韦斯特伍德村呆更长的时间时，他们会发现路外停车场更划算。因此，咪表费率将影响路边停车所服务的出行类型，而不是影响在路边停车的人群类别。例如，不管他们的收入、性别、年龄或种族，司机们往往会把车停在路边以便快速出行，而把车停在路外停车场则会停留更长时间。

其他研究也发现，在路边停车位使用中长期 (通常是非法) 停车占了很大一部分，这种行为模式几乎和汽车一样古老。1927 年，霍利·辛普森对底特律中央商务区路边停车的研究中发现，路边停车的法定时限是一小时，22% 的汽车停车时间超过一小时，占停车位总使用小时数的 60%——与韦斯特伍德村的分布完全相同，而韦斯特伍德村的时间限制也是一小时。[36]1922 年，赫伯特·斯旺在新泽西州帕特森市上午 8 点到下午 6 点之间路边停车位占用率研究中，发现了类似的分布；14% 的汽车停放超过一小时，占停车位总使用小时数的 55%。斯旺写道："帕

---

① 原文为 occupied-space-hours。(译者注)

特森市中心街道拥堵的很大一部分原因是机器①四处游荡，寻找停车的地方。"37
2001 年，波士顿交通运输部发现，在所研究的五条交通走廊中，有四条走廊咪表
处的平均停车时间超过了法定的两小时限值。

表 14-5　路边停车持续时间分布

停车时长 (分)	车辆数	车辆占比	车辆数累计		总停车时长			停车时长累计	
			数量	占比	平均	总计	占比	数量	占比
(1)	(2)	(3)	(4)	(5)	(6)	(7)	(8)	(9)	(10)
0—15	72	42%	72	42%	6	436	8%	7	8%
16—30	31	18%	103	60%	20	612	11%	17	18%
31—45	21	12%	124	72%	37	779	13%	30	31%
46—60	10	6%	134	78%	50	496	9%	39	40%
61—75	17	10%	151	88%	68	1,152	20%	58	60%
76—90	9	5%	160	93%	83	745	13%	70	73%
91—105	4	2%	164	95%	99	397	7%	77	79%
106—120	3	2%	167	97%	116	348	6%	83	85%
120+	5	3%	172	100%	169	846	15%	97	100%
总计	172	100%	172	100%	34	5,811	100%	97	100%

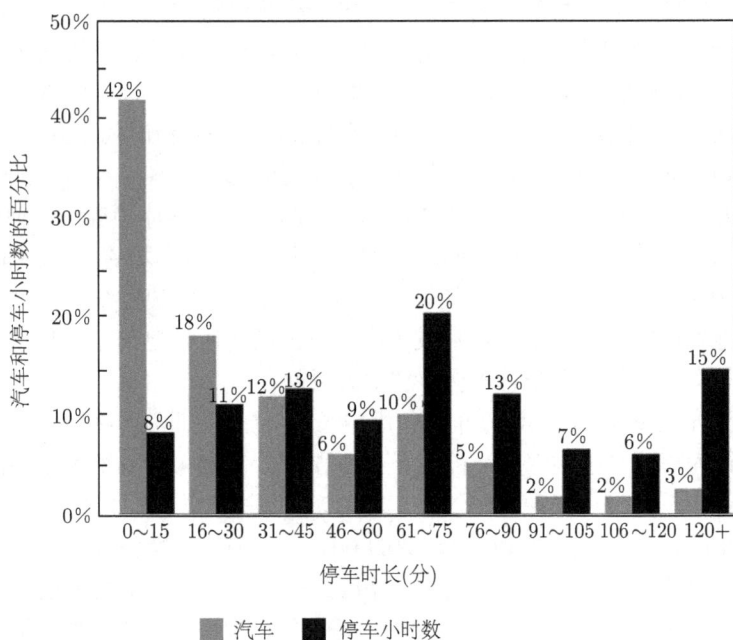

价格过低的路边停车增加停车持续时间，减少周转率，因此减少了路边停车

---
① 这里的机器指汽车。(译者注)

位可服务的出行次数。我们可以利用韦斯特伍德村停车持续时间数据来估计市场定价的路边停车如何增加路边停车的车辆数量 (表 14-6)。表中第 1 列显示路边停车价格过低的结果，第 2 列估算对路边停车市场定价的情形。所有车辆平均观察的停车时间为 34 分钟，周转率 (车位数除以平均停车时间) 为每个车位每小时 1.8 辆车 (第 3 行)。因为韦斯特伍德村有 470 个咪表停车位，这个周转率意味着平均一小时内有 829 辆车离开路边车位，新来的 829 辆车取代了它们的位置 (第 4 行)。而且，因为这些车的平均占用率为 1.3 人，停在路边的汽车每小时有 1,078 人到达 (第 6 行)。[38] 显然，减少平均停车时间将增加一天中可以停在路边的汽车数量。

现在考虑一下，如果将路边停车位价格设在可产生 85% 占用率的水平上 (第 2 列) 会发生什么情况。未超过时间限制的车辆的平均停车时间仅为 17 分钟。[39] 如果非法停留超过一小时的 38 辆车停在路外停车场，将其占用的路边车位让给平均停留 17 分钟的车，那么每个停车位的周转率可达到每小时 3.5 辆车。[40] 尽管 15% 的路边停车位会空置，但每小时将有 1,410 辆新来的车停在路边 (比价格过低情形之下的 829 辆车多出 70%)。市场价格也会提高停在路边汽车内的人数。在路外停车场按市场价格停车的汽车，其平均载客量为 1.7 人。如果按市价停在路边的车辆占用率也是每辆车 1.7 人，那么每小时将有 2,397 人乘坐停在路边的车辆到达韦斯特伍德村，是路边停车价格较低时到达人数的两倍多。[41]

停车时间减少一半，周转率翻了一番，但到达的车辆数量只增加了 70%，因为 15% 的停车位维持空置状态。[42] 停车小时数[①]下降了 15%，但车辆占用率增加了 31%，因此韦斯特伍德村在路边停车的人数增加了 11%。[43] 当按市场价停车时，每天到达韦斯特伍德村的人数是按低价停车时人数的 222%，但他们停留的时间只有原来的一半，因此，每天在韦斯特伍德村路边停车的人数是价格过低时的 111%。[44]

表 14-6　路边停车的价格、占用率、周转率和到达率

	路边停车价格			
	过低定价	市场价	比例	公式
	(1)	(2)	(3)	(4)
1. 路边车位占用率	100%	85%	85%	
2. 停车时长 (分钟)	34	17	50%	
3. 周转率 (车数/小时/车位)	1.8	3.5	200%	60/(2)
4. 每小时路边停车数	829	1,410	170%	470×(1) × (3)
5. 车辆占用率 (人数/车)	1.3	1.7	131%	
6. 每小时抵达韦斯特伍德村人数	1,078	2,397	222%	(4) × (5)

---

① 原文为 parked-car-hours。(译者注)

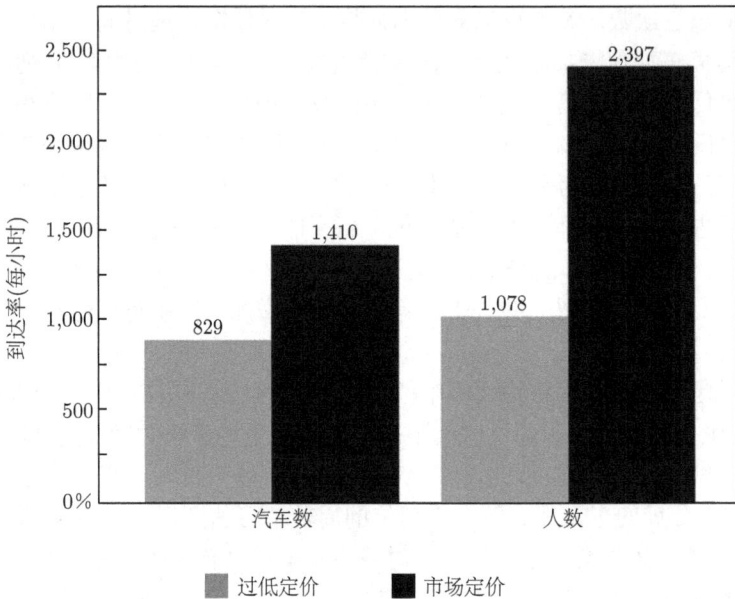

定价过低会促使单独驾驶的司机"蹲"在紧缺的路边停车位，降低车辆周转率，并且由于短期停车不方便，也会妨碍游客的到访。市场定价的路边停车将把路边停车位重新分配给那些对时间价值评价更高的来访者。更多的车位也将提供给短期停车者，他们快速购物并立即离开，因此路边停车位会为当地商业带来更多的顾客。路边停车场的低价听起来对生意有好处，但事实并非如此。仔细研究表明，把路边停车位的价格提高到刚好空出几个车位，将改善韦斯特伍德村和类似商业区的经营状况。[45]

韦斯特伍德村巡游的回报

为了估计巡游的回报，考虑一位司机在下午 6 点到 7 点之间到达韦斯特伍德村 (表 14-7)。下午 6 点以后，大多数路外停车场晚上收费 2 美元，路边停车是免费的。因此，在减去汽油费之后，路边停车节省了 2 美元。下午 6 点到 8 点之间的平均巡游距离为 1.4 英里，这将使用 0.14 加仑汽油 (每加仑 10 英里)。[46] 由于在观察巡游的时期，汽油价格为每加仑 1 美元，巡游的汽油成本为 14 美分，路边停车的净节省为 1.86 美元。下午 6 点到 7 点之间的平均搜索时间是 9.4 分钟，因此 9.4 分钟的巡游节省了 1.86 美元，这意味着巡游的每车–分钟[①]可节省 20 美分 (每车-小时 12 美元)。值得注意的是，一位单独驾驶的司机通过巡游每小时节省了

---

① 原文为 per vehicle-minute，也译为每车-分钟。(译者注)

12 美元，而四人拼车，每位成员平均分摊的停车费用每小时仅节省 3 美元。单独驾车者获得较高的奖励不仅有助于解释单独驾车者占路边停车者较高的比例，而且有助于解释在路外停车者中多人拼车的比例更高。在路边停车者中，平均每辆车有 1.3 人，车内每人因巡游每分钟节省 15 美分 (每小时 9 美元)。当这些测算值按通货膨胀调整到 2002 年水平时，每分钟巡游可节省 25 美分，或每小时巡游可节省 15 美元。

表 14-7　巡游的经济回报

停车节省	$2.00	
搜索时间	9.4 分钟	
巡游距离	1.4 英里	
燃油效率	10 英里/加仑	
巡游耗油量	0.14 加仑	(1.4 英里 ÷10 每加仑英里)
油价	$1/加仑	
巡游耗油成本	$0.14	($1/加仑 ×0.14 加仑)
路边停车净节省	$1.86	($2.00 - $0.14)
每车-分钟净节省	$0.20($12/小时)	($1.86÷9.4 分钟)
每车人数	1.3	
每人-分钟净节省	$0.15($9/小时)	($0.20÷1.3 人)

感知与现实

　　司机们知道他们寻找路边车位挣了多少钱吗？为了探究司机们是否准确估计搜索时间，我们对路边停车者进行了访谈。当问及为寻找停车位花了多长时间巡游时，他们回答的平均值是我们测量的平均搜索时间的 2.2 倍 (见表 14-2 第 2 列)。[47] 当问及通常预期需要多长时间寻找停车位时，他们回答的平均值是所观察时间的 3.7 倍。这种对搜索时间过高的预期意味着司机们并不认为他们每分钟节省的巡游时间比实际节省得多。例如，如果司机通过 9.4 分钟的巡游节省了 1.86 美元，那么他们每分钟节省 20 美分。但是，如果司机们认为自己巡游时间是原来的 2.2 倍，那么会认为每分钟只节省了 9 美分，不到实际节省的一半。对巡游时间的过高估计也表明，为路边停车定价以保留几个空车位，将会使人们在感知上的搜索时间比实际时间缩短两倍以上。

　　也许司机高估了自己花在巡游上的时间，因为他们认为这是浪费和无聊的时间。果真如此的话，司机们应该高度重视减少巡游时间，而一些研究也恰恰验证了这一点。1991 年，凯·阿克斯豪森和约翰·波拉克调查了英国伯明翰和德国卡尔斯鲁厄的停车者，以便了解汽车出行不同阶段的时间价值——一般车内时间①、搜索时间以及从下车到最终目的地的往返步行时间。[48] 他们估计，伯明翰通勤者

---

① 原文为 general in-vehicle time。(译者注)

愿意每小时花 9.50 美元节省搜索时间，卡尔斯鲁厄通勤者愿意每小时花 21 美元
节省搜索时间；伯明翰购物者愿意每小时花 13 美元节省搜索时间，卡尔斯鲁厄
购物者愿意每小时花 59 美元节省搜索时间。他们还估计，司机花在巡游上的时
间成本比伯明翰的一般车内时间成本高 20%，比卡尔斯鲁厄高 51%；也就是说，
伯明翰的司机似乎认为在目的地减少一分钟的巡游与减少开车前往目的地途中的
1.2 分钟具有相同的价值，而卡尔斯鲁厄的司机似乎认为减少一分钟的巡游与开
车途中的 1.5 分钟具有相同的价值。

　　1997 年，登维尔·库姆等人估算了英国布里斯托尔市中心的司机对减少搜索
时间和驾驶时间的价值。[49] 他们发现，司机对搜索时间的估价为每分钟 7.6 便士
(每小时 6.60 美元)，而对驾驶时间的估价为每分钟 3.6 便士 (每小时 3 美元)。因
此，司机似乎愿意花费大约两倍的费用来减少在目的地的搜索时间，而不是减少
开车到目的地的时间。

　　司机们认为减少停车搜索时间的价值更高，这有助于解释为什么他们认为自
己花在巡游上的时间比实际时间长——当司机在巡游时，时间似乎慢了下来。司
机们并没有精确计算在巡游上花了多少时间，或节省了多少钱，但他们确实对所
涉及的成本和收益做出回应。有证据表明，司机试图减少停车的货币成本和时间
成本。对路边停车收取市场价格，将消除巡游的时间成本。

把浪费的时间变成公共收入

　　我们可以对这些巡游的估算作一个简单的现实核对。假设韦斯特伍德村路边
停车价格提高到足以消除巡游，那么司机能节省多少时间？停车咪表能产生多少
收入？在上午 8 点到 10 点之间，路边停车位并不短缺，因此咪表费率可仍旧保
持在每小时 50 美分。但是，这些路边停车位从上午 10 点到晚上 8 点都被占满
了，所以费率太低了。假设将费率提高三倍至每小时 1.5 美元，那么将产生所需
的 85% 占用率。这将产生多少额外收入？从周一到周五上午 10 点至下午 6 点，
按照现有的费率计算，当前的收入约为每年 50 万美元 (每小时 50 美分 × 每天
8 小时 × 每周 5 天 × 每年 52 周 ×470 个咪表)。如果从上午 10 点到晚上 8 点，
费率提高到每小时 1.5 美元，而且占用率达到 85%，那么每年新收入大约为 125
万美元 (1.5 美元 ×10×5×52×470×85%)。因此，每年增加的收入约为 75 万美元
(125 万美元 −50 万美元)。因为消除巡游还可以节省司机为低价路边停车巡游浪
费的约 10 万小时，因此，提高路边停车价格可以将 10 万小时浪费的时间转化为
75 万美元的公共收入，也就是说，司机每节省一小时，就可以获得约 7.5 美元的
新增公共收入。这种对节省司机时间价值的粗略估计与早期研究发现类似，因此
似乎是合理的。[50] 因为计算的咪表收入不包括晚上 8 点之后的时间以及周六和周

日全天，它低估了所节省的巡游小时数，也低估了从正确定价的路边停车获得的收入。合理定价的路边停车是提高公共收入公平有效的方式，第 18 章将更深入地探讨这个问题。

总结：巡游的高成本

收费过低的路边停车产生了一个移动队列，队列中的司机开车四处巡游，而不是排队等候。韦斯特伍德村停车巡游研究发现以下结果：

1. 找到路边停车位的平均时间是 3.3 分钟。

2. 当路边停车免费后，搜索时间增加。

3. 单人驾驶者比高载客汽车的驾驶者更容易巡游。

4. 在一天内，停车巡游产生了 3,600 过剩 VMT，这大于环绕美国的距离。

5. 在一年中，巡游产生了 945,000VMT——相当于绕地球行驶 38 圈。它浪费了 10 万小时的驾驶时间，消耗了 47,000 加仑汽油，产生了 728 吨二氧化碳。

韦斯特伍德村只有 470 个路边停车位，因此，提高咪表费率以产生 15% 的空置率只会腾挪出 71 个空位。由于韦斯特伍德村还有 3,400 个路外停车位，加上周边地区还有数千个路外停车位，这 71 个路边停车位占总停车供应量的比例很小 (不到 2%)。按市场价格收费，可以产生 71 个路边空位的缓冲，这将使停车更方便，并消除巡游。它还将提高 470 个路边停车位的使用效率，增加韦斯特伍德村商业的客流量，从停车咪表中获得更多的公共收入。

由于路边停车位定价过低，城市给巡游产生经济上的激励。每个司机可能认为，为寻找路边车位花上三分钟巡游，时间不会太长，但总的后果却是惊人的过量驾驶。为路边停车收取适当的价格可以消除巡游的激励，从而减少交通堵塞、能源消耗、事故和空气污染。如果城市想要改善交通、经济和环境，为路边停车收费是必要的措施。

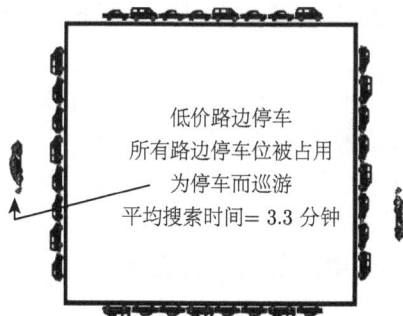

低价路边停车
所有路边停车位被占用
为停车而巡游
平均搜索时间= 3.3 分钟

第 14 章注释

1. Sam Hall Kaplan,“梅尔罗斯上演汽车与行人的对决”(Cars Versus Pedestrians on Melrose),《洛杉矶时报》(1982 年 5 月 4 日，第 6 页)。

2. David Kronke,“他们的剧本是胜利者”(Their Scripts Are the Victors),《洛杉矶时报》(1995 年 7 月 9 日，第 26 页)。洛杉矶的代客泊车似乎比其他地方更常见。卡尔文·特里林 (Calvin Trillin) 说,“洛杉矶有代客泊车。你开车到餐馆门口，一个来自洪都拉斯的小孩替你把车开走。你甚至不知道车停在哪里。你知道，可以想象，在洛杉矶有很多人在停车时从来没有见过他们的车，除非是把车停在自己的车库里。这很奇怪。”(Trillin，2001，54 岁)。

3. “刀刃下的故事”(Tales from under the Knife)，《洛杉矶时报》，2002 年 1 月 14 日。

4. Kaku Associates(1994，第 5、12 和 14 页)。上午 10 点，路外停车位的空置率为 56%，下午 2 点为 35%，晚上 8 点为 61%。韦斯特伍德村里 20 个路外停车设施共有 3,408 个标记的停车位。除了路外停车设施外，还有数千个路外停车位分布在紧邻韦斯特伍德村的路外停车设施里。我很感谢弗朗西斯科·孔特雷拉斯 (Francisco Contreras) 设计了图 14-1。

5. 在白天，巡游的诱因比之前说的要复杂得多，因为许多汽车停在路边不到一个小时，而咪表时间只能按五分钟增量购买，而大多数路外停车场最少要按 1 小时收费。因此，在路边停车半小时花 25 美分，而在路外停车场要花 2 美元。

6. 这里我假设司机在到达目的地之前不会开始寻找停车位，然后将车停在他们看到的第一个车位上，而不是继续巡游寻找离目的地更近的停车位。Cassady 和 Kobza(1998) 研究了购物中心停车场选择停车位的策略，发现为了寻找靠近购物中心入口的车位而放弃可用车位，增加顾客进入停车场后到达购物中心前门所需的总时间。

7. 正在巡游的司机在下一个时间段内找到路边车位的概率等于单位时间内腾出的停车位数量除以巡游停车的汽车数量。巡游的汽车越多，路边停车位的周转率越低，找到路边停车位的概率就越低。因此，司机应该避开其他司机可能在巡游的区域。

8. 骑自行车也更便宜，不产生污染，让巡游更加愉快。我通常骑车去加州大学洛杉矶分校，而韦斯特伍德村就在我去校园的路上，所以我在上下班路上做了大部分巡游观察。骑自行车巡游也给我一个很好的理由，去看望住在韦斯特伍德村的母亲。

9. 在均值差异的 t 检验中，在 99% 置信度下，下午 6 点以后的平均搜索时间明显增加。

10. 在 1965 年的伦敦，由于只有停车价格发生变化，路边停车价格和搜索时间之间的因果关系更为明确，而在韦斯特伍德村，停车价格和时间限制在晚上都发生了变化。

11. 这家哈姆雷特汉堡店 (Hamburger Hamlet) 已经关门了，马里奥餐馆 (Mario's Restaurant) 变成了加州比萨厨房 (California Pizza Kitchen)，而西木剧院 (Westwood Playhouse) 更名为格芬剧院 (Geffen Playhouse)。

12. 另一个假设是具有相似商业特征和相同数量停车位的街区将有相同数量的汽车寻找路边停车位。

13. 在上午 8 点到下午 4 点之间，仅指哈姆雷特汉堡店处的搜索时间，而在下午 4 点到晚上 8 点之间的搜索时间，则是指所有四个地点的平均值。

14. 在上午 8 点到晚上 8 点之间，每个停车事件的平均搜索时间为 3.3 分钟，即每个咪表停车位的总搜索时间 (54 分钟) 除以每个停车位的停车次数 (17 次)。因此，平均搜索时间按每小时停车周转率进行加权。晚上每个停车事件的高搜索时间与低的周转率有关，而早上的零搜索时间与高周转率有关。早上的高周转率是由许多短时停车造成的，比如买甜甜圈和咖啡。未加权平均搜索时间为 4.3 分钟。

15. 我假设，哈姆雷特汉堡店所在的街区上，寻找咪表停车位的巡游与其他咪表停车位处的巡游相似，如表 14-1 所示的观测结果。

16. 每个停车事件每天的平均巡游距离为 0.5 英里，由每个咪表停车位的总巡游距离 (7.7 英里) 除以每个停车位的停车事件数 (17 次) 而得。因此，这一平均距离是按每小时停车周转率进行加权。晚上较长的巡游距离与低周转率有关，而早上的零巡游距离与高周转率有关。未加权平均巡游距离为 0.6 英里。

17. 虽然在下午 6 点之后寻找路边停车位的搜索时间增加了，但周转率却下降了，因为时间限制在下午 6 点结束。一小时内巡游的总 VMT 是每个咪表停车位的巡游距离与周转率的乘积；虽然巡游距离和周转率在下午 5 点到 6 点之间都不是最高的，但是长巡游距离和高周转率的组合产生任何一个小时内的最大巡游量。在下午 6 点结束的路边停车收费和时间限制，可能导致下午 5 点至 6 点之间的高峰时段，巡游交通量最大。

18. 从纽约到洛杉矶的开车距离约为 2,790 英里。

19. 这是一年中所有工作日的巡游距离：$5 \times 52 \times 3,633 = 944,580$ VMT。地球在赤道的周长是 25,000 英里，而 $944,580 \div 25,000 = 38$。因为巡游者仅以每小时 8.5 英里的速度行驶，这趟巡游花了 110,760 车小时 ($=5 \times 52 \times 426$)。地球到月球的距离是 239,000 英里。要正确看待韦斯特伍德村每年的停车巡游，不妨考虑开车从地球往返月球两次，并以每小时 8.5 英里慢速行驶；这将花费 11.4 年时间。我们还可以进行另一个比较：美国有 390 万英里公路，因此韦斯特伍德村四年的停车巡游相当于沿着美国每英里道路行驶一遍 (3,932,012 英里 ÷945,000 英里/年 = 4.16 年)。见美国交通部 (1999，表 HM-20) 关于美国城市和乡村公路的总里程数——包括高速公路、干道、集散道路 (collectors) 和地方街道。

20. 每加仑汽油燃烧产生 19.6 磅二氧化碳尾气排放。整个燃料循环的排放量 (包括提取、运输和精炼的排放量) 比仅来自尾气的排放量高出 57%，因此巡游所消耗的一加仑汽油产生 30.8 磅二氧化碳排放量 (美国能源部，1994a，79)。

21. 1994 年，美国家庭平均消费 1,067 加仑汽油用于汽车出行。见美国能源部 (1994b，表 5.2)，网址 www.eia.doe.gov/emeu/rtecs/toc.html。

22. 据估计，韦斯特伍德村在停车前的巡游时间为 3.3 分钟，停车位周转率为每天每个车位 17 辆车，巡游速度为每小时 8.5 英里。由于测量仅在工作日进行，因此每年总巡游时间估计为 260 天。

23. 因为美国汽车平均每年行驶 11,766 英里 (《沃德汽车年鉴 2003》(Ward's Automotive Yearbook 2003，268-269)，韦斯特伍德村 7 个路边停车位的巡游相当于美国每辆汽车年平均 VMT。

24. 波特兰地铁区域交通规划 (1995)。研究发现，三分之二的路缘长度可用于停车，其余三分之一用于车道、公交车站、消防栓、装货区和其他禁止停车的用途。100 延尺路缘 (linear curb feet) 包括停车区和禁止停车区。因此，具有 253 英尺路缘空间的街区平均有 8 个路边停车位 (253 英尺 ×3.3 个停车位/100 英尺 = 8.3 个停车位)。有关波特兰研究的讨论见第 18 章。Taylor、Young 和 Bonsall(1996，第 13 章) 解释了进行停车位清查的方法。按每 100 英尺 3.3 个停车位的比例计算，每英里有 172 个路边停车位。

25. 上午 8 点到晚上 8 点之间的平均巡游距离为 0.5 英里，每 100 延尺路缘大约有 3.3 个停车位，因此司机在找到一个空车位之前经过 87 个路边停车位 (5,280×0.5×3.3/100 = 87)。下午 6 点到晚上 8 点之间平均巡游距离为 1.4 英里，司机在找到一个空车位之前经过 243 个路边停车位。Gennaro Bifulco(1993) 提出了一个巡游模型，其中包括在发现空置停车位之前经过的车位数量。我感谢杰里米·纳尔逊 (Jeremy Nelson) 提出并绘制了图 14-2。

26. 每个咪表停车位对应的每小时巡游距离大于每辆停在路边汽车的巡游距离，因为咪表每小时翻转超过一次。表 14-2 第 8 列倒数第二行显示，在 15 个街区周围巡游每小时产生 303 VMT，即每街区每小时产生 20 VMT，这相当于上午 8 点到晚上 8 点之间 12 小时内的总和 240 VMT。如果该街区每边长 253 英尺，周长为 1,012 英尺或 0.2 英里。巡游每年在街区周围产生 62,400 VMT(240×5×52)，即每年每个路边停车位产生 1950 VMT(62,400÷32)。司机在巡游时可能并不总是绕同一个街区，但如果所有街区的平均搜索时间相同，巡游路径对巡游总量没有任何影响。

27. 如果一个街区的周长是 0.2 英里，那么 20 VMT 相当于绕该街区巡游 100 圈（20÷0.2）。如果巡游者每小时绕街区 100 圈，那么每 0.6 分钟就有一圈（60 分钟 ÷100 圈），或每 36 秒一圈。如果我们再想象一下，所有巡游车都漆成亮黄色，那么站在人行道上的人每 36 秒就会看到一辆亮黄色的汽车从每个方向驶过。

28. 我感谢 Jun Zhang 实施停车咪表观测并分析结果。他是第一个从中国大陆来美国学习城市规划的研究生。在获得加州大学洛杉矶分校硕士学位和麻省理工学院博士学位后，他成为世界银行高级经济学家。

29. 但是，占用率是一小时内的平均水平，因此，即使平均占用率只有 90%，也可能部分时段所有路边车位都被占用，这样即使在平均占用率低于 90% 的情况下，也会造成一小时内部分时段的巡游现象。如果在一小时内都有空位，就没有人需要巡游，但有些司机最先看到新空出的车位就会占用；在这种情况下，被第一辆经过的车占用停车位的比例会高估巡游所占交通的比例。

30. 表 14-3 显示，在韦本路（Weyburn Avenue）上，总车流量中 68% 是在巡游。按早前估计，每 100 辆停在路边的汽车中平均有 7 辆曾在车流中等待寻找路边车位。这两种估计之间的差异是由于它们衡量的概念不同。每 100 辆正在行驶的汽车中有 68 辆在巡游，而每 100 辆停在路边的汽车中，有超过 7 辆曾经在巡游。巡游车占移动车辆的比例大于其占停放车辆的比例，因为停放的车辆比移动的车辆要多。因此，可能需要减少 22%（15%＋7%）的路边车位需求总量，才能产生 15% 的空置率。

31. Adiv 和 Wang(1987，297)。楷体来自原文。

32. Seburn(1967，42)。

33. Weant 和 Levinson(1990，242)。

34. 在一项早期的研究中，Wilbur Smith(1947，163) 报告说，城市地区 9.2% 的交通事故与停放的汽车有关，5% 的事故与离开停放位置的汽车有关，还有 2.6% 的事故涉及暂停在车流中的车辆（其中一些准备停车）；因此，14% 到 17% 的城市交通事故与停车有关。在城市中，5% 的死亡行人和 9% 的受伤行人是从停放汽车后面进入道路的。在提交众议院公共工程委员会（House Committee on Public Works）的一份报告中，美国商务部（美国国会，1959，61）报告说："在城市地区，大约 12% 的交通事故涉及停放的车辆，另外 4% 的事故涉及离开停放位置的车辆。因此，城市地区 16% 的交通事故与路边停车直接相关。"Paul Box(1970，9) 报告说："路边停车直接或间接地造成大约五分之一的城市交通事故。"在一项 1995 年至 1998 年纽约市自行车死亡事故的研究中，Charles Komanoff 和 Michael Smith(2000，2) 发现，在 72 起致命的自行车撞车事故中，有三起涉及司机从停着的车里出来"开车门"。因此，在决定是否允许在任何街区路边停车时，应考虑与路边停车有关的交通事故。

35. 巡游停车增加了当地的交通拥堵，这也解释了为什么大多数人希望设定路外停车标准提供足够多的停车位来降低交通量。但由此产生的免费停车增加了车辆出行总量，从而加剧区域交通拥堵。相比之下，按市场价格对路边停车收费将减少当地及区域的交通拥堵。

36. 见 Simpson(1927, 84)；第 12 章讨论了这项研究。Smith 和 LeCraw(1946, 36) 报告说，1945 年对北卡罗来纳州达勒姆市 (Durham，North Carolina) 路边停车进行的一项类似研究中，只有 25% 的路边停车者的停车时间超过一个小时，但他们占 59% 的已用停车位小时数 (space-hours)。

37. Swan(1922，498)。

38. 此计算假设，韦斯特伍德村所有停放车辆的周转率和车辆占用率与布罗克斯顿路上观察到的相同。

39. 表 14-5 第 4 列显示 134 辆车的停车时间为 60 分钟或更少，第 8 列显示它们总共停了 39 小时 (2,340 分钟)；因此，这 134 辆车的平均停车时间为 17 分钟 (2,340÷134)。

40. 或者，我们可以假设之前所有的超时停车者都会改为在法定的 1 小时内停车。

41. 然而，一些停在路边的新的合乘者可能因为之前找不到路边车位而停在路外，而一些之前停在路边的单人驾驶司机也可能会停在路外停车场。

42. 例如，假设有 100 个停车位，占用率为 100%，平均停车时间为 1 小时，因此每小时有 100 辆车到达和离开。现在假设停车价格上涨，停车平均持续时间下降到 30 分钟；如果平均占用率保持在 100%，每小时将有 200 辆车到达和离开。然而，如果占用率下降到 85%，每小时将有 170 辆车到达和离开。因此，提高停车价格将使周转率翻一番，但会使抵达和离开的汽车数量增加 70%。

43. 车辆占用率从每辆车 1.3 人增加到 1.7 人 (31%)，路边停车位空置率下降到 85%，但 131%×85% = 111%，因此，停车-人数-小时数 (parked-person-hours) 增加了 11%。

44. 与超拥挤的混合流车道相比，这种现象类似于在 HOV 车道情况。HOV 车道的车辆密度 (每英里车辆数) 低于混合流车道，但车流量 (每英里车辆数) 较高，由于每辆车搭载的人数也较高，HOV 车道每小时搭载的人数高于相邻的混合流车道。

45. 对路边停车收取市场价格可能会增加咪表收入，但不会显著影响零售额，特别是如果咪表车位仅占停车位总供应的一小部分。伊利诺伊大学 Nancy Scannell(1992) 在博士论文中，使用超过八年的咪表停车位数量变化数据，研究了芝加哥咪表停车位数量与零售额之间的关系。咪表停车位数量每年都会因各种原因波动，比如街道和人行道的修缮、街道拓宽、从双向街道改为单向街道或反之，以及完全禁止路内停车的规定等。Scannell 发现，咪表停车位数量的变化和零售额之间没有显著关系。

46. 这一燃油效率采用 1966 福特野马 (Ford Mustang) 进行巡游实验测得；它比同一辆车在城市行驶时平均每加仑 17 英里低 41%。这里巡游的燃油效率很低，大概与韦斯特伍德村的平均巡游速度偏低有关；每个十字路口都有停车标志或红绿灯，汽车通常要等待行人通过马路，所以平均速度只有每小时 8 到 10 英里。巡游车的平均燃油效率很难估计，但它对计算几乎没有影响，因为燃油成本只占巡游时间和货币成本的一小部分。

47. Falcocchio、Darsin 和 Prassas(1995) 通过访谈路边停车的司机估计曼哈顿的搜索时间。如果司机高估了他们的巡游时间，那么该方法也会高估平均搜索时间。

48. Axhausen 和 Polak(1991，72-76)。1988 年工作出行的原始价值为每小时 4.12 英镑和 35.42 德国马克，而外出购物出行的原始价值为每小时 5.74 英镑和 100.86 德国马克。采用购买力平价 (1 英镑 =1.66 美元，1 美元 =2.49 德国马克) 将这些值转换为美元，然后根据美国消费者物价指数 CPI 调整为 2002 年美元价值。

49. Coombe 等 (1997，67) 使用交通约束分析模型 (Traffic Restraint Analysis Model，TRAM) 进行这些估算，并采用了陈述偏好方法。

50. 根据司机每年在韦斯特伍德村巡游停车要花上 100,000 小时，计算出节省时间的价值是每小时 7.50 美元，说明总巡游时间的估算也是合理的。

第 III 部分　路边停车提现

规划方案即是政策，在某种程度的民主中，政策 (*policies*) 可拼写为政治 (*politics*)。问题并不在于规划是否要反映政治，而在于它反映了谁的政治。

——诺顿·朗[①]

[①] 原人名为 Norton Long。(译者注)

第 15 章　从路边购买时间

让我来告诉你，洛杉矶的交通问题该如何解决，就是从道路上移走那
些没有付费的汽车。

——威尔·罗杰斯[1]

免费路边停车就像对汽车实施住房租金管制[2]。可以预见，由于免费路边车位供给有限，大量的停车需求必然会导致停车位短缺。为了解决这个问题，城市推行路外停车位下限标准，要求建筑提供最低数量的路外停车位，但这增加了住房成本。汽车的免费停放推高人们的住房成本。但是，不妨假设城市取消路外停车位数量标准，开始按照市场价格对路边停车收费。如果收费价格确实能让 15％的路边停车位处于空置状态——为了在变化的路边停车需求与固定的停车位供给之间取得平衡，采取一种弹性收费方式——这样司机总能在目的地找到一个可用的停车位。市场定价的路边停车可以节省时间，减少交通，节约能源，改善空气质量，减少住房成本以及增加公共收益。但目前仍存在两个主要问题——一个是实际问题，另一个是政治问题——它们阻碍城市对路边停车实施正确收费。这个实际问题是如何获得收益，而政治问题是每个人都想要免费停车。本章介绍了一种可以解决实际问题的新技术。接下来的两章提出一种分配路边停车收益的新策略，以解决上述政治问题。

第一个停车咪表

1935 年，美国俄克拉荷马市一名叫卡尔·马奇[3]的居民发明了停车咪表，因此该市安装了世界上第一个停车咪表。《俄克拉何马州文化历史百科全书》[4]讲述了这个故事：

> 1913 年俄克拉何马州大约有 3,000 辆汽车。到 1930 年已达到
> 500,000 辆，大多数汽车在俄克拉荷马县和首府登记过。每天在市中

---

① 威尔·罗杰斯 (Will Rogers，1879~1935)，美国幽默作家，20 世纪 20 到 30 年代因其朴素的哲学思想和揭露政治的黑暗而广受美国人民爱戴。

② 原文为 rent control for cars。(译者注)

③ 原人名为 Carl Magee。(译者注)

④ 原书名为 *The Encyclopedia of Oklahoma History and Culture*。(译者注)

心工作的人占据了所有停车位，顾客前来购物却不得不在远离商店的地方停车，因此产生了一些问题。城市对停车时间设置了限制，并由交通警察强制执行，他们用粉笔给轮胎做上标记，记录时间，每小时贴一轮罚单。1932 年，停车问题引发俄克拉何马州商会的密切关注。马奇受聘交通委员会主席并受任解决这个问题。

　　马奇认为，需要发明一种可卷绕、造价低廉的小型机械装置给每个停车位"计时"。1932 年，他设计并制造了一个原型，于 1932 年 12 月 21 日申请了专利。为了完善概念并制造出真正的工作模型，他与俄克拉荷马州立大学工程系合作……1935 年 7 月 16 日，他在俄克拉荷马市十四个街区安装和测试了 175 个停车咪表，当该系统证明成功后，市中心全部安装了停车咪表。

　　停车咪表带来三个方面的影响。第一，解决了俄克拉荷马市停车问题；第二，通过咪表收费给城市资金带来收入 (每小时五美分) 和停车罚款 (每次违规罚款 20 美元)；第三，刺激了市中心商业地产价值的巨大增长。卡尔·C. 马奇引领了一种潮流，停车咪表被广泛应用于全国各个城市。[1]

新停车咪表投入使用是一个巨大的成功。俄克拉何马州历史学家勒罗伊·菲舍尔[①]写道：

　　1935 年 7 月一个炎热的日子里，世界上第一个停车咪表开始投入使用。一大清早，这些咪表更多还是人行道上行人和司机关心的话题。在这一天早些时候，没有很多人使用停车位，也没有太多事情要做；而以往此时，停车位上通常已经停满了车。随着时间推移，使用停车咪表的人增加了。车主将汽车停入咪表车位，在办完事情后驶离，但在未安装咪表的区域，以往的拥堵状况仍然持续。尽管最初在安装咪表时，大多数人对这些咪表能否成功心存疑虑，但现在马奇用投币咪表管理城市街道停车的想法已经不证自明。几天之内，其他商家纷纷要求在自家商店的街道上安装咪表，几个月后，相比最初安装的 150 个咪表，咪表数量翻了一倍多。一种新产品诞生了……新闻摄影师前来为安装咪表拍摄照片。[2]

马奇在专利申请中绘制的咪表草图看起来比现在的模型更加流线型，人们很容易把它与今天任何城市街道上的停车咪表混淆起来 (图 15-1)。

---

① 原人名为 LeRoy Fischer。(译者注)

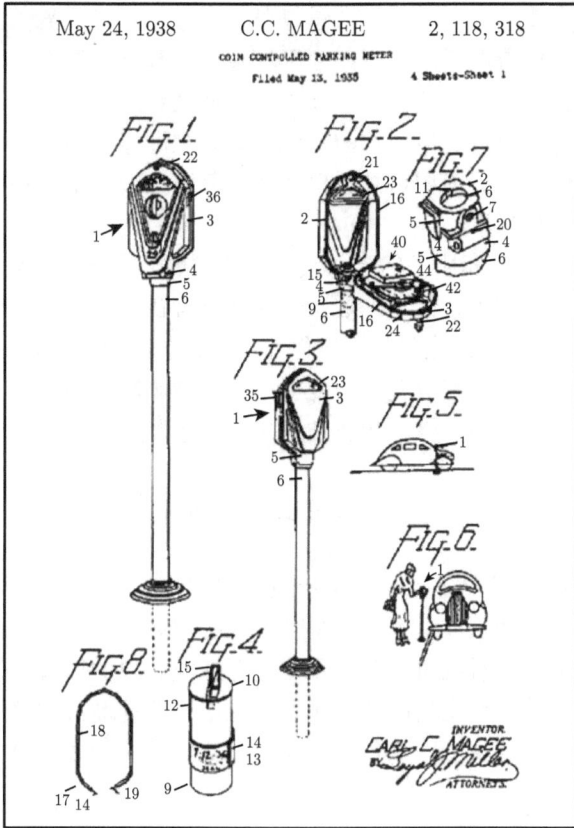

图 15-1　停车咪表申请专利的示意图

　　从用户的角度看，大多数美国的停车咪表与 1935 年的原始模型保持一致：用户可以向咪表中投入硬币购买一段特定的停车时间，如果在时限到期之前还没有结束使用，那么用户就存在吃罚单的风险。[3]1935 年至今 70 多年来，主要的变化是现在很少有咪表需要投分币了。而实际上大多数路边停车的价格并没有提高。扣除物价上涨因素，1935 年的 5 美分在 2004 年价值 65 美分，但许多咪表 2004 年一小时收费比这还便宜。

　　停车咪表最初的目的是为了实施路边停车的时间限制，从而保证周转率，让更多汽车有机会停进数量有限的路边车位。现在停车咪表的主要目的仍与初衷一致：对路边停车时间进行限制，而且不允许反复投币以确保周转率。然而路边停车的价格本身通常较低，在没有时间限制的情况下，无法确保停车位的空置率或维持较高的周转率。

　　20 世纪 50 年代，乐观主义者预测核电厂将生产充足的电力，电价会"便宜得不用计费"，但令人吃惊的是这种预测失败了。[4] 然而，城市规划师在核物理学家失败之处取得了成功，通过提供大量停车位资源使停车无需缴费，现在司机们大部分出行都享受免费停车。大多数停车场实际上真是太便宜了以至于停车无需计时，这导致一种结果，即美国咪表技术的发展受到阻碍。虽然停车咪表在美国发明，但随后大部分技术进步在欧洲实现，因为欧洲停车场的稀缺需要更高效方便的停车咪表。现在，美国城市几乎仅在那些分区法规设定路外停车标准之前开发的区域中使用停车咪表。

20 世纪大多数商品和服务的支付技术迅速发展，收银机、条码阅读器、信用卡、借记卡和智能卡都不断创新。这些创新使顾客在交易中更方便，商家也更高效。相比之下，公用事业的支付技术则停滞不前：电表、燃气表、水表、停车咪表的变化不大，甚至根本没有改变。但是如果美国城市取消路外停车数量标准，并开始对路边停车收取市场价格，咪表技术将会迅速发展。[5]

路边停车收费技术

传统的路边停车咪表需要司机携带适当的零钱，并且提前决定要停放多久。司机要确保在咪表到期之前返回，这种担心产生"咪表焦虑"。许多司机为超出需要的停车时间付费，或者因付费时间不足而存在吃罚单的风险。然而，新技术允许司机无需携带足够零钱支付路边停车费，也不需要提前决定停放多久。现在购买路边停车时间可以像生活中其他日常交易，比如购买一条面包或者一加仑牛奶那样方便。[6]

新式停车咪表

美国只有几个城市安装了先进的停车咪表，由此得到的经验表明它们非常有效。我将用科罗拉多州阿斯彭的例子阐述新停车咪表的优势。阿斯彭是一个度假胜地，而不是典型的美国城市，但直到最近它遇上一些常见的停车问题。阿斯彭只有 5,000 常住人口，但在冬季和夏季每天有 25,000 参观人次来访，路边停车位很短缺。1995 年以前停车是免费的，仅有 90 分钟时间限制。这就产生了一个可预见的问题，正如阿斯彭市政执政官描述的那样：

> 阿斯彭市中心大部分停车位都由本地居民和在市中心工作的通勤者占据。每隔九十分钟他们就要移动自己的汽车以免收到罚单，我们亲切地称之为"90 分钟洗牌"。造访阿斯彭的购物者、餐馆顾客和旅客可使用的停车位几乎没有了。结果就是商业中心挤满了员工停放的汽车，而愤怒的客人和购物者在拥挤的街道上无休止地寻找一个停车位。[7]

阿斯彭试图建造一个拥有 340 个车位的公共停车场来解决停车问题。但是这个新停车场并没有解决问题，因为路边停车仍然免费：

> 尽管路边停车场位置便利，而且每天仅收 1.5 美元，但只有特殊情况下才会停满。大多数日子里，停车场超过一半的停车位是空置的，而一个街区之外，交通格外拥堵，对免费路内停车位的竞争也异常激烈。[8]

经过几年的规划和准备，阿斯彭于 1995 年开始征收路边停车费。商业核心区的价格是迄今最高的——每小时一美元——价格随核心区向外辐射的距离而递减。城市还在商业区周围社区建立居民停车许可区[①]，并允许非本地居民按每天五美元的收费标准在区域内停车。为了使司机付停车费更加方便，阿斯彭还引进新的精密咪表。这些咪表已在欧洲广泛应用，但对大多数美国城市而言还很陌生。在本章后续部分，我将介绍五种支付停车费手段：1) 凭票泊车的多车位咪表，2) 按位付费的多车位咪表，3) 个人车载咪表，4) 手机支付，5) 卫星支付。

凭票泊车咪表[②]

阿斯彭在市中心街道两边街区的中间位置上，各安装了一台"凭票泊车"多车位停车咪表。停车后司机走到咪表处为自己想停留的时长付费。停车咪表打印出一张带有日期和停车时间的收据，表明已经购买停车时间，司机把这个收据放置在汽车前挡风玻璃内。一个便宜又不引人注目的凭票泊车咪表可以管理 20 到 30 个停车位。阿斯彭是美国少数几个使用这种凭票泊车咪表的城市之一，但许多欧洲城市已经将它应用到路内停车和路外停车场。

阿斯彭在引进这项新技术时开展了广泛的公共教育计划。为了使本地居民熟悉新的多车位咪表，阿斯彭免费为每位居民提供一张价值 20 美元的智能卡。并且，当每张车牌第一次违反新的停车规定时，可以豁免停车罚单。停车管理员携带智能卡，向所有对新停车计时系统有疑惑的司机免费提供一小时停车。[9] 其他地方往往忽视这些针对消费者的推广活动，但是在阿斯彭这些宣传增加了公众对新技术的接受程度。

相比于传统咪表，凭票泊车多车位咪表有几个重要优势。

1. 易于支付。停车咪表可以通过投币、支票、信用卡、智能卡和手机支付。[10] 因此司机不必再携带适量的零钱向咪表投币。

2. 价格灵活。凭票泊车咪表也具有一些计算机功能，允许按一天中的时段及一周中的每天收取不同价格，从而对变化的停车需求做出响应。停车场管理员可以远程设置任一区域的价格表，新费率也可以无线传输到周围所有停车咪表上。

---

① 原文为 Residential Parking Permit，简写为 RPP。(译者注)

② 原文为 Pay-and-Display Meters。(译者注)

图 15-2　凭票泊车咪表

图片来源：邓肯停车技术公司

3. 更好的信息交互。凭票泊车多车位咪表在大型交互式图像屏幕上显示信息，因此可以传达复杂的信息。这些信息可以是多语种，可显示图像，并通过信息引导用户进行交易，例如"请将卡的另一面向上插入"。

4. 更好地控制收入。多车位咪表自动记录从信用卡、借记卡、支票和硬币收取的金额。每个咪表将当天收据的运行记录——无线传送到中央站点——这允许审计人员在审核收入时检测出不一致之处。管理员可实时管理每个车位的使用情况。这些数据信息服务于审计目的，它确保所有收入都被采集并存入正确的账户。

5. 更好地收集数据。咪表记录了一周中的每天和一天中不同时段每个街区的车位占用率，并可以轻松地将所得数据显示在城市地理信息系统中。该信息有助于分析停车位的使用模式，并设定价格管理停车位供应。

6. 付款凭证。收据是停车人付款和交税的证明。如果停车人收到错误罚单，可以提交收据作为无罪证明。

7. 经济性。一个多车位咪表的购买和维护成本低于其取代的 20 至 30 个停车咪表。通过信用卡和借记卡付款可减少票据和硬币的收集、转账和会计成本。

8. 减少服务中断时间。城市为多车位咪表配备移动通信设备，这样可以自动向中央计算机报告任何机械故障。当司机打算付费时，收费表可以快速启动并顺畅运行。

9. 居民优惠费率。在使用智能卡的地方，城市可以配置支付系统，允许居民在自家附近使用优惠费率，在其他地方使用正常费率。

10. 更好的城市设计。一个多车位咪表可以替代多达 30 个单独咪表，而且付费和显示程序无需在街道上标记出每个路边停车位。通过移除不必要的硬件设施和指示牌，多车位咪表可减少街道的杂乱不堪。这种咪表也可以利用太阳能供电。

11. 更多停车位。传统咪表停车位必须设计得足够大以容纳最长的车型，其间隔远大于小型车所需要的空间。在未标记的路边，对长车而言过小的车位，更小的车型却能够停进去，这样已有的路边车位就能多容纳 10% 到 15% 的汽车。在未标记的路边，更小的车型具有更大选择优势。

12. 每个停车位收入更高。对于新的凭票泊车咪表，泊车者不能使用前一位离开的停车者支付的尚未到期时间，所以每个停车位产生更高的收益。

按位付费咪表①

按位付费咪表是另一种多车位管理技术，它让路边停车更加方便。在每个路边停车位旁边的人行道上涂上数字，并安装指示牌，让泊车者找到附近的咪表。加州伯克利对每八个路边停车位安装一个咪表，司机使用起来很简单。停车顾问约翰·范·霍恩②这样描述该举措：

> 司机停车之后，记下停车位标号，然后走到咪表前。选择停车位标号之后，投入适当面额的硬币，咪表就会显示所购买的停车时间。执法人员可以通过咪表背面的小窗，轻松查看哪些停车位上的车违规了。当某个停车位为违规状况时，[小窗上] 会显示红色荧光……在咪表正面除了停车位号码之外，还有一个"信息"按钮，泊车者按下按钮会提供有关该车位的信息，以及城市希望在显示器上提供的任何信息。该市还将免费电话号码印在咪表上，但迄今还未收到过投诉电话。[11]

按位付费咪表与凭票泊车咪表相似，它还具有其他一些优点。

1. 方便。司机已经在咪表上输入停车位号码，当购买的停车时间快要终止时，由于无需在汽车前挡风玻璃内出示停车收据，司机不必返回。

2. 宽限期。在违约时间到来之前，咪表能够提供一段"宽限时间"。

3. 再无咪表焦虑。通过信用卡、借记卡、智能卡或手机支付的停车者，可先支付比预期使用更长的时间，返回时收到未使用时间的退款。对于那些通过手机付款的人，当咪表时间快到期限时，有短信发到手机上，提供一个加时的机会。

---

① 原文为 Pay-by-Space Meters。（译者注）

② 原人名为 John Van Horn。（译者注）

4. 联网。一个区域内所有多车位咪表都可以联网。司机可在最近的停车咪表上延长停车时间，不需要返回到车辆跟前。

在伯克利安装停车咪表之后，该市的管理者评价说，"反馈一直是积极的——就像你从一个停车咪表得到的积极反馈那样"。[12]

图 15-3   按位付费咪表

图片来源：里诺国际

由于计算能力强，多车位咪表非常适合通过改变路边停车价格达到理想停车位空置率的目标。每个咪表上都有所管辖停车位每周、每天、每时段的占用率数据，这些数据可用来设置合适的停车价格。可以分析历史数据，预测达到期望占用率的停车价格，或者根据观察到的占用率实时调整价格。虽然乍看起来，根据变化的需求改变停车价格可能会有困难或不切实际，但只要看一眼路外停车场就会明白，那里已经有很多私人运营商通过持续调整停车价格来管理停车需求。

个人车载咪表[①]

为了停车更加方便，阿斯彭还使用个人车载停车咪表支付停车费。这些个人车载停车咪表看起来像小型袖珍计算器，司机将它们与可储值的智能卡结合使用来支付路边停车费。[13]

该系统工作原理如下。城市对路边车位收费区域做上标记，并分配一个号码，张贴每个区域的编号和费率。为了支付停车费，司机需要将区号输入咪表内，插入智能卡，打开咪表，将其悬挂在汽车前挡风玻璃内，并让液晶显示屏 (LCD) 朝外可见。咪表中的计时器从智能卡中计费扣除使用时间，直到司机返回后将其关闭。[14]因为执法人员看到液晶显示屏上闪烁的停车区域编号和使用时间，就可以很容易

---

① 原文为 Personal In-Vehicle Meters。(译者注)

判定一辆停泊汽车内的咪表是否正在运行。车载咪表在每次使用开始和结束时都会显示余额,提醒司机在需要时为其充值。

由于使用方便,欧洲人将车载咪表称为"电子钱包"。用车载咪表支付停车费,就像用预存费的电话卡支付长途电话。来电者根据打电话的地点、时间和通话时长支付长途电话费。有了车载咪表,司机可根据停车位地点、时间和停车时长支付停车费。

图 15-4 车载咪表

图片来源:智慧停车系统

1989 年,弗吉尼亚州阿灵顿成为美国第一个引进车载咪表的地方政府,随后的调查显示,司机对此表现出压倒性的积极回应。[15] 那些使用车载停车咪表的城市列出以下优点:

1. 无需现金。司机不需要在停车时使用硬币、代币或者零钱,因为车载咪表像借记卡一样操作方便。

2. 精确支付停车费。司机们为自己的停车时间付费——不多也不少,也无需为尚未使用的停车时间付费。

3. 不再为咪表焦虑。司机无需估计想停多久,也无需在规定时间内赶回车旁投币。

4. 安全。在个人安全不能得到保障的地方,司机会感到更加安全,因为付款时他们不必下车,可以呆在车内支付停车费。支付停车费时司机也免受恶劣天气的侵袭。

5. 停车费收据。车载停车咪表的电子存储器提供停车费收据,可以作为报销账单或税单。

6. 移动性。相同的车载停车咪表可以在几个城市使用。

7. 更快的周转。由于司机根据停车时间付费,车载停车咪表鼓励更快的停车位周转。司机也不会在路边浪费多余的时间，因为他们已经付过费。

8. 低成本。城市不需要购买、安装、维护常规的柱式安装停车咪表，也不需要收集、转移和清点硬币。

9. 收入提前入账。城市提前收到停车费，并赚取未用余额的利息。

10. 可调整的价格。车载停车咪表可以在不同地区、一天不同时间、一周不同日子以及不同的停车时间段，收取不同的停车费率。

11. 宽限期。如果法定的时间期限已经过期，车载停车咪表可以自动提供一个预设好的"宽限期"。

12. 兼容传统停车咪表。司机可以使用车载停车咪表，在常规停车咪表或多车位停车咪表上支付停车费。没有车载停车咪表的现金用户，可以采用向常规停车咪表投币的方式支付。

13. 没有盗窃或破坏行为。用户将智能卡插入咪表，键入停车的区域编号，并抽出智能卡激活停车咪表。当用户下次使用时插入借记卡，停车费会从借记卡中扣除。因为不含货币，人们没有动机去偷盗停车咪表，并且如果没有储值的智能卡就无法激活咪表。车载停车咪表消除传统停车咪表经常被恶意破坏的风险。

14. 易于执行。当停车咪表运行时，停车区域编号在液晶显示屏上闪烁，执法人员很容易看到车辆是否支付过停车费用。

15. 更少违规停车。通常，车载停车咪表的司机愿意支付停车费，而不是冒着吃罚单的风险违规停车。如果非法停车的预期费用 (罚款乘以收到罚单的概率) 超过合法停车的价格，人们会为了省钱按规定支付停车费。

16. 统计分析。每个区域停车时间保存在智能卡存储器中，向卡中充值时可以通过统计分析追溯信息。任何担心信息隐私的人可以随时采用现金结算，或者购买新智能卡，而不是往旧卡中充值。

17. 更好的城市设计。车载技术节省路边宝贵的空间，移走杂乱排放、不美观的咪表，并且不需要在路面上画线标记路边停车位。

对于司机和城市，这些优势的成本很低。在阿斯彭，只需要一次性向车载停车咪表预存 40 美元。司机可以提前支付自己想要的停车时间，也可以随时随地为停车咪表的余额充值。在该项目实施的头三天内，司机们购买了 300 个车载咪表，到 1998 年人们购买了更多的车载停车咪表，其数量已经超过该市的居民人数。[16]

与传统停车咪表相比，车载停车咪表节省了时间、空间和金钱。默里·特佩珀[①]是卡尔文·特林林[②]的小说《泰珀不出门》[③]的主人公，一位停车专家。他解释了传统咪表的问题：

---

① 原人名为 Murray Tepper。(译者注)

② 原人名为 Calvin Trillin。(译者注)

③ 原书名为 *Tepper Isn't Going Out*。(译者注)

特佩珀说，"我有 1.5 美元投资在这里面，所以在拿到投资回报之前，我有充分的理由停在这里。我在某个地方读到过，仅在纽约一地，当司机离开时，咪表上未到期时间的累计价值大概等于 38 个国家的国民生产总值。我承认，很难弄明白该从这个统计数据中得出什么。我的意思是，这并不意味着我们可以通过更长时间的停车帮助这些国家的经济。但事情就是这样。"17

有了车载停车咪表，司机只需为自己的停车时间付费，作为回报，他们会早早离开停车位。这种按照"停多久–付多少"①设计的价格结构，更好利用了稀缺的路边停车位，因为司机们不会在路边停车太久，他们已经为此付过费。原本未到期限的时间变成留在咪表中的钱，司机们现在节约了这笔钱，因为他们没必要停得过久，这样为其他司机提供了更多可用的停车位。节俭地停车节省了空间、时间和金钱。所以，道理就是这样简单。

手机支付

在欧洲，将大多数咪表转换成欧元的成本，促使人们开发更新型的无现金停车支付系统。例如，荷兰和瑞典的一些城市推出一个允许司机使用移动电话支付路边停车费的系统。18 司机停车后，拨打城市停车付费的号码，输入车牌号码以及停车区域编号进行停车计费。司机返回后，拨打同样的号码来结束付款。司机仅为实际使用过的时间付费，城市定期向司机寄送账单。汽车挡风玻璃上的无线电应答器可向执法人员显示这辆车已经在支付系统上登记过。不需要停车检查，执法人员使用手持扫描仪检查汽车上的应答器，查看汽车是否支付停车费。如果没有，则会开具一张电子停车罚单。

除了每辆汽车一个简单而必要的应答器之外，司机不需要购买任何特殊设备参与这个项目。这个项目不仅为司机增加便利，城市的收益还来自于蓄意破坏行为的减少、投币收集成本和咪表维护成本的降低。该系统还提供整个城市停车位占用情况的实时信息，帮助规划师评估和调整停车政策。在大多数国家，司机的手机拥有率正逐渐普及，手机支付系统 (也称为移动商务或电子支付②) 是一种方便的支付停车费用方式。

卫星支付

欧盟正在评估采用卫星技术实施全欧洲公路收费系统③的可行性。道路收费将通过全球定位系统 (GPS) 以电子方式进行评估，该系统将追踪行驶距离、行

① 原文为 pay-as-you-park。(译者注)
② 原文为 m-commerce 或 e-payments。(译者注)
③ 原文为 pan-European road tolling system。(译者注)

驶时间和所使用道路的等级信息。如果该计划得以实施，则可以扩展到支付路边停车费。当一辆汽车在路内停泊时，系统可以向车主收取道路使用费，就像汽车在行驶时一样。[19] 将停车收费与道路收费结合起来，可以把使用卫星收费系统的成本分摊到更广泛的交易基数之上，从而降低引入道路收费的成本。传统停车咪表的资金和运营成本的节约以及改变之前免费停车所得的收入，将有助于为基于GPS 的新咪表提供资金。

不是技术而是政治

曾几何时，原始的技术让路边停车难以按市场价格收费。现在，因为路外停车标准增加了停车位供给、降低了价格，大多数停车看起来过于便宜不值得收费。停车的成本从停车者那里转移到其他商品更高的价格之上，并且过剩的免费停车给人一种错觉，即停车收费花销巨大而收益甚少。因此，停车成本实际上是开车的外部成本。正如斯坦福大学经济学家、诺贝尔奖获得者肯尼思·阿罗[①]观察到的，一种外部性的存在，相当于一种市场的缺失，这通常发生在没有定义产权或者交易成本过高的情况下。但是停车位产权已经可以 (或能够) 清晰界定，而且新技术大大降低收费的交易成本。路边停车正确定价的真正障碍不是技术，而是政治。

几乎所有美国成年人都有一辆车，每辆车几乎大部分时间都是停着的。因此，免费停车看起来服务于每个人的利益，无论技术如何成熟，停车按市场价收费的建议似乎天真可笑。幸运的是，阿斯彭在付费停车方面的成功清晰地表明，即使最初面对一些抗议，路边停车按市场价格收费在政治上还是会受到欢迎。1994 年末，在停车收费开始前，反对者组织了一场"如果你讨厌停车收费，请鸣笛"运动。阿斯彭城市管理者描述了当时的场面：

> 正好是在新年前的星期五中午，市中心商店和餐馆员工 (以及很多市政厅的人) 从各自工作场所涌出，走到前面几步之遥的汽车里，开始长达半小时的鸣笛，抗议即将生效的停车规定。[20]

然而，一些市民发起了反示威活动来支持停车付费：

> 一些塞拉俱乐部[②]当地分会的成员戴着防毒面具游行，其中一人扮演骑独轮车的小丑，手里拿一个牌子，上面写着"如果你喜欢污浊的空气，请鸣笛"，这增添了几分趣味。[21]

---

① 肯尼斯·约瑟夫·阿罗 (Kenneth J. Arrow，1921~2017)，美国经济学家，因在一般均衡理论方面的突出贡献，1972 年他与约翰·希克斯共同荣获诺贝尔经济学奖。阿罗在微观经济学、社会选择等方面卓有成就，被认为是战后新古典经济学的开创者之一。此外，他还在风险决策、组织经济学、信息经济学、福利经济学和政治民主理论方面进行了创造性的工作。(译者注)

② 原文为 Sierra Club。(译者注)

尽管最初有一些抗议，付费停车在阿斯普进行得还不错。当免费停车时，市中心停车位高峰时段的占用率从 95％ 到 100％ 不等，找一个停车位太困难了。停车收费开始后，平均占用率下降到 70％ 左右，市中心停车变得更加容易。阿斯彭市民现在压倒性地支持该项目：

> 让那些鸣笛反对停车收费的人们懊恼的是，在 1995 年 5 月市政选举中，付费停车方案获得选民 3 比 1 的支持率……现在市中心大多数商人都认为，为购物者和顾客提供便利的停车位，其吸引力远远抵消了付费停车的任何一个缺点。同样地，居民停车许可证项目帮助商业核心区周边居民能够在自家街区找到一个地方停车，而不是几个街区之外。在夏季和冬季，城市停车楼经常停满车辆并开始产生盈余，这些收入可以再投资于交通改善项目。付费停车方案每年新增收入约为 60 万美元。[22]

一般而言，阿斯彭的观光客人数是本地居民的五倍。从居民的角度看，他们城市收到的停车咪表收入主要由游客支付。假设是你，难道不投票支持这个项目吗？

公共财政学家理查德·博德[①]解释说，收费除了在政治上受欢迎，还与用户使用路边停车的程度成正比，这是一个稳健的经济政策：

> 在制定一项稳健的公共政策时，一个初步的、恰如其分的立场是，任何公共服务中，若能识别出直接受益人，应该由受益人支付服务费用，除非可以提出合理的论据，支持某种程度上数额明确的补贴。这个出发点与许多国家似乎已经采取的措施完全相反，即现存的任何补贴都是正确的，因此任何变化的举证责任来自变革的支持者。这种立场可能不合逻辑，但使用者付费的支持者几乎不得不面对这一点。[23]

向游客收取路边停车费是一个与此不同的情况，在引入新的使用者付费政策时，支持者们很容易处理那种标准议题，即每一种现行补贴是合理的。使用者为他们的受益付费，而大多数使用者是不能投票的非本地居民。

结论：鸣笛，支持停车付费

阿斯彭居民投票支持付费停车，因为发现它具有几个重要的优势。它产生更多可用的路边停车空位，减少交通拥堵和空气污染，完善城市设计，增加路外停车场的使用，也从游客那里获得了可观的收入。

---

① 原人名为 Richard Bird。(译者注)

阿斯彭的经验提出了一个重要的问题：如果一个地方付费停车这么有效，为什么没有更多的城市尝试呢？答案隐藏在存入停车咪表的钱将用于何处。接下来的两个章节指出，如果每个社区都能将路边停车产生的收入留在本社区，许多城市的居民将会支持路边停车按公平的市场价格收费。我们已经拥有恰当的技术对路边停车收取市场价格。现在也可以采取恰当的政治手段。

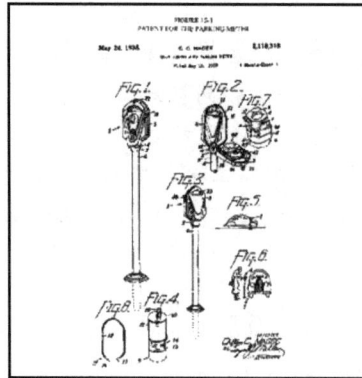

第 15 章注释

1. "停车咪表"，引自《俄克拉何马州历史和文化百科全书》。可在线查看：www.ok-history,mus,ok.us/enc/parking.htm。Fischer 和 Smith(1969，184) 报告说，俄克拉何马州新停车咪表每个造价为 23 美元，相当于 2004 年的 311 美元。

2. Fischer(1970，346)。卡尔·马奇 (Carl Magee) 曾指出，在引入停车咪表之前，"尽管有停车一小时的规定、定期执法以及周期性处罚，但仍有 80% 的汽车整天或一天中大部分时间停在街道上。这些长时间的停车者，主要是附近市中心商业区的业主和雇员。"(Thuesen 1967，115)。1935 年 8 月，该市进行了一项路边停车调查。在没有停车咪表的区域，60% 的停放汽车由商人或在市中心工作的人所有，停车位周转率较低。在有停车咪表的地区，停车位周转率更快，交通流动更大 (Fischer 和 Smith，1969，201)。

3. 俄克拉荷马市第三五旬节圣洁教堂 (Third Pentecostal Holiness Church) 牧师 C. H. North，是第一位因咪表超时停车而被传讯的司机。牧师"自称是有罪的，但坚持说，他去商店换零钱，当回来投币时，发现挡风玻璃上有一张罚单"。这个在当时相当新颖的借口说服了法官，驳回了这个传讯 (Fischer 和 Smith，1969，192)。

4. 1954 年 9 月 16 日，在美国国家科学作家协会的谈话中，美国原子能委员会主席路易斯·L. 斯特劳斯 (Lewis L. Strauss) 上将说："我们的孩子们在家里享受到廉价而无需计价电能，这并不是一种奢望。"核电站生产出现代、丰富和清洁的能源，将以某种方式免费获取，就像路边停车一样。

5. 城市可以用那些旧的停车咪表来做什么？它们可能会效仿西雅图的做法，将其转换为"用于捐赠的停车咪表"。西雅图调整了未曾使用的停车咪表的用途，它们可以接受行人们的零钱，希望那些不愿意把钱给乞丐的捐助者将硬币放入停车咪表中；这笔钱用于支付无家可归的年轻人参加社区项目和进行职业培训。"这不是一个停车咪表"，大学路上的标志上写着，"这意味着一次崭新开始的机会。"城市官员说，这种停车咪表是一种方式，引发人们对无家可归者的关注以及有助于为他们提供服务，然而，市长也承认，这也是一种劝阻乞讨的新方式 (《经济学人》(*The Economist*，美国版)，2003 年 8 月 16 日，26)。

6. 在未来，停车收费技术无疑将继续快速发展。即使是路边停车，技术也已经有所改善。日本一些汽车有自动驾驶装置，在没有司机帮助下自动泊车。当司机即将驶入路边停车位时，屏幕上会显示旁边停泊汽车的状况。司机触摸屏幕，指示想要停入车位的位置，然后汽车接收到指令，采用电子传感器判断其位置，避让其他停放的汽车和路缘。司机在停车时不必接触方向盘或油门，而汽车自动完成停放动作。因此，新技术标志着老式停车咪表以及有难度的平行泊车 (parallel parking) 的终结。

7. Ready(1998，7)。

8. Ready(1998，10)。

9. Ready(1998，11)。当迈阿密 2003 年推出凭票泊车咪表时，在系统运行第一天，城市为每个咪表安排专人答疑解惑、提供帮助和进行故障排除。另外，持有过期收据的汽车不会收到传讯，而是一张"警告卡"，提醒客户有关凭票泊车咪表的好处 (《专业停车》，2004 年 8 月 28 日)。

10. 若想要电话支付，司机可拨打一个免费电话，将所需时间输入咪表。一条短信发送到授权交易的停车咪表，同时司机的信用卡处于借记状态。

11. Van Horn(1999，42-44)。Van Horn 报道了按车位计费另外一个优势："在伯克利一些地方，停车规则随车位互不相同。例如，在一个单元控制的三个停车位中，规定从早上 7 点到中午不准停车。在同个单元控制的其他停车位中，车位从上午九点到下午六点均可使用。咪表显示哪个时间段哪个停车位可用，如果一位停车者在该时间内选择了不可用的停车位，则咪表将给出提示并且不允许停车者投币。"

12. "伯克利停车咪表向高科技发展"，来自《旧金山纪事报》(*San Francisco Chronicle*)，1999 年 8 月 30 日。然而，伯克利所有停车咪表持续遭受破坏。第 16 章和第 17 章介绍如何将停车咪表收入返回所在的社区进行公共投资，这会增加民众对停车咪表的支持，并劝阻破坏公物的行为。

13. 一些制造商的网站展示了车载咪表的工作原理。例如,可访问网站:www.park-o-pin.de/start.htm 和 www.ganis-smartpark.com/。一些城市使用过简单的代金券停车系统,车载咪表是它的高科技版本,如康涅狄格州纽黑文。司机购买一份许可证说明书,刮开面板上恰当的位置显示停车的日期和时间,并将凭证摆放在车窗内。

14. 如果实际超出时限,时间显示为负,并提示超过的时间;像常规的停车咪表显示违规行为一样,交通执法人员可以开具罚单。另外,城市可以设置车载咪表,以更高的费率对超时停放者进行收费。

15. 《公共技术》(*Public Technology*)。1990 年 11 月/12 月,第 4 页。

16. Ready(1998,6)。1996 年,阿斯彭因其交通和停车规划获得国际停车协会卓越奖。

17. Trillin(2001,14)。

18. 参见"荷兰城市推出移动互联网无现金停车"。《今日停车》(*Parking Today*),2001 年 8 月,24-26。

19. 欧洲系统将采用伽利略全球导航卫星系统,预计 2008 年提供精度在一米内的实时定位服务。当然,停在路外干道或停车场里的汽车不会收取路边停车费。系统还能检测违规停车;然而,因为价格可以替代路边停车的时间限制,据推测可能会有更少的违规行为。卫星技术不得不大幅度改善用于停车收费,但实际上,技术总是随着时间的推移而改善。

20. Ready(1998,7)。

21. Ready(1998,7)。

22. Ready(1998,8 和 12)。

23. Bird(1997,539)。

第 16 章 从小变到大变

如果建立市场去实施政策是可行的，没有一个政策制定者能找到比这更经济的方案了。

——J. H. 戴尔斯[①]

你投入停车咪表的钱似乎消失在空气中。没人知道钱去了哪里，加上人人都想免费停车，因此政治家们发现，设置路外停车位数量标准比实施路边停车市场定价要容易得多。[1] 但是，如果城市返还路边停车收入用于支付所在社区的公共服务，则可以改变停车的政治博弈。如果每个社区可以保留所产生的停车收入，一群拥护市场定价、强大的新支持者由此产生——获得停车收入的社区正是这样的支持者。如果由非本地居民为路边停车付费，城市将这些收入用于造福本地居民，那么路边停车收费可以变成一项受欢迎的政策，而不像如今这样经常陷入政治险局。为了解释这个提议，我将在两个情境中描述它是如何工作的：商业区 (本章) 和居住社区 (下一章)。

停车受益区

考虑到一个历史古老的商业区，那里大多数商店没有路外停车场，很难找到路边空车位。为寻找免费路边车位的巡游车辆堵塞了街道，每个人都在抱怨停车位不足。对路边停车收取市场价，可以增加收入，减轻交通拥堵，而且留出几个空车位方便顾客停车，这样会吸引那些愿意付钱而不愿花时间找停车位的人。然而，商家担心收费会流失一些客户。假设在这种情况下城市创建一个"停车受益区"[②]，其中所有来自咪表的收入用于清洁人行道，在街道两边植树，改善商店门面，将管线铺设入地以及确保公共安全等。咪表收入有助于将商业区变成人们想要访问的热门区域，而不仅仅是一个可免费停车的地方。由区域产生的收入将返还至该区域，为区域提供公共服务，这样可以说服商人和业主支持路边停车市场定价。[2]

---

① 1968 年，美国经济学家戴尔斯 (J. H. Dales) 在《污染、财富和价格》(*Pollution, Property and Prices*) 中对排污权交易进行了详细阐述。1977 年美国国家环保局 (EPA) 开始将排污权交易政策用于大气污染。(译者注)

② 原文为 Parking Benefit Districts。(译者注)

适当的价格吸引更多客户

保留几个空闲的路边停车位就像商店库存一样，人人都能理解商店调整价格以平衡供求关系。类似地，如果空车位太多 (库存太多)，可以降低路边停车价格，而如果空车位太少 (库存太少) 则可以涨价。路边停车正确的价格是保证路边既能留出几个空车位，又允许人们方便使用停车位的最低价格。如果路边没有可用的车位，那么即使降低价格，可能也不会吸引到更多的客户——正如降低其他短缺商品的价格并不能增加其销售量。例如，一家百货公司在圣诞期间卖光了最热门的玩具，无论如何降低这款玩具的价格，都不能吸引更多购买者。因此在一个车位全部停满的区域，如何降低停车价格吸引更多的客户？低于市场价的路边停车只是会导致巡游和交通拥堵。定价的目标是产生 85% 的占用率，这样司机可以在目的地附近迅速找到停车之处。

低价的路边停车无法增加可用车位的数量，因此并不能增加停在路边的汽车数量。恰恰相反，定价过低的路边停车倒是产生了一种停车位短缺状况，使潜在的顾客流失。如果只需五分钟就可以开车停到别处，为什么非要在车位被占满的商业区花上十分钟巡游寻找泊位？短时停车者对停车费的敏感程度要低于寻找停车位的时间价值，因此只要收费足够高，就可以产生几个空车位，吸引那些宁可付费也不愿找不到车位的顾客。[3] 把咪表所得收入用于改进公共设施，使这片区域有足够的吸引力赢得更多的顾客。

有可用的停车位是吸引客户的关键。通过一项对荷兰 1,704 户家庭的调查，Harmen Oppewal 和 Harry Timmermans 研究了停车费、停车占用率和时间限制如何影响顾客访问购物中心的可能性。[4] 正如预期的那样，购物者不喜欢较高的停车费，但也不喜欢拥挤的停车场以及对停车时间有所限制。因此，采用价格来消除停车拥挤和停车时间限制，可以改善购物者对于目的地路边停车位价格偏低但又稀缺的评价。市场价格可以产生几个空车位，增加周转率，缩短搜索时间，并吸引由于车位短缺而流失的顾客。停车不再免费，但会更为方便。

停车周转率取决于用户如何回应价格。如果路边泊车的价格上涨，停车者可停留更短时间，而长期停车的人可停放在路外停车场。这两种回应都可以提高路边车位的周转率，因此一天中有更多汽车可以停放在路边。想要快速购物的顾客会找到可用的停车位，而那些想逗留或闲逛的人发现把车停在路外停车场更便宜。那些不愿意将几个硬币投入停车咪表的司机，很有可能不会在附近商店花上很多钱，而他们占用的停车位可以被那些真正想买些东西的人使用。

对路边停车收取市场价格，其目的不是为了极大化咪表收入，而是为了更有效配置路边车位——给那些不愿意浪费时间巡游找车位而愿意付费停车的司机 (及车上乘客)。如果咪表价格刚好确保每个街区有几个空车位，那么仅短暂停留的购物者就无需在每趟出行中支付过多的停车费，那些高乘坐率的车辆则可以分摊停车费，每个人也不必付太多钱。简而言之，路边停车正确定价可以：(1) 确保每个人可停车而无需巡游；(2) 鼓励短时停车，从而增加周转率；(3) 有利于更高乘坐率车辆①的购物者。因此，价格合理的路边停车可以吸引更多的顾客，总的来说，他们在购物时会花掉更多的钱。

每次仅在街道一侧安装咪表

路边停车正确定价的传播方式与 1935 年首次亮相的停车咪表相似。城市并不是简单地在一天内将咪表装遍全城，然后第二天开始收费。相反，城市通常在市中心街道一侧安装咪表，向人们展示它们如何工作，俄克拉荷马市执政官解释了这个过程：

> 街道两边对比明显。没有停车咪表的一侧较为混乱，而有咪表的一侧则很有秩序，充足的停车位让每辆汽车可以快速停放及方便地驶出，而且通常总是有空闲的停车位。5

到 1937 年，俄克拉荷马市安装了第一台停车咪表，仅仅两年之后，两万个咪表安装在 35 个城市的人行道上，并且好评如潮。莱昂·布朗②调查了这些城市停车咪表的使用情况，并在《美国城市》③中报告说：

> 商家和顾客都很喜欢咪表。当街道一侧装有停车咪表时，另外一侧的商家也要求安装。当一个小镇拥有咪表时，附近小镇的商人也会要求安装，这表明它们吸引外地购物者，而不是赶走他们。6

停车受益区也可采用相同的方式引进。假设城市在商业区一条街道上对路边停车收费，只要价格足够高，就能保证有几个空车位。每个想在街上购物的人可以很容易找到路边停车位，并打算把咪表收入用于清理人行道、种植树木或改善沿街店面外墙。其他街道仍维持免费停车，那里的停车位总是被占满，缓慢地周转着。每个人都抱怨街道上免费停车位不足，另外，汽车为寻找免费停车位阻塞了交通，也没有咪表收入来清洁人行道、种植树木以及修缮沿街店面。你会更喜欢在哪条街道上做生意？

商家可能反对收取停车费，理由是它会让客户流失，但是这种恐惧往往毫无根据。停车顾问玛丽·史密斯④解释说，许多客户是短时停车，他们更关心停车的便利性，而不是停车费用：

---

① 原文为 higher-occupancy vehicles。(译者注)

② 原人名为 Leon Brown。(译者注)

③ 原书名为 *American City*。(译者注)

④ 原人名为 Mary Smith。(译者注)

圆心购物中心①，一家位于印第安纳波利斯市中心的公私合营企业，当它的零售和娱乐中心即将开业时，前三个小时设置为相对便宜的一美元停车费，许多媒体猜测在这个问题上它是否会获得成功。然后，收费标准跃升到每小时两美元……然而直到最后，停车费对购物者而言不是个大问题；以每平方英尺年度销售额计算，该项目在全国零售业中排名前百分之五……如果相比郊区的购物中心，市中心的停车有什么负面影响，那就是缺乏便利的停车位，而不是缺乏免费停车位。7

如果商家认识到，对客户而言，便利的停车比免费停车更重要，并且保证他们所在的商业区获得所有咪表收入，那么他们很快会支持按市场价格收取停车费。8

一种合理的获益者：商业改善区

路边停车收入是一种对受益人非常敏感的利益：这笔资金需要找到正确的接受者，才能为市场定价提供政治支持。在商业区域内，商业改善区 (BID)②是合理的接受者。在 BID 中，业主自身评估是否需要购买城市供给水平之外的附加公共服务。9 本质上，BID 是"合作资本主义"③的一种形式，对于城市无法提供的当地公共服务 (如清扫人行道)，或供给水平无法让人满意 (如安全)，需要业主自行提供。认识到自身物业的价值取决于周边环境质量，业主们愿意为这些额外的"干净且安全"公共服务付费。对公共服务的估价大致正比于每个物业得到的收益，并且，所有业主公平地支付自己的份额，因此每人承担的成本可以很小。让业主们设立 BID 的经济激励在于他们所期望的商业回报将超出个人估价。

自从 1965 年第一个 BID 在多伦多市中心成立以来，商业改善区成倍增长，现在许多城市鼓励当地商业和业主成立商业改善区。这些组织具有良好业绩及完善的法律体系，并且公职人员和企业主熟悉其运作规则。因此，商业改善区是路边停车收入的成熟、合法的接受者。假设城市为商业改善区提供其边界范围内的停车咪表收入。这种安排达到城市配合拨款④的要求：如果商家们拿出一部分钱用于支付改善公共服务，城市将捐出该区域的路边停车收入，作为额外的资金支持。额外的停车收入或可用于降低商业必须支付的公共服务费用，或可以增加该区域所能提供的公共服务水平。不管哪种方式，配合拨款方式鼓励当地商业形成 BID，

---

① 原文为 Circle Centre。(译者注)

② 原文为 Business Improvement Districts，简称 BID。(译者注)

③ 原文为 cooperative capitalism。(译者注)

④ 原文为 matching grant，也译为配合拨款的财政补贴、匹配赠款。(译者注)

而且咪表收入也可引导受益的商家努力提供自助的公共服务。

　　指定路边停车收入用作商业改善区的资金,并在停车定价时给予商家们适当的发言权,将鼓励停车位供给进行商业化管理。每个商业区可以评估其他商业区如何处理路边停车,它们可以权衡替代政策的收益和成本。商业改善区将不遗余力地为所在区域的路边停车选择最佳政策,因为如果是好决策,它们将第一个受益,如果是坏决策,它们也是第一个受损。商业改善区可以通过安装更多的停车咪表、延长收费时间或提高咪表费率而增加收入。更为重要的是,对路边停车按市场定价为维持几个空车位,鼓励周转率,让短时购物者有更多路边车位可用,因此增加停车位供给的生产率。

　　如果咪表收入由于纳入一般财政基金而消失得无影无踪,那么即使看到一辆汽车超时停在咪表前,也无人会对此感到不安。结果就是停车执法者可能成为社会上最不受尊敬的公务员。在一部 2003 年加拿大关于停车执法的模拟纪录片《停车的精妙艺术》①中,一位具有奉献精神的咪表抄表员说,“停车执法的真实含义,是为这个城市的市民提供一项重要服务,它对全社会都有好处。我是一个诚实肯干的人,每天早早起床,深知自己在确保道路不受阻碍以及交通畅通上扮演着关键角色。”但是,一位接受采访的路人却说,“咪表抄表员!我恨不得把他们排成一行,然后把他们给枪毙了。”10

　　其他公用事业的抄表员不会引发类似的敌意。煤气、电力和自来水表具可以精确测量每户家庭的使用量,抄表员只是简单记录消费额。传统停车咪表比其他表具使用起来更不方便,因为司机需要提前为期望使用的时间付费。停车抄表员的功能不是测量一位司机已经用了多少时间,相反要对超时而未付费的停车者开出罚单。这种对停车咪表抄表员的特殊敌意,意味着支付方式而不是支付本身成为停车咪表的主要问题。如果停车咪表采用先停车后付费的方式,只支付汽车占用路边车位之后的时间 (就像车载咪表及采用手机支付),那么面临的反对意见可能会少一些。对那些不付费者仍需要开具罚单,但咪表仅对使用过的时间收费,应该可以减少停车者对执法官员的一些敌意。

　　司机们总是反对严格的咪表执法,但是把停车收入用于商业改善区,将形成一个支持有效执法的新利益群体。如果咪表收入用于商业改善区,那些看见商店前面有超时停车的商家会将超时者视为占据路边车位的揩油者,本来这些车位可以被其他想找空车位又愿意付费停车的司机所用。支持更严格执法的商业改善区将会获得更多收入,而城市将获得更多罚单收入。在一项大城市路内停车政策调查中,Allison de Cerreño 发现,对于每 1 美元咪表收入,平均而言,城市收取5.10 美元的停车罚款。因此,支持更严格执法的商家可以为城市提供大量的一般

---

　　① 原片名为 *The Delicate Art of Parking*。模拟纪录片是一种电视或电台节目,以纪录片形式制作,意在显得真实,但含有虚构成分。(译者注)

收入①。11

对于司机而言,停车咪表象征着一个为贪婪封建地主工作的现代版收租人。如果停车收费所得不能为一项广泛受益的公共服务提供资金的话,那么城市对路边停车市场定价将难以说服许多人。两个加州城市———帕萨迪纳和圣迭戈——返还咪表收入给所在商业区,已经在这项改革上取得进展。帕萨迪纳返还全部收入,而圣迭戈返还 45%。一项对两个城市项目的评价显示,这项改革通过改善停车、公共服务和城市设计,有助于老商业区恢复活力。

帕萨迪纳:你投入咪表的钱让它变得不同

帕萨迪纳市中心在 20 世纪 30 年代至 80 年代之间没落了,但从那以后,又以"老帕萨迪纳"之名复兴,成为南加州最受欢迎的购物和娱乐场所之一。两种政策——返还停车收入改善公共服务以及改革停车位数量标准——在这一复兴中扮演了重大角色。12

历史

老帕萨迪纳是城市的原始商业核心区。20 世纪初是一个优雅的购物区。1929 年,帕萨迪纳将主要街道科罗拉多大道扩宽了 28 英尺。这需要将街道两旁的建筑物向后挪动 14 英尺。业主将自身建筑物前端拆除了 14 英尺,并对大部分建筑物采用流行的西班牙殖民地复兴或艺术装饰风格的外墙。然而在早期的文物保护案例中,一些业主仍然保留了原始外墙。各种复兴改造形成了一种反映 1929 年前后风格的美观街景,构成古老的帕萨迪纳市中心的城市形态。

该地区在大萧条时期陷入衰落,第二次世界大战之后,店面狭窄和停车位缺乏,许多商人去寻找更加现代化环境下更大的零售空间。老帕萨迪纳变成了城市贫民窟,美丽的建筑物处于糟糕的外部环境中。该地区主要以典当商店、色情剧院和纹身店闻名,而到了 20 世纪 70 年代,大部分商店变成零售业的贫民窟,有待重新开发。街道两旁是闲置的店铺,业主们任由自家建筑破败,因为低廉的租金不足以支付维修费用。帕萨迪纳重建局②拆除了科罗拉多大道上三个历史悠久的街区,为帕萨迪纳广场让路。这是一个封闭式商场,拥有充足免费停车位。新建筑取代了其他历史建筑,外墙覆盖着那个时代时尚的黑玻璃 (见图 16-1)。由此出现的"帕萨迪纳公司"③让许多市民吓了一跳,促使该市重新考虑该地区的规划

---

① 原文为 general revenue,指来自于商业和地产税收的未被分配的财政收入,可用于各种城市公共服务。(译者注)

② 原文为 Redevelopment Agency。(译者注)

③ 原文为 Corporate Pasadena。(译者注)

方案。1978 年，该市公布了老帕萨迪纳计划 ①，计划指出，"如果该地区能以特色振兴，在整个区域中将会独一无二"。[13] 然而，这个计划并没有低估存在的现实问题，将该地区描述为不守规矩、不合时宜和不安全之处：

> 通常认为该地区不受欢迎，也不安全。对于西科罗拉多州的评论
> 包括以下内容："多年以来该地区一直在走下坡路""那是一堆肮脏的
> 老建筑""脏乱不堪""这是帕萨迪纳的病孩子""该地区不安全"。[14]

1971 年 7 月 7 日，位于科罗拉多大道和马伦戈大街转角处的帕萨迪纳马瑟大厦②被拆毁

图片来源：帕萨迪纳公共图书馆

取而代之的建筑
图片来源：Douglas Kolozsvari

图 16-1　老帕萨迪纳的城市更新

---

① 原文为 Plan for Old Pasadena。(译者注)
② 原文为 Mather Building。(译者注)

尽管 1983 年城市成功将老帕萨迪纳遗留下来的城区列入国家历史名胜古迹名册①，但是商业复兴缓慢，部分原因在于大部分建筑没有路外停车场。

在 20 世纪 80 年代和 90 年代，城市出台了两项创新性停车政策，对老帕萨迪纳的复兴做出重大贡献。第一，返还停车咪表收入以改善公共服务。第二，允许老帕萨迪纳的商家以适当付费方式取代路外停车位数量标准，使业主有可能修复现存建筑物，或无需在改变其用途时增加新车位；老帕萨迪纳两个公共停车场提供了停车位，这些停车位若按以前的规定必须由个人地产来提供。[15]

停车咪表和收入回报

直到 1993 年，老帕萨迪纳才安装了停车咪表。所有路边停车均免费并设有两小时的时间限制。雇员把车停在最方便的路边车位，并不时移动汽车以免收到罚单，因此顾客很难找到停车之处。[16] 该市工作人员建议安装停车咪表管理路边停车，但是商人和业主反对这一提议。他们意识到雇员占据许多最方便的路边车位，但仍然担心咪表收费会阻碍顾客的到来，而不是为顾客腾出车位。他们认为，顾客和租客想要去购物中心免费停车。停车咪表的支持者反驳说，任何因不能免费停车而离开的人可以为那些能找到空车位并愿意付费的人腾出空间，而且，想要方便的短时停车却无法满足也会让许多潜在的顾客离开。支持者还认为，在老帕萨迪纳城区，那些愿意为停车付费的人可能会在商店里花更多的钱购物。

有关咪表的辩论持续了两年，城市最终与商家和业主达成一项妥协：所有咪表收入都将用于老帕萨迪纳的公共投资。可以用一种新眼光看待停车咪表——作为一种收入来源——而且改善公共设施的愿望瞬时超过对客户流失的担心。商家和业主同意对路边停车收取非同寻常的高费率，每小时一美元，甚至还同意停车咪表在晚上和周日持续运作。城市想改善老帕萨迪纳，因此也喜欢这样的安排。咪表可以提供 500 万美元，这为城市雄心勃勃的计划提供资金，以改善老帕萨迪纳的街道景观，将小巷改造成步行街，方便人们到达餐馆和商店。[17] 改善计划有效实施后，老帕萨迪纳变成一个停车受益区。商家和业主采纳了购买停车咪表的建议，因为他们享受到停车收入的回报。

增加公共服务和地方控制。该市与老帕萨迪纳商业改善区 (BID) 合作，为老帕萨迪纳停车收费区 (PMZ)② 划定边界，收费区内安装了咪表。只有安装咪表的街区才会直接从咪表收入中获益。该市还成立了由商家和业主组成的老帕萨迪纳停车收费区咨询委员会，他们对停车政策提出建议，并对区域内咪表收入的使用设定优先级。[18] 停车计划的成功实施主要归功于地方上的控制以及新增公共服务。

---

① 原文为 National Register of Historic Places。（译者注）
② 原文为 Parking Meter Zone，简称 PMZ。（译者注）

老帕萨迪纳停车收费区咨询委员会主席玛丽莲·布坎南[①]认为，"停车咪表能够首先进入老帕萨迪纳的唯一原因，是城市同意所有的停车收入都会留在老帕萨迪纳使用。"[19]

该市于 1993 年安装停车咪表，随后马上借贷 500 万美元为"老帕萨迪纳道路环境改造工程"提供资金，并用咪表收入来偿还债务。贷款募集的资金用于该地区的街头设施、树木、树栅栏和复古照明灯具。破旧的小巷变成安全、功能齐全的步行街，通往商店和餐馆。

2001 年，老帕萨迪纳 690 个停车咪表的产出是 130 万美元，即平均每个咪表收入 1,867 美元 (如表 16-1)。停车收费区还从咪表车位代客泊车服务以及咪表基金余额中获得额外收益，总收入为 140 万美元 (平均每个咪表为 2,096 美元)。总资本和获取收益的运营费用为每个咪表 383 美元 (约占总收入的 18%)。[20] 因此，老帕萨迪纳收到净停车收益 120 万美元 (平均每个咪表 1,712 美元) 用于资助额外的公共服务。

这项收入的第一项用途是每年支付 44.8 万美元债务，偿还为改建人行道和街巷借贷的 500 万美元。剩下的收入中有 69.4 万美元用于增加老帕萨迪纳的公共服务。该市提供了其中一些服务，诸如增加警察徒步巡逻服务，该项服务成本为 24.8 万美元。老帕萨迪纳还为该地区的商业受益区 (老帕萨迪纳管理区，与停车收费区边界相同) 提供 42.6 万美元的咪表收入，用于增加人行道和街道维护以及市场营销 (地图、宣传册和当地报纸广告)。停车执法人员一直监控咪表到深夜，是官方版的"街道上的眼睛"[②]，他们的出现进一步增强了安全性。在老帕萨迪纳停车的司机为所有这些公共服务提供资金，商家、业主或者纳税人则不用支付任何成本。这笔钱似乎凭空而来。

良性循环。随着该地区吸引更多的行人，人行道需要更多的维护。早在老帕萨迪纳依靠城市进行定期清洁和维护的时代，这可真是个大问题，但是现在商业受益区可以拿出咪表所得收入去支付新增的服务。商业受益区已经安排好每天清扫街道和人行道、收集垃圾、从街道设施上移除小广告或贴画以及定期蒸汽清洗科罗拉多大道的人行道等工作。[21] 把咪表收入返还给老帕萨迪纳，创造了持续改进的"良性循环"。咪表收益用于改善公共设施，公共设施的改善使该地区对游客更有吸引力，而游客支付路边停车费，接着更多咪表收入可用于改善公共设施。赋予商业受益区合理支出咪表收入的责任，可以向商家和业主保证这笔收入并没有被城市挪作他用。为了提醒每个人这笔钱用到何处，咪表上的贴纸这样写道，"你投入咪表的钱让老帕萨迪纳变得不同"。

---

① 原人名为 Marilyn Buchanan。(译者注)

② 原文为 eyes on the street，简称"街道眼"，出自简·雅各布斯《美国大城市的死与生》。(译者注)

表 16-1　　2001 财年老帕萨迪纳咪表收入和支出情况

停车收入		
咪表收费	$1,288,012	每咪表 $1,867(共 690 个咪表)
代客泊车	$68,915	代客泊车位的使用
投资收益	$89,067	基金结余利息
总停车收入	$1,445,994	每咪表 $2,096
停车支出		
运营支出		
人员支出	$51,162	
现金处理	$44,112	
城市废气处理	$34,425	
材料及物料	$10,335	
损毁替换	$11,862	
租金	$7,896	
内部服务费	$2,335	
总运营支出	$162,127	每咪表 $235 (收入的 11%)
资本支出		
停车咪表租赁付款	$66,338	
停车咪表更换费	$36,000	
总资本支出	$102,338	每咪表 $148 (收入的 7%)
总停车支出	$264,465	每咪表 $383 (收入的 18%)
停车净收入	$1,181,529	每咪表 $1,712 (收入的 82%)
帕萨迪纳老城支出		
帕萨迪纳老城运营支出	$247,681	帕萨迪纳
安保	$20,600	帕萨迪纳
照明服务		
额外的人行道和街道维护费	$410,796	老帕萨迪纳
营销	$15,000	老帕萨迪纳
总运营支出	$694,077	停车净收入的 59%
帕萨迪纳老城资本支出		
街道和小巷债务还本付息	$448,393	停车净收入的 38%
帕萨迪纳老城总支出	**$1,142,470**	**停车净收入的 97%**
扣除所有支出的净收入	$39,059	停车净收入的 3%

来源：帕萨迪纳市长给市议会财政委员会的备忘录，2001 年 5 月 21 日。

公共停车库和分区停车信贷

第二个政策——公共停车库而不是私人停车位——也刺激了老帕萨迪纳的复兴。在城市"停车信贷项目"[①]下，商家可以向城市支付适当费用，代替按要求提供路外停车位，2001 年每个停车位每年仅 115 美元。[22] 因为每年支付 115 美元比提供一个路外停车位便宜得多，大多数商家选择付费而不是按要求提供停车位。低收费的停车信贷消除了对现有建筑物进行适应性再利用[②]的障碍，而从停车标准中获得的自由本质上是打造新商业的自由。

---

① 原文为 Parking Credit Program。(译者注)
② 原文为 adaptive reuse。(译者注)

图 16-2　帕萨迪纳停车咪表

图片来源：帕萨迪纳交通局

让适应性再利用产生收益

这里用一个例子表明停车信贷如何促进老帕萨迪纳的繁荣。由于建造在城市设定停车标准之前，很少有建筑物拥有路外停车位。如果在城市设定停车标准之前建筑物已经投入使用，那么任何商家无需路外停车位都可以继续在场所上做生意 (见第 3 章)。假设一个典当行 (从贫民窟时代起) 占据没有路外停车位的零售空间。虽然帕萨迪纳对典当行每千平方英尺面积要求提供 2.5 个停车位，但因为拥有豁免权，典当行可以没有停车位而继续经营。但是如果典当行关闭，一家餐馆想要使用这个场所，这种用途变更会触发城市停车标准，即每千平方英尺需要 20 个停车位。如果计划修建的餐馆有 1,000 平方英尺就餐区，那么城市通常要求提供 20 个路外停车位，但由于该地区的土地混合使用特征，老帕萨迪纳的停车标准降低 25%，所以只需要 15 个停车位。不过，如果没有停车信贷计划，除非餐馆提供 15 个路外停车位，否则就不能开业。如果通过某种工程和财务上的奇迹，餐馆可以建造 15 个停车位，费用为每个停车位 2 万美元，总花费为 30 万美元，相当于每平方英尺 300 美元的就餐区面积。但在该停车信贷项目中，餐馆每年只需向城市支付 1,725 美元租用 15 个停车位来满足停车标准 (15 个停车位 ×115 美元/车位)，相当于每平方英尺就餐区只有 1.73 美元。选择为停车位支付一个较低的年费，而不是为修建停车位支付较高的预付费用，让许多新餐馆在老帕萨迪纳开业。

在大多数城市，停车标准增加在旧建筑中开设新商业的成本，因而降低对历史文物保护的投资回报。老帕萨迪纳的停车信贷降低了开业成本 (见图 16-3)。在老帕萨迪纳，路外停车场的配建标准已经不再是开展新业务的障碍。

图 16-3　　在适应性再利用之前的建筑 (左)；新萨克斯第五大道 (右)；在老帕萨迪纳实施停车
信贷，让这种适应性再利用投资变得有利可图

图片来源：帕萨迪纳公共图书馆 (左)；Donald C. Shoup(右)

为共享停车融资。为了容纳新业务产生的停车需求，该市建成了两个公共停车楼，为私人建筑向公众开放做出贡献。1,567 个公共停车位在不同用地类型、不同时段高峰停车需求之间共享，因此较少的停车位就可以满足总停车需求。城市对公共停车库每个停车位发放 1.5 个停车信贷积分。这个停车信贷计划始于 1987 年，到 2001 年城市已经发放了 2,350 个信贷积分。为达到城市停车标准而购买信贷积分的商家不会获得市政建筑的停车许可证；他们的客户和雇员按与其他司机相同的费率付费。然而，停车信贷将公共停车位与老帕萨迪纳的私人开发项目关联起来。这种关联允许商家既能够满足城市停车标准又无需提供额外的现场停车位。

老帕萨迪纳的游客可在公共停车库免费停车 90 分钟，之后每小时收费两美元，一天最高可达 6 美元。2001 年停车库资本金及运营支出达到 468 万美元，停车费带来 325 万美元收入 (见表 16-2)。由于司机支付了停车库总年度资本和运营成本的三分之二，该市可以向商家收取适度的停车信贷费用。停车信贷收入总计 22.9 万美元，仅占公共停车费总支出的 5%。缺口为 159 万美元 (年支出 − 停车收入)，由停车信贷、投资收益、增值税收入和地面零售空间的租赁收入组成。因此，停车信贷系统将支付停车的大部分负担从商家转移到司机——它确实该由司机负担。由于司机为使用公共停车位付费，所以商家只需要为停车信贷支付很少的费用。马莎·罗德[①] 从 1983 年到 2000 年担任帕萨迪纳开发署署长，她认为："没有公共停车楼，老帕萨迪纳的复兴就不会发生"。[23] 成千上万的人可以在商店、餐馆和酒吧里享受时光，部分原因是把这些行人带进这一区域的所有车辆都停放在

---

① 原人名为 Marsha Rood。(译者注)

公共停车库中。

表 16-2　2001 财年老帕萨迪纳的停车楼资金状况

停车收入		
按月及按小时停车费	$3,251,538	66%
税收增量	$787,371	16%
租赁收入	$313,089	6%
投资收益	$256,024	5%
停车贷款	$228,537	5%
万豪酒店收入	$83,612	2%
其他	$7,425	0%
总停车收入	$4,927,596	100%
停车支出		
运营支出		
合同服务	$1,010,576	21%
公共事业费	$203,211	4%
万豪酒店支出	$175,180	4%
人员支出	$109,320	2%
城市废弃物处理	$62,705	1%
保险	$49,665	1%
内部服务费	$47,236	1%
帕萨迪纳老城辖区	$30,000	1%
租赁支出	$10,860	0%
材料及物料	$9,422	0%
总运营支出	$1,708,175	35%
资本支出		
车库建筑债务还本付息	$2,219,694	46%
普通基金付息	$350,000	7%
万豪酒店建筑债务还本付息	$209,000	4%
地震升级债务还本付息	$133,958	3%
债券溢价摊销	$119,521	2%
土地成本摊销	$96,333	2%
总资本支出	$3,128,506	65%
总停车支出	$4,836,681	100%
净停车收入	$90,915	

来源：帕萨迪纳市长给市议会财政委员会的备忘录，2001 年 5 月 21 日。

　　由于城市将老帕萨迪纳路外停车标准降低了 25%，并为每个公共停车位发放 1.5 个停车信贷积分，老帕萨迪纳的停车位数量要少于该市其他地区。不妨回到餐馆的例子，城市通常要求餐馆提供 20 个停车位，而老帕萨迪纳减少了 25% 停车标准，使其下降到 15 个停车位。餐馆可以通过购买 15 个停车信贷积分满足停车标准，而且城市对每个停车位发放 1.5 个信贷积分，这样 10 个公共停车位就可以代替之前的 20 个私人停车位。实际上，城市只要求老帕萨迪纳提供其他地区 50％的停车位，停车信贷积分仅占公共停车楼总支出的 5％，因此餐馆满足停车标准的年度成本只占城市其他区域的 2.5％。可见，停车标准降低 25％，加之每个公共停车位发放 1.5 个停车信贷积分，并且较低的信贷积分收费有效消除了开设新业务的障碍，即便这样，仍然有足够的停车位供每个人使用。

充满活力的步行街。 那些不愿意支付每小时一美元路边停车费的司机，可以随时在公共停车库免费停上 90 分钟，共享的公共停车鼓励游客只停一次车，然后步行游览老帕萨迪纳。[24] 公共停车库距离科罗拉多大道一个街区，底层是零售店和餐馆。公共停车场要避免通常的做法，即将它随意分配给附属于个人商店的小型私人停车场，而不考虑邻里设计。如果每个分散的商家拥有自己的停车场，为自己的客户所专用，即便走路很方便，你也不能只停一次车，从一个商店步行到下一个商店。因此，路外停车标准无法产生一个紧凑、可步行的一站式泊车商业区。如果被迫开车前往附近不同商店的停车场，你的车不再是为你所用的交通工具，相反是你在不断地运送它。购物中心通过为所有商店设置一个停车场来避免这个问题，并且这种一站式停车的优势有助于解释它们为何如此受欢迎。

为了确保店面的连续，帕萨迪纳禁止停车场或停车楼朝向科罗拉多大道。[25] 行人看到的是商店橱窗而不是停车场，也不必留意那些驶过人行道、进出路外停车场的汽车。帕萨迪纳建筑师和城市设计师斯特凡诺斯·波利佐伊迪斯①将老帕萨迪纳的许多成功归结为"比传统停车标准更低的规则让商业开发能够向前推进"。这鼓励人们在老帕萨迪纳步行，给人们一个充满活力的步行环境。[26] 老帕萨迪纳有一个规划良好的公共停车系统，而不是散乱的私人停车场的集合，司机为此支付了大部分费用。公共停车场并不意味着免费停车，公共停车楼的资金主要来源于使用者付费，这大大促进了老帕萨迪纳的成功。

与城市的其他区域相比，老帕萨迪纳从停车标准中解放出来，因此表现得更好。它的销售税收入在 1993 年安装停车咪表之后迅速攀升，现在高于全市其他零售商业区（见图 16-4）。1994 年，老帕萨迪纳的销售税收入超过附近的购物广场，比如帕萨迪纳广场——它配有免费停车场——甚至在 20 世纪 70 年代城市曾给帕萨迪纳广场发放 4,100 万美元补贴。帕萨迪纳广场大张旗鼓地在 2001 年拆除，为体现老帕萨迪纳风格的新店面再开发腾出空间。[27]

停车补贴存在机会成本。 一些城市限制路边停车收入用作路外停车场资金。当人们认识到这些钱的其他用途可能更有价值时，这个表面上吸引人的政策的谬误就显而易见了。例如，老帕萨迪纳可以利用每年 120 万美元咪表收入补贴公共停车库。公共停车库可为每个人提供三或四小时免费停车，而不仅限于 90 分钟。然而，停车补贴会存在机会成本——金钱有另一种可能的用途。即使拥有更多的

---

① 原人名为 Stefanos Polyzoides。（译者注）

免费停车位，但脏乱的人行道，破旧的小巷，没有街边的树木，也没有带历史感的路灯以及更低的安全性，这些现象会使如今的老帕萨迪纳更好吗？当然不会。如今老帕萨迪纳是人人向往的地方，而不仅仅是一个人人都能免费停车的地方。

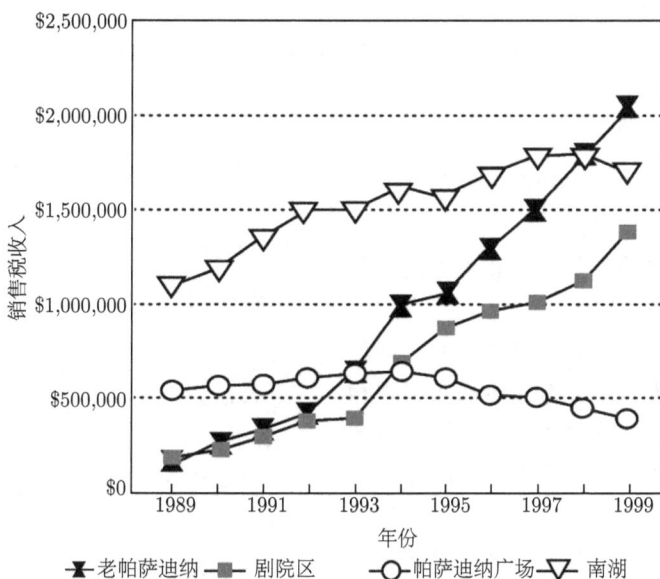

图 16-4　帕萨迪纳零售业销售税收入

双城记：两个商业区的故事

　　为了检验停车政策影响城市的结果，我们可以把老帕萨迪纳与韦斯特伍德村做个比较，韦斯特伍德村是洛杉矶一个商业区，曾经与现在的老帕萨迪纳一样受欢迎。在 1980 年，如果有人预测老帕萨迪纳发展很快超过韦斯特伍德村，那么人们会认为这是一个疯狂的想法。然而，自从 20 世纪 80 年代初以来，随着老帕萨迪纳的复兴，韦斯特伍德村衰落了。如何解释这截然不同的结果呢？

　　除了停车政策之外，韦斯特伍德村和老帕萨迪纳也有相似之处。两者面积差不多，都是历史文化区，有规划审查委员会以及商业受益区管理委员会。韦斯特伍德村还拥有老帕萨迪纳所缺乏的一些优势，即它被极高收入的居民区围绕（贝艾尔、荷尔贝山①以及韦斯特伍德区），且坐落在加州大学洛杉矶分校与威尔夏大道高层建筑围绕的交通走廊之间，许多潜在客户来源于这两个区域。很明显，尽管韦斯特伍德村和老帕萨迪纳的停车位数量大致相同，但大多数商人却认为，这个地区的衰落一定是停车位不足的结果，每当商业区难以吸引顾客时，商家常常

---

① 原文为 Bel Air、Holmby Hills。（译者注）

发出类似的慨叹。但是，老帕萨迪纳停车不再是一个大问题。《洛杉矶时报》发表了许多关于韦斯特伍德村和老帕萨迪纳停车收费命运变迁的文章，标题的选择暗示着不同的停车政策导致了不同结果 (见下栏)。

《洛杉矶时报》文章标题，1986~2004

老帕萨迪纳

老帕萨迪纳感谢停车咪表带来变化 (2004 年 3 月 2 日)

一个高档都市村出现在优雅的帕萨迪纳 (2002 年 11 月 30 日)

脏乱不堪的别致；在老帕萨迪纳现代连锁店和餐馆中，有三个在吸引力稍下降时代颇受欢迎的幸存者：爆米花、典当铺和打孔店 (2001 年 2 月 26 日)

老主街焕发新生命；小城镇看到曙光，将褪色的中心城变为行人友好的圣地 (1997 年 1 月 5 日)

零售业改变步调；帕萨迪纳老城游客发现一个餐馆、服饰店、书店和戏院兼收并蓄的艺术世界 (1994 年 12 月 2 日)

帕萨迪纳老城的停车咪表 (1993 年 10 月 3 日)

帕萨迪纳停车咪表受认可 (1993 年 7 月 15 日)

从肮脏到时尚的再开发 (1992 年 12 月 22 日)

帕萨迪纳停车规划研究 (1991 年 2 月 28 日)

拯救老帕萨迪纳 (1989 年 10 月 1 日)

帕萨迪纳停车问题得到解决 (1986 年 11 月 6 日)

帕萨迪纳停车库即将完工 (1986 年 7 月 24 日)

韦斯特伍德村

乡村复兴 (2002 年 8 月 20 日)

韦斯特伍德重生，困难重重 (1999 年 10 月 22 日)

重振韦斯特伍德 (1998 年 3 月 1 日)

韦斯特伍德：一个村庄东山再起的前景 (1995 年 5 月 28 日)

韦斯特伍德村调低停车咪表费率，为吸引购物者招标 (1994 年 3 月 4 日)

韦斯特伍德为重返辉煌时代而欢呼 (1993 年 8 月 7 日)

努力重振韦斯特伍德 (1991 年 10 月 10 日)

修理韦斯特伍德村 (1991 年 5 月 26 日)

韦斯特伍德期待重拾旧光环 (1989 年 10 月 29 日)

光辉的过往，黯淡的未来 (1988 年 6 月 12 日)

韦斯特伍德村的停车诅咒 (1987 年 9 月 13 日)

路边停车市场定价可促进商业。首先，考虑两个城市的路边停车政策。2001年一项研究发现，老帕萨迪纳路边停车位平均占用率为 83%，这是一个确保游客有可用停车位的理想比率。[28] 因此，咪表可以减少之前由于司机巡游寻找免费停车位所产生的拥挤。由于所有停车收入都留在老帕萨迪纳，商人们和业主就会理解按市价收费的路边停车有利于商业。咪表收入作为公共投资，已经为步行街和小巷改造提供资金，吸引游客来商店、餐馆和电影院消费。

相比之下，韦斯特伍德村路边停车位价格低廉，车满为患。1994 年一项停车研究发现，高峰时段路边停车位占用率为 96%，这意味着游客必须开车四处寻找空车位。然而商家和业主认为更低价格的路边停车才会刺激商业，为了回应他们的要求，城市将咪表费率从 1 美元降到 50 美分。[29] 韦斯特伍德村有 18 个私人停车场或车库，任何一处路外停车场第一个小时至少要花 2 美元，因此司机会更愿意去寻找便宜的路边停车位，而不是使用路外停车场。结果是路边停车位处于短缺之中，而路外停车位利用不足，人们大声抱怨停车位短缺。1994 年研究发现，韦斯特伍德村 3,900 个路外停车位中，在高峰时段 (下午两点) 仅有 68% 被占用。尽管如此，路边停车位短缺 (518 个路边停车位仅占总停车位供应的 14%) 给人留下停车位整体不足的印象。[30] 韦斯特伍德村停车咪表收入消失在城市一般财政基金之中，人行道和小巷都破败不堪 (图 16-5)。

路外停车标准阻碍了投资。下面考虑两个城市的路外停车政策。老帕萨迪纳采用停车信贷积分，让旧建筑开设新业务，或将曾用于地面停车的空停车场改建成新建筑，这些业务变得更加容易。相比之下，韦斯特伍德村的停车标准妨碍了许多潜在的商业重新使用旧建筑。如果一种新用途比已有用途要求更多停车位，商家必须补足差额，这是一项艰巨的任务。此外，空置一年以上的建筑物必须提供任何新用途要求的所有停车位，这使适应性再利用变得非常昂贵。

韦斯特伍德村还有一个"替代停车场"要求，即要求冻结曾用于地面停车场的土地利用。任何人想要在已有停车场上建造任何建筑，必须提供新用途要求的所有停车位，并替代地面上已有的 50% 停车位。[31] 有了这个替代要求，土地所有者"亏欠"城市之前他们自愿提供停车位数量的一半。满足这个替代要求产生了沉重的负担，阻碍了地面停车场发展。

1994 年停车研究发现，虽然高峰时段有 1,200 个路外停车位空闲，但路边停车位明显短缺的事实还是说服洛杉矶在 1998 年为韦斯特伍德村修建了一个拥有380 个车位的市政停车库，每个停车位花费 30,900 美元 (见第 6 章)。停车库前面的路边停车位由于免费总是被占满，因此停车短缺的看法依然存在。修建新的路外停车位不能解决低价路边停车位的短缺问题，因为错误定价是真正的问题，而不是资源短缺。

韦斯特伍德村   老帕萨迪纳

韦斯特伍德村   老帕萨迪纳

图 16-5　韦斯特伍德和老帕萨迪纳的人行道和小巷

图片来源：Donald C. Shoup

　　二十年前，帕萨迪纳的居民会驱车 20 英里到韦斯特伍德村去购物、吃晚饭、看电影，四处闲逛。现在恰恰相反，韦斯特伍德村的居民开车 20 英里去帕萨迪纳购物、吃晚饭、看电影和闲逛。2004 年《洛杉矶时报》的一次采访中，玛丽莲·布坎南[1]，一位老业主和老帕萨迪纳停车计费区 (PMZ) 主席，解释了停车咪表是

———————————

① 原人名为 Marilyn Buchanan。(译者注)

如何帮助老帕萨迪纳经济好转的：

> 我们走过了漫长的道路。某些人看来这可能很愚蠢，但如果不安装停车咪表，很难想象会获得我们正在享受的成功。它们带来巨大的不同。一开始要让人们同意安装停车咪表确实很困难。但当人们发现收入会被留在这里，这笔钱将会用于改善设施，共识就很容易达成。[32]

在同一篇文章中，对购物者的采访证实了布坎南的说法。购物者这样回应：

> 这个地方，真的，很完美。他们把建筑物和街道保存得很好。这让它很有吸引力。人们四处转悠，因为喜欢这里的模样和感觉。这是你在洛杉矶看不到的东西。作为司机，我不介意为此花更多的钱。告诉你吧，我愿意为它花钱。[33]

老帕萨迪纳和韦斯特伍德村的比较表明，停车政策可以帮助一些地区繁荣，而让另一些地区经济陷入低迷。如果没有安装停车咪表，没有建造公共停车库，没有实施停车信贷项目，老帕萨迪纳仍然在困境中挣扎。如果韦斯特伍德村能按市场价格对路边停车收费，并将这些收入用于公共服务，放松路外停车数量标准，它有可能恢复以往的光彩亮丽。那些陈词滥调，诸如"停车就是权力"和"停车就是命运"有一定的道理，但并不意味着路边停车应该免费，或越多停车位总是越好。路边停车市场定价为公共投资提供了资金，有助于一个地区繁荣，而且设计良好、底层带有商店和餐馆的公共停车楼则是一笔巨大的资产。另一方面，廉价的路边停车位和无处不在的路外停车场则会带来巨大的危害。老帕萨迪纳和韦斯特伍德村完全相反的停车政策，确实在决定它们不同的命运时起到了一定的作用。正如老帕萨迪纳停车咪表上所写的那样："你投入咪表的钱让老帕萨迪纳变得不同。"老帕萨迪纳通过停车咪表确实让自己重新振作起来。

圣迭戈：从小变转为大变

为了获得必要的政治支持，将咪表收入返还老帕萨迪纳是各方达成协议的一部分。这个安排并没有给城市财政基金带来任何损失，因为在建立收入返还政策之前，城市还没有安装停车咪表。但是，当一个城市拥有超过 5,000 个停车咪表并为地方财政基金带来可观的收入时，又会发生什么情况呢？圣迭戈的成功经验表明，城市如何将部分停车咪表收入返回给商业区，即使这样做短期内会减少地方财政基金的收入。

直到 1997 年，圣迭戈将全部停车咪表收入用于全市公共支出。老商业区的商业受益区城市管理委员会提出疑问，认为这个政策不公平。较新的城区有充足的停车位，但没有停车咪表，而较旧的城区停车位短缺，咪表收入无法返回帮助解决当地问题。为什么城市要从停车位短缺的地区提取咪表收入，并把它用在有充足免费停车的地区呢？管理委员会提出了一个很好的观点，他们说服了市议会，社区应该能够支出一部分咪表收入用于解决自身问题。

可以理解，圣迭戈市政经理不愿意放弃已纳入财政基金的那部分咪表收入。在一个折中方案中，城市准备将 45％的停车咪表收入返还给产生它的地区。1997年这项政策得以通过，市议会解释这样做的目标：

> 这项政策的目的是为了保留部分咪表收入，使安装咪表的地区受益。这些收入将用于各类社区和商业改善项目。停车咪表区 (PMD)① 将建立资金分配的公平机制。34

每个停车咪表区的管理机构必须是管理委员会、非营利的再开发公司或社区开发公司。由市议会任命停车咪表区咨询委员会，最终支出的批准由理事会负责。安装超过 100 个咪表的区域可以设立停车咪表区，每个区域包括停车咪表区和周围的居民社区。正如城市社区和经济开发部门定位其管理职能时建议的那样，停车咪表区的目标要比仅改善交通和停车的目标更广泛。35

收入分配

圣迭戈将城市总咪表收入的 45％返还给停车咪表区，并且返还收入与每个地区的咪表数量成比例。所建立的三个停车咪表区——市中心、上城和中城②——2002 财年③共获得 220 万美元收入，用于停车、交通、标志牌、维护、景观和安全等用途 (表 16-3)。咪表收入增加了，而非取代每个区域现有的市政资金来源。36

表 16-3　圣迭戈停车咪表区收入

区域	收入
市中心	$1,401,000
上城	$567,000
中城	$195,000
总计	$2,163,000

设置咪表的社区显然可以从收入中获益，但是城市的其他地区是否会受损？那倒不见得。圣迭戈财政基金持续获得 55％的咪表收入。停车咪表区的激励是安装更多的咪表，延长运营时间，提高费率为自身获得更大收益，从而增加地方财

① 原文为 Parking Meter Districts, 简称 PMD。(译者注)
② 对应的英文地名分别为 Downtown、Uptown 和 MidCity。(译者注)
③ 原文为 Fiscal Year 2002。(译者注)

政基金中的总咪表收入。如果停车咪表区的活动改善了该区域的营商环境，提高了销售额，增加的销售税收入也会归于城市。虽然将已有停车咪表收入的一部分转移给社区，对财政基金造成短期损失，但最终可以有助于整个城市。市政经理向圣迭戈市会议介绍收入回报政策时，解释了短期亏损和长期利益：

> 分享收入并让商业社区参与到老旧商业区停车解决方案中，会给城市财政基金带来短期的损失。然而如果我们真的这样做了，其他城市管理区和再开发区也会决定要求安装停车咪表，由此增加的收入将抵偿返还给该区域的部分。精心安排的综合停车咪表管理项目将提高该区域的销售税收入，为圣迭戈整体经济效益做出贡献。[37]

圣迭戈三个停车咪表区追求不同的目标以适应各自不同的环境。下节介绍这三个区域的背景和各自追求的不同优先事项。结果显示，不存在一揽子方案适用于所有停车收益区。相反，收入分享是一种灵活的政策，可以调整适应于每个社区。

上城

上城由五个社区组成——银行家山、希尔克雷斯特、米德尔敦、米申希尔斯和西区花园①——位于巴尔博亚公园②北部和西部，共有 38,000 位居民。上城合作开发公司③是为了负责管理停车咪表区而专门成立的一家非营利社区开发公司，成为该地区"社会资本"的有益补充。社区开发公司通常不得不花费大量时间来争取援助资金，但是停车咪表有保障的收入可以让上城合作开发公司能够专注于所在社区的长期目标。[38] 该合作公司每个月举行一次公开会议，并出版一份涵盖其活动的实时简讯。该公司把自己的标志张贴在每一个停车咪表上，解释说它的目标是"从小变转为大变"。

在项目第一年，上城寻求广泛的社区投入，并制定一个五年实施计划，其中有八个重要的社区目标：[39]

1. 振兴商业区。
2. 提供步行导向的商业区。
3. 鼓励步行友好的建筑和循环系统。
4. 改善步行交通循环系统。
5. 增加路外停车场的可用性。
6. 提供安全有效的人员和货物流动。

---

① 原文为 Bankers Hill, Hillcrest, Middletown, Mission Hills and Park West。(译者注)

② 原文为 Balboa Park。(译者注)

③ 原文为 Uptown Partnership。(译者注)

7. 建立一个融合车辆、交通、自行车和行人设施的一体化系统。

8. 在社区内建立交通服务中心。

这一社区计划对行人的重视，别开生面地摆脱大多数交通规划只关注汽车的典型狭隘做法。上城合作开发公司主办"步行优先"徒步游览，并利用这些活动讨论和评估步行环境。合作公司讨论了停车问题，同时也提出建议，"任何解决上城停车问题的方法必须综合施策。除了停车和汽车循环系统之外，解决方案必须关注行人流通①问题以及土地如何利用。"⁴⁰ 该计划还提出安装更多的停车咪表，延长咪表夜间运行时间，采用多车位咪表来改善街道景观并增加收入。

上城合作开发公司在解决停车问题时，并没有尝试将其与城市系统的其他方面孤立起来 (图 16-6)。相反，它使用停车收入解决停车及更广泛的问题。例如该计划指出，一些过宽的街道会导致超速行驶，建议减少这些街道上的车道数量，将额外的停车位用于扩宽人行道和改善街道景观。上城完成的第一批项目之一，是在华盛顿大街中部种植树木，大大改善主要商业街的外观。其他街道则由纵列式停车改为斜列式停车，这样可以在人行道和交通之间产生更多的停车位和更宽的缓冲区 (图 16-7)。⁴¹

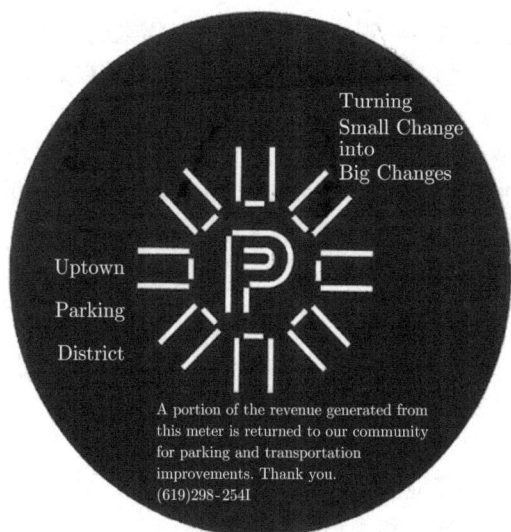

图 16-6　上城合作开发公司标志

上城合作开发公司出售借记卡，允许司机根据需要在停车咪表上购买时间，对未使用时间可以退款。这些借记卡让司机不再需要在停车前投入恰好数额的零钱，不需要提前估计将车停放多久，不需要担心延误返回时停车咪表的时间用完

_____

① 原文为 pedestrian circulation。(译者注)

了，也不需要为尚未使用的时间付费。合作公司还在第五大道和大学路街角处设立上城信息亭，销售停车咪表卡、公交月票和地铁投币，并提供地铁和旅游信息（图 16-8）。

图 16-7　上城斜列式停车

图片来源：Donald C. Shoup

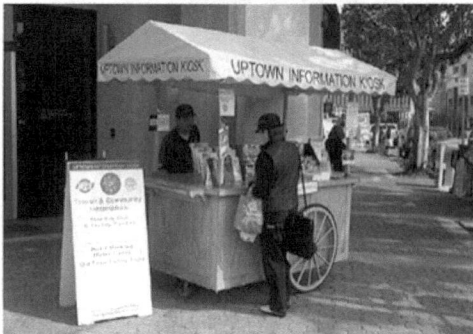

图 16-8　上城信息亭

图片来源：Donald C. Shoup

市中心

市中心停车咪表区由中心城开发公司 (CCDC)[①]管理，该公司是一个非营利性公共组织，成立于 1975 年，旨在规划和重建 1,500 英亩市区。因为市中心停车咪表区与中心城开发公司的管辖边界相同，所以不需要一个新机构实现其功能。停车咪表收入扩大中心城开发公司的收入来源，使它能够实施之前不大可能实现的项目。CCDC 推测未来几年市中心停车位供给充足，但发现许多司机不知道该从哪里找到可用的停车位。因此，它决定赞助设立一个广泛的"市中心导路标识系统"。顾问们进行访谈、小组讨论和公开会议，确定将游客引向主要目的地

---

① 原文为 Centre City Development Corporation，简称 CCDC。(译者注)

和附近停车场的最佳方式。一家环境制图公司规划并设计了一个具有历史感的瓷砖图案标志，并与圣迭戈交通工程部门合作，绘制出最清晰合理的路线图。新标识引导司机从高速公路下匝道至市中心的地标建筑，例如瓦斯灯街区、会展中心和内河码头①。一旦到达目的地，其他标志将司机引导到公共停车场。规划、设计、制造和安装寻路系统的总成本为 55 万美元，由该区的停车咪表收入支付 (见图 16-9)。[42]

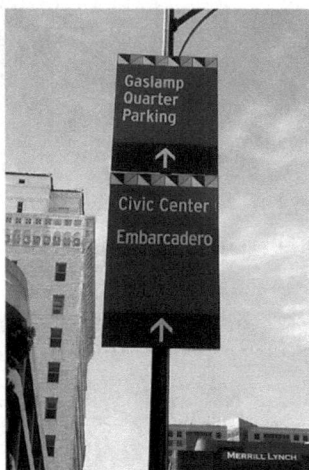

图 16-9　导路标识牌

图片来源：Donald C. Shoup

中心城社区规划②的停车策略不仅仅关注增加停车位供应。相反，还寻求实现更多的社区目标，例如减少停车用地，减少去往中心商业区 (CBD) 的单驾车辆出行，更好的公共交通以及改善城市设计。以下政策促进了这些具体目标：

1. 对于多户型住宅，路外停车标准设定每户只有半个停车位。

2. 对非住宅用途，没有设定停车位数量标准。

3. 一个项目的所有停车位必须封闭，并与建筑结构融为一体。

4. 停车楼至少有 50% 的街道墙面必须含有街道级的用途。

5. 对于办公楼，在提供任何地面停车场之前，必须至少在地下提供两层停车场。[43]

这些政策确保新的停车场对城市环境友好，按此规则开发的新建筑物取代了地面停车场。为了替代损失的地面停车位，2001 年中心城开发公司在历史悠久的

---

① 原文为 Gaslamp Quarter，Convention Center and Embarcadero。(译者注)

② 原文为 Centre City Community Plan。(译者注)

瓦斯灯街区建造了一个拥有 500 个停车位的七层公共停车库 (图 16-10)。通过发行 1,200 万美元停车收益债券进行融资。债券的主要保障来源于车库和增值税收入中的净营业额，中心城开发公司也承诺将街道停车咪表收入作为增加债券安全性的担保，这降低了贷款利率。[44] 中心城开发公司还花费 2,000 万美元建造了一个 1,230 个停车位、带街面商店的公共停车库，为瓦斯灯街区、圣迭戈会议中心、圣迭戈教士队的新棒球场提供服务，并且承诺将停车咪表收入作为担保，使收益债券享有较低的利率。

因为中心城开发公司建造了公共停车库，瓦斯灯街区的非居住用途也不要求提供路外停车场，许多具有历史意义的房产已被修复，并改造为新用途——比如餐馆——过去这些改造经常被很高的路外停车标准阻碍。如今在瓦斯灯街区，由市场而不是城市停车法规决定商家是否开张。[45] 除了建设公共停车库之外，中心城开发公司还安装了更多的停车咪表增加周转率，使路内停车更有助于商业 (中心城开发公司支付 45% 的安装费用，城市支付 55%，也按照同样比例对收入分成)。像上城一样，中心城开发公司已经在一些更宽的街道上将纵列式停车改造为斜列式停车，增加了路边停车位供给，缓解交通状况。它还利用停车咪表收入改善人行道和种植行道树。

图 16-10　瓦斯灯街区的公共停车库

图片来源：Donald C. Shoup

中城区

中城区停车位数量少于其他两个地区，停车咪表收入因而较少，但这笔收入被善加利用。它委托进行了许多创意停车研究，其中一个结论肯定适用于许多古老的商业区："中城区的困难并不在于缺乏停车场，而是来自于一系列挑战——包括人们感知到的停车位缺乏——这使商业区无法发挥其全部潜力。"[46] 这个简单的结论是了解许多老城面临问题的关键，它与一个简单借口恰恰相反，即当一个商业区无法复兴时，罪魁祸首总是缺乏免费停车。

对中城区所有路内停车位进行清查，发现许多废弃的车道未使用路缘坡[①]，无法在路边停车。该地区写信给毗邻这些未使用路缘坡的业主，并提议免费将其拆除。结果，该地区新增了 30 个路边停车位，每个车位仅需 2,000 美元，这是一笔很好的交易。此外拆除无功能的车道改善了人行道，方便人们步行。

该区的顾问也建议将宽阔的街道改建为斜列式停车位。虽然这样做不会增加太多的路内停车位，但对角线停车位很方便，可以帮助在原本过宽的街道上实现稳静交通[②]。除了该区实施的其他项目外，停车收入还用于支付重修路缘、排水沟和人行道的费用，并在一个新开业的路外停车场前种植树木，而业主们为其他改善项目付费。这个项目的成果是增加了停车位供应，并改善了城市的街道设计。

该地区的顾问在测量路边停车位的占用率之后，发现不同街区的停车占用率各不相同。在没有停车咪表的许多街区，车位占用率超过了 100%，而在许多有咪表街区，车位占用率却低于 50%。该研究表明停车问题非常地方化，停车咪表可以解决短缺问题，但价格需要微调。然而，圣迭戈为城市所有停车咪表设定了单一价格 (每小时 1.25 美元)，并且无论不同地区停车需求的强度如何变化，其运行时间相同。中城区停车咪表使用不足的事实表明，全市采用统一价格并不是管理路边停车需求合适的方式。

从小变到大变

圣迭戈停车咪表区显示出真正的成就，甚至更大的希望。对路边停车收入进行分散化控制，允许社区根据当地的优先事项做出政策选择，比如美化景观、便利行人、设置路标等。让一个地区变得对行人更加友好，这是本地控制的一个特殊好处。规划师为社区而不是为城市交通部门工作，他们不会自动假设行人仅是那些已经找到停车位的司机。

圣迭戈建立了一个停车和移动性工作组，由城市部门和三个停车咪表区的代表组成。停车咪表区的员工既可以有效地代表所在社区的利益，也可以为城市交通工程师提供新的视角。在安装停车咪表、停车执法、信号配时、车辆违反规章等方面，工作组向城市管理者提出建议。工作组还鼓励停车咪表区在测试新的停

---

① 原文为 curb cuts。(译者注)

② 原文为 calm traffic。Traffic calming 称为交通稳静化、交通宁静化，是道路设计中减速技术的总称，通过在道路上设置物理设施，或通过立法、技术标准、通行管理等降低机动车车速、减少机动车流量，并控制过境交通进入，以改善道路沿线居民的生活环境，保障行人和非机动车的交通安全。(译者注)

车和交通政策方面进行合作。例如，上城区第一个将路边停车从纵列式变为斜列式，在看到结果之后，其他两个区也先后实行了这一做法。

路边停车收入为三个区域许多重要的改善提供资金。如果为配合附近商业的营业时间，延长停车咪表运营时间就会得到更多的收入，但迄今为止，该市所有停车咪表仅在周一到周六的早上八点到下午六点运转。上城区和中心城的停车需求在晚上及周日都很高，但路边停车位仍维持免费，而且过度拥挤。

圣迭戈采用的收入分配模式减少了停车咪表区在高需求区域延长计费时间的动机。例如，市中心得到所产生额外收入的 29%。首先，城市拿走收入的 55%，仅返还 45% 的额外收入给停车咪表区。然后，城市按每个区域咪表数量比例将咪表收入分配给每个区域；市中心拥有全市 65% 的停车咪表，因此收到城市返还给停车咪表区总金额的 65%，或仅收到延长该区域计费时间所产生总收入的 29%（45%×65%）。在其他区域，希望赚到更多停车咪表收入的动机甚至更低。上城区仅收到所产生额外收入的 12%（45%×26%），中城区只收到 4%（45%×9%）。

为什么圣迭戈不将咪表收入的 45% 返还给每个区域？当开始返还收入时，城市收到包含多个区域的停车咪表收入，却无法将收入与其来源地联系起来。因此，该市对每个区域的停车咪表数量进行调查，并基于咪表数量分配该区域收入。然而随着电子停车咪表的安装，城市停车管理部门建立了追踪系统，每台咪表都有独一无二的编号。每个编号的第一个数字表示它所在的区域，并且未来收入将根据每个区域收集到的实际收入返还。这项新政策向每个区域返还 45% 的收入，当每个地区增加咪表数量、运营时间及费率时，将提高对咪表所在区域的回报。

社区对停车问题的兴趣和专业知识日益增长，不久之后可能导致圣迭戈停车政策发生重大变化。2003 年市政经理任命一个专门工作小组，来自停车咪表区、商业和其他利益相关的代表共同检查城市的停车管理。他们建议，从采用全城统一的费率转向制定与每个区域供需相匹配的费率：

> 城市当前采用的方法是所有区域建立统一的时间限制，所有咪表统一收费，但并不能有效管理停车位的可变需求……没有一种费率和时间的组合能够满足整个城市的停车管理需求，甚至可能没有一种费率和时间限制可以满足单个社区的要求……咪表费率应该有所变化，停车咪表应按天或小时运行，以达到车位供给管理的要求……在某些地方，费率过低的咪表停车位会加剧停车对交通的影响，而费率过高则导致停车咪表闲置。不同位置的咪表可以设置不同费率。（例如，在一个停车需求高的地方可能要花 0.35 美元停 5 分钟 [3 美元 1 小时]，而在停车需求低的地方可能鼓励长时间停车，8 小时内收取 2 美元 [每小时 0.25 美元]）。提供许可证能够让一些用户在原本受到限制的区域

内停车。在高停车需求的区域，咪表可在娱乐区、礼拜日和节假日的晚间营运。[47]

给予社区更多权力管控路边停车位，有助于让每个人看到采用灵活价格调节供需的好处。

中心城开发公司 (CCDC) 管理市中心的停车咪表区，但另外两个停车咪表区包括带咪表的街道及周围社区，它们需要新的实体来运作项目。为新一层级政府配备工作人员并进行组织管理，成为新建停车咪表区的一个障碍，这可能有助于解释为什么停车咪表区仅在已装有咪表的区域内建立。为了消除这一障碍，可以为安装咪表的城市管理委员会提供更大的停车咪表收入份额。有了停车收入的保障，现有的城市管理委员会将得到加强，并鼓励商人和业主在没有商业改善区的区域组织成立新的委员会。作为没有城市管理委员会的商家，看到停车收入如何有助于振兴商业区，他们也会希望自己所在地区成立城市管理委员会，为区域带来改善。日益增多的停车咪表将改善交通状况，为社区复兴提供资金收入，所增加的收入将汇入地方财政基金。

结论：路边点钞机

不妨假设 20 世纪初，美国城市纷纷选择 20 世纪 90 年代帕萨迪纳和圣迭戈中心城实施的停车政策。那些商人和业主受益于停车费，会更少倾向于推荐免费停车。市场定价将稀缺的停车位用于消费者而不是通勤者，而后者的车全天停在工作的商店前。通过市场定价产生了几个空车位，可以消除中心城街道上为寻找车位而巡游的现象，从而减少交通拥堵。公共交通运行速度更快，并且更快的速度会同时降低公交公司的成本和乘客的票价。有了高速度和低票价，公共交通比汽车更加有竞争力。更少的拥堵和更好的公交使市中心购物区比郊区更有竞争力。然而事与愿违，城市不知从何时开始要求处处提供路外停车场，以至于我们现在总是希望每次汽车出行结束之后都能享受免费停车。结果是我们生活在交通拥堵、城市蔓延和空气污染之中。

20 世纪初采用的免费停车政策也不是完全不可理解，因为停车咪表和城市管理委员会还都没有发明出来。但如今两者都出现了，政治上的挑战让它们合作起来。[48] 如果城市管理委员会获得收入，每个停车咪表将类似于路边的点钞机，所有商家会看到其中的优势。对路边停车收取市场定价，收入贡献于城市管理委员会，将有助于解决困扰中心城市的交通、土地利用和经济问题。

古老的商业区如同没有免费路外停车场的商场一样。商户可能会担心，对商业区的路边停车收费会驱使顾客离开，但指定这笔收入用于公共服务可以减轻这些担忧，为停车咪表创造必要的政治支持。留出几个路边空车位，将使商业区成为购物的便利地点，而不仅仅是一个在司机长时间巡游后可免费停车之处。路边停车收入为建造可吸引顾客的公共设施提供资金，也给商家一种激励支持付费停车。为路边停车市场定价将减少交通问题，利用收入支付当地公共服务，无需新税费也可以打造出更好的商业区。

第 16 章 注释

1. 谁真正拿走了停车咪表收入，又是如何花出去的？在一项对美国大城市的调查中，de Cerreño(2002，18) 发现，一半城市将收入纳入地方财政基金，而其他城市则将资金用于交通部门或补贴公共交通。根据一项更早的调查，60% 的城市将停车咪表收入纳入财政基金，40% 将其纳入用于提供公共路外停车场的特别基金 (Robertson，1972)。但这些收入的使用都无人知晓，以至于没有选民希望城市对路边停车收取更高的价格；从政治角度来看，好像这些钱被焚化了。大多数居民更重视免费停车带来的直接、有形的好处，而不是那些可能由更好的公共服务或更低税收带来的长期利益，这些长期利益来自于更高的路边停车收费。

2. 在英国，指定资金的特殊用途被称为"围栅"(ring-fencing)，就好像将收入用一个栅栏围起来以防止其泄漏。对停车受益区，这是一个特别适合的描述，因为停车收入指定用于某个社区的任何目的，而不是为了整个城市某一特定目的 (比如用于公交或减税)。Harrington、Krupnick 和 Alberini(1998) 在一项南加州的调查中发现，相比收入使用未指定特殊用途，如果将收入作为税收减免返还给公众，居民更愿意支持拥堵收费。

3. Simon Haworth 和 Ian Hilton(1982) 对停车需求弹性研究进行总结。所有研究表明，对于更短时间的停车，其需求弹性也越小。

4. Oppewal 和 Timmermans(2001)。

5. 《美国城市》，1936 年 8 月，第 59 页。停车咪表安装在一个街区道路一侧，在下一个街区安装在道路另一侧，这样街道每侧都有免费和收费的路边停车位，在不同的街区交替出现。

6. Brown(1937，53)。Fogelson(2001，299-302) 提到了早期支持或反对停车咪表的辩论。

7. Smith(1999，538；541)。

8. 如果大多数消费者看重低廉的价格，而不是便利性，那么成千上万的商品 (如洗净、切好的生菜) 将不复存在，每个人都将从零开始做饭。

9. Lawrence Houstoun(1997，9) 解释如何组织和管理这些自治的公营或私立合作关系。

10. 电影的网站是：www.thedelicateartofparking.com/。佛罗里达州海厄利亚市 (Hialeah, Florida) 没有停车咪表，一个市中心的商人问及停车咪表时，得到的回复是：“绝对不要！我们已经有足够的税收了。”关于停车咪表，他说：“你认为谁会得到那笔钱？城市。不，一分钱都没有！”(《停车大师》，2004 年 5 月，第 19 页)

11. De Cerreño(2004，B-4；B-14)。因为更严格的执法将增加超时停车罚款的可能性，这将增加停车收费的动机，咪表收入将增加，但罚款收入可能增加或减少。如果执法如此严格，以至于每个人都要付停车费，那么罚款收入可能会降为零。如果城市希望维持罚款作为收入来源，则可以提高违规罚款，而不是加大举证违规者的力度。

12. 在老帕萨迪纳的研究中，我非常感谢 Douglas Kolozsvari 的合作。详情参见 Kolozsvari(2002) 以及 Kolozsvari 和 Shoup(2003)。

13. Arroyo Group(1978，3)。老帕萨迪纳的历史信息可参见帕萨迪纳历史遗迹网站 www.pasadenaheritage.org。该历史遗迹保护组织成立于 1977 年，是帕萨迪纳再开发机构对老帕萨迪纳进行规划的回应措施。在 20 世纪 80 年代，根据相关的法律和规定，帕萨迪纳将其再开发机构变更为社区发展委员会。主要的区别在于委员会结构可以提供更多的社区参与和投入。

14. Arroyo Group(1978，25)。

15. 帕萨迪纳市法典，第 17.68.025 节，网址为：www.ci.pasadena.ca.us/cityclerk/municode.asp。

16. 这是一个老问题。Smith 和 LeCraw(1946，21) 评论道：“今天一些社区仍然这样做：商家把汽车停在竞争对手营业点的路边车位里。在长期泊车者中，这种态度仍普遍存在，研究表明，大部分停放一整天的车辆属于同一街区的雇主和雇员。”

17. 在老帕萨迪纳安装停车咪表之前，该市任何地方都没有咪表，因此在这个过程中，城市财政基金没有任何损失。可见，财政基金在新咪表安装中获得额外的收入。

18. 经市议会确认，市长任命顾问委员会七名成员。详情可见：www.ci.pasadena. ca.us/commissions/parking_meter.asp。

19. 对 Marilyn Buchanan 的访谈，2001 年 6 月 12 日。

20. 帕萨迪纳计算了停车咪表的所有费用。例如，人力成本为每人 51,162 美元，不仅包括停车咪表收费员工，还有那些为客户服务和管理的办公室职员。城市免除了 34,425 美元费用，包括城市经理、财务报告和城市提供的其他综合服务开支。7,896 美元租金开销用于交通部门使用的部分办公室。44,146 美元的现金处理费用，包括清点硬币以及银行防弹车服务费用。最后，在老帕萨迪纳附加公共服务上支付所有资本和运营费用之后，仍剩余 39,000 美元（占净停车收入 3%），并提前在 2002 财年完成。

21. 科罗拉多大道（Colorado Boulevard）每个月用蒸汽清洗两次，区域内其他街道用蒸汽清洗次数比较少。破窗理论认为，经常清扫街道是阻止垃圾堆积和防止涂鸦的重要步骤。

22. 为了在老帕萨迪纳推广新业务，这一费用开始设置较低，并且每年纳入消费者价格指数索引。由于现在生意红火，2003 年市议会将每笔信贷积分的收费增加到 240 美元，2005 年增加到每年 720 美元。停车信贷积分政策可见：www.ci.pasadena.ca.us/planning/deptorg/curplng/pkgcredit.asp。

23. 对 Marsha Rood 的访谈，2001 年 6 月 6 日。

24. 相比之下，一项对亚利桑那州坦佩（Tempe，Arizona）中心城的停车研究发现，路外停车场中 55% 的车位仅限员工使用，32% 预留给办完事情之后离开的客户；只有 13% 留作公共用途。由于这些限制，当周五晚上——难以找到停车位时——所有停车位的最高占用率也只有 52%(Minett，1994)。

25. 帕萨迪纳市法典，第 17.33.060 条。

26. 2000 年 2 月 12 日，帕萨迪纳市政厅举行的城市规划论坛上发表的演讲：www.ci.pasadena.ca.us/mayor/PolyzoidesSummary.asp，Polyzoides 是新城市主义大会的共同创始人。

27. 1998 年，老帕萨迪纳的销售税收入也超过了南湖大道（South Lake Avenue），后者曾经是该市的主要购物区，有大量路外停车位但没有安装停车咪表。像老帕萨迪纳一样，剧场区建立了一个停车咪表区，其销售税收也随之增加。

28. Meyer，Mohaddes Associates(2001，vi)。老帕萨迪纳停车咪表从周日到周四一直运行到晚上 8 点，周四和周六则一直运行到午夜。

29. Kaku Associates(1994，12)。在 20 世纪 80 年代，停车费率从每小时 50 美分增加到 1 美元，但 1994 年又回落到每小时 50 美分。路边停车在晚上 7 点之后及周日免费开放。在第 14 章我曾估计，在韦斯特伍德村为寻找廉价停车位而巡游的车辆占据一些街道 70% 的交通流量。

30. Kaku Associates(1994)。在上午 10 点，路外停车位占用率为 44%，下午两点为 69%，下午 8 点为 39%。在白天停车高峰时间 (下午 2 点)，韦斯特伍德村 32% 的停车位是空闲的。

31. 韦斯特伍德村详细规划第 9(E) 节。这个详细规划由洛杉矶市政条例 164.305 (1989 年 1 月 30 日生效) 确立，可见网址：www.cityofla.org/PLN/complan/ specplan/pdf/wwdvil.pdf。也可参见第 5 章的讨论。自从分区规划开始要求更换停车场以来，韦斯特伍德村唯一兴建的新建筑是一个公共停车楼，取代了布罗克斯顿路 (Broxton Avenue) 一个停车场。韦斯特伍德村 15 个街区有 8 个地面停车场和 10 个停车楼。

32. Kurt Streeter，"老帕萨迪纳感谢停车咪表带来的变化"。《洛杉矶时报》，2004 年 3 月 2 日。

33. 同上。

34. "停车咪表收入分配和支出政策"。圣迭戈市议会，政策编号 100-18，1997 年 3 月 4 日生效。

35. 关于停车咪表区项目信息，可在城市网站上查询，网址如下：www.sannet. gov/economic-development/business-assistance/small-business/pmd.shtml。

36. 圣迭戈城市管理者报告，编号 No.02-247，2002 年 10 月 23 日。

37. 圣迭戈城市管理者报告，编号 No.96-221，1996 年 10 月 24 日。

38. The Uptown Partnership 的网址是：www.uptownpartnership.org。

39. 上城战略移动性计划 (Uptown Strategic Mobility Plan)，1997 年 11 月 17 日，第 2 页。

40. 同上，第 4 页。

41. 上城停车区域战略规划及实施指南 (Uptown Parking District Strategic Plan and Implementation Guideline)，阶段 1，1999 年 5 月 6 日，第 15 页。现在一些城市要求司机在停车时倒入斜列式停车位，这样当离开时可以向前开出来。当离开时，这样比车后部进入车流更安全，而且对与汽车共用道路的骑车人也安全得多。

42. 圣迭戈中心城开发公司 (San Diego Centre City Development Corpora-tion)，"导路标识系统在市中心揭幕"。2000 年 5 月 18 日。

43. 中心城规划区的这些规定参见圣迭戈市政法典第 10 章第 3 节第 19 条。该条款可在以下网站查询：http://clerkdoc.sannet.gov/Web site/mc/Municode Chapter10.html。

44. 有两个或两个以上收入来源的债券,称为"双重计划债券"(double-barreled)。

为公共停车库提供融资的双重计划债券，可以从停车库和路内咪表收入中得到支持。停车库收入是第一种偿还来源，如果入不敷出，也可以采用咪表收入。当预期收入流不确定时可以使用双重债券，而咪表收入带来的安全性增加了债券的安全性。

45. 如果新业务无法提供特定用地类型所需停车位，大多数城市不允许其进行开发，除此之外，当租户周转时，对土地用途进行追踪是规划师面临的一个重要问题。

46. 这些停车研究由工作组进行，在中城停车咪表区 (Mid-City PMD) 网站上也有描述。网址如下：www.theboulevard.org/Parking.htm。

47. "在圣迭戈管理停车：停车工作组报告"，城市管理者办公室，2004，第2、5、7 页。

48. 许多政策选项从来没有被考虑过，因为它们在政治、法律或行政上认为是不可行的，或仅仅因为根本没有人提出过。Fulton 和 Weimer(1980) 解释了他们如何引导旧金山停车许可区的提案通过采纳并实施。

第 17 章　向外国人征税

忽视小问题会使大问题成倍增加。

——亨利·赛门斯[①]

假设你住在一个商业区附近，商业区的停车对你居住的社区产生了溢出效应。陌生人整天把车停在你家门前，每天都是这样。你在所住的街道上找不到停车之处，来访的客人也找不到地方停车。长期以来城市规划师不得不处理居民的这些抱怨，正如分区规划教科书中这段话描述的那样：

> 许多人反对让家门前的街道经常用作停车场，无论从纯粹的审美角度，还是出于更实际的原因，例如，他们的客人无法找到附近的停车位，进出车道有困难，道路变得狭窄，儿童从停放的汽车之间跑出来有危险，以及妨碍街道清洁和除雪。开闭车门和发动引擎的噪声也可能令人烦恼……通常在任何涉及分区纠纷的地区，即使很少鼓励，居民都会主动告诉你现有的 [停车] 状况。[1]

许多城市通过建立居民停车许可区[②]处理溢出问题，并为居民及访客保留附近的路边停车位。[2] 这些许可区阻止来自附近商业区的停车溢出效应，但也留下很多未使用的路边车位，表明人们对溢出问题反应过度。路边停车在免费时先是过度使用，然后在许可区也未得到充分利用，请考虑一个有利可图的中间地带：将路边停车市场作为一种替代办法。

一个路边停车市场

假设城市提议对非本地居民在街区停车收费，并把屋前停车所得的收入全部交给你。你和客人仍然可以在路边车位免费停车，但当你自己不使用这些车位时，可以把它们提供给其他人使用。假设每小时 25 美分的价格使街区至少保持 15% 的车位空闲，那么任何愿意支付该价格的人总能找到停车位。因此，你可以免费在房屋前停放汽车，也可以通过每个向公众开放的车位来赚钱。收入可能很可观

---

① 亨利·赛门斯 (Henry Calvert Simons)，美国芝加哥大学的经济学家、芝加哥经济学派成员。他的反垄断和货币主义主张对于芝加哥经济学派影响巨大。(译者注)

② 原文为 Residential Parking Permit Districts。(译者注)

(请记住，帕萨迪纳每个停车咪表年收入约 1,700 美元；请参阅第 16 章)。你的停车位每年可能会产生足够的收入支付房产税。

　　许多居民似乎认为自己拥有房屋前的停车位，或者至少像拥有停车位那样去做。因此城市与其拒绝，不如接受这种想法，既然居民认为自己是地主，就让他们这样去做，城市可以因势利导，善加利用。当然，城市不允许私人在公共街道上收停车费，而且大多数居民也不想看到房屋前安装停车咪表。但是，通过略微改造现有的居民停车许可区，城市既不用向私人提供公共收入，也无需安装停车咪表，就能为路边停车市场定价提供政治支持。

　　我的建议是在居民区设立"停车受益区"①。停车受益区类似于停车许可区，因为居民仍然可以在自家门前的街道上免费停车。但是，受益区与传统许可区在两个重要方面有所不同：

　　1. 如果非本地居民支付公平的市场价格，就可以在受益区街道上停车。

　　2. 市政府将所得收入专门用于为该地区的公共服务提供资金。

　　可以将停车受益区中非本地居民停车价格设置得足够高，以确保居民 (免费停车) 和非本地居民 (付费停车) 都有足够的空车位。新的收入可以为社区新增的公共服务提供资金，并超出城市其他地方公共服务的一般水平之上。城市可以更频繁地清理街道，填充坑洼，修复人行道，种植树木，清除涂鸦，保护历史建筑，或在受益区产生收入的社区铺设地下管线。从居民的角度看，向非本地居民收取停车费就像巨蟒剧团所演绎的那样，通过向居住在国外的外国人征税来解决英国经济问题②。

居民停车受益区

　　免费路边停车造成过度拥挤，而停车许可区却导致使用不足，停车受益区则是两者之间的一种折中方案。居民和非本地居民都能从受益区得到更多的好处：居民得到由非本地居民付费的公共服务，非本地居民可以用公平的市场价格停车，而不是一个车位也没有。

选择性公共产品

　　建立停车受益区的政治支持并不依赖于一种集体信念，即对路边停车收费将使整个社区受益——例如减少空气污染和交通拥堵。相反，政治支持来自于"选

---

　　① 原文为 parking benefit districts。(译者注)

　　② 巨蟒剧团是英国非常有影响力的剧团，是一组超现实幽默表演团体，他们的作品对英国喜剧产生了经年不息的影响。其创作的英国电视喜剧片《蒙提·派森的飞行马戏团》于 1969 年 10 月 5 日在 BBC 上公开播出。这里引用其中一部作品的情节，即他们打算用向外国人征税的方式来拯救英国经济。(译者注)

择性个人利益"①，即路边停车的收益仅为区域内居民享有。哈佛大学政治学家阿诺德·豪伊特②指出，在限制汽车使用时，提供选择性个人利益至关重要：

> 很难组织人们寻求一种"集体"或"公共"物品，无论他们为确保获得这种物品时所做贡献的大小，都将从中受益。公民更有可能对特定个人或小团体中授予或保留的"选择性"物品采取行动……对于汽车限制政策，无法涌现更多主动支持行动，其阻碍因素在于，几乎完全没有个人或公司可能会立即获得直接的"选择性"利益。3

大多数限制汽车的建议通常受限于全面性③。由于一个群体无法比其他群体受益更多，所以这些措施缺乏天生的支持者，无人会花时间和金钱倡导这些措施。相比之下，停车受益区将提供资金支持居民的选择性个人利益，这些收益将为路边停车收费提供必要的政治支持。获得选择性利益的居民可以投票选出市议会议员，而大多数在附近停车付费的非本地居民则不能投票。政客们会从政治上进行考虑，在支持停车受益区时，他们并不需要摆脱那些与地方相关的狭隘关注点，而采取一项惠及更广大民众的改革。通过建立享有选择性公共产品的合法选区，停车受益区依靠与地方相关的狭隘关注点来推动改革。这些受益区的政治支持来自于个人利益，而不是意识形态上的信念，也不需要人们相信路边停车市场定价是良善的交通政策。在这种情况下，不管本地居民认可与否，他们所采取的行动还是会产生全局性影响。

停车受益区不仅会增加居民对路边停车收费的意愿，还会增加司机支付停车费的意愿。如果司机们发现自己为停车付的钱用于种植树木，清洁和维修人行道，提高自身和车辆的安全性，他们可能会觉得这是一个公平交易。停车者将因为付费获得更多的回报，而不仅仅是路边停车时间。

一旦得以实施，停车受益区可能会成倍增长并持续下去，因为它们将创建有投票权的集团，这些集团将从他人支付的选择性公共物品中受益。这些受益区可以逐渐实施，让每个人都有时间适应它们。那些对附近商业区停车溢出效应承受最多的社区，也将获得最多的收入。非本地居民停车者会变成付费客人而不是免费停车者，停车者人数可通过灵活的价格机制来管理，确保留出几个可用的空车位。

在许多靠近停车溢出效应商区的老旧街区，路外停车的非正式市场已经运作起来。例如这种在洛杉矶体育馆附近经常出现的现象：居民将自家的车停放在街道上，然后向非本地居民兜售在车道和院子里停车的权利。图 17-1 是 1984 年奥运会期间拍摄的场景。正如居民可以向非本地居民收取路外停车费一样，城市可

---

① 原文为 selective individual benefits。（译者注）

② 原人名为 Arnold Howitt。（译者注）

③ 原文为 across-the-board nature。（译者注）

以向非本地居民收取路边停车费。从居民的角度来看，路边停车收费简单易行，因此城市可以实施这项工作。周边商区具有大量溢出需求的社区可能比居民想象的更加繁荣。[4]

图 17-1　1984 年奥运会居民对路外停车收费

图片来源：由 Tom Zimmerman 提供，洛杉矶公共图书馆收藏

客户型政治

停车是政治性的，停车受益区符合詹姆斯·Q. 威尔逊[①]定义的"客户型政治"[②]范畴。威尔逊解释说，采取政治行动的动机取决于公共政策的利益和成本是广泛分布还是狭窄集中。一般而言，最容易实施的政策往往会产生集中的收益和广泛分布的成本：

> 如果一项前瞻性政策的利益集中而成本分散，则很可能产生**客户型政治**。一些容易组织的小团体会从中受益，从而有很大的动力去组织和游说；因为收益所对应的成本以较低的人均比例分配给了很多人，所以人们几乎没有动力组织起来反对——即使他们确实听说过这项政策。[5]

我们可以将威尔逊模型用于停车受益区。社区居民有很强的组织动力，因为他们会得到由停车收入支付的额外公共服务。相比之下，在社区街道停车的非本地居民只是匆匆过客，他们每个人只支付总成本的一小部分，因此几乎没有动机或能力组织起来去反对。实际上，正是这种收益狭窄集中和成本广泛分布的局面推动形成了现有的停车许可区，专门为居民保留路边停车位。居民是稳定的地方

---

① 原人名为 James Q. Wilson。（译者注）

② 原文为 client politics。（译者注）

团体，他们拥有合法的政治权力推动停车受益区形成，但是非本地居民对此却没有发言权。居民对当地的免费公共物品的渴望，将创造出一种最有效的方式来克服司机不愿支付停车费的想法，而他们原本认为停车应该免费。反对路边停车收费的传统观点，例如"街道属于每个人"(这实际上意味着街道属于汽车司机)，当与社区公共利益相权衡时，这种观点显得肤浅而投机。如果司机们不必花时间去找车位，他们甚至更愿意为停车付费，并且乐于看到停车收入用于提供他们认为有价值的公共服务。停车受益区的主要支持理由务实且有政治价值，而不是理论或意识形态上的。

随着城市从路外停车标准转向路边停车市场定价，停车受益区会减少交通拥堵、空气污染、交通事故和能源消耗。这些更广泛的社会效益将远远超出仅有区域内居民才享有的"选择性个人利益"，但没有人会说服居民相信这些更大社会目标的价值；单靠个人利益就可以证明政策的合理性。因此，更少的交通拥堵和更清洁的空气可看作是区域这块大蛋糕上，抹在社区这小块蛋糕上的糖霜①。

政治和行政可行性

增加汽车成本的政策从未普及或不容易实施，但停车受益区是一个例外。阿诺·豪威特②提出限制汽车使用政策在政治和行政可行性方面至关重要的七个标准，停车受益区似乎满足所有标准：

1. 受政策影响的地理区域越小，感觉受到经济威胁或出行习惯受到干扰的人越少。因此，一个小的限制区域不太可能引起政治反对。

2. 扩大现有的限制政策，似乎没有实施新的限制政策那么具有威胁性，因此往往会产生较少的反对。

3. 新政策可以逐步采用和实施，而不是一次全部执行，这种润物细无声的做法不太容易引起反对意见。此外，第一步的成功实施有助于减轻公众对后续潜在影响的关注，使政策更容易被采纳和实施。

4. 不需要地方和州立法机构批准的方案，就不太容易遭到反对。

5. 如果政策不依赖于修订，那么更有可能取得成功。

6. 能够产生收入的政策，通常对民选的行政人员和管理人员更有吸引力。

7. 需要较少机构间协调以及较少需要关键部门承诺提供组织性资源的政策，更有可能成功实施。6

停车受益区完美符合这些可行性标准。规划师可以把停车的政治性运用于公共目的，而不是抱怨停车具有政治性这一事实。

---

① 原文为 regional icing on the neighborhood cake。(译者注)
② 原人名为 Arnold Howitt。(译者注)

　　印第安纳大学政治学家埃莉诺·奥斯特罗姆[①]认为，解决公地问题的关键是
"建立正确的机构"。[7] 停车受益区正是这样的机构，它能帮助那些有发言权的人，
包括选民、商业业主和政治家对路边停车达成协议。如果每个社区都保留自己的
停车收入来资助公共支出，那么所有这些利益集团都将有动力向非本地居民收取
适当的路边停车费用。请注意，司机不会出现在可能影响路边停车收益区停车定
价的利益集团列表之中。几乎所有成年人都会开车，但非本地居民对社区决策几
乎没有发言权，尤其是这些司机居住的社区可能还会向非本地居民收取路边停车
费。因为每个人都可以享受由其他人为本社区路边停车付费而获得的公共投资，
所以停车受益区不仅创造赢家和输家，而且创造赢家和大赢家。

指定收入用途的必要性

　　居民只有在自己的社区获得收入时才想对路边停车收费；而当上级政府获得
收入时，就会产生相反的激励。在慕尼黑，人们普遍不愿意提高路边停车价格，对
此经济合作与发展组织在一份报告中解释道，"慕尼黑几乎没有提高停车费的动
机，因为收上来的钱不是流向市政府，而是去了巴伐利亚自由州。"[8] 如果州政
府获得收入，那么市政官员不愿意提高停车费是可以理解的。类似地，如果市政
府获得收入，社区居民也同样反对提高收费。居民对所在社区的福利有正当的利
益诉求，城市可以利用这种自身利益诉求，指定路边停车收入为社区公共服务买
单。市场定价和专用收入将向每个人表明长时间停放汽车并不是街道空间的最佳
利用。

　　这套对免费路边停车的说辞并不是规划师和政客们没有领会；相反，路边停
车免费是因为司机们拒绝为此付费，而且大多数选民都会开车。公共政策是政治
利益平衡的产物，并且由于司机们反对支付路边停车费，因此我们需要从收入中
获得抵偿性利益[②]。指定收入用于社区改善将产生这种抵偿性利益。布鲁金斯学会
经济学家克利福德·温斯顿和查德·雪莉[③]认为：

　　　　政策制定者不只是碰巧造成效率低下。当经济学家估计公共政策
　　造成大量福利损失时，好像这些损失只是简单的失察，官员们可以通
　　过更加关注他们所做的事情来予以纠正，但失察的是经济学家，而不
　　是官员们。[9]

　　我们一旦获得合理的经济利益，也就获得了正确的停车政策。

---

　　① 埃莉诺·奥斯特罗姆 (Elinor Ostrom，1933~2012)，美国著名政治学家、政治经济学家、行政学家和政
策分析学家，美国公共选择学派的创始人之一。2009 年，奥斯特罗姆成为历史上第一个获得诺贝尔经济学奖的女
性。(译者注)
　　② 原文为 countervailing interest。(译者注)
　　③ 原人名为 Clifford Winston 和 Chad Shirley。(译者注)

一次一个街区

将现有的停车许可区转变成新的停车收益区，最简单的办法是出售一些非居民许可证，当许多居民开车上班时，允许附近商业区的雇员白天在该区域内停车。可以为区域内居民提供选择权，在街区内接纳两、三位日间停车许可证持有人，其收入用于公共服务改善，比如为人行道维修提供资金。受益于通勤者支付的停车费，居民们开始从停车位所有者的角度看待路边停车——将其视为一项宝贵的创收财产。如果一个街区的居民同意这种安排，则其他街区的居民将能够看到效果，然后决定是否也让自己的街区获得这些好处。通过这种方式，可以将许可区一次性转换为受益区。

停车受益区可以在一些社区作为试点项目进行测试，居民可向市政府申请建立受益区，就像现在申请建立传统许可区一样。只有当居民需要时停车受益区才会形成，但城市必须首先提供选择权。公民需求而不是政府命令解释了停车许可区在全美快速传播的局面。如果一些停车受益区试点获得成功，并证明为社区创造可观的收入，它们将以停车许可区同样的方式迅速传播——被广受欢迎的需求推动。

选择是否组建停车受益区以及路边停车收取多少费用，本质上是一个地方性决策。如果一些街区的居民反对出售在街道上停车的权利，他们总是可以选择不加入停车受益区。形成停车受益区的能力将为社区提供更多的交通、土地利用和公共财政选择。有些社区可能会选择保留免费路边停车，保持路外停车标准以及没有路边停车收入，但这是城市现在给予社区的唯一选择。城市可以提供停车受益区选项，并让每个社区都有自己的选择。新的公共收入将帮助老旧街区和商业区东山再起，而对路边停车收取市场价格通过减少交通拥堵和空气污染使整个城市受益。

征集停车收入

停车定价并不需要在每个车位安装传统咪表。新技术克服了路边停车收费在美学和实用性方面的缺点，城市可以采用各种不引人注目的支付系统。例如，日间许可证是一种廉价、简单、不起眼的方式，允许非本地居民在现有的停车许可区内停车。在阿斯彭，司机们会购买一种吊牌，刮掉日期和时间，然后将其显示在汽车挡风玻璃上。[10] 现在还出现了一些高科技的替代品，例如车载咪表 (见第15章)。

更先进的咪表技术需要先期投资，可以像首批停车咪表一样进行融资。最初，城市不确定那些拥有汽车的市民对新停车咪表的反应，因此制造商付费安装了第一批停车咪表，并用所得收入收回了成本。根据 1935 年《美国城市》杂志的报道：

俄克拉何马城双子停车收费有限公司①将免费安装这些咪表，不给城市增加任何负担，保留所有收据，直到这些咪表付清并成为城市无债务的资产。[11]

如今，这种安排通常称为建设-运营-转让 (BOT)②。私营企业建设和运营公共基础设施，对其使用收费直到收回成本，然后将所有权转让给公共部门。停车收费咪表是一种早期 BOT 项目，可以采用相同的安排以支付停车受益区的前期成本。私人投资者通常建设 BOT 设施，然后向用户收费以偿还建设成本。然而在停车受益区中，这样的设施——路边停车位——早已经存在，唯一需要私人投资的是征集使用费的技术。私人投资几乎不会带来任何风险，而停车受益区也不需要公共补贴。

一个有前景的先例

让非本地居民在居住许可区付费停车，就像让单驾司机在拼车或高占用车辆 (HOV) 车道上付费行驶一样。加利福尼亚州已开始在一些高速公路上允许单驾司机支付通行费以使用拼车车道未充分利用的容量，通行费设置得足够高，确保交通保持自由流动 (见第 11 章)。这些高占用率/收费 (HOT) 车道可以更好地利用拼车车道，并为单驾司机提供一个新的选择，如果他们愿意为更高的出行速度支付更多的费用。

停车受益区就像 HOT 车道，当路边车位未被充分使用时，非本地居民可以付费停车，就像单驾司机在拼车车道未充分使用时付费行驶一样。这两种安排之间最大的区别在于对非本地居民路边停车收费要比对单驾司机使用 HOT 车道收费更容易。因此，一种更为简单的提议是允许非本地居民为居住许可区的路边停车付费，HOT 为此提供了很好的先例。

高密度社区

大多数公民似乎认为，在自家房屋前免费停车的权利已写入社会契约，然而，欧文·古特弗伦德③在《21 世纪的蔓延》一书中指出，如果路边停车在前汽车时代是免费的，那么"城市居民本来有权利在自家门前的公共街道上拴马和停放马车。"[12] 尽管如此，如今在自家门前免费停车的权利成为一种根深蒂固的社会习俗，并且在受益区让居民免费停车可能是获得政治支持的必要条件。[13] 但是在一些社区，绝大多数居民不在街道上停车，一种按少数服从多数规则的解决方案是

---

① 原文为 The Dual Parking Meter Co.。(译者注)

② 原文为 build-operate-transfer，通常直译为"建设-经营-转让"，简称 BOT。BOT 实质上是基础设施投资、建设和经营的一种方式，以政府和私人机构之间达成协议为前提，由政府向私人机构颁布特许，允许其在一定时期内筹集资金建设某一基础设施，并管理和经营该设施及其相应的产品与服务。(译者注)

③ 原人名为 Owen Gutfreund。(译者注)

对所有路边停车进行市场定价，甚至对社区居民也不例外。高密度社区无法提供足够多的路边车位供居民停车 (更不用说非本地居民了)，因此居民将不得不为停车付费，避免有限可用路边车位变得过度拥挤，这将带来更多收入用于支付公共服务。例如，旧金山正在考虑一个计划，按路边车位数量限定居民许可证数量，并对许可证按照市场价格收费。已有的许可证按照豁免低于当前市场价，但是新的许可证将按照供求平衡来定价。[14]

城市把停车收入返还给社区，期望居民为路边停车付费，就好像期望室友分摊电话费来支付拨打的长途电话一样。例如，一个纽约客每周给波士顿男友打电话，话费应该比她的舍友每天给夏威夷男友打电话要少一些。如果一个群体很小，他们的共同财产是有价值的，而这个群体不同成员对该财产的使用极为不均等时，那么按照使用量分摊账单似乎比任何其他安排都公平。

在人口稠密的社区中，路边停车收入可能很高，而旧金山的一则轶事表明这种收入有多高。俄罗斯山[①]一间豪华公寓房的门卫使用公寓的下客区为访客泊车，通常会得到 20 美元小费。当公寓楼附近的路边车位空闲时，他就会迅速把访客的车停进去。然后，如果居民回家时找不到停车位，门卫再将访客的汽车移回下客区、空出停车位，如此这般他又会得到另外 20 美元小费。[15] 如果这个社区对路边停车收取市场价格，将使居民和访客的生活更加方便，并将门卫的小费转变为公共收入，用于改善公共服务。

摘自《纽约时报杂志》每周专栏"伦理学家" (2003 年 7 月 27 日)

问：我的两个邻居在合谋。当一个人把汽车从车位开出来后，另一个人总是直接停在车位前后，并将车移到足以占据两个车位的位置，这样其他车都不能挤进去。当第一辆汽车返回时，另一辆车又移回来，为这两辆车存储停车位。他们为彼此保留停车位，而不是给另一位找不到停车位纽约人留出空位，这样做道德吗？

答：如果他们中的任何一个合乎道德，就不会在曼哈顿这个公共交通便利的城市使用私家车。为什么不拥有汽车的大多数人要允许拥有汽车的少数人，免费将其私有财产 (即汽车) 存储在公共财产中？为什么我每次步行去商店，都类似于在停车场漫步？私家车带来了诸多健康和安全上的成本和风险，为什么大多数人要忍受这些呢？

在土地价格高、路边车位稀缺之处，城市可以纯粹按价格分配所有路边停车位。居民购买汽车可以享有"优先否决"权，但停车必须按市场价格付费。那些

---

① 原文为 Russian Hill。(译者注)

在街上存放好几辆汽车的人，可能会第一个减少使用路边停车位，也最有可能处理掉不常用的汽车。[16] 虽然向居民收费比向非本地居民收费更不受欢迎，但即便是那些最终为自家社区停车付费的人可能也会觉得很划算，因为可以保证他们在自家门前有一个空车位，而无需四处巡游。此外，居民支付的所有停车费都将归还给他们，作为社区公共设施改善的额外支出——修理人行道、种植行道树和铺设地下公用事业管线等。市场定价可以让很多路边车位从长期存储变为短期利用，每天可以服务更多的汽车，并能为社区带来更多的收入。

在一些拥挤的社区中，在路边停车的居民总是犹豫是否要使用汽车，因为担心返回后找不到一个停车位。例如，英国记者伊恩·帕克①说：

> 伦敦的司机担心早高峰、晚高峰、上学高峰以及西区剧院高峰时间。他们担心周六下午和周日晚上的交通。他们担心离开一个好的伦敦停车位之后出现的场景：一辆汽车填补了他们留下的车位，这让他们感到困扰和茫然，后悔自己的鲁莽。伦敦人——真的有很多人会坐出租车离开家，而不是冒险放弃一个居民区停车位，一个正好在房子前面的好位置。[17]

如果路边停车过于拥挤，居民们因为担心回来时无处可停而不愿意开车离开停车位，这种"囤积"停车位的需要会降低拥有汽车的价值，同时那些本不愿去停车的人反而增加了停车需求。在那些停车位最有价值的社区，因为司机们知道在"先占先得"规则下，这些空车位会流转到另一位停车人那里，他们会占据自己并不需要的空车位。那些愿意使用汽车的人反而一直把车停在那里，这种行为减少了可用的停车位数量，而这些车位本来可供想停车的人所用。而那些确实想要找到停车位的人，不得不走上很长一段路才到达最终目的地。因此，路边停车市场定价通过释放那些不是用户真正想要的停车空位，增加便利停车位的有效供给。

在任何一个停车受益区，居民不得不在自己的停车位和社区公共服务之间进行权衡。他们分配给自己的停车许可越多，从非本地居民那里得到的收入就越少。在传统的停车许可区，城市只是简单地向所有居民低价出售停车许可证。交通工程师协会②的一项调查发现，大多数城市对发放给每个家庭的许可证数量没有限制，而且每年许可证收费不超过 10 美元。[18] 另一项来自 Gerard Mildner、James Strathman 和 Martha Bianco 的调查发现，大多数城市都会为居民拥有的注册汽车提供许可证。[19] 如果停车位不能容纳下所有居民的汽车，城市通常不会设立停车许可区，这表明在最需要许可证和定价的地方，官员们只是简单地举手投降，然后什么也不做。[20] 甚至在那些停车位稀缺的社区建立停车许可区之后，官员们还

---

① 原人名为 Ian Parker。（译者注）

② 原文为 Institute of Transportation Engineers。（译者注）

是随心所欲地发放停车许可证,正如旧金山太平洋高地社区①因颁发 26 张居住停车许可证给浪漫主义小说家丹尼尔·斯蒂尔②而引起公愤那样。任何想要在街道上停放 26 辆汽车的人都应该按市场价格支付停车费。(请参阅下栏)

小说家的停车狂热

约翰·M·格利奥纳③

《洛杉矶时报》，2002 年 5 月 8 日

浪漫主义小说家丹妮尔·斯蒂尔是个精力过剩的女人。她迅速完成了几十本畅销书，结过五次婚，生了九个孩子，居住在一个庞大的建筑群里，窗外恶魔岛和金门大桥④一览无余。

事实证明，她也很喜欢停车位。

在豪华而昂贵的太平洋高地社区，这位声名显赫的五十四岁小说家拥有 26 张居住停车许可证——据城市官员说，比其他任何一位旧金山人都多。

在一个交通拥挤的城市，停车位数量与汽车相比相形见绌，居民在这里徘徊数小时寻找停车位，而斯蒂尔对停车许可证的热爱所引发的关注，非同寻常地与她 50 余部浪漫小说联系起来。

受斯蒂尔拥有过多停车位事件的影响，恼羞成怒的城市官员周四考虑将停车许可证数量限制为每户三个。根据现行法律，居民可以无限量购买许可证——每个每年 27 美元。

旧金山拥有全美国每平方英里最多

的注册车辆，也是人均停车位最少的地区之一。统计显示，每个工作日大约有 50 万辆汽车争夺 32 万个路边停车位。

49 平方英里内人群密集，居民们通常要等上两年才能租到车库。人们不得不在人行道上停车，随后经常发现自己的车被其他违停车辆包围。

警方每年专门为人行道上违章停车发放 10 万张罚单。

市政府官员说，斯蒂尔停车许可证引起的轩然大波表明几乎每一个旧金山居民都感到沮丧。

"在这个城市，停车费用非常高，这绝对是我们作为城市官员面临的最大投诉"，主管加文·纽森⑤表示，"人们讨厌不得不在人行道上停车，这种愤懑不平让人们团结起来，让市政厅听到他们的声音。"

最近，停车问题引发了"一次最激烈的公开会议"，纽森说他参加了这次会议。"没有人愿意谈论无家可归或经

---

① 原文为 Pacific Heights neighborhood。(译者注)
② 原人名为 Danielle Steel。(译者注)
③ 原英文人名为 John M. Glionna。(译者注)
④ 原文为 Alcatraz Island 和 Golden Gate Bridge。(译者注)
⑤ 原人名为 Gavin Newsom。(译者注)

济适用房"，他说，"他们想谈的是停车许可证。"

斯蒂尔没有参与。这位多产作家的著作——包括《苦乐参半》、《礼物》和《美好之事》①等已被翻译成 47 个国家的 28 种语言——作家本人拒绝讨论有关许可证的争议。

1988 年，这个作家和她当时的丈夫，约翰·特里纳②，一位航运顾问，花了 800 万美元购买了许多人心目中旧金山最优雅的房屋。

这座房屋坐落在由数百万美元豪宅环绕的小山上，具有高耸的混凝土墙、茂密的树木和电子监控功能。车库门外竖着一个警告标志："禁止停车"。记录显示，斯蒂尔的停车许可证包括四辆丰田、三辆梅赛德斯、两辆路虎、一辆沃尔沃、两辆 1940 年古董福特和一辆 2000 年美洲虎，更不用提员工驾驶的汽车。

当记者走近时，一名叫托尼男子，自称是斯蒂尔的停车主管，他拒绝发表评论，并把访客赶到了旁门外。

"我们从未打算为车辆过多的人提供便宜的路边停车位"，停车与交通部门发言人黛安娜·哈蒙斯③表示，"您不能拥有十几辆汽车，而且期望将它们停在城市街道上。"

在人口最密集的社区，开放免费路边停车会降低其价值，因为居民必须花大量时间寻找空车位。然而，如果居民们总能够在靠近前门的地方找到一个便利的停车位，那么他们就会更加珍视路边停车的权利。停车受益区的路边停车位对居民更有价值，因为它让停车变得更加可靠。因此，停车收入可能会远高于任何人的预期，并能为高水平的公共服务提供资金。这些人口稠密社区的所有居民都会从公共服务受益，但只有少数人会支付停车费，因为路边车位数量有限，只能服务大量人口中的一小部分。社区越稠密，公共服务的价值就越高，为停车付费的居民比例也就越小。[21]

像曼哈顿这样人口最稠密的社区，路边停车要按照小时付费（像车载咪表一样）而不是按月付费（像许可证一样）。按小时收费意味着居民把车开出社区不使用停车位时就不用付费；因此，按小时付费就像一种许可证，先按月付费，然后再返未使用的时间。相比之下，传统的固定月租许可证则鼓励那些大部分时间想把车停在街道上的人购买，因为许可证持有者每月在任何时间停车的边际成本为零。相对于全时段用户④而言，路边停车按小时收费而不是按月收费更有利于部分时段用户，并产生更多收入。为了节省开支，一些之前在免费停车时将汽车停在街道上的居民，将转而使用路外停车场，这样会出现更多的路边停车位供访客使用。

---

① 原书名为 *Bittersweet*、*The Gift* 和 *Fine Things*。（译者注）
② 原人名为 John Traina。（译者注）
③ 原人名为 Diana Hammons。（译者注）
④ 原文为 full-time users。（译者注）

　　当然，居民反对在自己的社区为路边停车付费，但他们也反对免费停车带来的问题。在英国雷丁郊区开发区 1,526 户家庭的一项调查中，牛津布鲁克斯大学约翰·诺布尔和迈克·詹克斯[①]发现，居民每所住宅拥有 1.57 辆汽车，开发项目给每个住宅提供 3.37 个停车位 (2.81 个路外和 0.56 个路内) 或每辆汽车略多于 2 个停车位。[22] 然而，仍有 41% 的居民对社区停车设施表示"不满意"或"非常不满意"，部分原因是许多居民停在街道上的车比停在车库中的要多：38% 的家庭拥有一个车库，但从未将其用于停车，而 54% 的家庭有两个车库，但至多停放一辆车。[23] 相反，很多车库用来存放园艺工具、家用电器、家具和其他大件物品；其他车库则被用作工场作坊、游戏室或商业用途。那些免费路内停车的社区提供足够多的停车位供所有居民停车，这可能是非常困难又昂贵的做法。然而，如果城市将所产生的收入返还给社区，大多数人可能最终意识到对所有路边停车收费，甚至对居民收取公平的市场价格是最好的政策。

　　沃尔普中心[②]交通经济学家道格拉斯·李[③]指出，如果城市开始对路边停车收费，一些土地所有者可能打算把自家的前院改造成停车场，因此城市需要执行路外停车规定：

> 　　一条仔细设计和美化的车道尽头，连着一个精心打理的车库，对周围社区几乎没有危害，但是让前院地面裸露用于停车，对邻居们而言是一种损害。对业主来说也是一种损害，但是对社区的代价要高得多……法规应旨在限制路外停车数量及其负面影响……限制措施可能包括道路铺设、防护、景观美化、红线缩进[④]和排水的要求，并限制建筑物和停车场的占地比例，或仅限制用于停车的土地比例。[24]

　　大多数城市已经规范了居民区的路外停车场设计，但是路边停车收费将使这些规制的执行变得更加重要。

停车受益区的最佳规模

　　通过允许地方对公共支出做出选择，停车受益区将促进社区自治。由于居民将集体决策是否对路边停车收费以及如何支出收入，因此这些社区责任需要基层决策以及新的微观政府机构。

　　停车受益区必须足够小以产生路边停车收费的激励，但又要足够大以保证收入有效和公平地支出。停车受益区的两个先例是商业改善区和停车许可区。城市可以管理路边停车并获得收入，以新增公共服务的方式返还给社区，而商业区和

---

① 原人名为 John Noble 和 Mike Jenks。(译者注)

② 原文为 Volpe Center。(译者注)

③ 原人名为 Douglas Lee。(译者注)

④ 原文为 setbacks。(译者注)

社区居民可以制定政策并监督结果。将停车权利移交给社区符合联邦政府系统中的"辅助"①原则——即政府行为应由能够有效实施的最小管辖区来执行。²⁵ 目标是确保决策尽可能接近公民。如果把这条规则应用到停车受益区，则每个社区都可以决定各自的路边停车收费政策，并选择自己的优先级来支出收入。尽管有些城市已经将这些任务承包给私人运营商，但城市可以自行收取咪表收入，执行停车法规，以发挥规模经济优势。²⁶

停车受益区的最佳规模有多大？它可以小到一个街区。一些当地的公共物品——如人行道、行道树和地下公用设施——主要服务于它们所在的街区，这些街区可能是形成停车受益区的最合适区域。耶鲁大学法学教授罗伯特·埃里克森②认为，许多社区能从街区级机构中受益，他称之为"街区改善区"③（简称 BLID，以将其与类似的商业改善区或 BID 区分开来）。这些微型政府机构类似于开发商目前在大多数细分市场中建立的社区协会。²⁷ 建立街区改善区的主要问题是寻找资金支持。停车受益区可以为当地公共产品提供资金支持，因此对于这些微型机构④而言是一个理想的收入来源。在居民同意对路边停车收费之前，应在微观层面设立适当的支出授权机构，而街区级机构似乎特别合适获得这笔收入。²⁸

除了提供特定的公共产品之外，埃利克森解释说，街区层面的微观政府也具有重要的社会和政治优势：

> 小型团体比大型团体更容易维持高度的团结……相对较小的团体可以提高内部交流的质量以及成员偶然相遇的频率……在街区一级，同舟共济的社会压力往往比邻里一级更大。实际上，建立像 BLID 这样的正式街区组织的行为可能会促进成员相识，从而加强街区居民和业主的非正式社会资本……街区级机构的规模可以扩大成员在集体治理中的参与度和技能。许多时事评论员试图振兴美国的公民生活。他们应该欢迎可能充当当地社会资本孵化器的街区级机构。街区级机构的议事程序将提供便利的机会，让人们参加到有意义的辩论、投票、寻求公职⑤及其他形式的社区参与活动中。就职的候选人很少。会议上无需等待或很短时间内就可以发言。参与者不太可能被周围环境吓到，因为会议场景很熟悉，而且大多数是熟人面孔。在涉及集体福利的常规问题上，一个普通业主或居民几乎没有理由被专家的观点吓倒。²⁹

埃利克森为这些次级地方政府提出一个具体的法律框架，我不会进一步推测

---

① 原文为 subsidiarity。（译者注）
② 原人名为 Robert Ellickson。（译者注）
③ 原文为 block improvement district，简称 BLID。（译者注）
④ 原文为 microterritorial institutions。（译者注）
⑤ 原文为 officeseeking。（译者注）

其行政上的细节，因为正如 Niccolò Machiavelli 警告的那样，"没有什么比企图引入一个新机构更难计划，更不确定是否成功，执行起来也更危险。"[30] 然而，停车受益区对新机构的要求并不高，可以将其建立作为对现有机构的边际改进。正如第 16 章所述，要建立 BID，简单的第一步是允许 BID 保留路边停车收入。下一步可能是在现有的居民停车许可区内出售日间许可证，并将收入专门用于居民选择的公共服务。微观政府由路边停车收入提供资金支持，可以逐步发展起来，最终将有助于建立共同利益的社区，并帮助居民掌控自己的社区。

停车受益区有助于填补财政体系的重要空白。在缺乏融资机制的情况下，社区集体行动很难组织起来。例如，无论多么不喜欢社区的高架电线，你都不能单独把公用管线植入地下。即使你更愿意将管线埋入地下，你可能只是改建厨房，因为这样无需组织社区行动。这一问题助长了约翰·肯尼思·加尔布雷思[①]所说的"私人富裕和公共肮脏"[②]。[31] 例如在许多老旧的社区里，居民不断改造自家的厨房和浴室，但人行道上出现裂缝，街道树木枯萎，高架电线破坏了视野。对路边停车进行收费并将收入用于资助社区再投资——维修人行道、种植新的行道树和铺设地下公用设施——将使公共需求与私人需求相匹配。

如果停车受益区改善老旧社区，并且住户可以留在原社区享受更好的公共服务，那么更少的家庭会在收入增加后搬出去。许多居民可能更愿意保留或改善现有的社区，而不是搬到新开发的社区，那里是无可置疑的新区，一切设计精良，但过于整齐划一。在阿尔伯特·赫希曼[③]著名的关于解决公民问题的替代方案中，停车受益区将给居民更多机会发出"呼吁"，而无需选择"退出"作为改善社区的方式。[32] 通过减少富裕家庭的外迁，停车受益区可以作为副产品为老旧社区带来更多的社会融合和社会资本。正如阿肯色州前州长比尔·克林顿建议的那样，它们将"给人民一种新选择，植根于旧价值观，一个简单的新选择，提供机会，要求责任，赋予公民更多的发言权，为他们提供政府的回应——所有这一切是因为认识到我们是一个社区。"[33]

停车受益区可以成为社区政府的新机构，哈佛法学教授查尔斯·哈尔[④]在描述最高法院 1926 年具有里程碑意义、使分区合法化的裁决 (俄亥俄州欧几里得村诉安布勒房地产公司案) 时，指出为新机构辩护的两种方式：

---

① 约翰·肯尼思·加尔布雷思 (John Kenneth Galbraith, 1908～2006)，美国经济学家和政府官员，新制度学派的领军人物。(译者注)

② 原文为 private affluence and public squalor。(译者注)

③ 阿尔伯特·赫希曼 (Albert Otto Hirschman) 是一个德国出生的犹太思想家，著名的发展经济学家，美国国家科学等学术团体的会员，曾先后赴 20 多所大学讲学，16 所世界知名学府的名誉学位获得者，曾任普林斯顿高级研究院社会学教授，美国经济学会杰出研究员。(译者注)

④ 原人名为 Charles Haar。(译者注)

欧几里得诉讼案①的核心是一个引人入胜的法律战略问题——在对抗性普通法系②法律改革的前沿，几乎所有人都面临一个反复出现的问题。一种新的学说应该被坦率地承认为旨在应对不断变化的环境的新方法，还是应该披上令人放心的渐进主义外衣，作为由古代法律原则演变的不可避免的副产品提出？[34]

有了停车受益区，规划师和律师可以同时采用上述两种方式。他们可以辩称，停车受益区不仅是对停车许可区的渐进式改变，也是一种为社区公共服务筹集资金的新方法。

这些并不表明停车收益区的治理会很容易。公寓和业主协会是微型政府，负责每月评估费用以维护其公共区域，其中大多数组织会友好地管理社区事务，但有的情况下，偶尔发生的激烈争执却引发冷漠的态度，表明社区自治不会自动产生社区团结。尽管如此，一个不完美的社区政府可能比没有政府更好。因为美国每年有 16% 的人口流动，而且许多人与邻居接触很少，因此，停车受益区有助于促进对社区福祉的集体关注，而不仅仅是对每个家庭福祉的个人关注。

限额与交易法③

将停车许可区转变为停车受益区，最简单的方法是向非本地居民出售数量有限的日间许可证。这一政策类似于保护环境的限额与交易法。在限额与交易系统中，政府对总的污染物排放量设置上限，并允许企业通过市场交易受管制污染物的排放权利。例如发电会产生二氧化硫 (SO_2) 排放，这是酸雨的主要来源。1990年《清洁空气法修正案》④对电力企业的二氧化硫排放总量设置了上限，根据其排放历史分配二氧化硫排放许可证，然后创建一个市场，允许公用事业企业之间交易许可证。[35]

停车受益区类似于限额与交易法，因为它限制了非本地居民许可证数量，并以公平的市场价格出售。[36] 限额与交易法有效地减少了公用事业的空气污染，但它真的适用于路边停车吗？对非本地驾驶者收取路边停车费，比向工厂收取排污费要容易得多，而出售非本地居民停车许可证要比分配排放许可证容易得多。城市可以在社区内出售停车许可证，而排污权必须由远离问题的更高层级政府出售。从本质上讲，排污权交易市场必须涵盖一个地区、一个国家或 (在温室气体排放情况下) 全世界，因此必须在巨大的政策跃迁过程中予以采纳。停车受益区可以采用增量方式——一次一个街区加以实施。

---

① 原文为 the Euclid litigation。(译者注)
② 原文为 adversarial common law system。(译者注)
③ 原文为 cap-and-trade Approach。(译者注)
④ 原文为 Clean Air Act Amendments。(译者注)

早期的例子

住宅停车受益区听起来不错，但它们会起作用吗？一些城市已经在居民停车许可区向非本地居民收取停车费。如前所述，科罗拉多州阿斯彭市每天向在许可区停车的非本地居民收费 5 美元。位于居民停车许可区的企业和非营利机构可以获得一张免费许可证，并且可以每年以 600 美元的价格购买额外的许可证。[37] 其他一些城市也开始向通勤者收取在许可区停车的费用，他们的经验表明住宅区路边停车可以产生可观的公共收益。

科罗拉多州博尔德。 在社区许可停车区，博尔德以每年 12 美元的价格向居民出售许可证，并以每年 312 美元的价格向非本地居民出售通勤许可证。每张许可证在特定街区内有效，并且每个街区出售的非本地居民许可证不得超过四张。该市会定期检查每个许可区内所有街区的停车位占用情况，并仅在上午 9 点至下午 5 点之间空置率大于 25％ 的街区出售非本地居民许可证。这种方法可以确保每个街区都能为居民和通勤者提供空车位。由于许多居民白天开车上班，只有晚上在自家前的街道上停车，因此通勤者和居民可以有效地分时使用相同的路边车位。博尔德停车服务部门提供了一张地图，上面显示所有已售出许可证的街区以及仍可购买许可证的街区；许可证以先到先得的方式出售。企业也可以购买非本地居民许可证并提供给员工使用。非本地居民许可证的所有收入均用于降低居民许可证价格。[38]

加利福尼亚州圣克鲁兹。 圣克鲁兹以博尔德的一个项目为蓝本。该市的目标是在未被停满的街区上为通勤者提供停车位，并向居民返还与区域外通勤者共享路边停车位的部分收入。市区员工每年支付 240 美元的通勤许可证费用，便可以在附近居住许可区停车，而居民每年只需支付 20 美元。许可证有效期为周一至周五，上午 6 点至晚上 8 点。每个许可证在特定街区有效，并且高峰时段停车占用率低于 75％ 的街区才有资格获得停车许可证。每个街区分配的通勤许可证最多不超过四张。[39] 该市计划将通勤许可证项目的收入用于许可证区，但尚未设立专项基金实现这一目标。

亚利桑那州图森。 在图森 ParkWise 项目中，每年收取 2.5 美元的住宅停车许可证费用，并根据所在地点每年收取 200 到 400 美元的非住宅许可证费用。离亚利桑那大学最近的街区，非居民许可证价格最高，并随大学的距离增加而下降。非本地居民许可证的有效期为上午 8 点至下午 5 点，并且每个许可证在特定街区有效。这些许可证专门针对具体的车辆，必须贴在汽车后窗上。还可以提供吊牌许可证，每年额外收取 100 美元，并且所有使用吊牌许可证的车辆必须在 ParkWise 项目注册。如果持证者一年内有三次或三次以上未经许可违规停车罚单，城市可以吊销其许可证。[40] 该项目始于 1997 年，图森目前拥有约 450 个非本地居民许可证。非本地居民许可证的所有收入均用于降低居民许可证价格。

加利福尼亚州西好莱坞。西好莱坞每年向居民收取 9 美元以获得优惠停车区许可证，并向非本地居民收取每年 360 美元以获得商业许可证，允许上午 7 点到下午 7 点之间在许可区停车。这些"日间"许可证仅适用于在该地区工作或经营企业的人。商业许可证并不限定于某个特定街区，但非本地居民只能在街道一侧停车，另一侧保留给本地居民。由于通勤者希望将车停在靠近业务活动的地方，最便利的街区挤满了通勤者的汽车，而同一许可区其他街区的路边车位并未完全使用。因此，西好莱坞正在考虑更改特定街区许可证，越便利之处其价格越高。

这四个例子表明，在居民区对非本地居民停车收费是可行的，尽管这些城市并没有保证将收入返还社区，为允许非本地居民停车的街区提供公共服务；较低的居民许可证价格是社区唯一能得到的特殊福利。如果许可证是针对特定街区的，对于更方便的街区，需求就会过多，那么表明价格低于市场水平。如果城市保证将由此产生的收入用于社区，居民可以在街区上看到新的公共服务，那么更多对路边停车市场定价的政治支持就会出现。[41]

停车受益区的好处

在一些社区，非本地居民按市场价格支付停车费，可以获得比现有财产税更多的收入 (见第 19 章)。城市可以利用这笔新收入来清洁街道，修复人行道，种植树木，提供安全保护，保护历史建筑或将公用管线铺设入地。为了说明它对社区的潜在好处，考虑一个具体案例——利用收入修复破损人行道。

示例：修复破损人行道

在洛杉矶，破损的人行道十分常见。该市 10,000 英里人行道中大约有 4,600 英里需要维修或更换，但该市只能负担得起临时的沥青路面。此外，美国残疾人法案 (ADA)[①]要求该市对人行道进行 123,000 处修缮 (例如十字路口的斜路缘) 以确保残疾人通行，但该市每年只能负担约 900 处改善。[42]

人行道破损对行人来说是危险的，洛杉矶目前每年支付约 200 万美元来解决与绊倒和跌倒有关的诉讼。尽管如此，1998 年选民否决了一项旨在修复人行道的 7.7 亿美元税收措施。[43] 反对者认为，该提议涉及全市范围内的税收并不能保证自己所在社区的人行道都能得到修复，这个观点有一定的道理。在一个拥有 4,600 英里破损人行道的城市里，许多人不得不等上数年之久，才能轮到把所缴纳的税收用于改造自己的街区。

城市可以在不增加税收的情况下修缮人行道吗？可以的——通过创建停车受

---

① 原文为 Americans with Disabilities Act，简称 ADA。(译者注)

益区并使用路边停车收入支付维修费用的方法，可以确保许多社区的所有人行道得到快速修复，而无需额外征税。城市可能会强制要求任何路边停车收入的第一用途是把人行道提高到 ADA 标准。在实现这一目标之后，社区可将收入用于所选择的其他公共用途。将人行道维修作为资金使用的优先项不会与社区自身偏好发生冲突，因为质量良好的人行道是社区品质的重要组成部分，并可以增加房产价值。

　　图 17-2 是洛杉矶一个停车许可区破损的人行道。路边车位闲置着，人行道破损不堪，而城市没有钱进行维修。将停车许可区转变为受益区可以产生足够的收入来修缮人行道，而不会对居民施加任何成本。许可区将停车需求转移到其他地方，但受益区可以解决停车问题并改善居民区。

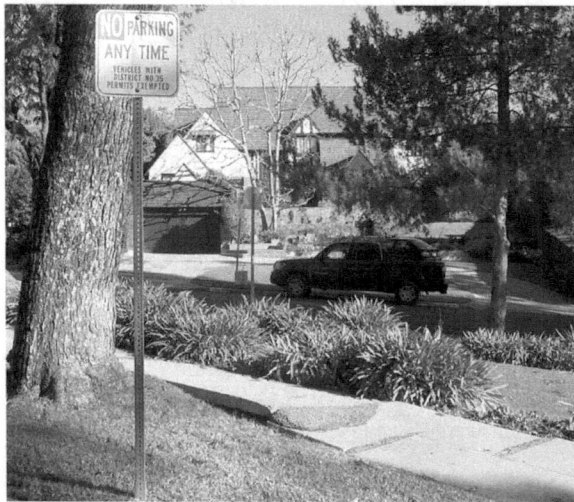

图 17-2　　洛杉矶停车许可区破损的人行道

图片来源：Donald C. Shoup

　　在该社区居民提出建立许可区的请求之前，路边车位停满了汽车——而新到来的汽车到处搜寻路边车位。现在，许可证区的路边车位几乎整天都空着。然而，不妨假设城市对附近商业区的通勤者出售数量有限的日间许可证。每个许可证被限定在某个特定街区使用，而且数量有限，所以每个街区只有一些非本地居民的汽车在路边停放。[44] 每个街区可选择是否加入受益区，并将这笔收入用于修缮人行道，而无需联邦或州政府拨款或增加新的税收。

　　这个方案真的可行吗？假设城市对停车受益区每月收取 50 美元停车许可证费用 (即每月 20 个工作日，每天 2.50 美元)。现有的许可区通常在每栋房屋前至少有两个路边车位，如果一个街区的街道两侧各有 10 栋房屋，则该街区 20 栋房屋至少有 40 个路边车位。比如说，如果城市每五栋房屋出售一个日间许可证，那么该街区将有四个许可证，或大约每隔 10 个路边车位可停一辆非本地居民的汽车，那么，四张每月每个价格 50 美元的许可证，每年将为该街区提供 2,400 美元（4 ×$ 50×12）。洛杉矶人行道更换成本在每平方英尺 10 至 20 美元之间。如果人行道宽 5 英尺，这笔收入将用于每年修理或更换 24 英尺（每平方英尺 20 美元）至 48 英尺（每平方英尺 10 美元）人行道，破损的地方通常只有几英尺长。如果只有 24 英尺长的人行道坏掉了，那么这笔收入在一年内可支付整个街区的修复费用。45

每个人都可以从停车受益区受益。首先，社区人行道在没有给居民增加任何成本的情况下得到修复。即使居民房屋前的人行道完好无损，邻近社区的人行道修复后，他们也会因此获益，因为大多数居民都在附近散步。其次，通勤者能够在离工作地点较近的地方停车。第三，雇主减少修建停车位，节省了土地和资金。第四，城市面临的跌倒和摔倒诉讼会越来越少。此外，这种安排是自愿的，因为居民通过申请加入受益区，就像通过申请加入许可区一样。如果最初几个街区加入受益区并修复了人行道，社区内其他街区的居民看到结果后，可以稍后决定是否加入。循序渐进，一次一个街区，让人们选择是否加入停车受益区，这些都是该提案的强大优势。

停车受益区正像加拿大经济学家 J. H. 戴尔斯①曾经建议的那样："如果建立市场去实施政策是可行的，没有一个政策制定者能找到比这更经济的方案了。"46 通勤者愿意支付停车费，而附近社区需要资金修复破损的人行道。在这种情况下，一个使需求与供应相匹配的路边停车市场运作得更加良好——每个人都会变得更好——而不是简单地禁止非本地居民停车。

许多社区可以通过向非本地居民收取路边停车费，为人行道修缮提供资金支持。例如洛杉矶体育馆附近的社区，通过向非本地居民收取按市场定价的路边停车费赚取大笔收入。在大多数大学和高中附近的社区，以市场价格收取停车费很可能会带来可观的收入，同时也会减少学生在周边社区停车时发生的冲突。许多公立学校在操场上铺设停车场让教师停车。为教师们的爱车购买周围社区的日间许可证，以适度的成本为教室和活动场地提供宝贵的空间。一位家长在《洛杉矶时报》上撰文称，为了解决过度拥挤的教室，学校董事会讨论了一个全年教学变更计划。"一位教师和工会代表情绪激动地讨论我们为何不能在校园内建更多的教室，因为那样的话，教师的车该停在哪里？"47 由于人满为患和活动空间不足，洛杉矶一些学校每周仅向学生提供 15 分钟的体育课。造成此问题的部分原因是将校园变成了教师的停车场。当然，一些社区更愿意向孩子们的学校出售居民停车许可证，而不是拥有过度拥挤的教室、全年教学计划和每周仅 15 分钟的体育课。

① 原英文人名为 J. H. Dales。（译者注）

孩子们学习市场供求课程

埃里克·菲德勒①，温内特卡镇 I11 号

美联社，1997 年 11 月 30 日

不妨称之为早期经济学课程。当有钱人家的孩子在高中时代无处停车时，有的人正准备大赚其钱。

新特里尔中学②——该州最富有的学校之一——停车位需求旺盛，供应有限，实在太糟糕了，以至于许多人每年要花费数百甚至数千美元确保在学校附近获得一个停车位，无论是停在居民的车道上，还是在商业停车场里。

学校共有 3,100 名学生，仅为学生提供 220 个停车位，通过抽签随机发放，而且仅限于高年级学生。在不允许路边停车的情况下，其他人只得为自己找空车位。

这里黄金地段停车位十分罕见，因此成为家族可继承的资产。

"我之所以得到这辆车，因为它是我姐姐开过的"，克里斯·巴特利特说，她是一名高二学生，把自己的丰田赛利卡敞篷车停放在附近的 G & W 汽车诊所里，"我们把车传下来了。"

在芝加哥北部这个绿树成荫的富裕郊区，对于许多在乎自己形象的青少年来说，乘坐校车上学并不是一个理想选择。

"我要提前 20 分钟出门"，巴特利

特说，"你必须在外面等车，这太痛苦了。"

鲍勃·沃纳在 G & W 租了四到六个停车位。过去，他每年收 500 美元，需提前支付。今年是 750 美元。

租金上涨没有引起任何抗议。

"人们只是说好的"，沃纳说，"500 或 750 美元，对这些人来说都是一回事。"

迪伦·纳格也通过同胞兄弟获得了 G & W 的停车位。坐校车不好玩，他觉得很幸运有一个地方停放自己那辆时尚的 Acura SLX。

"在这里，这可是个热点"，沃纳说，"我曾听到有人说，'这个停车位多少钱，我愿意出双倍的钱。'"

村里大概有 13,000 名居民，平均收入约为 15 万美元。虽然并非所有上学的人都富裕，但镇上的房价估计平均超过 50 万美元，而且经常看到学生开着奥迪、宝马和沃尔沃。

"作为一所位于居民区的高中，我们的情况就不同了"，新特里尔中学教导主任朱迪·布林顿说。

即使是学校令人梦寐以求的 220 个学生停车位也是有代价的：每年 270

---

① 原英文人名为 Eric Fidler。（译者注）
② 原文为 New Trier High School。（译者注）

美元。

布林顿说，学校预计在未来七年内增加 1,000 名学生，情况只会恶化。

"我们没有任何地方可以扩张"，她说，"没有任何空旷的地方可以铺平。"

1994 年毕业于新特里尔的克里斯汀·麦吉尔说，多年来情况一直很糟糕。

她说："在这里，孩子们每个学期向当地人送上两千美元。"麦吉尔以 500 美元价格在学校对面的一条车道上租了一个停车位，但是在其他学生为停车位出价 2,000 美元后，这笔交易就结束了。

她说，"最后在我高年级时，他们威胁要把车位拿走。"

当被问及学生为什么不乘坐校车时，麦吉尔皱了皱鼻子。

"当你去新特里尔上学时，不会坐校车的。"

学校、商业区、医疗中心、大学和娱乐场所是停车溢出效应的主要来源，推动附近居民建立传统的停车许可区。[48] 这些区域有时允许非本地居民免费停车一、两个小时，然后可以轻松地启动停车收费。执法将变得更加简单，因为所有车辆都必须出示某种许可证或付款凭证，并且执法人员不必笨拙地拿着粉笔在轮胎上做记号，检查非本地居民超时停车情况。如果人行道受损严重，又没钱进行维修，那么许可区为非本地居民提供限时免费停车就没有什么意义。非本地居民可以在允许的时间内免费停车，在破损的人行道上行走，然后起诉城市不作为。与安全人行道、残疾人无障碍通道和步行街区相比，大多数城市似乎更看重免费停车。而支付人行道维修费用的停车受益区可以扭转这种不健康的优先事项，并提供许多其他的公共服务。如果社区居民想要一笔特定的公共投资而没有其他集资方式，为什么不向非本地居民收取路边停车费呢？

除了提供收入帮助社区改善公共设施之外，停车受益区还将提供其他重要的收益。考虑以下四个方面：保护历史街区，减少区位冲突，使社区更安全以及增加住房供应。

保护历史街区

停车受益区尤其适用于那些在汽车出现之前建成的社区。大多数较老的城市社区拥有低矮的房屋，没有路外停车场，居民必须在街道上停车。在 20 世纪，由于许多这样的社区不方便拥有汽车的家庭居住而逐渐衰败。车主自然的反应是搬到郊区，那里每栋房屋或公寓楼都有路外停车场，并有充足的路内停车位。即使是那些看重老式联排建筑及其区位的人，也会发现由于社区总是没有空车位而不便于居住。拥有汽车的居民免费将车存放在街道上，但并不是每个人都有足够的停车位，路边变得过度拥挤。随着更多富裕的拥有汽车的居民迁出，联排房屋留给了那些太穷而无法拥有汽车的家庭。地产价值降低，土地现有用途的价值不如在新用途中重新开发。然后很多这样的联排房屋被拆毁，以腾出地方给办公楼和公寓楼，并提供所有必需的路外停车位。[49] 这种模式在华盛顿特区很常见，我还清楚地记得，在二十世纪五六十年代，许多带有精致联排房屋的街区悲惨地衰落并被拆毁。甚至在今天，华盛顿仍然有许多街道上的联排房屋处于糟糕的状态，部分原因是路边停车如此困难，而大多数拥有汽车的人都不想在没有停车位的条件下生活。

假设在 20 世纪，城市一直对路边停车收取市场价格，以确保留出几个空车位，并将收入用于改善所在街道的公共服务。停车不再免费，但是任何人都能在自家前门附近找到一个空车位。绝对关键的一点是，价格必须确保每个街区都有空的路边车位，以便居民知道回家后总是有停车位，就像他们在郊区拥有自家车库一样。几乎同样重要的是必须留出空车位，这样访客始终可以找到停车位。保证以合理的市场价格获得可用的路边车位，并通过税收筹集更多的公共服务资金，将使有联排房屋的社区保持理想状态并防止它们衰败。更重要的是，停车受益区现在有助于复兴和维护尚存联排房屋的社区。

停车受益区还可以改善个别建筑的设计。老旧社区的业主有时在房屋前不协调地插入一个车库，因为这里是他们唯一可以确保有一个车位的地方。但对于每个路外车库，城市必须将邻近的路边车位专门用于车道，这样新增一个单车车库才可以代替一个路边车位 (见图 17-3)。结果，车库使历史建筑丑化，破坏了步行环境，并且根本没有增加停车供给。拥有一条车道相当于拥有一个专用的路边停车位。如果业主为一个专用的路边车位付费而无需建造一个路外车库，那么业主可以节约资金和居住空间，社区可以获得收入用于公共改善，并且保留历史建筑。因为公共街道被私有化了，一些人可能会反对这种安排，但是路缘坡已经贡献出来专门用于相邻业主的路边停车。相反，如果城市给业主提供路边停车位租赁服务 (而不是给业主免费的路缘坡)，居民会在自家门前停车。修建车库会突然变成一种更昂贵的停车方式。每个车位或路缘坡的价格应该等于它的机会成本——其他司机愿意为此支付多少钱。在这种情况下，很多业主不是想要修建车库并租用路边车位，以便为路缘坡留出足够的出口空间通向车库，而是想要直接租用路边车位而无需建造车库。

如果住户在自家住宅前租用一个路边车位而不是修建一个路缘坡，这种做法将增加而不是减少公众可用的路边停车位。在车道装上一个路缘坡意味着即使居民不使用路外停车，也无法将车停放在受路缘坡影响的路内停车位上。然而，有了专用的路边车位而不是路缘坡，居民可以将路边停车位"转租"给其他开车人。你可以在需要时将车停放在专用停车位，不需要时可以按一定价格提供给其他人使用。这种安排将增加社区的停车供应，供其他居民及非本地居民使用。[50]

图 17-3　在苏格兰圣安德鲁斯，一栋历史建筑的车库翻新

图片来源：Donald C. Shoup

　　英国一些住房开发项目已经为特定种类的房屋分配了路边停车位。克里斯·韦伯斯特和劳伦斯·赖①在《基于市场的城市秩序》一书中解释了这种停车安排方式：

　　　　由于新地产项目的住宅密度较高以及汽车拥有量增加，英国许多房屋开发商现在通过合同将公共通道中断头路上的路内停车位分配给个人住宅。以往采用非正式邻里协议来降低停车安排的组织成本，现在已经不再适用。51

　　开发商之所以提供这样一份合同，是因为居民愿意花更多的钱买一套拥有专用路边停车位的房屋。采用类似的思路，老旧社区的居民可能愿意以市场价格租用路边停车位，尤其当所有收入都返回用于支付社区改善。

---

　　① 原人名为 Chris Webster 和 Lawrence Lai。(译者注)

减少区位冲突

社区各不相同，但面临的停车问题往往是相同的。如果路边停车免费，对于附近任何一个路外停车位数量低于分区标准的开发项目，大多数居民都会说"不要建在我家后院"①。例如，如果办公楼的停车标准为每千平方英尺 4 个停车位，那么居民就会反对附近每千平方英尺仅有 1 个停车位的办公楼，因为人们预期新建筑产生的停车溢出效应导致街道拥堵，并让自己无处停车。52

另一方面，停车受益区可在商业开发项目与附近社区之间建立一种共生关系，而在受益区停车的非本地居民会为这种特殊的停车待遇买单。路边停车价格可以根据需求浮动，以满足社区所期待的路边空置率目标值。只提供少量现场停车位的商业开发项目将增加对路边停车位的需求——在附近社区向非本地居民提供车位的供给不变的前提下。如果你有一家餐馆，会不会喜欢附近没有员工自助餐厅的办公楼？如果你有一个复印中心，会不会喜欢附近没有复印机的办公楼？同样，如果你住在一个停车受益区，会不会喜欢附近只带很少停车位的办公楼？路边停车价格将限制非本地居民的汽车数量，在居住区街道上停车的通勤者会为社区改善付费。此外，在一个停车位数量较少的办公楼里，较高的停车费会使一些通勤者转向拼车、公共交通、骑自行车或步行上班，从而减少前往社区的车辆数量。这种收益的组合——较少的车辆出行和更多的公共收入——当一个酝酿中的开发项目吸引商家并创造就业机会时，居民们也许就会说"把项目放在我们社区实施吧"②。停车受益区可以把规划师称为"当地不想要的用地类型"③转换为当地想要的用途。

停车受益区还可以削弱雇主必须为员工提供免费停车的说法，避免在附近街道上造成停车问题。例如，Verhoef、Nijkamp 和 Rietveld 研究了阿姆斯特丹自由大学向通勤者收取停车费的可能性。他们得出结论，由于周边社区路边停车免费，当在大学里收停车费之后，

> 这将主要导致"停车负担"从自由大学转移到周边地区，从而给自由大学的地方形象造成负面影响。除非在自由大学附近的社区实施更严格的停车政策，否则这项政策 [向通勤者收取停车费] 似乎无法提供富有成效的选择。53

---

① 原文为 Not in My Back Yard，也译为邻避。邻避运动 (Not-In-My-Back-Yard，简称 NIMBY)，是指居民或所在地单位因担心附近设施 (如垃圾场、核电厂等) 对身体健康、环境质量和资产价值等带来诸多负面影响，从而激发人们的嫌恶情结，滋生"不要建在我家后院"的心理，并采取强烈和坚决的、有时高度情绪化的集体反对甚至抗争行为。(译者注)

② 原文为 Do It in My Neighborhood。(译者注)

③ 原文为 locally unwanted land use，简称 LULU。(译者注)

如果周边社区是停车受益区，那么自由大学可以向通勤者收取校园停车费，以改善学校在当地的形象，因为增长的路边停车需求会增加收入，可用于改善社区公共设施。

让社区更安全

如果路边停车位是无人拥有、人人可用的共同财产，那么没人会在意它们。简·雅各布斯在《美国大城市的死与生》中说，在一个成功的社区街道，必须"眼睛注视着街道，而这些眼睛属于那些人，我们可以称之为街道的自然所有人①。"[54] 如果社区保留路边停车所得收入，居民将更有可能用眼睛注视着街道，确保其财产得到妥善管理。停车受益区也将有助于实现"可防御空间"②以及"通过环境设计预防犯罪"③的目标，这是建筑师奥斯卡·纽曼④提出的概念。[55] 与雅各布斯一样，纽曼强调"领地权"⑤在保障社区安全方面的重要性，并建议将部分公共空间分配给个人和小团体作为私人区域：

> 住宅开发项目在选址时，应先对建筑物进行定位，以便对地基做细分并分配给特定建筑物。因此，居民应该能够感知到项目的特定领域处于其特定的影响范围之内……此外，还应将停车区域置于这些界定好的区域内，这将进一步帮助居民感知到土地是属于自己的，并有助于他们对土地进行控制。居民对建筑物周围的土地进行监督和控制是威慑犯罪和故意破坏的最有效方式。[56]

停车受益区将为居民提供监督街道的理由。由于司机愿意在他们认为更安全的地方支付更多的停车费，因此居民对游客及汽车的安全有一种经济利害关系。为了获得他们有权享有的全部资金，居民们希望所有法律都执行到位，并强烈谴责任何故意破坏汽车或停车咪表的行为。停车执法巡逻队检查非本地司机是否付费，这将增加另一层监督，确保街道对司机、行人、骑车人和居民更安全。

停车市场定价可通过另一种方式让街道更安全。尽管拉迪亚德·吉卜林⑥认为"交通是一种文明"，但是，要求提供免费停车位引发的争论很常见，随之而来的仇恨甚至导致了谋杀。[57] 如果任何地方都有几个闲置的路边车位，可以平息人们

---

① 原文为 natural proprietors。(译者注)

② 原文为 defensible space。(译者注)

③ 原文为 crime prevention through environmental design。(译者注)

④ 原人名为 Oscar Newman。(译者注)

⑤ 原文为 territoriality。(译者注)

⑥ 拉迪亚德·吉卜林 (Rudyard Kipling, 1865~1936)，英国小说家、诗人，出生于印度孟买。共创作了八部诗集、四部长篇小说、二十一部短篇小说集和历史故事集以及大量散文、随笔、游记等。1907 年获得诺贝尔文学奖，成为英国第一位获此奖的作家。(译者注)

对无处停车的愤怒，并使我们的城市更加文明；虽然停车不再免费，但没有人会为此斗争 (或死亡)。公平的市场价格将有助于结束停车的百年之战①。

增加住房供应

已改造成房屋的车库称为祖母房、附属房或第二单元②。在一个条件较好的社区，即使没有任何补贴，它们也可以大幅增加可支付性租赁房的供应量，但是，即使城市允许改造，停车标准也给车库改造带来巨大障碍。由于城市对原有和新建住宅均要求提供路外停车位，因此把现有的车库——无论房屋有多宽敞或多么有价值——改造成祖母房几乎是不可能的。城市需要足够的路外停车位，防止之前停放在车库中的汽车以及新迁入居民的汽车一起涌入路边停车位，带来更多交通拥堵。[58] 但因为大多数房屋没有足够的土地取代之前车库里的停车位，并为带车库的新公寓提供额外的停车位，所以车库改造成祖母房是不可能的。

停车标准甚至阻碍将以前的马车房改成公寓。例如，一些建于十九世纪的芝加哥社区还有马车房，其中许多后来改造为祖母房。但到了 1957 年时，芝加哥禁止人们居住在以前被马匹占用过的建筑物中；之前的改造不受法律规定约束，但新的转换用途是非法的。(当然，禁止人们居住在以前被马匹占用过的建筑，真正原因是为了停车而不是公共卫生。) 最近，芝加哥大都会规划委员会③建议改变分区法规，再次允许把马车房改造为供人类居住的住宅，对新住宅没有路外停车的要求。但现在的问题是汽车，而不是马匹。芝加哥议员伯纳德·斯通④评论说："今天真正的问题是大多数现存的马车房都处于停车位不足的地方。"[59]

许多居民强烈反对所在社区的祖母房，因为它们可能会制造停车问题。一位居住在南加州某城市的规划专员在社区里买了房，她解释说，"如果能够在自家的房子前停车，我就不必担心。"[60] 谁会责怪她这么想呢？在那些将路边停车位视为人人免费的公共财产的地方，如果新来的居民把车停在街道上，那么每个人都会反对祖母房。然而，假设在一个有祖母房的社区里，停车受益区对所有路边停车收取市场价格。这样每个人都得到激励，可以从路边停车中赚钱。一些之前把汽车停在路边车位的居民会选择在路外停车，而当旧车不值一张停车许可证价格时，另外一些居民可能会卖掉它。如果一些房主把自家车库改造成祖母房，路边停车位的价格上涨将导致其短缺，从而阻止路外停车位减少。停车受益区也将为社区公共服务改善提供额外的收入。

城市在经济适用住房出现之前就提供免费停车，而现在停车标准却禁止将车库改造成公寓。在停车受益区，规划师可以允许把车库改造成住房，在不造成停

---

① 原文为 Hundred Years' War。(译者注)

② 原文为 granny flats, accessory apartments, second units。(译者注)

③ 原文为 Chicago's Metropolitan Planning Council。(译者注)

④ 原人名为 Bernard Stone。(译者注)

车位短缺的情况下，既可以增加住房供应，同时又减少停车位供给，因为所有愿意为停车支付市场价格的人都能找到一个方便的车位。虽然停车标准站在汽车的立场上干预了住房市场，但停车受益区将允许人们为停车付费，远离汽车带来的影响。[61]

在不产生停车问题的情况下，生产第二套单元住宅的机会有助于驳斥任何关于停车受益区会让中心城老街区士绅化①的观点。诚然，停车受益区通过增加社区的便利设施使房地产增值。但那些愿意将车库改建为第二套单元住宅的家庭将找到一种新方式为拥有的住房融资，同时在步行可达当地商店和公共交通的范围内提供体面又能负担得起的新租赁房。如果能带来更多住房，更高的城市土地价格并不是一件坏事，但是路外停车标准却阻碍了更高的密度。相比之下，停车受益区在不会产生更多交通的情况下，允许市场提供更少的停车位和更多的住房。

结论：改变路边停车的政治

对路边停车按市场价格收费，其目的是管理稀缺的公共资源，不是为支付其成本而融资。各国政府通常对公共服务定价以支付其费用，但路边停车似乎没有承受任何与其价格相匹配的成本。停车受益区不是为路边停车提供资金支持，相反它对停车收取市场价格，并提供必要的政治支持。[62]

停车政策是从政治——而不是分析过程中——产生的，更好的分析本身不会影响这一政治过程。但正如近年来路边停车收费技术发生了根本性变化一样，政治变化也是如此。如果收入可归还给合适的接受者——产生收入的社区，那么选民们会期望城市能够以公平的市场价格对路边停车收费。对交通政策而言，对路边停车收取市场价格的动机是为了管理需求；对社区来说，路边停车市场定价的动机是为公共投资提供资金支持。

停车受益区并未将路边停车位私有化，而路边停车仍然是公共所有的。路边停车收入会为额外的公共服务付费，而这些服务的前景可以说服居民向非本地居民出租停车位。结果不是私有化路边停车位，而是对其收取市场价格，并将收入用于公共目的。它以私营部门的方法实现了公共部门的目标。借用一个马克思主义术语，停车受益区将使停车商品化——使之成为在市场上交易的商品。在这里，商品是一个恰当的术语，因为它源于拉丁语的商品 (commodus)，即方便。受益区将会使停车方便，而使用者为此付费。

二十世纪见证了两种经济体系之间的激烈竞争：计划经济和市场经济。计划经济对实现某些目标至关重要，但在过度控制经济方面却以惨败收场。停车是一个经济活动的完美示例，在这种活动中，规划师在没有正当理由的情况下无端篡

---

① 原文为 gentrify，意为将破败的市区重建成中产阶级居住区。(译者注)

改了市场。我们几乎完全依靠命令与控制的方法来管理停车，但却失败了。

现在，路边停车收取市场价格的唯一限制是政治上的。Aaron Wildavsk 完美地描述了这种情况："限制不是单纯的障碍，而是要求 (敢于、恳求) 显示如何克服障碍的机会。"[63] 技术克服了路边停车收费的实际限制，公众的注意力转移到免费停车如何使问题变得更糟糕，例如交通堵塞、能源消耗和空气污染。停车收费的政治限制其实是要求克服障碍、敢于克服障碍以及恳求克服障碍的机会。

对路边停车市场定价的经济原理是效率：收益远远超过成本。司机不需要寻找路边停车位，城市也无需设置路外停车标准。停车受益区的政治依据是分配：社区不对居民施加任何成本而得到改善。路边停车收入需要合适的接受者——产生收入的社区自身——然后选民才会支持对路边停车收取市场价格。公平的市场价格将会解决经济问题，而利用收入改善社区将解决政治问题。

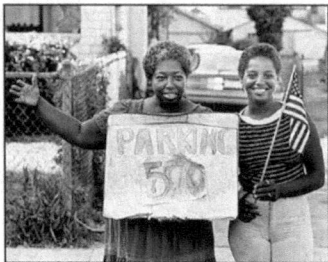

第 17 章 注释

1. Crawford(1969，84)。

2. 自从 1977 年美国最高法院维持弗吉尼亚州阿灵顿的法令以来，居民停车许可区已在美国迅速蔓延，该法令设立了美国第一个许可区 (参见弗吉尼亚州阿灵顿县郡议会对理查兹等人的诉讼；1977 年 10 月 11 日)。1974 年，阿灵顿颁布了一项授权成立居民停车许可区的法令，奥罗拉高地 (Aurora Highlands) 附近的社区申请并获批准成为其中之一。克里斯特尔城 (Crystal City) 附近的通勤者之前在奥罗拉高地街道上停车，他们对郡县提起诉讼，指控停车许可区剥夺了他们享有法律对公民平等保护的权利。美国最高法院裁定，"尽管该法令歧视了特定居民区的居民和非本地居民，但它从表面上看并没有违反《第十四条修正案》对平等保护的保证，因为宪法既没有将社会和环境目标定为非法，也没有推定当地居民与非本地居民之间的区别对待是不公平的，因为平等保护条款仅要求该法令所引申的区别对待应合理地促进法规的目标。"

3. Howitt(1980，156-158)。曼库尔·奥尔森 (Mancur Olson，1965) 分析了如何提供选择性个人利益 (selective individual benefits) 作为对特定行为的奖励，

促使理性、自利的个人为了集体利益而行动。社区不是个人，但如果社区变成了停车受益区，个体居民就会看到这符合他们的个人利益。奥尔森还解释了为什么团体倾向于为其成员提供公共品；因为停车受益区将通过非本地居民停车付费为社区公共品提供资金，因此，利用停车收入的唯一方法是将其用于公共品上，当然这样有可能导致供过于求。可参见 Olson(1965, 22-36) 关于小团体中公共品最优供给的讨论。

4. 每个社区都会从其拥有的宝贵自然资源中获得收入，就像在电影《日落大道》(*Sunset Boulevard*) 中，默片电影明星 Norma Desmond(Gloria Swanson 饰) 向年轻的编剧 Joe Gillis(William Holden 饰) 解释她的财富来源。"我在市中心拥有三个街区。我从贝克尔斯菲 (Bakersfield) 那里获得石油，只要把石油不断地抽出、抽出、抽出。要不然用什么来买我们想要的东西？"每一个路边停车位都将成为社区财富的新来源，只要不断地"抽出、抽出、抽出"，就能购买居民想要的任何公共服务。

5. Wilson(1980，369)。

6. Howitt(1980，163)。

7. Ostrom(1990，14)。

8. 经济合作与发展组织 (1988，119)。联邦政府还设定了城市对路内停车收费的最高价格。改变国家立法需要漫长的时间，意味着路内停车价格要滞后于路外停车的市场定价。

9. Winston 和 Shirley(1998，68)。

10. Ready(1998，10)。

11. "俄克拉荷马市停车收费咪表"，《美国城市》，1935 年 8 月，第 61 页。

12. Gutfreund(2004，81)。

13. 让停车受益区的居民免费停车是一项政治提议，而不是经济政策。摩西·阿德勒 (Moshe Adler，1985) 指出，当居民对路边停车位的估值低于非本地居民时，现有的停车许可区可以给居民分配路边车位。如果每个人都为停车支付市场价格，那么分配将更加有效，就像每个人为汽油、轮胎、保险、维修和汽车本身支付市场价格一样。但是，公平的概念往往围绕着过去发生的事情；因为居民习惯在家门口免费停车，无论情况如何变化，每个人都认为居民有权免费停车。因此，为居民提供免费停车应该是停车受益区的必要政治前提。

14. Adam Millard-Ball(2002) 描述了旧金山的提案。该市的目标之一是鼓励拥有车库的居民将车库用于停放汽车，而不是用于仓储，以减少街道上的汽车。

15. 旧金山把路边漆成白色来标识指定的下客区，来自旧金山的霍华德·斯特拉斯纳 (Howard Strassner) 向我解释了这种白色下客区的做法。其他城市也有这种非正式的路边停车安排。例如，纽约的门卫将居民的车辆从街道一侧移到另一侧，应对交替停车的规定。

16. 举个例子，假设有 200 个家庭住在一个只有 20 个路边停车位的街区；对路边停车按市场价格收费，可以给不在路边停车的 180 户家庭提供净收益，而只有 20 户把街道当成自家车库的家庭承受净成本。哈特穆特·托普 (Hartmut Topp, 1991，10) 指出，在慕尼黑市中心，30％居民的汽车在工作日没有移动过。道格拉斯·李 (Douglas Lee, 1987) 讨论了对所有人路边停车收取市场价格的政策。

17. Parker(2002，306)。

18. 美国交通工程师协会 (2000)。对一些市民来说，即使每年 10 美元也是一个很高的价格。读一读这封 2004 年 7 月 14 日写给《圣马特奥日报》(San Mateo Daily Journal) 编辑的信，它回应了该市提出在停车许可区对居民每年收取 10 美元的建议。一个愤怒的市民问道："为什么不测量我们每天呼吸的空气量，然后开始向我们收费呢？……我认为，'取消停车收费咪表、停车许可证，除了需要收回投资的停车库以外，取消你能想到的任何需要收费的东西。' 我们应该生活在一个自由的国家。我们的第一修正案旨在保障生命、自由和追求幸福。我的看法是：人们不必经常为停车咪表投币担心，也不必经常为收到停车罚单担心。"

19. Mildner、Strathman 和 Bianco(1997)。

20. Mildner、Strathman 和 Bianco(1997，114) 指出，"出于这个原因，城市官员为所有潜在的车主提供了充足的停车位，但他们决定避免建立许可区。"

21. 路边停车位可为少数人提供服务，但公共服务的消费是非竞争性的：一个人的使用并不会减少留给其他人消费的数量。由于稠密的社区有更多人享受服务，公共服务 (如清扫人行道) 的总收益会更高。因此，在更高密度的社区里，对路边停车收费以及将钱花在社区公共服务上应该更受欢迎，因为收益/成本比率更高。而且，由于路边停车位数量固定，如果路边停车位的市场价格涨幅小于该社区人口增长的比例，那么路边停车位的人均支出将随密度增加而下降。

22. Noble 和 Jenks(1996，18；21)。

23. Noble 和 Jenks(1996，22；26)。

24. Lee(1987，265)。

25. 参见 Schilling(1995)。

26. 个人拥有和管理每个路边停车位可能会受到明显的规模不经济和高交易成本的困扰。

27. 参见 Gordon(2004) 对共同利益开发中微观政府的分析。

28. 最小的组织层次是面对面街区 (是指两个十字路口之间、一段街道上彼此相对的房地产)，而停车受益区可以由一个或多个面对面街区组成。

29. Ellickson(1998，83-84)。罗伯特·尼尔 (Robert Nelson, 1999) 也提出一项立法来改造老旧社区的社区协会，乔治·利布曼 (George Liebmann, 2000) 为

次一级地方政府提出了一项综合建议。由于停车受益区会为次一级地方政府带来收入，因此应大大简化拟议的街区级机构的设立流程。正如 Fred Foldvary(1994，212) 谈到私人社区时所说的那样，停车受益区将"在公共产品提供方面，将政府和市场竞争统一起来"。早些时候，Mancur Olson(1969，483) 提出，"每一种具有独立边界的集体物品都需要一个独立的政府机构，这样，获得集体物品收益的人与为其付费的人才能匹配起来。"他把这种在收益和责任之间的一致性称为"财政对等"(fiscal equivalence)。因为很多公共投资 (例如良好的人行道和地下公共设施) 在小范围内受益，停车受益区可以实现许多本地公共物品在收益与成本之间的财政对等。

30. 类似地，布鲁斯·考德威尔 (Bruce Caldwell，1997，1885) 引用诺贝尔经济学奖得主弗里德里希·哈耶克 (Friedrich Hayek) 关于社会工程学的警告，"有意识地建设或实行社会制度是一件棘手的事情。许多这样的制度是长期发展的产物；它们本身就是复杂自组织适应性秩序的例子。它们具有悠久的历史，并且所发挥的功能是外界无法理解的。"

31. 在《富裕社会》一书中，加尔布雷思 (Galbraith，1958，第 252-253 和 257 页) 说，在第二次世界大战后的几年中，"无处可放的汽车正以更高的速度生产……每个家庭把自家的淡紫色和樱桃色、装有空调、动力转向和制动的汽车开出来去旅游，途经各个城市，这些城市铺设得很差，被垃圾、荒废的建筑、广告牌和早该埋入地下的电线柱搞得面目全非……在私人富裕和公共污秽的氛围下，私人物品已经摇摇欲坠了。"加尔布雷思自己住在一个历史悠久的剑桥社区，那里有免费 (带许可证的) 停车位和高架电线。

32. 赫希曼 (Hirschman，1970，4，30) 认为"退出"是指一些成员不满意而离开组织，而"呼吁"则是试图改变而不是逃避令人反感的事态。他解释说，退出属于经济领域，而呼吁则属于政治领域。

33. 1991 年 5 月 6 日，比尔·克林顿 (Bill Clinton) 州长的演讲。

34. Haar(1989，334)。

35. 埃勒曼等 (Ellerman et al.，2000) 发现，限额交易法大大降低了二氧化硫排放的成本。停放的汽车当然不会造成污染，但太多的汽车会造成严重的停车问题。

36. 传统的命令-控制方法为了减少空气污染，政府限制每种污染源的排放量，但不允许在受监管的企业之间进行交易。一个停车许可区类似于这种命令-控制方法，因为它要么禁止非本地居民停车，要么限制他们可以停车的时长。

37. 三人或三人以上拼车，也可获得一张免费的每日许可证。网上可以查到阿斯彭相关规制，网址是：www.aspenpitkin.com/depts/61/residential.cfm.

38. 博尔德 (Boulder) 通勤许可证计划获得博尔德市政法规第 4-23 部分批准，

城市网站上有相关的描述：www.ci.boulder.co.us/duhmd/Parkingservices/resident.html。

39. 圣克鲁斯市政法规第 10.41.105 条规定："当地政府在证明该地区居民有足够街道停车位后，向通勤者出售许可证，允许其支付停车费并将车辆停放在指定的街道或街面上。"通勤许可证在城市网站上有相关的描述：www.ci.santa-cruz.ca.us/pw/index.html。

40. 图森"ParkWise"项目在城市网站上有相关的描述：http://dot.ci.tucson.az.us/parkwise/parkwise.htm。

41. 也就是说，市政府同意对新区域提供的一般公共服务"努力进行维护"。停车收入将为该地区提供额外的公共服务，这将超出城市各处提供的服务。

42. 洛杉矶市，"1998 年 11 月 3 日大选信息手册"。可在网上查阅：www.cityofla.org/CLK/election/elect98/vip/vip1198.htm。

43. 需要三分之二 (67%) 的人投赞成票，但是只有 43% 的人投了赞成票。

44. 在现有停车许可区内，访客许可证 (visitor permits) 仅限于购买该证的居民在街区上停车。因此，所提议的非本地居民许可证类似于现有的访客许可证，尽管非本地居民是付费的来访者。

45. 如果每个街区的路边车位数量与人行道长度大致成正比，那么无论街区有多少房屋都会赚取大致相同的停车收入以修复人行道。

46. Dales(1968，100)。当然，Dales 谈论的是合法市场。在非本地居民停车需求高的停车许可区，将其变成停车受益区的另一个优势在于消除或至少减少居民许可证的非法市场。路边停车黑市通常在不存在合法市场的地方兴起，停车受益区通过为非本地居民许可证建立合法市场，将非法私人收入转变成整个社区的公共收入。

47. 特蕾莎·李 (Therese Lee)，"善良战胜恶与丑"，《洛杉矶时报》，2003 年 9 月 7 日。洛杉矶公立学校保证所有教师都可以免费停车，但没有其他交通补贴。那些乘坐公共交通、骑自行车或者步行去学校的教师则什么也得不到。教师享有令人震惊的停车优先权的做法不仅限于公立学校。考虑这份加利福尼亚州圣马特奥市 (San Mateo，California) 规划委员会报告："备受争议的尤尼佩罗塞拉 (Junipero Serra) 高中扩建项目今晚将重返规划委员会，届时委员会将审查未来十年内……三个预期建设阶段的第一阶段……该计划的第一阶段要求改善塞拉高中的足球场、棒球场以及一个新的三层停车场……由于缺乏资金，学校已经取消第一阶段建设新艺术和音乐大楼的计划。"(《圣马特奥时报》，2003 年 10 月 28 日)

48. 交通工程师学会 (2000，3)。詹姆斯·安德鲁斯 (James Andrews，2000，22) 在《规划》杂志中写道："在伊利诺伊州巴林顿，最近邻居们抱怨说，高中隔壁一所房子里停着许多汽车。结果发现有一位学生的父母买下了这栋房屋，并不是为了居住，而是在孩子上学时供他及朋友们停车之用。"在宾夕法尼亚州阿尔图纳市，在一所产生溢出效应的高中附近进行了一项居民调查，并问及在当地设立居民停车许可区的可能性。调查发现，"当问题由外来者造成时，许多居民拒绝为街道停车付钱。居民们的首选是让高中搬迁出去。"（Andrews，2000，23）。

49. Shoup(1970) 研究了土地再开发的时间。

50. 尽管没有与路缘坡问题联系在一起，加布里埃尔·罗斯 (Gabriel Roth，1965a) 提出了"业主停车咪表"的设想，让居民保留家门前的路边车位，供自己使用或为他人提供车位。所有收入都归入城市，房主需要为自己预留的路边车位按时间付费。

51. Webster 和 Lai(2003，63)。

52. 溢出效应也引发对稀缺路边停车位的争议，但是这些争议也有其积极的一面。有了市场定价的停车位，我们就有了两全其美的解决办法：汽车和不短缺的停车位。

53. Verhoef、Nijkamp 和 Rietveld(1996，399)。

54. 雅各布斯 (Jacobs，1961，35)。

55. 纽曼 (Newman，1972，1980 和 1996)。

56. 纽曼 (1980，193)。

57. 吉卜林 (Kipling，1909，47)。《洛杉矶时报》(1997 年 10 月 25 日) 报道："周五，一名纽约警察因在熟食店停车位上失职开枪打死一名男子，被判犯有谋杀罪。"《纽约时报》也曾报道，2003 年 1 月 20 日发生一起类似的停车纠纷谋杀案。在虚构的小说情节中，停车也会导致谋杀，参见 Simon Brett(1985)。Richard Epstein(2001，12) 认为："通常首占权背后的社会生物学逻辑是所有个体都有一种强烈的天生本能，屈服于已经有占有权的人。然而出于同样的原因，当他们认为早期的财产属于自己时，就会表现出一种战斗本能。当两个人从不同的方向来到同一个 [停车] 地点时，这类冲突就会发生，每个人都认为自己先到达那里。"

58. 例如，加利福尼亚州帕洛阿尔托要求每个祖母房公寓与房屋主体分开，并拥有两个停车位。当然，潜在的停车位短缺并不是城市在独栋住宅社区禁止祖母房的唯一原因，一些居民可能只是反对更高的人口密度，即使新搬迁来的人并没有汽车。

59. "马车房计划可能重新向租客开放"，《芝加哥论坛报》，2003 年 8 月 17 日。

60. "姻亲新法"(New Law on In-Laws)，《洛杉矶时报》，2003 年 10 月 12 日。

61. 当然，停车并不是业主们反对在社区里拥有祖母房公寓的唯一原因，但它是一个重要原因。如果停车受益区把取消停车作为一个反对祖母房公寓的理由，那么可以更直接地解决其他问题。由于祖母房公寓会增加停车受益区的收入，由路边停车收入增加的公共服务可能会减轻一些人对祖母房公寓的反对意见。

62. 考虑收费公路和路边停车市场定价之间的区别。高速公路收费通常是合理的，其理由是必须支付公路建设费用：成本需要一种融资机制。相比之下，停车受益区需要营造一种路边停车收费的政治意愿：这笔收入需要由一个强大的政治团体来收取。

63. 沃尔达夫斯卡（Wildavsky，1979，59）。

第 18 章　让价格来做规划

没有什么比一个好的理论更实用了。

——阿尔伯特·爱因斯坦

城市试图不采用价格手段管理停车。城市制定路外停车数量标准，而不是对路边停车收费。本章介绍的停车选择模型表明，市场定价是一种更公平、更有效分配停车位的方法。研究表明，合乘者、短时停车者以及对节约时间估值较高的人倾向于在目的地附近停车，即使他们必须为此付出更多。相比之下，单驾者、长期停车者以及对节约时间估值较低的人会把车停在外围车位以节省金钱。这种个人停车选择方式将使社会的整体出行成本降到最低。

空间、时间、金钱与停车

停车总是与空间、时间及金钱有关，它可能是所有经济活动中最具有空间性的活动 (顾名思义，就像单词 parking space 暗示的那样)。因此，停车非常适合采用传统区位理论进行分析。假设一个城市对路边停车收取足够高的价格，确保每个街区都有一或两个车位空出。如果司机可以付费在任何地方停车而无需寻找停车位，那么一个简单的经济模型可以说明他们如何选择停车位置。

模型的场景设定如下，假设停车价格随接近目的地而增加。越靠近目的地，停车费会越高，但可节省从停车处步行到目的地的往返时间。在停车时，你愿意花钱更靠近目的地，还是花时间走更多的路，两者之间如何权衡？司机不会采用理论模型考虑如何停车，有些人甚至都不去考虑在哪里停车，直到最后才做决定。其他人可能按照主观上是否满意来找停车位，而不是在最佳位置停车。尽管如此，我们可以采用模型来考虑某些因素，至少可以粗略地考察当停车价格随目的地距离上升时，司机如何做决定。为了建立停车决策模型，考虑以下变量：

d 　从停车位到目的地的距离 (英里)

$p(d)$ 　与目的地距离为 d 之处的停车价格 (美元/时)

t 　停车的时间长度 (小时)

w 从停车处到目的地之间的步行速度 (英里/时)

n 车内的人数 (人)

v 步行时间的价值 (美元/(人·时))。

在任何地点停车的总成本，等于停车的货币成本加上走完剩余路程并返回的时间成本。停车的货币成本是停车时间 t 乘以每小时停车价格 $p(d)$，即 $tp(d)$。[1] 例如，如果在距离目的地半英里之处，停车价格为每小时 50 美分，停车时间为 4 小时，则停车费用为 2 美元 (4×50 美分)。

从停车位所在地走到目的地的时间长度，等于走过的距离 d 除以步行速度 w，即 d/w。因为还必须返回取车，所以往返的总时间是 $2d/w$。如果在距离目的地半英里的地方停车，那么从停车地点步行到目的地并返回，总计步行一英里。如果步行速度为每小时 4 英里，那么步行时间为四分之一小时 (2×1/2÷4)。

时间价值 v 表示为节约步行至目的地并返回的 (单位) 时间而愿意支付的价格。因此，步行时间的成本是 $2vd/w$，即步行时间乘以时间价值。例如，如果步行时间为 15 分钟，时间价值为每小时 8 美元，那么步行时间的成本为 2 美元。当然，时间价值会有所不同，具体取决于许多因素：是否赶路、疲劳程度、天气、风景、安全、是否携带行李、是否要锻炼以及旅途中的其他因素。[2] 时间价值可能因人而异，因地而异，不同旅途中的时间价值也不一样，但时间就是金钱。

步行时间的总成本还取决于车内的人数 n。车内每个人都花费相同的时间，从停车地点走到目的地并返回，因此所有人总的步行时间为 $2nvd/w$，即每人步行时间与乘客人数的乘积。[3] 例如，如果三个人都步行 15 分钟，每人的时间价值均为每小时 8 美元，那么他们步行时间总成本是 6 美元 ($3 \times 1/4 \times 8$)。

在这个例子中，三人合乘将车停在距离目的地半英里处，然后步行剩余的路程，总成本为 8 美元 (停车费为 2 美元，步行时间成本为 6 美元)。概括而言，可以用 (1) 式表示停车的货币成本，用 (2) 式表示停在与目的地相距 d 处乘客的步行货币化时间成本，公式如下：

$tp(d)$ (1) 停车的货币成本

$2nvd/w$ (2) 步行至终点并返回的货币化时间成本

$tp(d)+2nvd/w$ (3) 停车和步行的成本之和

在任何地点停车的总成本是 (1) 停车的货币成本，及 (2) 从停车地点步行到目的地并返回的货币化时间成本之和。最优停车位置到目的地的距离是使 (3) 停车和步行的成本之和取最小值的距离。(附录 D 提供了此模型更完整的版本，其中还考虑其他变量)。

最优停车选址

在距离目的地越近的地点,停车的货币成本越高,但步行的时间成本越低。将 (3) 式的成本对 d 求导,并令其结果为零,我们可得到离目的地的距离,它同时使停车和步行的总成本最小化。

$$\frac{\partial \left[tp(d) + 2nv\dfrac{d}{w} \right]}{\partial d} = t\frac{\partial p}{\partial d} + \frac{2nv}{w} = 0 \ \text{及} \ t\frac{\partial p}{\partial d} = -\frac{2nv}{w} \tag{4}$$

在最优停车位置,当停车距离 d 变化一个单位时,停车的货币成本变化 ($t\partial p/\partial d$) 与步行的时间成本变化 ($2nv/w$) 在绝对值上相等,符号相反。停车越靠近目的地会使总成本增加,因为货币成本的增长大于时间成本的减少 ($| t\partial p/\partial d | > 2nv/w$)。停车距离目的地越远,也会增加总成本,因为货币成本的下降小于时间成本的上升 ($| t\partial p/\partial d | < 2nv/w$)。最优停车位置在贪婪 (对金钱的渴望) 和懒惰 (避免步行的渴望) 之间做出平衡。

贪婪还是懒惰

这里用一个例子演示选择停车位时如何在贪婪与懒惰之间权衡,从而最大限度地降低停车和步行的总成本。假设在目的地路边停车价格为每小时 1 美元,并以负指数方式随着与目的地之间的距离减小。[4] 具体而言:

$$p(d) = \$1e^{-2d} \tag{5}$$

在目的地停车价格为每小时 1 美元,距目的地越远则价格越低。假设停车 4 小时 ($t = 4$),车里只有一个人 ($n = 1$),时间价值为每小时 8 美元 ($v = 8$ 美元),步行速度为每小时 4 英里 ($w = 4$)。根据公式 (5),图 18-1 显示停车和步行总成本与距目的地停车距离 d 英里的函数关系。

在与目的地相距 d 之处停车,1 小时的停车成本为 $\$1e^{-2d}$,因此,停车 4 小时的成本为 $\$4e^{-2d}$。指数关系意味着越接近目的地,停车价格增长越快 (曲线斜率随着 d 接近于 0 而增加)。从停车位步行到目的地并返回 ($2nvd / w$) 的时间成本为 4 美元,如果将车停在离目的地较近的地方,则时间成本会降低。[5] 那么,可以选择花更多的钱,就近停车以节省步行时间,或选择花更多时间步行,将车停得更远以节省停车费用。

那么,在距离目的地多远之处停车能够平衡贪婪和懒惰?停车和步行的总成本 (图 18-1 上面的曲线) 在距离目的地 0.3 和 0.4 英里之间达到最小值 (3.40 美元)。在这个例子中，为了最大限度降低停车和步行成本，应该将车停在离目的地约三分之一英里之处，然后步行余下路程。停车越近花钱越多，而停车越远步行距离越长。

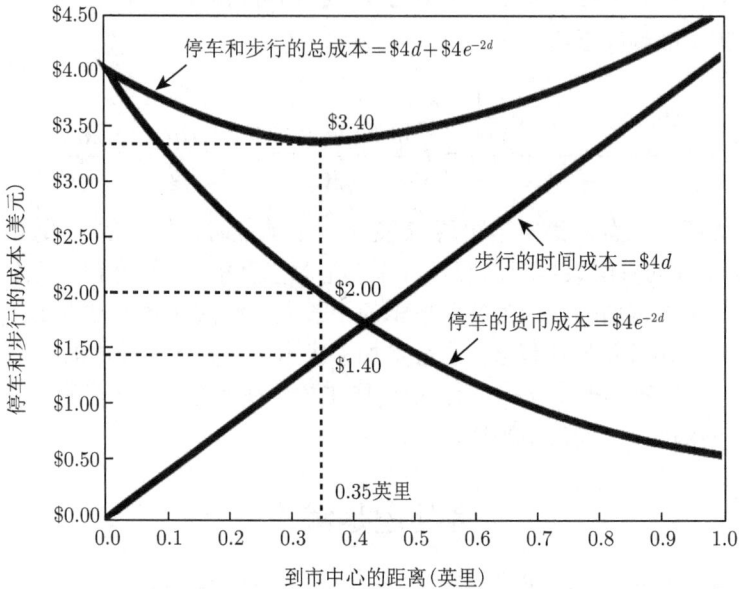

假设: $t=4$ 小时, $n=1$ 人, $v=8$ 美元/小时, $w=4$ 英里/时, $p(d)=\$1e^{-2d}$

图 18-1　停车和步行成本的成本 (一位单驾司机停车 4 小时)

通过直接最小化停车和步行成本，我们可以找出最优距离 (用 d^* 表示)，即将停车价格作为距离的函数 (方程 (5)) 代入最小化时的总成本公式 (方程 (4))，并解出 d^*。

$$t\frac{\partial\left(\$1e^{-2d}\right)}{\partial d} = -\frac{2nv}{w} \text{ 并且 } d^* = -\frac{1}{2}\log_e\left[\frac{nv}{tw}\right] \tag{6}$$

假定 $n=1$ 人, $v=8$ 美元/时, $t=4$ 时, $w=4$ 英里/时, 方程 (6) 中 d^* 值为 0.35 英里。[6] 在离目的地 0.35 英里的最优距离处，停车价格为每小时 50 美分，停车 4 小时的成本为 2 美元。[7] 如果你对这次行程节省的时间成本估值为每小时 8 美元，且步行速度为每小时 4 英里，那么步行的时间成本是每英里 2 美元。停车点和目的地之间往返 0.7 英里路程，因此产生 1.4 美元的时间成本。[8] 如果将车停在距离目的地 0.35 英里之处，停车费 (2 美元) 和步行费 (1.40 美元) 之和对应的总费用为 3.40 美元。[9] 如果与目的地的距离超过 0.35 英里，停车距离减少所导致的货币成本增加将低于步行成本的减少，因此应当继续开车。[10] 如果距离目的地不到 0.35 英里，那么停车距离减少所导致的货币成本增加大于步行成本的减少，表明已经开得太远了。[11]

停车时间和车内人数

哪些因素决定停车时间、车内人数和最优停车位置之间的关系？通过等式 (6)——得出 d^*，即步行至目的地的最优距离——它表明停车时间和车内人数的不同组合对人们选择停车位置的影响。分子中的 n 和 v 值 (乘客数及其时间价值) 越高，最优停车点距离目的地越近，而分母中 t 和 w 值 (停车时间和步行速度) 越高，最优停车点距离目的地越远。[12] 对于任何 $nv = tw$ 组合，最佳停车点正好在目的地，因为 $nv/tw = 1$，且 $\log_e(1) = 0$。

我们继续假设乘客的时间价值为每小时 8 美元，步行速度为每小时 4 英里，则可显示停车时间及车载人数如何决定最优停车位置 (见图 18-2)。[13] 对于停车时间不到 2 小时，无论车内乘客人数多少，可以发现停在目的地中心点是最便宜的 (按停车费用和时间成本测算)。对于停车时间不到 2 小时的单驾司机，停车时间不到 4 小时的两人拼车，停车时间不到 6 小时的三人拼车以及停车时间不到 8 小时的四人拼车，最优停车位置均为目的地中心点。

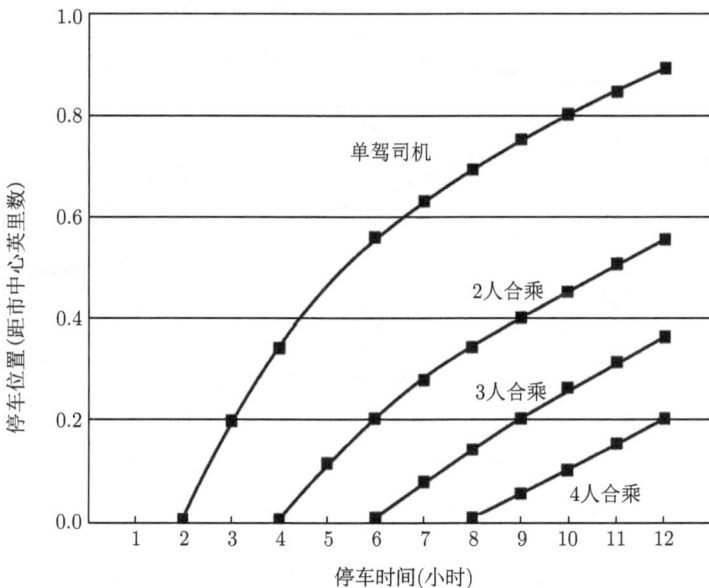

图 18-2 停车时间和车载人数对最优停车位置的影响

随着横轴上停车时间增加，纵轴上最优停车位置与中心的距离相应增加。随着拼车人数增加，停车时间的敏感度相应减弱，单驾司机对停车时间的敏感度要高于分摊停车费用的拼车情形。因此停车按市场定价，可以使拼车和短时停车者留在更加便利的中心地带，而单驾和长期停车者则转移到更便宜的外围车位。[14] 总体而言，人们以合理方式自行分类，最大限度减少总步行成本。

考虑两人拼车情形，停放 4 小时的最佳停车位可见图 18-3。停车费用为 $\$4e^{-2d}$ 美元，而步行时间成本为 $\$8d$。[15] 为了尽量减少停车和步行的总成本，应该将车停在目的地。停车 4 小时的货币成本是 4 美元 (每人 2 美元)，步行的时间成本为零。从图 18-1 到图 18-3 的唯一变化是车内增加了另一个人；最佳停车位置移动到目的地 (步行距离 = 0)，并将停车和步行的人均成本从单个司机 (图 18-1)3.40 美元降低到双人拼车人均 2 美元 (图 18-3)。双人拼车中的每个人和单驾司机的人均货币成本均为 2 美元，但前者避免了后者 10.5 分钟步行时间，它价值 1.40 美元。

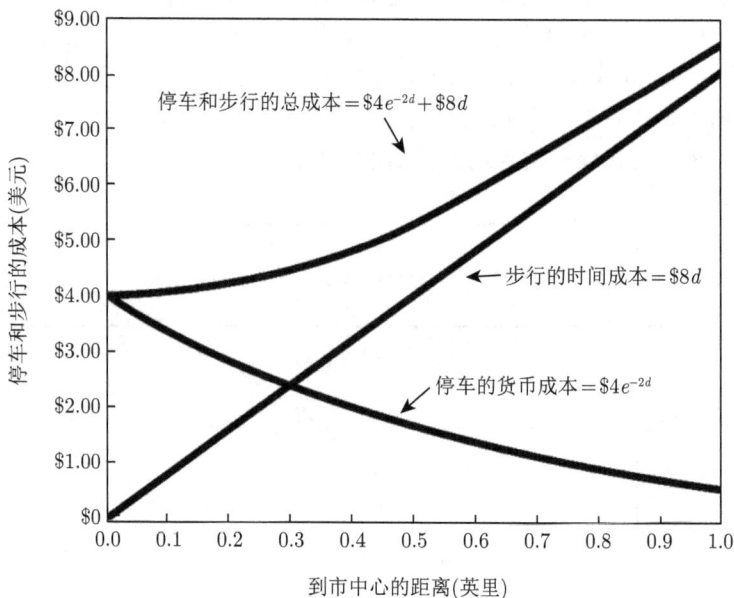

假设：$t=4$ 小时, $n=2$ 人, $v=8$ 美元/时, $w=4$ 英里/时, $p(d)=\$1e^{-2d}$

图 18-3   停车和步行成本 (两人拼车停放 4 小时)

最后一个例子，图 18-4 展示了两人拼车停车 8 小时的情形。停车 8 小时的货币成本为 $\$8e^{-2d}$，而步行的时间成本是 $\$8d$。为了使停车和步行的总成本最小，应在距离目的地 0.35 英里的位置停车。停车价格为每小时 50 美分，因此停车 8 小时花费 4 美元 (车内每人 2 美元)，步行的时间成本为 2.80 美元 (车内每人 1.40 美元)，停车费用与步行成本之和为 6.80 美元 (车内每人 3.40 美元)。

以上三个例子中，最优停车位置是司机在特定条件下 (车载人数、时间价值、停车时间和行驶速度) 能做的最好选择。结果很直观。在每天争夺位置最近停车位的竞争中，相比单驾或长期停车者，拼车者和短时停车者在目的地附近对停车成本的承受力更强。[16]

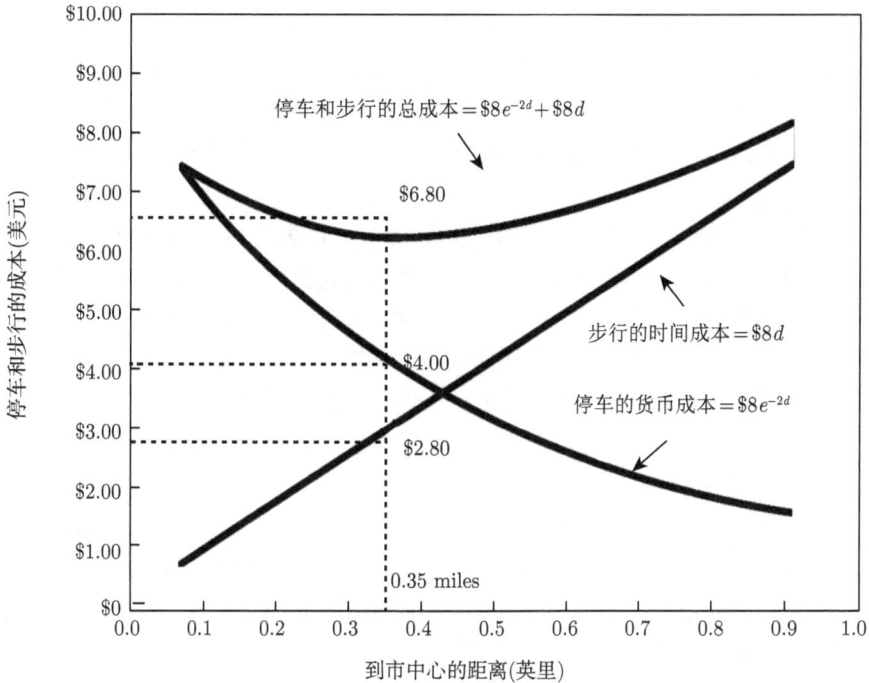

停车和步行的总成本 = $8e^{-2d} + $8d

步行的时间成本 = $8d

停车的货币成本 = $8e^{-2d}

$6.80

$4.00

$2.80

0.35 miles

到市中心的距离(英里)

停车和步行的成本(美元)

假设: $t=8$ 小时, $n=2$ 人, $v=8$ 美元/时, $w=4$ 英里/时, $p(d)=$1e^{-2d}$

图 18-4　停车和步行成本 (两人拼车停放 8 小时)

看不见的手

每位司机为每次出行选择最优的停车位置——即单个司机的最优选择。我们可以通过考察 n、v、t 和 w 这四个变量如何决定最优停车位置 d^*，揭示个体行为的总体影响。回顾前面例子中方程 (6)：

$$d^* = -\frac{1}{2}\log_e\left[\frac{nv}{tw}\right] \tag{6}$$

可以看到比率 nv / tw 决定了每辆汽车的最佳停车位置。[17] 由于车内更多的人 (n) 和更短的停车时间 (t) 都会导致司机在离目的地更近之处停车，所以市场价格倾向于将最佳停车位分配给拼车者和短时停车者，这是一个明智的结果。为了最大限度降低个人成本，司机们倾向于选择一种同时降低社会成本的停车模式。[18]

方程中四个变量之间的三种关系表明时间价值 (v) 并不是决定人们停车的最重要影响因素。首先，分子中 nv 表示在确定停车位置时，车内人数与每个人时间价值同等重要。例如，在其他条件相同的情况下，人均时间价值为 5 美元的 4 人拼车 ($nv = 4 \times 5$ 美元)，与时间价值为每小时 20 美元的单驾 ($nv = 1 \times 20$ 美元) 会选择相同的停车位置。因为拼车时多人分摊停车费用，所以人们对停车价格的关注相对较低。因此时间价值低的人拼车，也能从时间价值高的单驾者中竞争到最方便的停车位。

其次，等式中 v / t 的比率表明，在确定停车位置时，停车时间与时间价值同等重要。在其他条件相同的情况下，一个时间价值为每小时 10 美元、停留 1 小时 ($v / t = \$10/1$) 的单驾司机，与另一个时间价值为每小时 20 美元、停留 2 小时 ($v / t = \$20/2$) 的单驾司机会选择同样的停车位。这有助于解释为什么短暂停留的人对停车价格的敏感度相对较低。[19] 他们只需支付几分钟的费用，所以不太在意每小时价格。因此，时间价值低且短暂停留的人可以与时间价值高且长期停留的人竞争得到最方便的停车位。

最后，等式中 n / t 的比率表明，在确定停车位置时，汽车中的人数与停车时间同等重要。在其他条件相同的情况下，停车 4 小时的单驾司机 ($n / t = 1/4$) 与停放 8 小时的两人拼车 ($n / t = 2/8$) 会选择相同的停车位置。(图 18-1 和 18-3 显示这两种情况会选择相同的停车位置。)

这些结果并不令人意外，也符合常识。如果只停留很短的时间或停车费由车内多人分摊，那么高昂的停车价格就不成问题。但如果独自驾驶并需要长时间停车，那么高昂的停车价格就是个问题。这些结果还表明，司机愿意从停车位到目的地步行多远，并没有一个简单而合理的估计值。司机愿意下车步行的距离取决于停车时间、车内人数、步行速度以及时间价值。例如，那些停上一整天的人相比只停十分钟的人，可能愿意走更远的路。[20]

在其他条件相同的情况下，越高的时间价值导致更近的停车位置以及更短的步行距离。由于高收入司机的时间价值较高，那么，他们是否会垄断最好的停车位？不会，因为时间价值只是决定最优停车位置的因素之一。停车时间和车内人数也影响停车位置的选择，因此价格不会自动把所有最优停车位分配给时间价值高的司机。除收入以外的许多因素也影响司机的时间价值。低收入的司机会在匆忙时把车停在中心位置，而在时间充足的情况下，收入较高的司机也会在外围下车步行至目的地。

当然，为停车定价时，收入确实会影响停车地点的选择，但如果相对富裕的司机确实停在离目的地更近之处，他们会为停车花更多的钱，因此停车市场定价将会对富人采取一种累进收费。当城市到处设置现场停车位数量标准时，司机无需支付停车费，甚至是买不起车的穷人也要为他们未曾使用的路外停车场付钱。直接向司机收取停车费，比间接强迫所有人付费要公平得多。

古典单中心模型

停车位置模型类似于住宅区位的古典单中心模型。理查德·穆特[①]解释了交通成本如何影响最优住宅选址：

> 在均衡位置上，一段短距离搬家带来的净节约，包括购买一定面积住房以及交通成本——不管趋近还是远离 CBD[中心商务区]——将等于 0……当搬家远离市场一个单位距离时，购买一定面积住房所减少的支出 [等于] 搬家所增加的交通成本。21

如果上述文字中用司机代替家庭，用停车代替住房，用步行代替交通，用目的地代替 CBD，穆特的描述将适用于均衡的停车位置。22 此外，停车模型的假设与 Alons-Mills-Muth 住房模型[②]的假设几乎相同。但是，如表 18-1 所示，这两种模型在几个重要方面有所不同。

首先，在住房模型中，不同家庭占用住房的数量不同，但占用的时间长度相同——一年 365 天。在停车模型中，所有汽车占用相同数量的停车位——即一个停车位，但不同汽车占用的时间长度不同。换句话说，在住房模型中，面积数量是可变的，但时间长度是固定的，而在停车模型中，停车位面积是固定的，但时间长度是可变的。

其次，在住房模型中，交通指的是住宅和工作之间的通勤，而在停车模型中，交通指的是停车位和目的地之间的步行。在这两种模型中，交通价格以相同的方式影响选择——更高的交通价格使最优位置越靠近中心。

最后，在住房模型中，出行者人数指家庭中的工作人数，而在停车模型中指汽车内的人数。在这两种模型中，这个数字会以相同的方式影响选择——房子或汽车中的人越多，最优位置越靠近中心。

尽管单中心模型具有理论上的优雅，但将其应用于住房选择研究时，许多现实因素会降低它预测的准确性。相反，出于几个原因，简单的单中心模型应该在预测停车选择方面做得更好。

---

① 原人名为 Richard Muth。(译者注)

② 原文为 Alonso-Mills-Muth housing model。Alonso-Mills-Muth 住房模型假设城市内部收入和城市便利性不变，不同区位的住房与交通成本之和不变，即随着至市中心距离增大，房价下降，而交通成本上升。(译者注)

表 18-1   住房和停车单中心模型的比较

模型的因素	住宅模型	停车模型
区位选择	最优住宅选址	最优停车位置
占用空间的数量	可变 (住房面积)	固定 (一个停车位)
占用时间的长度	固定 (每年 365 天)	可变 (停车时长)
交通	工作通勤	步行到目的地
出行者人数	家庭中的工作人数	车内的人数
目的地	中央商务区 (CBD)	视出行而定
价格信息	获得住宅的难度	立即可得
重新选址频率	极少	经常
公立学校的质量	重要	不相关

1. 司机停车频率高，更换车位的成本低。如果司机发现更好的选择，当下次前往同一目的地时，很容易将车停在另一个地点。随着时间的推移，经过试错过程，司机可以找到最佳的停车位置。相比之下，家庭搬迁频率很低，因为搬家既困难又昂贵。

2. 由于车内每个人都前往同一地点，为了方便到达特定目的地，司机会选择适当的停车地点。然而，家庭在选址时，还会考虑前往工作以外的其他目的地。此外，通勤者也会前往 CBD 以外的就业地点，同一家庭的多位通勤者可能前往不同的工作地点。

3. 停车位是一种除位置以外的同质商品，周转频繁，价格公开。另一方面，房屋是一种异质商品，周转不频繁，并且价格可以协商。

4. 雪佛兰毗邻凯迪拉克，许多不同颜色和来自不同产地的汽车共同停放，相比之下，家庭在选择居住地时经常密切关注与谁为邻。

5. 司机在选择停车位时无视附近公立学校的质量。然而，家庭在选择居住地点时不仅要仔细考虑学校，还要仔细考虑许多其他公共服务。

虽然这个模型不能完全代表实际的停车决策，一些假设可能看起来不切实际，但它的预测直观合理，并可进行检验。司机决定停车地点时显然不使用数学模型，也缺乏每个地点停车价格的完整信息。另一方面，通常司机对于频繁前往的地区，确实拥有良好的停车价格信息，因此他们为这些出行选择的停车位可能确实反映出不同区位下收益和成本之间的平衡。[23]

你可以简单地检验模型的预测效果。假设越靠近目的地，停车价格越高。如果打算短时停车，你是否会更靠近目的地停车？如果车内有更多乘客，你是否将车停在离目的地较近的地方？如果急着赶路，你是否会更靠近目的地停车？如果携带沉重的行李，你会停在离目的地较近的地方吗？如果对这些问题的回答是肯定的，那么该模型可以正确预测你的停车行为。有些停车决策可能出于我们永远不知道的原因，也没有模型可以完全抓住司机在选择停车位置时要考虑的所有因素。即便如此，标准的单中心模型仍然是研究停车地点影响因素一个好的起点。

效 率

市场价格可以相当有效地分配停车位。最方便的停车位由拼车者、短时停车者、步行困难的人以及那些对节约时间估值高的人占用。相比之下，不太方便的停车位由单驾者、长时间停车者、喜欢步行的人以及那些对节约时间估值低的人占用。这些根据市场价格做出的个人选择，使出行者从停车地点步行到目的地的总成本降到最低。

路边停车的需求响应价格与土地现货价格①(商品或服务的现货价格是立即交付时收取的价格) 相似。它们揭示了一个重要信息，即司机认为停车位真正值多少钱，并可推出司机停车时为节省时间愿意支付多少钱。司机可以根据想要停多久、车内有多少人、如何看待步行时间 (是否匆忙？是否携带沉重的行李？是否疲惫或缺钱？) 来选择停车位置，还有许多只有司机自己才知道的时间和空间等其他环境因素。正如经济记者约翰·卡西迪②所说：

> 通过允许成千上万的决策者对自由定价做出个人回应，市场能分配各种资源——劳动力、资本和人的智慧——这是一种无论多么出色的中央计划制定者也无法模仿的方式。[24]

让市场价格管理停车，可以让市议会从一项沉重的负担中解脱出来，市议会现在投入无休止的时间用于信息不充分的辩论，只是针对每种用地类型进行停车微观管理。即使是上至总统内阁的更高层级政治机构也可以节省时间，正如一项内阁会议陈述中建议的那样，这也是丹尼尔·帕特里克·莫伊尼汉③期待的："内阁会议总是抱怨联邦政府大楼存在停车问题——好吧，总是讨论办公空间有问题，但也是在讨论停车问题，而且总是不停地讨论。"[25] 抱怨 (bitching) 一词可能准确描述了这样的讨论，因为总体而言，约瑟夫·熊彼特④对政治的看法可以完美应用于停车政治这个特定领域："典型的公民一旦进入政治领域，就会降低其心理表

---

① 原文为 spot prices。(译者注)

② 原人名为 John Cassidy。(译者注)

③ 丹尼尔 · 帕特里克 · 莫伊尼汉 (Daniel Patrick Moynihan，1927~2003)，美国社会学家、政治家，美国民主党成员。(译者注)

④ 约瑟夫·熊彼特 (Joseph Alois Schumpeter，1883~1950)，是一位有深远影响的美籍奥地利政治经济学家，著有《经济发展理论》(1911，1926)、《景气循环论》(1939)、《资本主义、社会主义与民主》(1942)、《经济分析史》(1954，熊彼特去世后由遗孀整理发表) 等。(译者注)

现。在一个他真正有兴趣的范围内，以一种容易被认为是幼稚的方式进行争论和分析。他再次变成了原始人。"[26] 如果城市让价格来管理停车位，那么政治家就能花更多时间讨论真正重要的公共问题。

有了路边停车的市场出清价格，司机的个人选择会产生自发、自组织的停车选址模式，而无需规划人员的帮助 (当然这里不是指安放设备开始实施路边停车市场定价)。如果改变停车价格，使各处停车位的空置率维持在 15％附近，那么随着需求的变化，由此产生的价格梯度将全天变化。可以通过绘制一组等高线地图说明结果，每个等高线连接点的停车价格都相同 (就像气象图用等压线将相同大气压点连接起来)。等值线 (价格相等) 以每小时 50 美分的增量绘制，同时梯度沿任一路径指向更高的价格，由连续等值线与该路径相交的斜率决定。在等值线密集的地方，停车价格迅速上涨；在等值线稀疏的地方，停车价格增长缓慢。在价格梯度最倾斜的路径上容易产生这样的决策：在离目的地稍远处停车并步行至目的地，因为沿着这些路径步行能节省更多钱。

1972 年，威尔伯·史密斯及合伙人[①]绘制了洛杉矶市中心全天停车价格地图，等值线显示出三个局部峰值 (见图 18-5)。[27] 当然那时停车价格要低得多，现在午间的小时价格也高于当时的全天价格。尽管如此，地图显示了一个清晰的价格模式，并可以推测类似的模式也会出现在其他城市可比较的停车小时费率地图中。此外，随着一天中活动方式的变化，这些模式也趋于改变。白天停车峰值价格可能出现在办公区域，傍晚则出现在娱乐中心，夜间出现在高密度住宅区。许多分散的中心会形成各自的梯度，就像蚁丘形成具有较高峰顶 (中心商业区) 和较低山谷 (低密度社区) 地形。任何地点的停车价格全天都有上下波动，局部峰值也随之迁移，就像小猫在毯子下嬉闹一样。[28]

实　用　性

爱因斯坦说，"没有什么比一个好的理论更实用了"，路边停车正确定价在理论上有效，在实践中也是可行的。行政成本曾经是一个问题，但目前新技术使开发高效的收费系统成为可能。为了说明这种系统的一些必要特征，考虑第一份关于拥堵收费的政府报告，1964 年英国出版的"斯密特报告"[②]，它提出道路收费系统 (另一种对汽车使用进行市场收费的方式) 成功所必需的标准。斯密特报告提出一个几乎与 2003 年伦敦拥堵收费系统完全相同的道路定价系统，为建立一个可行的收费系统提出了九个标准。这些标准也看似适用于停车市场定价系统：

---

① 原文为 Wilbur Smith and Associates。(译者注)
② 原文为 Smeed Report。(译者注)

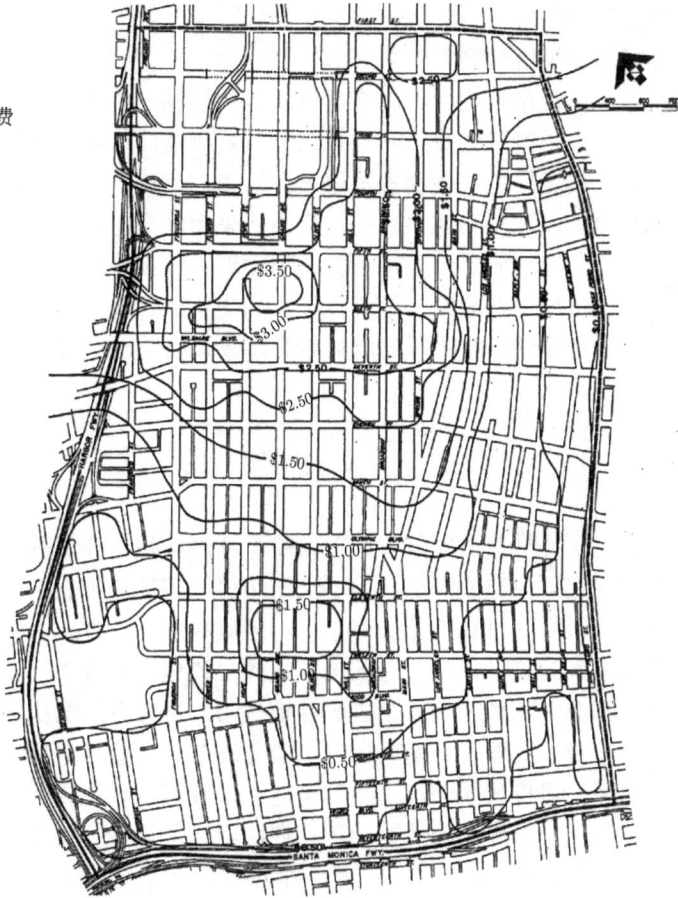

图 18-5　洛杉矶 CBD 停车价格

来源：威尔伯·史密斯及合伙人 (1972)

1. 收费应与道路使用量密切相关。

2. 价格应该在一天、一周或一年中的不同时间，根据不同道路上的不同车辆类别变化。

3. 在道路使用者出发之前，价格应该稳定且易于确定。

4. 预付款及信用卡方式付款应成为可能。

5. 收费应当公平，而且能被每个道路使用者接受。

6. 对于道路使用者，收费系统应该简单易懂。

7. 收费设备应具有高度的可靠性。

8. 系统应合理地避免有意和无意的欺诈或规避行为。

9. 如有必要，收费系统应能够应用于全国。[29]

斯密特报告发布 40 年来，计量技术已经大大改善，一个市场化的停车收费系统很容易满足这些要求。

机场停车价格结构为路边停车市场定价提供一个很好的参考。每个人都认识到不仅要为机场停车付费，而且越靠近航站楼的停车场，停车价格越高。中心地带的停车位收费昂贵，鼓励短时停车和拼车，而更便宜的偏远停车位吸引长期停车和单驾司机。许多乘客乘坐公共交通或采用共享出行车辆来往机场，主要为了避免支付停车费 (顺便说一句，停车费已成为机场的主要收入来源)。同样，一旦人们习惯了市场定价的路边停车位，回到免费路边停车位的想法看起来像在机场免费停车一样荒谬 (也许只是希望免费，但人们明白这既不现实，最终也不会有好处)。

执　法

如果无法提供合法的停车选项，就不能严格执行停车规定，但离开有效的执法，停车规定只会造成混乱。为了从路边停车市场定价获得所有潜在的收入，城市必须确保司机不付费就无法停车——因此执法至关重要。将一部分停车收入贡献给产生收入的地区，由于违规停车将减少该地区的收入，因此这种做法给予商户、居民和业主一种新的激励去更好地执法。通过有效的执法，司机将理所当然地支付停车费，就像人们期望为自己消费的全部商品付费那样。

为了评估司机试图停车逃费的可能性，我们可以计算违规罚款的期望值，即违规罚金与获得罚单可能性的乘积。在决定是否把钱投入停车咪表时，司机可以估计罚款的期望值。假设咪表停车两小时收费 2 美元，停车罚单是 25 美元，并且在咪表超时两小时不付费的情况下，收到罚单的概率是 20%。非法停车两小时的预期价格为 5 美元 (25 美元 × 20%)，因此投入咪表 2 美元是合理的。大多数停车选择模型假定司机决定是否守法时是出于自利的理性而非道德原因。例如，停车顾问玛丽·史密斯说："咪表逃费是一种民间犯罪行为：在停车期间少付或不付预期的停车费，顺利离开还没吃到罚单，对大部分美国人而言，真是太好不过了！"。[30] 澳大利亚交通研究人员罗素·汤普森和安东尼·理查德森①在他们的停车位搜寻模型中，类似地"假设停车人是理性的，如果不诚实行为 [对停车人而言] 的结果……是正面的，那么他将表现得不诚实。"[31] 英国交通研究人员伊恩·布莱克、凯文·库利纳恩和克里斯·赖特②解释说，停车非常适合简单的经济手段配合法律执法，因为大多数停车违规行为不涉及通常与更严重违法行为相关的非经济成本。

---

① 原人名为 Russell Thompson 和 Anthony Richardson。(译者注)

② 原人名为 Ian Black、Kevin Cullinane 和 Chris Wright。(译者注)

> [非法停车] 将成本推脱给其他人的道德因素，与在拥挤交通中出行涉及的道德因素并没有什么不同。因此，在所有"犯罪"中，非法停车可能完全落在经济手段的范围之内，其重点在于成本和收益的货币估值。[32]

因此，停车执法的本质是经济的，而依赖缺乏经济激励的规则是徒劳的。简而言之，如果非法停车的预期罚款 (罚款乘以收到罚单的概率) 高于咪表价格，那么理性的司机将会付费停车。然而，罚单和罚款在政治上不受欢迎。充其量，它们就像持枪抢劫银行——你并不希望开枪，但只有手上有枪才能促成合作。对于一些屡次违法的惯犯，给他们的车轮上锁有助于收取罚款，因为当司机们看到其他人的车辆轮胎被上锁①，可能会决定最好为停车付费。

除了拖车之外，还有其他有前景的停车执法方法。城市可以要求停在下客区的车不熄火，并把车窗打开。可以要求在限时停车区域的司机打开车灯。为了鼓励把车停在标线之间，警方可以用荧光②染色剂，将车辆超出线外的部分涂上颜色。史蒂夫·马丁③支持给违规停车的人判处死刑。[33]

司机们在决定是否支付停车费时会考虑收到罚单的预期成本，而低的罚款或被罚款的可能性较低，将不可避免地导致违规事件的增加。例如，2001 年波士顿一项研究发现，非法路边停车的罚款数额通常低于路外停车 3 小时或更长时间的收费，因此人们很容易冒险逃避缴费。[34] J.R. 埃利奥特和 C. C. 赖特④研究了 20 世纪 80 年代早期伦敦非法停车数量急剧增加的原因，解释了执法不足如何导致广泛违反停车规制的行为发生。他们表示，如果执法水平低于一定水平，那么：

> 司机意识到被抓住的机会减少了，他们中的更多人会逃避支付咪表费，交通管理员发现有更多的违规者要处理。管理员发放的罚单增多，因为他们遇到每辆车违规停放的概率比以前提高，而开具罚单需要花费相对较长的时间，因此在单位时间内检查的车辆数减少。对于每位司机来说，未付款被抓住的概率甚至进一步降低，更多司机会采取违法行为，依此类推。这个过程是一个正反馈过程，结果最终崩溃变为一个低遵从的状态。[35]

这个过程会产生一个临界点或破窗现象。[36] 一旦执法力度低于一定水平就会完全崩溃。

---

① 原文为 booting，在美国一些地方，执法人员会给违章车辆的轮胎上锁以强制其缴纳罚金。(译者注)
② 原文为 Day-Glo。(译者注)
③ 原人名为 Steve Martin。(译者注)
④ 原人名为 J.R. Elliott 和 C. C. Wright。(译者注)

人人享有的免费停车会产生反社会的行为，因为如果没有合法的路边空车位，司机经常会非法停车——停在消防栓旁边、公共汽车站或为残疾人保留的车位上。例如在意大利，许多城市发现有必要在路边设置金属障碍物，防止司机将车停在人行道上。在曼哈顿，司机们有时不愿意耐心等待，当看见一辆车从非法位置离开时，司机会把车停在这个非法位置上，哪怕离开的那辆车是从消防栓旁被拖走。滥用残疾人标志停车是另一种令人感到可悲和沮丧的违规行为。丑闻也经常发生，例如，22 名加州大学洛杉矶分校足球运动员在校园停车时被发现滥用残疾人标志。[37] 运动员通过伪造医生签名，证明有哮喘和麻痹等症状来获得残疾人停车标志 (参见下栏)。

滥用残疾人停车标识

《洛杉矶时报》关于加州大学洛杉矶分校足球运动员滥用残疾人停车标识的头条新闻

14 位布鲁因[①]被指控获得残疾人通行证　　1999 年 7 月 9 日

这些罪行没有犯罪现场；如果指控属实，那么轮椅应该扔向加州大学洛杉矶分校足球运动员　　1999 年 7 月 9 日

很容易找到布鲁因的车尾派对　　1999 年 7 月 10 日

这些人发现自己应该在现场备受关注　　1999 年 7 月 10 日

UCLA 足球运动员的新对手：残疾人　　1999 年 7 月 10 日

像神一样对待运动员的危险　　1999 年 7 月 11 日

UCLA 可能不会给出严厉惩罚；学生会表示过去从未有学生因违反停车规定被休学或开除　　1999 年 7 月 13 日

停车丑闻惹怒 UCLA 运动总监　　1999 年 7 月 14 日

这不是布鲁因的好兆头　　1999 年 7 月 24 日

14 人对停车丑闻供认不讳　　1999 年 7 月 28 日

布鲁因道歉日　　1999 年 7 月 29 日

UCLA 接受舆论的判决　　1999 年 7 月 31 日

9 人因 UCLA 停车事件入狱　　1999 年 8 月 3 日

停车丑闻复燃　　1999 年 8 月 12 日

残疾人停车丑闻本周将重返焦点　　1999 年 8 月 23 日

UCLA 的困境一点也不小　　1999 年 9 月 11 日

又 5 人被指控涉及停车丑闻　　1999 年 9 月 14 日

---

① 加州大学校友自称为 Bruins。(译者注)

他们以 UCLA 阵容停车　　　1999 年 9 月 16 日
球迷们把责任归咎于布鲁因　　1999 年 9 月 18 日

如果以市场价格分配路边停车位，到处都会出现空车位，司机永远不会"需要"非法停车。此外，将一部分停车收入归还给社区，将增加当地对执法的支持。[38] 反过来，更好的执法和更少的非法停车将改善汽车和公交车的交通运行状况，改善骑车者和行人的环境。也许加尔文·特里林[①]虚构的纽约市市长弗兰克·杜卡维利 (领袖)[②]的言论并非完全错误，"停车是城市秩序的关键……占用两个车位的汽车[③]是目无法纪的表现。它就像是一个标志牌，欢迎无秩序力量的到来。"[39]

禁止路边停车

对路边停车收取公平的市场价格，比 20 世纪初尝试的任何替代政策——免费路边停车或禁止路边停车——效果都要好。在 1935 年停车咪表发明之前，所有路边停车位都是免费的，在热闹的市中心，少数可用的停车位很快被汽车占满。商人在自己的店铺门前停车，但随即抱怨因为停车位不够没了生意。此外，路边停车使可用的道路变窄，搜寻路边车位的汽车增加了交通流量。几种因素结合起来，减少的道路通行能力和增大的交通流量不仅极大减缓了汽车的通行速度，而且影响了街道有轨电车[④]的运行，它曾经搭载大多数来往市中心及市中心内部出行的乘客。城市历史学家罗伯特·福格森[⑤]解释了这个问题：

> 停车位不足是一个更严重问题的一部分，这个问题并不总是出现，因为即使司机很难找到一个停车位，但大多数人最终还是能找到地方停车。这里说的是停放汽车产生的问题，与之后所说的停车问题截然不同。停车加剧了交通问题，才使情况变得如此严重……相比移动着的车辆，停放的汽车对交通流动造成更大的阻碍。问题的症结在于街道无法同时满足车辆的通行和停放。中央商务区尤其如此，那里的交通最为繁忙，对停车位的需求也最大。因此，市中心的商业利益陷入了困境。如果司机不能在目的地停车，那么中央商务区的交易将有

---

① 加尔文·特里林 (Calvin Trillin)，美国作家。写过大量关于美食的文章，包括美国境内的中餐美食。(译者注)

② 原人名为 Frank Ducavelli (Il Duce)，他是加尔文·特里林笔下虚构的纽约市市长。这里的 Il Duce 是一个意大利语，意为领袖、首领，曾经是意大利独裁者墨索里尼的称号，即 Mussolini(Il Duce)。(译者注)

③ 原文为 double-parked car。(译者注)

④ 原文为 street railways。(译者注)

⑤ 原人名为 Robert Fogelson。(译者注)

所损失；但由于停放的汽车加剧了交通堵塞，这也会失去原本可能的
交易。40

图 18-6　　意大利米兰曾使用栅栏防止汽车在人行道上停车

图片来源：Douglas Kolozsvari

　　为了应对街道上停放汽车造成的交通堵塞，一些城市试图完全禁止路边停车。
这些禁令中，最不成功的一次发生在 1920 年洛杉矶市中心。免费路边停车一直
造成巨大的交通问题，但禁止路边停车只持续了不到一个月。洛杉矶历史学家布
鲁斯·亨斯特尔①讲述了这个故事：

　　　　如果说曾经有一瞬间，在某个时间点上，汽车完成了全面的统治，
　　那么，那一刻就是 1920 年 4 月……到 1920 年，洛杉矶有超过 16 万
　　辆汽车……在市中心汽车互相竞争，争夺几英寸宝贵的停车位，交通
　　流动像果冻一样艰难……交通混乱的一个副作用是有轨电车无法通行，
　　每次穿过市中心都会产生 45 分钟到一小时的延误……这座城市想出
　　一个极富创意的建议，在高峰时间禁止市中心的 [路内] 停车。
　　　　神奇的是，有轨电车开始制定时间表。市长宣布开始感到高兴。交
　　通工程师也很高兴。"在该法令实行第一天"，一家报纸发表社论，"每
　　个人都看似很满意，除了司机、专业人士、商人和警察。"……一位市

---

① 原人名为 Bruce Henstell。（译者注）

中心著名的商人，厄尔·C. 安东尼①，感到非常愤怒，他计划对这种做法的合宪性提出疑问。毕竟这种做法明显充满歧视，因为它只是限制司机，而不限制行人……市议会妥协了，废除了这条法令。尽管工程师不顾一切地提出复议并证明它的可操作性，《洛杉矶时报》也表示支持。这次实验证明"南加州与汽车发出的嗡嗡马达声一起悸动"。41

　　该禁令仅实施 19 天后就被废除。其中一个原因是担心这项禁令将把生意从市中心带到郊区，尽管市中心街道上停放的大部分汽车由通勤者而不是购物者拥有，而且大多数人乘坐有轨电车来到市中心。有轨电车已经拥挤不堪，许多乘客没有座位——称为"拉着吊带站立的乘客②"——有轨电车在交通中缓慢行进中，乘客只能站着。批评人士怀疑停车禁令是有轨电车公司的阴谋，以增加电车的乘坐率和利润。毕竟这个行业的格言是，"红利在吊环上"。最后，拥有汽车在洛杉矶已经很普遍，到 1920 年，大多数人想要增加而不是限制停车位。交通史学家斯科特·博克斯③解释说，私家车代表了从公共交通的缓慢速度和遵守规则中解放出来，而停车禁令似乎摒弃了未来，有利于过去：

　　　　简而言之，汽车象征着城市和工业的进步。它满足了对快速私人交通的一种古老需求。拒绝汽车的使用，对其支持者而言似乎是荒谬的。"汽车意味着个人的快速出行，"一位汽车经销商坚持认为，"它被认为是现代生活中最大便利之一，实际上在城市中央商业区禁止它是不可想象的。"禁令的反对者质疑，为什么市议会要破坏这样一项意义重大的技术创新。西部汽车公司经理吉尔伯特·伍德希尔④承认，过去几年里，有轨电车"为洛杉矶做了大量工作"，但近年来它们的表现比不上汽车。在市中心街道上禁止汽车停放是一种倒退，至少他对此感到担忧。《泰晤士报》社论认为："没有其他创新自身能够如此迅速、如此普遍地适应一代人的需要……任何努力设置障碍抵制汽车、将其贬到后街和郊区小巷的城市都犯了严重错误"。该报还指出，汽车已经在美国人民的经济和社会生活中赢得自己的地位……"作为进步的推动者"，《泰晤士报》总结道，"它超过蒸汽机和电报，仅次于印刷机。"42

　　汽车已经成为美国生活方式的主要组成部分，但这并不意味着城市应该将市

---

　　① 原人名为 Earl C. Anthony。(译者注)
　　② 原文为 straphangers。(译者注)
　　③ 原人名为 Scott Bottles。(译者注)
　　④ 原人名为 Gilbert Woodhill。(译者注)

中心街道的两条车道都用于停放不再移动的机动车①。在 1925 年，哈佛大学交通规划师米勒·麦克林托克②解释说，如果禁止路边停车，那么路外停车的支付意愿价格可为每次汽车出行的效用提供一个市场测试值：

> 此时，当所有汽车都停放在城市街道上会发生什么情况？答案是双重的。一些车主觉得条件变化后 [禁止路边停车] 在城市使用汽车不划算，他们会改用其他交通工具。这似乎让他们过于为难了，但应该指出的是，每个大城市多年来都有数千名司机一直没有使用汽车作为个人出行工具，很大程度上是由于拥挤，因为只有相对很少的人获得在公共街道上存放汽车的权利。
>
> 对于那些认为汽车仍具有实用性的车主，即使必须支付存放费，他们仍然会像以往一样，将车辆驶入禁止停车的区域。毕竟，运输工具在运行的起讫点承担终端费用的能力并不会对其效用产生非常严峻的考验。如果一辆私人乘用车的价格不足以让其车主每天支付 25 美分至 50 美分的存放费 [2003 年该项费用为每天 2.60 至 5.20 美元]，那么并不意味着公众应该改善街道空间以便车主存放车辆，这似乎是不合理的。禁止 [路边] 停车，不仅仅是为了交通运行畅通而释放一些存放车辆的空间，而且还可以清理掉那些在该地区没有实际业务的车辆，以限制城市街道上的交通量，这还是可能做到的。[43]

尽管洛杉矶停车禁令持续了不到一个月，但其他城市 CBD 停车禁令则实施得较为成功。例如，城市历史学家保罗·巴雷特③解释米勒·麦克林托克的研究如何说服芝加哥，1927 年在卢普区禁止路边停车：

> 1926 年，麦克林托克报告说，在接受调查的 68,621 名百货商店顾客中，只有 6.7%开车抵达，不到 1.5%的人停在路边。近 13%的写字楼访客、16%的餐馆顾客和 18%的购书者曾开车来到卢普区，但在每种情况下，只有不到 2%的人停在路边。看起来，司机比其他人更愿意支付小额停车费从车库步行至目的地。[44]

芝加哥禁止路边停车取得了巨大成功。1928 年，进入卢普区的汽车数量增加了 14%，经过卢普区的有轨电车速度有所提高，执行停车规定所需要的警察人数下降。[45] 然而，洛杉矶很少有人同意麦克林托克的观点，即对停车的支付愿意价格是对汽车出行效用的公平检验。结果，洛杉矶在两个极端之间摇摆不定——从

---

① 原文为 immobile automobiles。(译者注)
② 原人名为 Miller McClintock。(译者注)
③ 原人名为 Paul Barrett。(译者注)

免费路边停车到禁止路边停车，再回到免费路边停车——从未探索过停车市场定价的中间立场。路边停车市场定价能提供便利的停车位，减缓道路交通对人行道上行人的影响，并提供充足的公共收入。

耶稣在哪里停车？

2002 年，福音环境网络 (EEN)[①]发起一场名为"耶稣会开车吗"运动，认为交通选择是道德选择而引发了热议。EEN 在其网站上解释说：

> "耶稣会怎么做？"是一个著名的问题，"耶稣会开车吗？"是其中一个具体的版本。基督徒会问自己"耶稣会怎么做？"以帮助指导他们的日常决策……这个问题实际上变成"主啊，你想要我怎么做？"所以，我们的具体问题就变成了"主啊，你会让我开车吗？"……来自车辆的污染对人类健康和上帝创造的其他生物产生了重大影响。它在全球变暖的威胁中贡献极大。我们依赖从局势不稳定地区进口石油，威胁着和平与安全。在进行交通选择时，遵从耶稣的指引是二十一世纪最伟大的基督教义务和机会之一。[46]

无论你的宗教信仰如何，你的交通决策都会影响到其他人，如果每个人都驾驶更清洁、更省油的汽车，那么这个世界无疑会变得更好。

考虑自己对社会的道德义务，可能会让一些司机选择不同的汽车，但不会让许多人选择不同的停车位。对于耶稣会在哪里停车的问题，是否有明智的回答？除了遵守残疾人停车规定的义务之外，这个问题似乎没有明显的道德维度。可能相比大多数其他活动，人们在选择何处停车时似乎只会更多地考虑自己。找到一个好的停车位后，很少有人会问自己，别人是否比我更需要这个停车位？的确，大多数停车人的行为似乎更像霍默·辛普森，而不是内德·弗兰德斯[②]。[47]

停车位的机会成本是有人愿意为它支付的价格，而让司机知道其他人在任何车位停车愿意支付多少钱，唯一方法是收取市场价格。根据市场价格选择停车位，将间接考虑你在占用任一个特定停车位时对其他人施加的成本。例如，如果你是单驾司机并想长时间停车，选择周边地点可以节省费用，并为拼车的人或希望短

---

① 原文为 Evangelical Environmental Network，简称 EEN。(译者注)

② 原人名为 Homer J. Simpson 和 Ned Flanders，他们是喜剧《辛普森一家》的人物。《辛普森一家》(*The Simpsons*) 是美国福克斯广播公司出品的一部动画情景喜剧，由马特·格勒宁创作，是美国历史上最长寿的情景喜剧及动画节目。霍默·辛普森 (Homer J. Simpson) 是辛普森一家中的父亲，是一个头脑简单、脾气暴躁但深爱家庭、努力工作的典型人物。内德·弗兰德斯 (Ned Flanders) 是辛普森一家的邻居，狂热虔诚的基督教徒，保守主义者，严格地以《圣经》作为自己的行为准则，是个老好人，没有任何反抗心态，常常受到他人的欺负。(译者注)

暂停留的人提供更多可用的中央停车位。这样，利用市场价格管理停车位，将使每个人在追求自身利益的同时考虑他人的福利。至少对于停车而言，公平市场价格可以解决一种道德困境，正如丹尼尔·笛福①笔下，可怜的摩尔·弗兰德斯②在十八世纪动荡生活接近尾声时所描述的道德困境："我们都希望做好事，我们都希望做得好。上帝让你没有选择的余地。"

与市场定价的路边停车系统形成鲜明对比的是，路外停车标准鼓励狭隘的自利行为，却以牺牲他人为代价。考虑 2002 年的一项争议，有人提议在芝加哥南部修建一个占地 22 英亩、价值 4,200 万美元的大型教堂。自然，任何如此大规模的建筑都会引发土地利用规划问题，而反对者通常以停车标准为由拒绝一个开发项目或让其缩小规模。在谈到新的萨勒姆浸信会③教堂有 2,000 个停车位是否足够时，詹姆斯·米克斯④牧师说："我不在乎耶稣是否是贵教会的成员，市议会分区委员会不会通过一个没有足够停车位的项目。"⁴⁸

然而，路边停车市场定价可以减少土地规划提案引发的一些冲突。考虑《纽约时报》关于皇后区的报道，"基督徒、佛教徒、犹太人、穆斯林和印度教徒在各自街区内做礼拜，没有任何教派冲突的迹象。但是当涉及停车位时，就是全面的战争。"⁴⁹ 每个星期天都会有大量的汽车涌入社区，居民痛苦地抱怨着恼人的噪声、人群和堵塞车道的汽车。如果这个社区成为停车收费区，周日对非本地居民收取更高的停车价格，就可以管理需求并解决冲突。我们需要一个新的停车价格黄金法则：以彼之道还施彼身。⑤

取消路外停车数量标准

与市场的自组织效率相反，大多数城市现在要求至少提供足够数量的路外停车位，以满足每个地点高峰时段的免费停车需求，相应的成本转移到其他商品上，使它们的价格更高。最终的结果既无效率 (价格没有反映成本) 也不公平 (不开车的人补贴司机)。如果城市取消停车位数量标准以消除这种效率低下的情况，那么人均停车位比例会下降 (或上升得更慢)，停车价格也将上涨。当然，停车位数量标准也不能马上完全取消。相反，城市可以逐步废除其数量标准。例如，一些城市已经取消了市中心的停车位标准，并且其他商业中心也采取了明确的行动。新

① 丹尼尔·笛福 (Daniel Defoe, 1660~1731)，18 世纪英国作家。英国启蒙时期现实主义丰富小说的奠基人，被誉为欧洲的"小说之父""英国现实主义小说之父""英国报纸之父"和"现代新闻业之父"等。其作品可读性强，代表作《鲁滨逊漂流记》。(译者注)

② 摩尔·弗兰德斯 (Moll Flanders) 是丹尼尔·笛福创作的同名小说中的女主人公，该书 1993 年由 Lb May & Assoc Inc 出版。(译者注)

③ 原文为 Salem Baptist。(译者注)

④ 原人名为 James Meeks。(译者注)

⑤ 原文为 charge others what they would charge you。(译者注)

开发区也需要取消停车位数量标准，因为当居民们愿意为停车付费时，开发商们就有动机提供足够的停车位。然后，城市可以逐步取消所有地区的停车位数量标准，共同打造停车受益区，并对路边停车实施市场定价。

更少的停车位加上更高的使用价格将在许多方面影响需求和供给。在需求侧，更高的停车价格将引导个人选择更广泛的交通方式，从而减少所需的停车位数量。例如，会有更多的人选择拼车 (以分摊停车费)，有更多的人选择步行、骑车或乘公交出行 (以避免停车费)，有更多的人选择在非高峰期驾车 (此时停车费比较便宜)，也会有更多的人减少拥有汽车。

在供给侧，开发商将根据市场需求而不是遵循分区法规，开始提供现场停车位。因为停车价格会有所变化以维持几个路边空车位，所以溢出效应不再是问题。私人业主和商家可以根据业务考虑而不是分区法规选择提供多少现场停车位。有些人可能会选择自建路外停车位，而另一些人可能选择附近车库提供的预留停车位。无论采取何种策略，所有企业都可以自主决策这些停车位是否物有所值。更多停车位从其他交易中拆分出来，专业运营商也管理更多的停车位。随着时间的推移，路外停车场的收费能够覆盖建造和运营的全部成本，包括土地成本。在那些停车市场价格无法覆盖成本的地方，更多开发者选择不再建造更多的车位。然而，在停车市场价格超过成本之处，以盈利为目的的开发商会增加停车位供应。每个人都会明白没有免费停车这回事儿，尤其是免费的地下停车场。

第 2 章中提供的 ITE 数据清楚地表明，即使对于相同的用地类型 (比如餐馆)，不同地点的停车需求也有很大差异。如果需求变化如此之大，那么每一种用地类型应该需要多少停车位呢？我的建议是，像对待餐馆 (或其他用地类型) 一样对待停车位。规划者从来不会说，一个城市必须要有多少餐馆。我们让市场依据人们的支付意愿来提供相应数量的餐馆。同样，规划者应该让开发商依据司机的支付意愿来提供相应数量的路外停车位。对停车收取低于成本的价格相当于在补贴司机。当城市要求的停车位数量大于开发商自愿提供的数量时，结果就是补贴汽车而不是其他交通方式。

如果城市不要求开发商提供路外停车位，那么市场将如何为开发项目所需的全部停车位提供资金？我建议采用以往其他开发项目的融资方法：司机为停车支付的费用可以为停车位提供资金，因为其他安排都会对停车和开车提供补贴。取消路外停车位数量标准，可以将停车成本从其他商品中转移出来；这样净效应不会导致通货膨胀或者 CPI 上升，因为停车价格上涨会被其他价格下降所抵消。

即使城市不要求停车位数量标准，许多设施仍会免费提供停车位。人们在商场里购物时通常期望可以免费停车。为了满足这些期望，即使没有停车位数量标准，一些商家也会继续将停车成本与商品和服务的价格捆绑在一起。但是，其他一些商家会选择不提供免费停车，这样他们能够以较低的价格出售商品。因此，个体消费者将有这样的选择：享受免费停车，然后下车后购买高价商品，或者付费停车，然后享受低价商品。通常单驾司机更喜欢免费停车，而商品的低价也会吸引拼车者 (并因此可以分摊停车费)、使用其他交通工具出行的人 (比如步行、骑车或乘坐公交)、或那些要进行大批量采购的人 (并因此通过大宗购物获得更大的回报)。

这种看法的要点并不是说，企业通过提高商品或服务价格以补贴停车成本的做法总是不明智的。毕竟，这样的决定最终取决于消费者的偏好和期望。相反，主要问题在于要求所有企业都遵循这种做法。市场价格是一种自下而上对停车进行规划的合理方法，而路外停车数量标准是一个混乱、成本高昂、自上而下的方法。分区法规中的停车位数量标准是对成千上万个体决策的一种灾难性替代方式——包括开发商、商人、雇主和司机——而他们能决定停车位的价值。在市场运行良好时，我们可以依靠市场，而当市场失灵时，规划可以发挥作用解决问题。

如果城市取消路外停车位数量标准，开发商、业主和商家可以自行判断他们希望为员工和顾客提供多少路外停车位。他们将有充分的理由做出正确的决定，因为他们将为自己的错误买单——也会因明智的决定而获利。相比之下，城市规划师设定路外停车数量标准，并没有经济激励去做出正确的决定。结果，他们经常会采用不可靠的估计 (比如每千平方英尺 4 个车位的黄金法则) 或者直接照搬其他城市的规定。城市规划师根本不清楚不同地点的商业、公寓或教堂需要多少停车位，部分原因在于他们没有经过专业培训来估算停车需求。

取消路外停车数量标准并不会使路外停车场消失，反而会激励出一个活跃的商业市场来提供停车位。在那些市场价格可以覆盖成本的地方，商业和城市都有激励为公众提供路外停车位。如果路边停车按市场出清进行定价，而此时每个路外停车位的收入不足以覆盖建造成本，人们显然并不真正想要那些新车位。当然，如果另有他人愿意为自己付停车费，人们总是想要更多的停车位，但是……一个提供公共停车位、活跃的商业市场有两个重要的好处。第一，在不同时段产生高峰停车需求的地点 (比如银行和夜总会) 鼓励共享使用停车位，因为根据定义，付费停车位本身就是共享的。相比在每个地点设置私人停车位，共享公共停车位处于一个中心位置，天生更加高效，因为需要更少的共享停车位满足组合高峰需求，而且大部分时间每个车位的使用率更高。[50] 共享车位也允许来访者只停一次车，然后步行去往多个目的地。例如，停车顾问玛丽·史密斯说，圆心购物中心是印第安纳波利斯市中心一个成功的零售/娱乐开发项目，如果每个人使用不共享的停车位，则需要 6,000 个车位供个人使用，但 2,815 个共享车位就能充分满足需求。[51]

第二，一些商业用地为邻近社区步行或骑行的顾客提供服务，取消路外停车位数量标准对其有利。比如说，餐馆和商场依赖于步入店堂就餐或购物的客户，如果不需要提供停车位，那么经营成本就会降低。土地和资本将会从停车位建设转移至新的用途，这会雇佣更多工人和产生更多税收。解放停车位标准的束缚，尤其会鼓励老城区的适应性利用和加密开发，让这些地方提供更多停车位是极其困难的，同时有利于拥有良好公共交通的地区发展。从某种意义上来讲，免费停车的消失就像它的存在一样，是一种自我延续现象。路边车位市场定价以及取消路外停车位数量标准将引导商业投资转向那些顾客和雇员需要较少停车位的项目。结果将是在现有设施附近进行更多的混合使用和加密开发，而在偏远地区则缩减绿地开发项目。

规划师之所以设定路外停车数量标准，是因为政府未能对路边停车收取公平的市场价格，而不是因为市场不能提供足够多的路外停车位。现在，大部分城市要求每一种用地类型都能满足高峰期免费停车需求——不论成本有多高。相反，如果城市向路边停车收取合理的价格，并放松路外停车数量管制，开发商和企业可以自行判断要提供多少停车位。

爱德华·巴塞特①是纽约的一位律师和改革家，被称为"分区规划之父"，他将路边停车和路外停车位数量标准联系在一起。1926 年，他认为如果城市禁止路边停车，那么就不需要对路外停车位设定标准，因为私人业主会根据经济情况自行提供停车位：

> 有些人说，必须找到一种方法依法强迫私人业主留出停车位 [场]。这是不可能做到的。根据城市的经验，市中心私人停车位的供应取决于警察对禁止停车的严格执法程度。城市无疑可以完全禁止在公共街道上停车。私人业主提供私人停车位的程度取决于他们的意愿以及面临的经济压力。[52]

巴塞特清楚地看到由于路边停车管理不善而造成停车问题。也许因为 1926 年停车咪表还没有发明出来，巴塞特建议禁止路边停车而不是对其收费。有了今天的收费技术，对路边停车收取合理的价格要远优于禁止路边停车或设置停车位数量标准。

结论：价格能够做规划

放眼世界范围内，汽车成倍增长，交通日益恶化，空气变得肮脏，石油即将耗尽，温室气体不断积聚，城市缺乏资金。作为一种回应，为什么不对路边停车收取合理的市场价格，并将收入用于改善社区？尝试过这种做法的地方，效果都还不错。

---

① 原文为 Edward Bassett。(译者注)

　　人们可以对停车价格的细节展开辩论，但无法对停车收费的必要性进行辩驳。一个简单的停车选择模型显示，市场价格能产生合理的结果。拼车者、短时停车者、步行困难的人以及那些重视节约时间的人，将占用最好的停车位。单驾司机、长期停车者、喜欢步行的人以及那些不看重节约时间的人，则会占用外围的停车位。由此产生的停车模式可以使司机从停车位步行到目的地的总成本降至最低。

　　尽管市场价格可以公平有效地分配停车位，但现在城市要求处处设置路外停车位数量标准——这给经济和环境带来了沉重的负担。城市有能力且有义务规范路外停车以提高其质量，但应该放松对数量的管制，用路边停车市场定价取而代之。如果城市放松对路外停车的管制，并对路边停车收取适当的价格，那么市场力量可以改善交通、土地利用、环境和城市生活。你不会为我的停车付费，我也不会为你的停车付费。不应该离开价格来做规划，而是让价格来推动规划。

PAY
TO
PARK

第 18 章注释

　　1. 我假设，司机知道停车价格如何随目的地距离以及想停放的时间而变化。或者，司机可能只知道想停放时间的期望值。无论哪种情况，我都假设司机只为事后确切的停放时间付费。停车费用是停车分钟数的线性函数，而没有预先决定停多长时间。各种车载咪表和多车位停车咪表允许司机仅支付停车时间，并且允许价格随一周内不同天和一天内不同小时变化。

　　2. 停车顾问玛丽·史密斯 (Mary Smith) 和托马斯·布彻 (Thomas Butcher) (1994，31) 解释说，出行路径会极大地影响停车者的步行意愿。"出行路径至少涉及四个变量：天气防护程度、气候、视线 (停车者能从停车位看到目的地吗？) 和'摩擦'(在出行路线上的干扰和限制，例如在有或没有交通信号的情况下穿越街道以及自然和心理障碍，例如存在铁轨或社区环境的变化)……在整个停车设施内，可接受的步行距离比城市人行道要短……由于设施的使用者沿着停车通道或汽车之间的通道走向电梯，因此这个系统存在高度的'摩擦'。此外，通常认为停车楼比露天地面停车场安全性低，因此应该认识到，在停车场和停车楼之间行走存在一定的差别。"史密斯和布彻提供的数据显示，在最好的步行环境中，停车者愿意行走的距离是最差步行环境的三到四倍。虽然史密斯和布彻并未考虑停车价格会如何影响停车者的步行意愿，但他们的数据表明，相比商场的停车者愿意穿过停车场或停车楼步行至商场内店铺的距离，路边停车者愿意沿着舒适的人行道步行至商店的距离会更长。

3. 步行时间价值 (v) 在车内因人而异。如果每个人的时间价值都一样，我们可以把 v 看作平均时间价值。

4. Austin(1973) 和 Wilbur Smith 及合伙人 (1972 和 1981) 表明，随着从洛杉矶活动中心出发的步行时间增加，停车价格以负指数方式下降。

5. 在与目的地距离 d 处，一个时间价值为每小时 8 美元，步行速度为每小时 4 英里的人，步行至目的地并返回的成本为 $(2 \times 1 \times 8 / 4)d$，即 $4d$ 美元。线性关系意味着当停车每靠近目的地 1 英里时，步行时间成本下降 4 美元。

6. $-\frac{1}{2}\log_e\left(\frac{nv}{tw}\right)$ 值的计算如下：$\frac{nv}{tw} = \frac{1}{2}$；$\log_e\left(\frac{1}{2}\right) = -0.6933$；$-\frac{1}{2}(0.6933) =$ 0.35 英里。如果行人的时间价值为每小时 8 美元，步行速度为每小时 4 英里，那么步行的时间成本是每英里 2 美元。

7. 当 $d = 0.35$ 时，$p(d) = \$1e^{-0.7} = \$1(0.5) = 50$ 美分。

8. 对步行时间成本的另一种理解是，以 4 英里每小时 (每英里 15 分钟) 的速度步行 0.7 英里需要 10.5 分钟。如果时间价值为每小时 8 美元，则 10.5 分钟的成本为 1.40 美元。

9. 如果你想在目的地停留 4 个小时，那么必须将 10 分钟步行时间添加到目的地时间内，因此停车总时长为 4 小时 10 分钟。额外的停车时间增加了 8.5 美分的停车成本。该结果表明，当考虑步行时间对总停车成本的影响时，应该将车停在离目的地更近的地方。为了简化讨论，这个因素已被忽略。$d*$ 为负值意味着你应该停在目的地。

10. 从停车位置到目的地并返回的步行成本为 $2nvd/w$。对距离求导等于 $2nv/w$。因为 $n = 1$，$v = 8$ 和 $w = 4$，所以当停车每靠近目的地 1 英里时，步行的时间成本下降 4 美元 $(2 \times 1 \times 8 \div 4 = 4)$。停车的货币成本为 $t(\$1e^{-2d})$，对距离求导为 $t(-2e^{-2d})$，因为 $t = 4$ 和 $d = 0.35$，当停车每靠近目的地 1 英里时，停车货币费用增加 4 美元 $(4 \times 2e^{-0.7} = 4 \times 2 \times 1/2 = 4)$。

11. 在离目的地 0.25 到 0.5 英里之处，货币和时间总成本曲线几乎是平的，因为停车货币成本 (money-parking-cost) 和货币化时间成本 (monetized-time-cost) 曲线的斜率在绝对值上大致相等，而符号相反。在距离目的地 0.25 至 0.5 英里之处，停车和步行的总成本约为 3.40 美元。距目的地不到 0.25 英里或超过 0.5 英里之处停车，总的停车和步行成本将增加。在距离目的地 0.8 英里之处，停车和步行的总成本为 4 美元。

12. 如果 $nv = tw$，那么 $-\frac{1}{2}\log_e\left(\frac{nv}{tw}\right) = -\frac{1}{2}\log_e(1) = 0$，所以应该停在目的地。如果 $nv > tw$，那么 $-\frac{1}{2}\log_e\left(\frac{nv}{tw}\right) < 0$；该结果也表明，应该停在目的地，因为不可能停在与目的地的距离为负之处。

13. 图中的数值是当 $v = 8$ 美元/时和 $w = 4$ 英里/时，$d*$ 作为 n 和 t 函数的解。

14. 考虑不同的停车时长，从停车位步行 0.2 英里至市中心是值得的：单驾司机是 3 小时，两人拼车是 6 小时，三人拼车是 9 小时以及四人拼车是 12 小时。

15. 图 18-3 的 $\$8d$ 步行成本是图 18-1 中 $\$4d$ 的两倍，因为由两个人承担这个成本。拼车人分摊了停车的货币费用，但不能分摊步行的时间成本。

16. 市场将较近的停车位分配给拼车者和短时停车者，将较远的停车位分配给单驾司机和长时间停车者，类似 1826 年 Johann Heinrich von Thünen 在《孤立国》(*The Isolated State*) 中提出的模型。在 von Thünen 诞辰 200 周年的纪念文章中，Paul Samuelson(1983) 描述了这个模型，并解释了为什么难以运输的蔬菜在城镇周围的环形区域种植，而易于运输的谷物则种在离城镇较远的环形区域内。

17. 该方程是从停车价格的特定负指数形式推导出来的，但是如果停车价格随接近目的地而单调增加，则参数 nv/tw 将始终出现在停车位置的最优解中。

18. 在线性规划术语中，用户最优解与系统最优解相同。

19. 如果司机仅在目的地停留很短的时间，停车成本只占汽车出行总成本的一小部分。因此，对于短时停车，汽车出行需求对停车价格的需求弹性较低。在旧金山国际机场停车需求的研究中，Adib Kanafani 和 Lawrence Lan(1988) 发现，当停车时间短于一个小时，停车需求的价格弹性为 -0.07；当停车时间介于六到七小时，价格弹性为 -0.95，当停车时间介于三到四天，价格弹性为 -2.5。

20. Smith 和 LeCraw(1946, 18) 提供的调查证据表明，对于更久的停车时间，步行意愿明显增强。

21. Muth (1969, 22)。

22. 在均衡位置，一次短距离移动——不管是趋近还是远离目的地——将产生一定数量的停车和步行成本，司机支付此成本的净节约等于 0……远离市场移动一个单位距离，则购买给定数量停车的支出减少，其减少量 [等于] 相应步行成本的增加量。

23. 停车诱导系统显示停车价格和可用车位，为司机们提供必要的信息以便做出合理的停车选择。研究表明,司机确实会注意这些系统信息并对此采取行动,尽管这些系统通常更注重可用停车位数量而不是价格 (Haster、Fisher 和 CoUura,2002)。显然,如果这些价格影响停车位置选择,司机必须了解停车价格的空间形态。如果城市开始采用价格确保每个地方都有空车位可用,那么可用性将不再是停车选择的主要问题,价格将对司机停车位置决策产生更大的影响。

24. Cassidy (2000,44)。

25. Takesuye(2001,36)。

26. Schumpeter (1942,262)。

27. 三个峰值分别位于 Sixth and Grand(比尔特莫尔酒店)、Twelfth and Olive(泛美大厦) 以及 First and Spring(市政厅)。

28. 如果设定停车价格以实现目标空置率,则等值线表示避免巡游的价格等值线。如果路边停车位价格过低,则另一张地图可以表示新的等值线,它连接搜索时间相同的点。在停车定价最低之处,搜索时间将会最长。据此推测,从停车位走到目的地的路径最有可能发生在最陡的搜索时间梯度上。

29. 英国交通部 (1964,7)。Reuben Smeed 主持小组讨论并撰写该报告。小组成员包括许多知名的英国交通经济学家,如 Michael Beesley、Christopher Foster、Gabriel Roth、J. M. Thomson、Alan Walters 和 J. G. Wardrop。

30. Smith (1999,543)。

31. Thompson 和 Richardson (1998,120)。

32. Black、Cullinane 和 Wright(1993,267)。《耶鲁大学每日新闻报》报道说,"当康涅狄格州纽黑文推出路边停车收费凭证系统时,耶鲁大学学生对新的停车凭证系统表达了不同的看法,Cameron Reeves' 98 说:'我这辈子从未将任何东西投入咪表中'。其他学生表示,他们将继续对停车法规视而不见,希望通过逃避停车付费,赚够钱来支付罚单。"(《耶鲁日报》,1996 年 11 月 12 日)。

33. 这些以及其他有关停车的创意可参见 Halfbakery 网站:www.halfbakery.com。

34. 波士顿交通部 (2001,1)。

35. Elliott 和 Wright(1982,308)。

36. James Wilson 和 George Kelling(1982) 认为,"如果建筑物中一扇窗户被打破了,一直未修好,其余的窗户很快就会被打破"。

37. 加州大学洛杉矶分校有大批足球运动员因滥用残疾人停车牌而被捕,因为许多校园都爆发了类似的丑闻,显得这次事件很不寻常。2003 年,佛罗里达州立大学四分卫球员在残疾人专用车位停车而受到全国关注。纽约市大学管理学教授 John Trinkaus 在一项调查中发现,购物中心 314 个停车位中有 11 个为残疾人预留,残疾人停车位的不当占用数量随占用率增加及天气变坏而增加。TriLkaus(1984a，114) 得出结论："在没有警察执法的情况下，通常只有在方便时才会普遍遵守残疾人停车规定。"Trinkaus(1984b，30) 还发现，昂贵和廉价汽车占用残疾停车位的比例与停车场中所有车辆的比例大致相同。因此他认为，违章占用残疾人停车位更多与通行的文化规范有关，而非汽车购买价格。

38. Cullinane(1993) 提出了一个模型，表明合法和非法路边停车位的搜索时间如何影响合法停车的决定。

39. Trillin(2001，89 和 205)。

40. Fogelson(2001，283)。Fogelson 描述了市中心商业区的历史，为停车问题如何影响市中心衰退提供了一个优秀和扩展的分析。

41. Henstell(1984，25-26)。Henstell 说，被指控违反新法规的第一位司机是 19 岁的 James Wynne，他拒绝将自己的车从他在第一街工作的商店门前移开。另见 Brilliant(1989，71-72) 和 Fogelson(2001，288-95)。

42. Bottles(1987，69-70)。

43. McClintock(1925，146)。1924 年，McClintock 还写道："城市应当继续提供价值高达 25,000 美元的停车位，这似乎不太公平——与此同时，1931 年，汽车的存储对其所有者而言并没有足够的效用，以确保车主支付 25 至 50 美分来提供汽车存储空间"(McClintock，1924，361)。1931 年，Miller McClintock 是交通工程师协会 (Institute of Traffic Engineers，后为交通运输工程师协会)30 位创始成员之一，并担任第一任副主席。

44. Barrett(1983，159)。随后对 864 家卢普区住户的调查发现，78％的人赞成停车禁令。1926 年对市中心 33 个机构 (包括商店、办公楼、银行和餐馆)96,082 名顾客进行的一项调查显示，只有 19％的顾客开车到达，仅有 1.6％停在路边车位 (Nau，1929，85)。费城在几条市中心街道上实施停车禁令之前，一项对零售店客户的调查发现，所有购物者中只有 2％开车到来并停在路边车位 (Drake，1946，112)；所有停放在路边的车辆中，有 40％违反了停车规定。

45. Barrett(1983，159)。

46. 该组织的网站可见：www.whatwouldjesusdrive.org/。另参见相关网站：www.Jdghrock.com/personal/WWJD/。

47. 正如 Miller McClintock 所问："为什么向来彬彬有礼、体贴周到的男士和女士……在坐上汽车的那一刻就突然变得自私，像野蛮人一样咆哮？"

48. 国家公共广播，早间版，"芝加哥人消灭'大型超级市场'计划"，2003 年 9 月 26 日。

49. "受欢迎的宗教仪式；停车权更棘手"，《纽约时报》，2004 年 3 月 29 日。第 3 章解释说，由于分区法规存在漏洞，纽约的教堂不要求提供充足的路外停车位。

50. 城市土地研究所 (1983) 解释了共享停车的经济性。佛蒙特州曼彻斯特市规划总监 Lee Kjrohn 表示，"我们将停车位看作是一种基本的共享资源，而不是由一些政党拥有和控制的个人财产"(《曼彻斯特日报》，2004 年 4 月 30 日)。

51. Mary Smith(1996)。

52. Bassett(1926，60)。

第 19 章　地方公共收入的理想来源

> 实际上，征税方式与税赋一样重要。如果放置方式不对，即使很小的负担也会让马匹难以承受，如果做适当的调整，马匹可以轻松承受更大负荷。类似地，如果征税方式不对，人们会因此陷入贫困，生产财富的能力也因税收遭到破坏，倘若以另一种方式征收，人们则可以轻松承受。

> ——亨利·乔治 ①

路边停车市场定价不仅是明智的交通政策，也是合理的财政政策。这一思想可以追溯到 19 世纪改革家亨利·乔治，他认为土地租金是政府最合适的收入来源。人们很少考虑将路边停车位"出租"，然而，尽管停车位的面积很小且使用持续时间很短，但确实可以出租。停车位是通常可租用的最小土地，既然有 5%—8% 的城市土地用于路边停车，因此，按市场价格收费可以产生可观的收入。

亨利·乔治的建议

亨利·乔治 1839 年出生于费城，从未受过政治学或经济学方面的教育，其正规教育以七年级结束。他 16 岁时出海，在第二次环球航行途中，离开航船来到旧金山，从学徒开始从事印刷工作，那时的旧金山正开始从先驱营地崛起为大城市。年轻的乔治注意到巨大的财富和赤贫并存的现象。他下决心去解释——并改善——这种贫富关系，于是在业余时间开始写作。最初的作品包括《进步与贫困》②，在这本书里，他论述土地税作为政府"天经地义"的收入来源的两大理由。

乔治的第一个观点认为土地征税是公平的，因为是社区而不是个人创造了土地价值：

> 因此，按土地价值征税③是所有税收中最具公平正义的。地价税仅对从社会中获得特殊而宝贵利益的人征收，同时征收税率由他们的获

---

① 亨利·乔治 (Henry George, 1839~1897) 是美国十九世纪末期知名社会活动家和经济学家。他认为土地占有是不平等的主要根源，提倡征收单一地价税的主张，曾经在一些欧美国家盛行一时，颇有影响。由于他主张土地国有，征收地价税归公共所有，废除一切其他税收，使社会财富趋于平均。孙中山的民生主义思想与亨利·乔治有密切关系。(译者注)

② 原书名为 *Progress and Poverty*。(译者注)

③ 原文为 tax upon land values。(译者注)

益程度决定。本质上，它由社区征收，为社区所用，其价值最终为社区所创造。这是一种公共财产共同使用的实践。[1]

乔治的第二个观点认为土地税并不会减少对房屋建设和维护的激励。筹集现金缴税的需求甚至促使业主对土地"物尽其用"（即用于产生最高的租金）。相反，对建筑物直接征税则会减少投资回报，从而减少对房屋建设和维护的激励。乔治还指出，土地税增加的收入将使城市能够削减其他税种，并刺激经济增长：

> 那些阻碍自由交易进程并给各行各业带来压力的税收，就像强力弹簧秤上的沉重砝码，理应被卸下并废除。注入的新鲜能量使生产重现生机，贸易将得到激励，偏远的经济动脉也会感受到这种激励。[2]

乔治提出的最雄心勃勃的建议是，土地税可以产生足够的收入并取代经济中其他所有的税收。因此，土地税顺理成章地成为"单一税"，取代所有的劳动力和资本税。他认为，这种税收转移将使企业释放活力，创造社会进步并消除贫困。[3]

实际上这些观点并非第一次提出。在亨利·乔治开始写作的一个世纪之前，亚当·斯密在著作《国富论》中为土地价值税①做过宣传：

> 地租仍然是比房屋税更为适合的税收方式。来自地租的税收不会抬高房屋租金。它将完全施加于土地拥有人，而他总是扮演垄断者角色，并对使用他的土地所获得的收益索取最大租金。[4]

亨利·乔治与斯密不谋而合，但两人观点上的一致并未给乔治赢得经济学界的普遍支持。大多数当代经济学家都认为乔治的理论荒谬甚至疯狂，但他的想法吸引了众多追随者。经济史学家马克·布劳②认为，"在 19 世纪后半叶的英语国家中，年轻热情的知识分子们辩论的核心议题并不是马克思，而是亨利·乔治"。[5] 作为联合劳工党候选人，乔治在 1886 年纽约市长竞选中以微弱劣势败北，但他比共和党候选人西奥多·罗斯福③获得了更多的选票，后者不屑一顾地称之为"完全廉价的改革家"。[6]

当代经济学家对乔治有过激烈的批评，对此约瑟夫·熊彼特④在著作《经济分析史》中写道：

---

① 原文为 land value taxation，也译作地价税。（译者注）

② 原人名为 Mark Blaug。（译者注）

③ 原人名为 Theodore Roosevelt。（译者注）

④ 约瑟夫·熊彼特 (Joseph Alois Schumpeter, 1883~1950)，是一位有深远影响的美籍奥地利政治经济学家，其代表作有《经济发展理论》、《资本主义、社会主义与民主》、《经济分析史》等，其中《经济发展理论》是他的成名作，提出了"创新"及其在经济发展中的作用，轰动了当时的西方经济学界。（译者注）

> 除了他的灵丹妙药 (单一税) 和与此相关的用语外, [乔治] 是一位
> 非常正统的经济学家……那些专业经济学家仅仅关注单一税的提法并
> 指责亨利·乔治的说教、根源和门派, 这对他是不公平的。单一税的提
> 法……**在经济学上不是不合理, 只是在如何征收上陷入一种毫无根据
> 的过度乐观。**7

自《进步与贫困》发表以来, 许多风靡一时的经济理论早已消失得无影无踪, 但经济学家依然在讨论土地价值税。尽管最初乔治的观点遭到大部分经济学家的反对, 而后一度为人所忽视, 但现在大部分经济学家认同乔治对土地而非建筑物征收财产税的核心主张。虽然亨利·乔治有些言论过于激进, 但他的理论本质上是正确的。九位诺贝尔经济学奖获得者, 无论保守派还是自由派, 一致支持土地价值税, 原因与乔治曾提出的观点一致: 这种税收能够增加公共收入, 而不会扭曲对私有部门的激励。8 弥尔顿·弗里德曼①说, "我认为, 最不具破坏性的税收就是亨利·乔治多年前提出的、对未经改良的土地价值征收财产税。"9

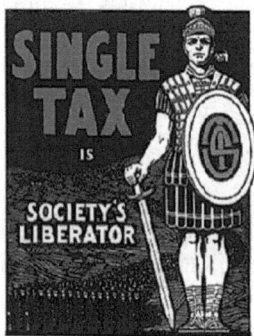

图 19-1   亨利·乔治的单一税插图

理查德·阿诺特和约瑟夫·斯蒂格利茨②指出, 在一定假设下, 城市土地租金总额与公共物品总支出基本相等, 因此, 土地租金或许可以真正为地方政府提供资金, 经济学家此前曾拒绝过这一提议。10 为了向这一思想的原创者致敬, 阿诺特和斯蒂格利茨将他们的发现命名为"亨利·乔治定理"。然而, 尽管土地价值税兼具效率和税收潜力, 但大多数城市仍继续对土地和建筑物征收相同的税率。

---

① 弥尔顿·弗里德曼 (Milton Friedman, 1912—2006), 美国著名经济学家, 芝加哥大学教授、芝加哥经济学派领军人物、货币学派的代表人物, 1976 年诺贝尔经济学奖得主、1951 年约翰·贝茨·克拉克奖得主。弗里德曼被广泛誉为 20 世纪最具影响力的经济学家及学者之一。(译者注)

② 原人名为 Richard Arnott 和 Joseph Stiglitz。(译者注)

路边停车收入等于公共土地租金

　　乔治在 1897 年去世，汽车恰逢此时出现，那么，乔治的观点与停车有什么关系呢？它们之间有两处主要的联系。首先，路边停车费收入是一种可用于资助地方政府的土地租金。其次，低于市场价格的收费造成路边停车位短缺，反过来导致城市对每种用地都设置路外停车标准，这些标准实际上就像对建筑物课税一样。因此，免费路边停车和路外停车标准恰好与亨利·乔治建议的完全相反：城市无法从路边停车获得土地租金，反而对建筑物课以重税。因此，城市仍可以通过调整两项相关政策以获得土地价值税的大部分好处：对路边停车收取市场价格，并取消路外停车配建标准。

　　路边停车位是固定供给的，由此产生的收入是纯土地租金。[11] 需求决定了路边停车位的租用价值，这种价值为公共所有，地方政府可将这些收入用于公共服务。路边停车收费与亨利·乔治的理念非常契合，而且是比征税更简单的方式来获得土地租金。

　　表 19-1 比较了路边停车市场定价与土地价值税收，它们作为两种收取土地租金的方式以实现公共目标。这一比较提出了两个重要结论，第一，两种方式产生收入的本质和来源有所不同。路边停车收取的是一种使用费，而不是一种税，它来自开车者，而不是土地所有者。尽管如此，它具有乔治认为土地税的诸多优点。路边停车收费仅由开车者支付，他们占用了宝贵的公共土地，而且收费只与他们占用土地的时间成比例。这一收入"由社区征收，为社区所用，其价值最终为社区所创造"。[12] 将这些收入用于社区公共服务，也正是"公共财产共同使用的实践"。

　　第二，路边停车收费要比征收土地价值税容易。乔治关于土地税收的观点可以更好地描述路边停车市场定价原理：

　　　　无需诉诸任何主观的评估。土地价值税作为最不主观随意的税种，具有最高程度的确定性。土地自身具有不可移动、不可隐藏的特征，可以明确地评估并征收土地税。[13]

　　尽管乔治的观点非常乐观，但评估土地价值并对其征税并不容易。很多著作讨论了评估土地价值的难度（比如如何将土地和建筑物的价值分开）以及对其征税的难度（比如按照年租金或资本价值征税）。[14] 但是路边停车位上面没有附属物，而是裸露的场地，除了区位有所不同，特征也单一，并且经常进行交易。它们就像租赁物业，有高的租用周转率和低的交易成本。路边停车因此与租赁土地上的现货市场相似，非常适合市场定价。租金价格可以按小时、按天、甚至按月份和季节浮动调整。定价产生的偏差显而易见：价格太高，则路边停车位空置率高，而价格太低，则空闲停车位又太少。两种情况下的解决方案都很简单：调整价格。因此，路边停车将成为任何城市中最有效的土地市场。

表 19-1　路边停车收费与土地价值税的比较

标准	路边停车收费	土地价值税
收入来源	公共土地租金	私人土地价值税
影响范围	在路边车位停车的开车人	土地所有者
征收评估	易于测量和施划停车位	编制土地图册成本高昂
	路边停车位快速周转	尚未开发的土地数量稀少
	易于准确评估停车费	难以准确评估价值
	消除免费停车导致的巡游	不降低土地改善的动力
效率	减少交通堵塞和空气污染	
	消除路外停车标准的必要性	
	不降低土地改善的动力	
公平性	开车人为占用公共空间支付费用	土地所有者为公共服务付费

停车标准如同对建筑物征税

免费路边停车位的短缺加剧了路外停车标准的政治压力。路外停车标准阻碍各种形式的开发项目，增加其成本，因此也提高了除停车以外的其他商品价格。因此，路边停车市场定价能够带来另一项重要的财政收益：它允许城市取消路外停车标准，就像废除施加在建筑物上的一项重税。停车标准不同于房产税，因为它不与建筑物价值挂钩，因此也不会影响人们对建筑物的投资和改善。但停车标准与建筑物的建筑面积直接成比例，这同样也施加了负担，我们可以将其与影响费和财产税所带来的负担进行比较。[15]

停车标准与影响费

许多城市要求开发商支付影响费来为公共基础设施融资——例如道路和学校——这些基础设施为开发项目提供必要的支持。停车标准类似于影响费，城市想当然地认为停车位是开发项目的必要设施，因此要求开发商提供现场停车位。一些城市还允许开发商支付代赎金以代替要求提供的停车位；然后市政府利用这些代赎金去建设公共停车设施。第 9 章介绍了这些代赎金如何揭示出停车标准中隐藏的"停车影响费"。这些影响费取决于：1) 要求配建的停车位数量，以及 2) 每个停车位的成本。第 9 章表 9-4 显示了 2002 年对 15 个城市进行抽样调查的一种土地利用类型——中央商务区办公楼的停车影响费。在影响费最高的帕洛阿尔托，每千平方英尺建筑面积须配建 4 个停车位，对应的代赎金为每车位 50,994 美元。相应地，每平方英尺办公面积需缴纳 204 美元的停车影响费：如果开发商不提供停车位，每平方英尺需要支付 204 美元 ($50,994×4 ÷1,000 = $204)。所有样本城市的平均停车影响费是每平方英尺办公面积 46 美元。这些费用看起来很高，但实际上仅反映了停车位的建设成本。停车位还需要清洁、照明、维修、安全、保险和财产税等运营成本。因此，开发商如果愿意提供自己的停车位，他们实际需要承担的成本远比这里计算的影响费要高。[16]

停车标准与房产税

　　大部分代赎金是一次性付费，并不能直接与每年支付的房产税比较。但是，在马里兰州蒙哥马利县停车代赎金就是房产税。该县成立了四个"停车场区"(贝塞斯达、蒙哥马利山丘、银泉和惠顿①)，每个区按年度物业税率征收 0.28% 的附加税。这部分收入用于公共停车设施的融资，四个地区总共提供了 22,000 个公共停车位。某个地区的所有应税不动产均需缴纳附加税，但业主可以证明自己达到县规定的最低停车标准，从而申请豁免；也就是说，按规定配建停车位的房产可免征附加税，而其他所有房产均需缴纳附加税。实际上，蒙哥马利县发现如何追溯施加停车标准的方法：所有不符合当前标准的老式建筑都必须缴纳附加税来补贴公共停车位。

　　蒙哥马利县一般房产税率为评估值的 0.741%。加上停车附加税后，停车场区的总税率是 1.021%(0.741+0.28)，因此停车附加税使房产税率提高了 38%(0.28÷0.741)。[17] 这为市政府工作的优先事项提供了一种有用的注释：停车附加税达到含教育、医疗、图书馆、警察、社会服务及交通运输等税收的三分之一以上 (当然，房产税不是这些公共服务的唯一收入来源)。尽管如此，开发商仍支付此附加税，原因很简单：它比提供规定的停车位便宜。[18]

　　除了提供公共停车位之外，蒙哥马利县代赎金做法还有另一种好处：它让缴纳附加税的业主能够转换房产用途而无需考虑该用途的停车标准。因此，停车标准不再限制房产只能维持现有用途，给旧房屋再利用提供了新的自由，这直接推动了经济发展。例如该县规定，餐馆每千平方英尺建筑面积需要配备 25 个停车位，而免除这一繁重的要求使贝塞斯达、银泉和惠顿新开设了数百家餐馆。[19] 任何人如果想让上千平方英尺面积的餐馆开张，肯定愿意支付 0.28% 的附加税，而不是在地价昂贵的商业中心修建 25 个停车位。对代赎金的支付意愿表明，与大幅提高财产税率相比，停车标准给企业带来了沉重的负担，这项负担比房产税率显著上涨还要繁重。

　　停车标准中隐含的高税率说明它对开发项目的巨大负面影响。我们重新考虑第 5 章中案例分析的结果。奥克兰引入每个住宅单元一个停车位的配建标准会降低 31% 的住房密度和 33% 的土地价值 (见表 5-2)。停车标准大大增加了开发项目的成本，扭曲了土地和建筑市场。亨利·乔治有关取消建筑物税收的观点也可以应用在取消停车标准上：这种负担一旦取消，"各行各业都会因此受益"。[20]

---

　　① 原文为 Bethesda、Montgomery Hills、Silver Spring 和 Wheaton。(译者注)

房产税和停车标准都给建筑物增加了负担，但房产税至少提供了公共收入。停车标准能提供什么呢？提供免费停车位而已，但这扭曲了交通选择，使人们偏向汽车出行，增加交通拥堵和空气污染，也一定程度上导致了其他问题。亨利·乔治警告说，房产税会降低投资房产的积极性。而停车标准呢，它增加建筑税赋以补贴开车出行，因此危害更大。

亚当·斯密对停车收费持什么态度？

虽然停车费是使用费而非税收，我们仍然可以根据传统的税收标准对其进行评估。从亚当·斯密开始的经济学家已经推荐了各种评估税收结构的方法，但他们的观点与亚当·斯密提出的四项准则大同小异：

> Ⅰ. 每个国家的纳税人应根据自己的能力，尽力为支持其政府做出贡献。
> Ⅱ. 每位纳税人必须缴纳的税费都应该客观明确，而不是主观任意的。纳税时间、纳税方式和纳税金额对于缴款人和其他所有人均应清楚明了。
> Ⅲ. 每个税种应该采用对纳税人最为方便的时间和方式征收。
> Ⅳ. 每种纳税方式应精心设计，纳税额度尽可能适量，以尽可能少的课税成本带来尽可能多的公共财政收入。[21]

路边停车收入就符合以上四个标准。对于第一个标准 (支付能力)，是否拥有汽车与收入密切相关，买不起汽车的人无须支付任何费用。对于第二个标准 (确定性和透明性)，停车市场定价是确定的，而不是任意的，而且每个人都清楚停车费数额、停车时间和付款方式。对于第三个标准 (便利性)，开车人只需在全年使用时为路边停车支付少量费用，而土地所有人则需要每年一到两次支付大笔总额税①。根据最后一个标准 (征收成本) 判断，路边停车收入也表现良好。在一些城市，收集路边停车费的成本只占停车费收入的 5%——其余 95% 直接纳入城市财政。[22]

除了停车费更像使用费而不是税收之外，路边停车市场定价完美适用于亨利·乔治的理论。而且，由于消除了停车巡游，它能够为开车人节省时间，减少交通拥堵、空气污染、事故以及燃油消耗。这些由停车市场定价带来的非收入性收益，与税收带来的非收入性成本有很大不同，后者只会拖经济的后腿。(一些经济学家估计，税收每增加 1 美元，经济中的其他成本就会增加 30 美分。[23]) 因此，路边停车收费可以通过两种方式提高效率：一种是通过降低交通成本，另一种是增加

---

① 原文为 lump sums。(译者注)

城市收入，这样城市可以减少税收，因为这些税赋扭曲了对工作、储蓄和投资的激励。[24]

路边停车的潜在收入

我们可以从三个角度衡量路边停车的潜在收入：1) 每个停车位的收入；2) 总收入占土地租金的比例；3) 支持公共服务改善的能力。

1. 每个路边停车位收入

车轮下方的土地非常有价值。比方说，帕萨迪纳停车咪表 (扣除征收成本后) 平均每天可产生 4.70 美元，即每年 1,712 美元收入 (见第 16 章表 16-1)。相比而言，2001 年美国自有住房单元的房产税中位数仅为 1,188 美元。[25] 许多房屋前面有两个路边停车位，这样算来，市场定价的停车位可能比目前的房产税产生更多收入。

路外停车场的建设成本也可以作为路边停车潜在收入的参考。为了自给自足，停车楼必须赚取足够的钱来支付建设和维护新车位的成本。玛丽·史密斯在《停车楼》一书中估算，一栋无人值守的地面停车库，每天每车位的资本成本加运营成本达 5 美元 (每月 150 美元或每年 1,800 美元)。[26] 可见在修建停车楼之前，每天附近路边停车位应该至少可以赚 5 美元。[27]

一个典型的路边停车位是 160 平方英尺，每平方英尺的年租金为 1.25 美元 ($1,800÷160)，这是非常高的地租价值。若按年利率 5% 计算，一个收入 1,800 美元的路边停车位，其每年资产价值为 36,000 美元 ($1,800÷0.05)；就是说，如果可以出售这个停车位，根据其未来的收入需要支付 36,000 美元现价。[28] 因此，这个 160 平方英尺的停车位可获得每平方英尺 225 美元的资产价值 ($36,000÷160)。看看这个资产价值吧，如果一小块住宅用地有 5,000 平方英尺大小，也按 225 美元/平方英尺单价出售，则可获得 110 万美元。同样地，一英亩路边停车位土地 (272 个停车位) 价值为 980 万美元。然而，实际上路边停车位可能比这个更加值钱。知名城市生活观察家威廉·怀特[①]描述了曼哈顿莱克星顿街[②]上路边停车位高昂的机会成本：

> 将土地免费提供给停车人，或以极低价格出租给停车人使用，城市正在浪费所拥有的一些最有价值的地产……要从市场中获取线索，请考虑一个韩国假发销售商的例子。一位韩国假发销售商每月给莱克星顿街上一家商店老板支付 400 美元，使用店门口 4 平方英尺人行道摆

---

① 原人名为 William Whyte。(译者注)

② 原文为 Lexington Avenue。(译者注)

放假发摊位。这块空地当然不属于店主；但既然要这个价，自有其合理性，假发商也认为这笔生意值得。而附近的路边停车道上，一名外交官过去每个工作日都停着他的奔驰车，并且总是停上一整天。他使用了 180 平方英尺土地却一文不付。如果他需要支付的租金费率与旁边假发商一样——每平方英尺每月 100 美元——他每月将支付 18,000 美元。[29]

图 19-2   假发销售商
图片来源：威廉·怀特

　　一个路边停车位可能不会像假发摊那样每平方英尺赚到这么高的租金，但谁又能想到，一个假发摊要付那么多租金呢？无论如何，怀特的例子说明，曼哈顿的免费路边停车位有着非常高昂的机会成本。

　　2002 年，一项对曼哈顿 59 街以南 28,737 个路边停车位的调查发现，只有 6,904 个（24%）停车位装有咪表，因此未开发收入的潜力是巨大的。[30] 即使按照每小时一美元的价格，虽然远低于曼哈顿路外停车收费水平，这些停车位每年可以带来高达 2.5 亿美元的收入。

　　公寓式停车位的情况也显示出路边停车的潜在收入。2001 年，《纽约时报》以惊诧的口吻描述了曼哈顿和布鲁克林价格昂贵的停车位（请参见下文）。1996 年在翠贝卡的格林威治大街①上，一处建于 1897 年生产提灯的工厂被改造为产权公寓和停车位。停车位的市场售价从 45,000 美元到 80,000 美元不等，同时业主还需

① 原文为 Greenwich Street in TriBeCa。（译者注）

支付每月 75 到 130 美元的维护费。大多数人被这个看似离谱的价格震惊，毕竟任何人都可以在路边免费停车。因此，难怪曼哈顿的司机都在路上不断巡游：他们有机会免费获得一个相当于天价的昂贵停车位。

待售：无景观简约公寓

埃德温·麦克道尔①

《纽约时报》，2001 年 7 月 29 日

迈克尔·弗里德曼 1981 年从曼哈顿搬回他的家乡布鲁克林，直到一两年之后才买了辆车。这让他回想起自己在学校做老师的父亲路易，曾一次次地在街上兜圈子，希望找到一个停车位。在最终找到一个车位之后，他父亲总是犹豫是否要将车开出来，不想重复这种折磨。

作为一位律师，迈克尔的情况不是这样。他将汽车停在公园坡②附近的车库中，这样就可以来去自由。但是在 1986 年，车库开始不断涨价，他得知一栋独立的六层车库，停车位打算作为产权公寓出售。弗里德曼意识到，购买一个停车位意味着只要他想停车就可以停车，于是他申请银行贷款，以 29,000 美元的价格购买了一套公寓式停车位。

"我认为，如果打算在这个地方住得足够久的话，就得超前买一个车位"，弗里德曼说，他与律师妻子露丝·维茨图姆在公园坡居住了近 20 年。直到今天，时不时仍有熟人会问，"你说什么，你给汽车买了一套公寓？"

如果他们知道，他是乘地铁而不是开车到帝国大厦律师办公室上班，或者说他的车除了周末大部分时间都停在车库里，可能会更加吃惊。而且，他们倘若得知纽约有很多公寓或合作式停车位价格要比弗里德曼付的价格要高得多，甚至会更加吃惊。

例如，在翠贝卡的格林威治大街 429-35 号有一个 1897 年的提灯工厂，5 年前被改建为一个 28 套的公寓式住宅，其中 18 个室内公寓式停车位要价从 45,000 美元到 80,000 美元不等。一位潜在买主还问，那个 80,000 美元的车位是否包括一辆新车。

在西尾大街林肯大厦③，400 个户外合作式停车位要价在 30,000 美元到 40,000 美元不等，而且经常有价无市。

除了购买价，公寓式车位的业主还需支付一笔共同的费用，格林威治大街 429-35 号的公寓式停车位业主要支付从 75 美元到 130 美元不等。在皇后区北岸大厦④，合作式停车位的业主每月支付从

---

① 原人名为 Edwin McDowell 。（译者注）
② 原文为 Park Slope。纽约布鲁克林公园坡有着悠久的历史和浓厚的文化底蕴，深受纽约客们的喜爱。2006 年，Natural Home 杂志就曾把它评为全美最佳社区之一。（译者注）
③ 原文为 Lincoln Towers，West End Avenue。（译者注）
④ 原文为 North Shore Towers，Queens。（译者注）

46 美元到 103 美元不等的维修金。

　　然而销售商称，即使是有资格购买公寓式或合作式停车位的租户，也会因这笔费用而退避三舍，他们说，宁愿继续绕着街区寻找车位，也不愿支付对他们而言很小的一笔财富。

图 19-3　　在波士顿布里默街车库外，汽车免费停在路边车位上

图片来源：

Boston Globe photo/Michael Dwyer

　　公寓式停车位的价格一直在上涨。1979 年，位于波士顿比肯山的布里默街车库①成为美国第一个独立产权公寓车库，每个车位当时的初始价格为 6,500 美元。2004 年，《波士顿环球报》报道说，这个车库 110 个停车位中有 5 个近期被高价出售，单价高达 144,500 美元至 167,500 美元不等——另加每月 163 美元的公寓费和每年 811 美元的房产税。假设每年按 5% 利率计算，这些公寓式停车位每天要花掉业主 30 美元。[31] 相比之下，波士顿并没有在"仅对本地居民开放停车"区域对路边停车许可证收取任何费用。该市在比肯山区域发放了 3,933 个本地居民停车许可证，因此尽管排除了非本地居民，该区域内 983 个停车位仍然无法满足所有本地居民的停车需求。[32] 许可证与停车位的比例为 4:1，这也解释了为什么即使免费提供路边停车，部分居民仍然愿意为路外停车位支付高昂的价格。

　　在其他国家，路外停车位的市场价格也同样高昂。1999 年伦敦《星期天时报》报道了骑士桥②一家旧酒店被改造成公寓，价格介于 500,000 英镑至 1,750,000 英镑。市场部门负责人称，每个公寓都配有一个地下停车位，"我们将车位价格定为 35,000 英镑，并将公寓和车位分开出售，因为并非每个居民都需要停车位。"[33] 如果停车位售价是 35,000 英镑 (56,000 美元)，毫不奇怪，当然不是所有人都想要停车位了。但是事实证明这些停车位其实还算相当便宜。路透社一则新闻称，2003 年 7 月骑士桥一个地下停车位卖出了 177,000 美元的天价。[34]

---

　　① 原文为 Brimmer Street Garage on Beacon Hill in Boston。(译者注)
　　② 原文为 Knightsbridge。(译者注)

当与喜剧演员杰瑞·希恩菲尔德①为停车位花了 140 万美元相比，所有这些价格都黯然失色，他将位于自己曼哈顿复式公寓转角处的一个下水道维修老店改建成停车楼。1999 年他买下这家商店，花了四年将其翻新为一个面积为 16 英尺×52 英尺、可容纳四至五辆车的私人停车楼。"之所以修建这个停车楼，只是因为我爱住在上西区"，希恩菲尔德说，"四年来建设期间，我每天都在这个街区转啊转，就为了寻找一个停车位。要是那段时间里哪怕出现一个空车位，我都会马上停工。"35

这些波士顿、伦敦和纽约路外停车市场价格的例子表明，在历史悠久的城市里，基于市场价格的路边停车可以产生大量收入，为公共财政贡献巨大财富。许多短时间的小额停车费，加起来就是很大一笔收入。

2. 停车费收入作为土地总租金的一部分

一个标准的路边停车道是八英尺宽。因此，我们可以将停车道所占面积与其前方的土地做个比较。当建筑物红线从道路边缘退后 160 英尺时 (一个较深的地块)，路边停车位大约占据建筑物前方空间的 5%(8÷160)。当红线退后 100 英尺时 (一个较窄的地块)，路边停车占据建筑物前方空间的 8%(8÷100)。如果路边停车位按市场定价所得的租金与建筑物前方空间的租金相同，整个城市公共停车所占据的条状地带大约可以产生 5%—8% 的总土地租金。36 同时，对于一些免征房产税的土地 (如学校、政府和教堂)，城市可对其前方的路边停车收费，因而路边停车在房产税不适用的区域也可以产生公共收入。因此，路边停车位可能产生应税土地租金的 5% 至 8%。

这个 5% 至 8% 的变化范围取决于可能导致高估或低估的假设：高估是因为并非所有路边区域都能够停车，而低估是因为路边停车位不仅位于地块前方，也位于地块两侧。为了获得更准确的估算结果，我测量了 UCLA 毗邻的韦斯特伍德村 12 个街区范围内、用于路边停车的土地面积 (见第 14 章)，并与街区内部的土地面积 (不包括人行道和小巷) 进行比较。结果路边停车面积占私人土地面积的 5.1%。

在一个典型的商业区内，路缘总长度中有多少可用于路边停车呢？来自俄勒冈州波特兰的研究人员选取 129 个商业区地块进行随机抽样调查，记录路缘总长度、允许路内停车的路缘长度以及禁止停车的路缘长度 (包括干道、公交车站、火警安全区、临时卸货区及其他类似的功能区)。37 结果表明，平均而言，只有三分之二的路缘长度可以用于停车。研究人员还计算了每个街区上有标记的停车位数

---

① 原人名为 Jerry Seinfeld。杰瑞·希恩菲尔德 (也译作杰瑞·宋飞) 生于美国纽约布鲁克林，是美国著名单人脱口秀喜剧演员，作家，演员，电视与电影制片人。他最出名的作品是在美国家喻户晓的情景喜剧《宋飞正传》(Seinfeld，1989~1998)，他在这部半虚构的剧中扮演自己，1994 年获金球奖电视剧最佳男主角。(译者注)

量，并估算在未标记的、可用于停车的路缘长度内可能的停车数量。平均来讲，每 100 英尺路缘长度有 3.3 个停车位。

我们可以使用波特兰数据粗略估算城市街区周围的停车区域长度。[38] 街区一侧的平均路缘长度是 253 英尺。如果街区是正方形（每侧 253 英尺），则其内部的总面积为 64,000 平方英尺，可用于路边停车的路缘周长为 1,012 延尺。按每 100 英尺有 3.3 个停车位计算，整个路缘一共有 33 个停车位。如果每个停车位大小为 160 平方英尺（长 20 英尺，宽 8 英尺），路缘总停车面积为 5,280 平方英尺，占街区内部总面积的 8.2%。[39] 那么，在每 100 个私人拥有的街区周围，城市拥有的路边停车面积大约相当于 8 个私人街区那么大。所以如果路边停车按市场价格收费，单位面积收取的价格与私人地块的租金相同，这些停车位将产生 8% 的总土地租金。

专门用于路边停车位的土地，其潜在收入应至少为相邻街边地块的两倍。一个路边车位占地约 160 平方英尺，而一个路外车位通常需要 320 平方英尺左右（160 平方英尺用于停车，另外 160 平方英尺是过道）。路边车位仅需停车场车位一半的土地，因此可以更有效地利用土地；在每个车位收入相同的条件下，路边停车也就会产生比路外停车多两倍的收益。而且进入路外停车场还需要缩减车位以留出路缘坡，这就减少了停车位总供应量的净增加。在极端情况下，建设一个单个车位的室内车库，为了留出路缘坡需要缩减一个路边车位，此时总车位供给的净增长为零。

尽管有限的数据表明路边停车可为城市带来相当可观的收入，但目前看来，几乎没有多少城市真正实现了这些收益。在一项 20 个大都市地区停车政策问卷调查中，肯尼思·杜克、詹姆斯·斯特拉斯曼和玛莎·比安科①发现，51% 的停车咪表位于中央商务区（CBD）；其中有两个城市（得克萨斯州休斯敦和俄勒冈州波特兰）在中央商务区之外没有任何地方安装咪表。[40] 因此目前城市只是对极少部分的路边停车收费，这些收入在所有潜在的土地租金中仅占很小一部分。

3. 每英尺路缘收入

把每个停车位收入转换为每英尺路缘收入之后，我们发现路边停车为公共设施提供资金的能力惊人。如果一个街区在 1,012 英尺周长上有 33 个停车位，每个停车位年收入为 1,800 美元，那么该街区每年将赚取 59,400 美元，即每延尺路缘一年可挣到 59 美元。[41] 这项收入可用来清洁和维修人行道，种植和修剪行道树，为其他重要的公共服务提供资金。通过与人行道的更换成本对比，我们可以看看该收入的购买力的前景。在洛杉矶，更换人行道的成本在每平方英尺 10 美元至 20 美元之间。因此，仅一到两年的停车收入就足以更换每处房屋前 6 英尺

---

① 原人名为 Kenneth Dueker、James Strathman 和 Martha Bianco。（译者注）

宽的人行道。[42] 每天很多路边停车位应能赚上 5 美元 (每年 1,800 美元)，这笔钱足够为改善社区的公共服务提供资金。

　　需求决定土地租金，停车位当然也不例外。城市可按照停车需求管理所要求的价格合理设置停车费标准，停车费收入的高低足以使相邻社区的公共服务产生好与坏的差别。这种从路缘获取融资的方式特别适合支付"线性"的公共投资，比如人行道、街道、下水道和地下公用设施。对路边停车收取市场价格并将收入用于公共服务，相比提供免费停车并要求所有建筑提供路外停车位，是更为合理的政策。

路边停车收入的分配

　　虽然路缘旁边的停车位占据每个街区内部 5% 至 8% 的土地，但收取路边停车费的城市却很少。为什么会这样呢？在第 16 章和第 17 章中，我认为，投入停车咪表的钱似乎都消失不见了：没有人知道这些钱去向哪里，而每个人都想免费停车。城市不对稀缺的路边停车收费，而是制定路外停车位数量标准，这是因为隐藏成本比向人们收费同时又不公布钱的去向要容易得多。但是，把路边停车收入专门用于提供社区公共物品，将能够改变产生免费停车的政治局面。我的意思不是指定收入用于全市范围内的公共交通等公共目的，而是将其用于停车受益区内部的公共用途。让别人往咪表里投钱来支持你的社区，与你自己往咪表里面投钱、然后再也看不见这些钱的去向，两者有着天壤之别。如果非本地居民为停车付钱，随后城市用这些钱为本地居民造福，路边停车就能成为一项非常受欢迎的公共收入来源。这样的话，停车受益区居民可以使用许可证来收取土地租金。

　　付费停车最大的潜在优势之一也是其最大的劣势。开车人不愿意支付路边停车费，恰恰是因为路边停车的潜在收入非常高：停车成本越高，越多的开车人就不想为此付费。只有通过创建希望获得收入的社区利益集团，城市才能真正对路边停车收取合理市场价格。在一个假设的情况下，图 19-4 显示路边停车收入在城市与社区之间的分配如何影响总收入。图中由左下角到右上角的对角线表明，当城市分配给社区的资金比例越高，总停车收入也就越高：增加社区的收入比例，能够增强当地对路边停车收费的政治激励。图中下方的两条曲线则显示社区和普通基金①的停车收入增长取决于回归社区的收入比例。

---

① 原文为 general fund，普通基金是指未指定用途，可由单位安排使用的基金，包括接受未指定用途的捐赠。(译者注)

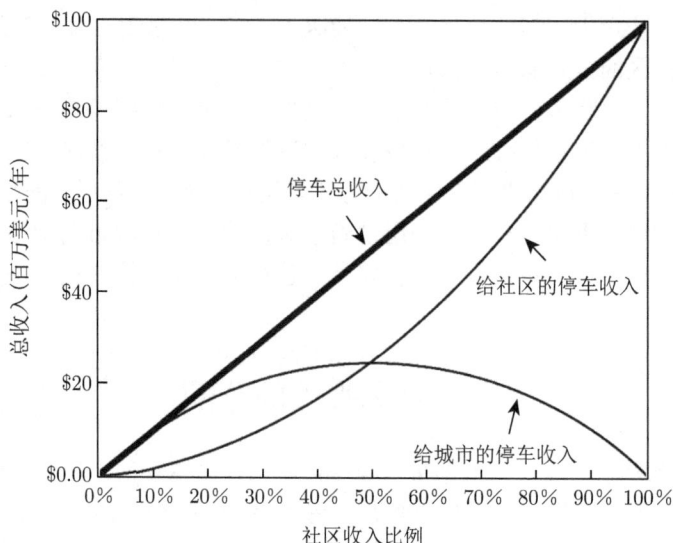

图 19-4　路边停车收入的分配

　　首先，考虑该图左下角，它代表了几乎每个城市的当前状况：所有路边停车收入全部归入普通基金，而没有任何资金流向社区。停车付费就像给一个看不见的地主支付租金。因为所有人都反对为停车付费，而且没人能从收益中直接受益，因此也就没有人支持停车收费。取而代之的是，每个人都希望城市对每种用地类型规定路外停车位数量标准，以免溢出效应产生停车位短缺。在一些地方，城市对路边停车设置时限来提高周转率，但严格的执法非常困难且不受欢迎。如果城市将所有路边停车收入都保留为普通基金，这份收入将非常有限，因为大多数人反对停车咪表。1997 年，美国城市的人均净停车收入仅为 1.43 美元——每人每天不到 0.5 美分——在这个拥有 2.08 亿辆机动车的国家，对于巨大的潜在路边停车收入而言，这份收入是多么微不足道。[43] 从社区的角度来看，将所有路边停车收入纳入城市普通基金，相当于以 100% 税率征税，从而打消居民支持路边停车收费的意愿，也就不会产生一丁点儿收入。"高税收有时会通过减少应税商品的消费来实现"，亚当·斯密指出，"而政府所提供的收入通常比适度税收带来的收入还要少"。[44] 这一论述同样适用于路边停车。

　　现在考虑图中右上角，它代表城市将所有停车收入都返回来源社区。没有人愿意为停车付钱——这将永远不会改变——但居民开始像房东而不是房客那样去思考，他们同意组建停车受益区，向非本地居民收取停车费。企业所有者还组成了商业改善区 (BID)[①]，利用路边停车收入来资助商业区的公共改善。由于社区获

---

① 原文为 Business Improvement Districts，简称 BID。(译者注)

得了这些收入，市民要求对路边停车采用市场价格，在本示例中，每年将带来一亿美元的新公共收入。[45]

大多数路边停车都是免费的，因为我们位于图的左侧：所有路边停车收入都归入普通基金，而选民的想法就像房客，而不是房东。显然，这些曲线仅是一个示例，即使城市将所有路边停车收入放入普通基金，也确实只能收集到少量路边停车收入 (主要在 CBD)。同样地，城市也不必将所有停车收入专门用于社区，产生路边停车收费所需的政治支持。城市应该将多少比例的收入放入普通基金，而不显著降低路边停车收费的政治激励，这是一个政治问题，而不是经济问题。[46]但是，帕萨迪纳的经验 (将所有收入返回社区) 表明，如果城市愿意返还所有收入给来源社区，那么路边停车能够产生相当可观的新收入。[47]

就其本身而言，支持路边停车收费的分析不会走得太远。每个人都想免费停车，相反，理性辩论是徒劳的。基于市场价格的路边停车带来的交通收益根本不足以说服司机们支付高额的停车费。但是，路边停车市场定价另一个重要好处是带来政府收入。除非这些收入能够让一个群体直接受益，而这个群体坚持让司机为路边停车支付市场价格，否则涉及停车的政治就不会发生改变。[48] 就像谈到有关土地价值税的反对声音时，亨利·乔治所说，"并非只有无知会带来反对，而是无知以利益为后盾，激情使之变得残酷"。[49] 这与反对路边停车的情况如出一辙。尽管如此，只要将停车收入返还给社区，就会产生反向的补偿性利益，并激发支持停车收费的热情。

与公用事业特种税的相似之处

许多城市使用特殊评估为社区公共服务融资。例如，居民通常向市政府申请成立特种税评价区①，以筹集资金支付人行道维修或路灯的费用，而业主通常会根据物业临街面的路缘长度，按比例支付费用。同样，居民也可以向政府提出申请，组建停车受益区以筹集公共服务资金，而路边停车也可以按路缘长度成比例地产生收入。停车受益区与特种税评价区的最大区别在于究竟由谁来付费：房产业主支付公用事业特种税，而非本地的开车人支付路边停车费。

1997 年，全美国公用事业特种税收入总计 35 亿美元 (人均 13 美元)。[50] 因此，路边停车收入一个简单的用途是支付现有的公用事业特种税，不但可以减轻房产业主的税负，同时也继续提供一些社区居民愿意为其买单的公共服务。城市已经拥有必要的会计系统，可以为社区公共服务分配公用事业特种税收入，因此，这些特种税评价区就是路边停车收入的现成接收者，并且不需要改变城市的标准操作程序。实际上，停车受益区就是一个更友好、更温和的特种税评价区。

---

① 原文为 assessment districts。(译者注)

　　只有社区决定想要为某种公共服务筹措足够的资金后，才会建立特种税评价区。因此，公共服务需求在前，特种税评价区在后。由于每个人都希望别人买单解决自己的问题，停车受益区降低了社区支付意愿的门槛。即使社区尚未确定哪些公共服务需要支持，它仍可以建立停车受益区，因为一旦有了钱，居民就可以决定如何使用它。与围绕特定公共支出的共同愿望组织而成的特种税评价区不同，停车受益区建立在更高价值土地的公共所有权上。路边停车位属于公共所有，但城市可以建立更小的社区来管理这些公共土地。由于全部收入可用来支持当地的公共服务，这些社区就更有动力去有效地管理土地。如果路边停车收入为社区公共服务付费，那么整个城市也将从中受益，因为普通基金的收入就可以用于支付更大范围的公共用途。

房 产 价 值

　　通过解决路边停车问题并为公共服务融资，停车受益区会改善社区，并提高房产价值。即使对那些无停车困扰或者不看重附加公共服务 (如行道树) 的居民，房产价值上升也会让他们想要搬到停车受益区。在《房主投票人假说》[1]这本书中，达特茅斯学院经济学教授威廉·费希尔[2]指出，居民们倾向于"为他们的房子投票"，意思是当居民为市政税收和服务投票时会考虑相关政策对自己房产价值的影响。对于大多数房主来说，房产是他们最大的资产，所以即使那些认为路边停车应该免费的人，一旦认识到附加的公共服务将提高其房产价值，也会投票赞成建立停车受益区。

　　费希尔指出，只有大约三分之一的美国家庭有孩子在公立学校上学，然而人们之所以愿意纳税支持公立学校，部分原因在于好学校提升了房产价值。房主们应该更愿意为停车受益区投票，因为他们不需要为此缴纳任何费用。

一个类似的例子：拥堵费

　　对拥挤的路边停车进行市场定价，类似于对拥挤的高速公路收取拥堵费，究其原因，当需求超过可用的容量时，这两种情况都需要采取收费手段来管理。但是，拥堵费作为一种减少人们高峰期驾车出行的举措，经常被质疑者视为一种粗暴的手段，乍看之下拥堵费确实不公平，因为很多人在高峰期别无选择只能开车通勤。加州大学伯克利分校规划系教授马丁·瓦克斯[3]在解释拥堵费对交通的好处之后，用一段著名论断概括该政策糟糕的政治前景："除了交通经济学和规划系

---

　　① 原书名为 *Homevoter Hypothesis*。(译者注)
　　② 原文为 Dartmouth College economics professor William Fischel。(译者注)
　　③ 原人名为 Martin Wachs。(译者注)

教授——他们几乎没有构成强大的政治力量——我无法想象会有更多的利益群体支持并强烈争取这一政策"。[51] 伊丽莎白·迪肯和格雷格·哈维①在加州交通收费政策研究中解释了拥堵费缺少政治支持的状况：

> 很大程度上，一项交通收费措施的政治接受程度取决于谁支持它，谁反对它，以及各个群体的态度强烈与否……收费政策的受益人通常比受损者更难以进行政治动员；比方说，那些可以分享拥堵费收益的人可能构成一个非常大的群体，但个人收益可能相当微小。那些时间价值高的开车人可能受益，但至少在收费之前，这些利益有些投机。相比之下，大多数利益受损者将看到在反对收费方面拥有明显而重大的利害关系，而且他们的人数可能很大。[52]

拥堵费可能是我们唯一的机会，也是最大的机会来提高城市生产力，它带来的收益远远大于成本，但开车人却无法获得全部好处。英国交通经济学家菲利普·古德温②解释说，如果拥堵费提高开车成本并减少交通流量，那么开车人将蒙受净损失：

> 将开车人分成两个群体——一些人付出更多的钱，但增加的速度只能抵消部分支出，另一些人再也无法享受过去的免费服务。那么好处在哪里呢？收益只能从获得的收入中产生。明智地使用它，总是可以产生比开车人损失的更大收益。[53]

同样，运输经济学家肯尼斯·斯莫尔、克利福德·温斯顿和卡罗尔·埃文斯③表示，除了采集成本，拥堵费实际上只是"购买力的简单转移，而资源的损失却可以忽略不计"。[54] 在购买力转移过程中，开车人支付拥堵费，获得更快的交通速度，但是如果政府没有把这些收入花出去，那么拥堵费的全部效果以及它支出产生的公共收益都无法公开实现。

拥堵费是一种资源的转移，而不是资源的使用，但从开车人的角度看，这个费用是真实的成本。在这个转移过程的接收端④，拥堵费收入必须为某个特定人群带来实际的好处，这样才会有人积极支持收费。如果不知道谁是拥堵费收入的潜在受益者，受益者也就不可能组织起来支持政策。为了增加对收取拥堵费的政治支持，古德温提出"三分法"⑤来支出所得收入：三分之一用于改善公共交通，三

---

① 原人名为 Elizabeth Deakin 和 Greig Harvey。（译者注）
② 原人名为 Philip Goodwin。（译者注）
③ 原人名为 Kenneth Small、Clifford Winston 和 Carol Evans。（译者注）
④ 原文为 receiving end。（译者注）
⑤ 原文为 Rule of Three。（译者注）

分之一用于改善道路维护，三分之一用来增加一般性公共支出或者减税。[55] 古德温认为，这样的收入分配可以提供政治支持，因为拥堵费的许多好处都被"锁死"在所得收入中，只有将这些收入合理地花出去，这些好处才得以实现，这就像停车收费的很多好处，仅当收入花出去时才能实现。[56]

停车受益区可以作为拥堵费收入一个具有政治前景的合理去处。停车受益区产生一些基于本地选民的投票群体，他们希望用这些收入来改善社区。在停车受益区内，具有政治影响力的人群是获得收入的本地居民，而不是支付停车费的司机。如果社区能够保留由本地产生的停车费，选民就会支持路边停车收费。因此，相应的停车受益区适用于"一分法"①，因为所有的停车收入都将用在产生它的社区里。如果对拥堵费收入施行类似的分配，是不是同样可以获得政治支持呢？

一项建议：基于地点的拥堵费收入分配方案

假设一个州对所有拥堵的高速公路实施收费，并将收入返还给高速公路经过的城市。民选官员希望当非本地居民途经其所管辖的城市时进行收费，通过这种收入分配机制，收入获得者就能在政治上支持那些更有效的交通收费政策。[57]

考虑一下该提案在南加州的运作方式。如果城市获得这笔收入，它们将成为支持拥堵费的强大地缘政治力量。在州法律制定过程中，城市已经拥有很强的游说力量，而这个地区有很多老旧、贫穷且陷入财政危机的城市被拥堵的高速公路横穿而过，甚至分割成好几部分。洛杉矶县有高速公路的 66 个城市，其人均年收入是 20,100 美元，而没有高速公路的 22 个城市，其人均年收入是 35,100 美元，因此，交通拥堵费是一个将金钱从富裕城市向贫穷城市转移的好办法 (请参阅附录 G 关于拥堵费分配效应的讨论)。看看那些没有高速穿过的城市的人均年收入吧：贝弗利山 (65,500 美元)、隐秘山 (94,100 美元) 和罗林山②(111,000 美元)。再看看那些有高速公路穿过的城市：康普顿 (10,400 美元)、林伍德 (9,500 美元) 和梅伍德③(8,900 美元)。[58] 拥堵费可以成为一种受惠城市的高效、公平和渐进的公共收入来源。

用高速公路来融资

高速公路是一个合适的公共收入来源。许多城市已经从土地利用中获得可观的收入，包括产生高昂消费税的汽车经销店和大型零售商。特别在加州 13 号提案通过之后，有关财政方面的考虑极大地影响了土地利用规划。因为房产税收入有限，城市努力吸引能够产生消费税收入的用地类型。加州州立图书馆研究局局

---

① 原文为 Rule of One。(译者注)
② 原文为 Beverly Hills, Hidden Hills and Rolling Hills。(译者注)
③ 原文为 Compton, Lynwood and Maywood。(译者注)

长，Dean Misczynski，自创了一个词叫做"土地利用财政化"①，是指那种以税收收入和公共服务成本为导向的分区规划决策实践。[59] 城市重新对土地分区规划来吸引那些纳税大户——经常以牺牲住房、制造业和其他不产生大量税收的用地类型为代价。

拥堵费收入不会导致城市去竞争新的高速公路，相反为现有高速公路开征拥堵费提供政治支持。尽管大部分交通专家认为，高速公路收费是显著减少交通拥堵的唯一方法，但目前该政策的实施进展有些缓慢。比如，加州大学经济学家查尔斯·拉夫②认为，"交通经济学家将传统的 [拥堵费] 方案陈列在黑板上，论证定价解决方案具有不言而喻的最优性，然后坐下来等着世界去采用这一明显正确的方案，这种情况很常见。好吧，我们已经等了 70 年，值得一问的是，到底还有什么症结我们无法解决呢？为什么世界不愿意去实现这么显而易见的事情呢？"[60]同样，比利时交通经济学家爱德华·卡尔思罗普和斯特夫·普罗斯特③解释了城市交通领域实施收费政策的好处，但得出的结论是："尽管具有明显的效率优势，但交通部门很少采用环境税。这看起来很奇怪：如果人们坐等享受效率提高，为什么政客们从来不去努力实现呢？"[61] 我认为这个问题的答案在于产生拥堵费收入需要有效的政治支持者，而将收入返还给高速公路经过的城市则可以带来这样的支持者。

事实已经证明，大部分高速公路经过的城市也有许多低收入居民。这绝非偶然，部分原因是高收入居民成功抵制了有害的用地类型出现在自己的社区里。例如 1965 年，加州政府批准建设 9.5 英里长的贝弗利山高速公路，该高速公路将好莱坞的 I-101 与韦斯特伍德村的 I-405 连接起来，并直达贝弗利山的核心地带。工程原定于 1975 年开始，但却从来没有动工过，主要是因为贝弗利山坚持不懈地与该项目进行斗争。发达城市可以成功地将高速公路推给贫穷城市，但索要高速公路拥堵费就不太容易了。将这些收入分配给高速公路经过的城市，可以补偿那些受到空气和噪声污染的当地居民，为那些低收入城市提供公共服务资金，并为拥堵费提供政治支持。除了对土地利用进行预算外，我们还可以对高速公路进行预算。

高速公路拥堵费的实施不可能一蹴而就，但可以分阶段实施。高占用/收费(HOT) 车道允许单驾者付费使用高占用车辆 (HOV) 车道，南加州两个 HOT 车道显示该政策取得了巨大成功 (见第 11 章)。欧盟计划使用卫星技术对任一条拥堵道路收取拥堵费。如果该技术成功的话，拥堵费可以在任何时间引入高速公路或其他地面道路的车道。[62] 高速公路拥堵费——作为保持交通流畅通的最低成

---

① 原文为 fiscalization of land use。(译者注)

② 原人名为 Charles Lave。(译者注)

③ 原人名为 Edward Calthrop 和 Stef Proost。(译者注)

本——可以实现"即付即走"①，成为一项必要的城市财政来源。

　　让我们重新回到路边停车的融资问题。路边停车收入与地点相关，这一特点有助于解释为什么伦敦咪表价格如此之高 (2004 年每小时高达 4 英镑)。由伦敦 33 个自治区而不是大伦敦市政府获得所有路边停车收入，这些自治区相当于可以对外来者收费的社区。本地居民可以在许可证区域免费停车，但外来者必须在咪表处付费才能停车。比如，伦敦中心威斯敏斯特自治区收到的停车费比房产税还高。⁶³ 类似的原因还可以解释为什么伦敦是欧洲第一个对开车进入市中心收取拥堵费的大城市：通勤者和游客每天要支付 5 英镑拥堵费，但住在市中心的人可享受九折优惠。⁶⁴ 许多支付拥堵费的开车人并不在伦敦居住 (或投票)，但城市保留了所有收入，这是开征拥堵费的有力诱因。如果拥堵费收入流向了国家而不是城市，那么伦敦道路毫无疑问将继续免费，同时也将持续拥堵。同样，如果路边停车收入流向大伦敦市政府而不是 33 个自治区，那么伦敦的路边停车将会更便宜，但也会车满为患。

合适的公共索赔人

　　道路和停车位并不是唯一由于管理不善而无法产生大量收入的公共财产。大多数人都明白这个问题，或者至少了解它的症状，因为不时会有媒体报道，报纸也会偶尔报道公共资源如何管理不善导致某些特殊利益集团一夜暴富的故事。电台和电视台不付任何费用就可以使用无线电频谱信号；牧场主几乎不用付任何费用就可以在联邦土地上放牧牲畜；还有矿业公司从联邦土地中提取金、银和其他矿物，而无需向政府支付特许权使用费。⁶⁵ 特别是没有人有强烈的动机，花费时间和精力去提高无线电频谱、放牧土地或矿产资源的价格，因为收入总是消失在联邦预算中。但是，那些特殊利益集团——广播电台、牧场主和矿厂主——直接从过低的定价中获益，因此有强烈的动机游说国会，因此公共价格保持较低水平。

　　但是，如果联邦政府愿意与广播公司所在的州分享拍卖无线电频谱的收益呢？国会议员们就会突然有新的动机向广播公司收取使用频谱的公平市场价格。这项收入将创造出有效的公共索赔人②，参议员和众议员可以因为将数十亿美元收入带回本州而赢得声望，他们愿意为拍卖频谱而战。同样，联邦政府可以把从放牧和采矿中获得的公共收入与所在州和县分享。同理，参议员和众议员将有动力支持对使用联邦土地收取公平市场租金和特许权使用费。这种租金分享政策能够让州和地方代表要求更多资金。在代表其选民的利益时，国会议员将看到市场定价的巨大好处，同时联邦政府在新方案下获得的收入份额也会增加。

---

① 原文为 pay-as-you-go。(译者注)

② 原文为 public claimants。(译者注)

公共资源产生的租金——从停车位、高速公路到广播频谱——都需要合适的索赔人去提出价格改革，而有效管理带来的好处刚好让这些索赔人能够集中获益，而不是让收益四处分散。用一种不那么友好的术语来说，效率的实现需要一个特殊利益集团。联邦政府与州、县及社区分享公共资源的租金收入，促成当地居民转化为这种特殊利益集团，而这些居民反过来又成为政治拥护者。他们会争取公共价格来实现公共利益，而不是私人利益。正如芝加哥大学经济学家亨利·西蒙斯①所说，"我们的财产制度或制度体系没有什么严重问题，只是我们倾向于浪费时间攻击或捍卫它，请不要忽视那些合理的活动，它们能够借助巧妙设计的集体实践对现有体制不断做出改善。"⁶⁶ 如果我们可以通过实践让公共资源租金在合适受益人之间共享，就可以为价格改革创造必要的政治支持。

停车增值融资

乍看之下，多级政府之间分享租金似乎是把钱从获得收入的那一级政府手里拿走了。回到停车的例子，目前城市拿走全部咪表收入而不愿意与他人分享，这种想法可以理解。但是在目前免费提供路边停车的地方，将咪表收入返还给社区，并不会减少普通财政基金已有的收入。这有助于解释为什么帕萨迪纳愿意将所有停车收入返还给老城区：该市之前没有安装任何停车咪表，因此也没什么可损失的。在城市对路边停车收费的地方，先将钱汇入普通基金中，然后再将其中一部分返还给社区，这对于习惯获得该收入的城市来说就不太容易了。这也有助于解释为什么圣迭戈仅将咪表收入的 45％ 返还给社区：因为它已经拥有超过 5,000 个咪表，所以分享这些收入必然会造成普通基金的短期损失。圣迭戈管理者知道会有这种损失，但同时也希望分享收入能够鼓励社区安装更多咪表并为自身创造更多收入，这样最终会增加该市的总收入 (见第 16 章)。

但即使是短期损失，也可能阻止一些经济状况不佳的城市将咪表收入返还给社区。这种情况下，还有什么办法可以让城市建立停车受益区，同时不会给普通基金造成损失？当然，如果城市只是将咪表收入增值部分返还给社区——即超出现有咪表收入的部分——这笔收入来自于建立停车受益区。我们称之为"停车增值融资"②。

停车增值融资与增值税融资③非常相似，后者是一种为城市再开发项目筹措公共投资资金的流行方式：在再开发项目区域内，房产价值提升带来房产税增长，城市将这部分增值房产税分配给当地再开发机构。同样在咪表区域内，由于商业

---

① 原人名为 Henry Simons。(译者注)

② 原文为 parking increment finance。(译者注)

③ 原文为 tax increment finance。(译者注)

活动增加带来停车咪表收入增长，城市也可以将收入增长部分分配给商业促进区 (BID)。[67] 如果商业促进区只拿到咪表收入的增幅部分，那么城市可以继续拥有原来的停车收入。而商业促进区可使用这些增加的收入来提高公共服务，也不会给城市或区域自身带来任何额外的成本。与此同时，原来进入普通基金的收入也得到了保证，这可减少将收入分配给商业促进区所引发的政治担忧。如果商家得知路边停车收入增加的每一美元都被重新投入到本社区的重建复兴中，那么他们对建立商业促进区更容易达成一致意见。如果一个区域所产生的停车收入增额足以支撑该地区的总支出，那么商户和纳税人将乐于接受一个免费的商业促进区。

停车增值融资将给商业促进区一个明确的激励以支持安装咪表，按市场价格收费，延长咪表运行时间，采用斜列式停车增加路边车位，对违章停车进行罚款。只要对停车位更好地执法，就能显著增加停车收入。在一项关于停车咪表收入的研究中，管理专家巴克斯顿·威廉姆斯和乔恩·罗斯[①]发现，在一个典型的市区案例中，城市仅收到司机按时间应支付的咪表停车费的 41%；其他 59% 的潜在收入流失了。[68] 破损的咪表造成 8% 的潜在收入流失，而司机付费失败则造成另外 51% 的按时间付费收入损失。在此例中，更严格执法和更好维护现有咪表将使路边停车收入增加一倍以上。

停车增值融资在一个关键方面与增值税融资有所不同：批评者认为，税收增量融资将资金转移到重建区，而这些钱本应归入普通基金，或者正如经济学家梅森·加夫尼[②]所说，"某些受青睐的利益集团拿到了增值税 (increment)，而其他人只得到了一坨屎 (excrement)"。[69] 停车增值融资显然会带来额外的收入，而不是把原本应归入普通基金的收入转用于其他用途，而且由于目前城市在大多数社区并未对路边停车收费，大部分停车受益区可以自然等同于停车增值融资区。

公 平 性

对路边停车收取市场价格在经济上有效，政治上可行，但它是否公平呢？很多人开始会拒绝停车收费，但是考虑之后他们可能会改变主意。毕竟抱怨路边停车费的不公平，可以适用于任何收费项目。开车人购买和保有汽车需要支付各种费用 (汽油、轮胎、维修、保险及车辆本身)，但很少有人认为这是不公平的。[70] 如果人们为住房支付租金，为什么不应该为停车支付租金呢？

不停车却要付钱

为了判断路边停车收费是否公平，我们可以将它与当前的替代方案——路外停车配建标准做一比较，后者实际上推高了除停车以外一切商品的价格。有了路

---

① 原人名为 Buxton Williams 和 Jon Ross。(译者注)
② 原人名为 Mason Gaffney。(译者注)

外停车标准，即使是无车的家庭也因为购买价格更高的商品间接为停车买单。相反，当路边停车按市场价格收费时，只有停车人需要承担这个成本。因此，路边停车收费远比设置路外停车标准更为公平，特别是对于那些无力购车的低收入群体。《2001 年全美家庭出行调查》①发现，年收入低于 25,000 美元的家庭无车的可能性比其他家庭高九倍。同样，租房生活的家庭无车的可能性比拥有住房的家庭高出六倍。[71] 由于人群中汽车的拥有状况分布不均匀，因此对开车人征收路边停车相应的使用费，比强迫所有人，甚至不开车的人为路外停车标准买单要更加公平。停车标准从穷人手中拿走钱去补贴富人：开车人无需付费就可以停车，不开车人不停车却要付钱。

我并不是说，我们应该为停车支付更多的钱。路外停车标准已经迫使所有人，包括无车的人，间接为停车支付过多的钱。我想说的是，我们应该更直接地为停车付钱。城市可以将停车成本个人化②——或者说去集体化③——因此，如果我们减少开车，为停车付费也将减少。尽管我们所有人都想免费停车，但不应该把这种愿望提升为一种社会判断——即停车收费是不公平的，尤其我们将停车收费与路外停车标准比较后就会发现——后者是这样一种选项，将沉重的负担强加于那些支付能力最差的人群。如果人们只需要为自己的停车付费，而不是承担路外停车标准施加给所有人的高昂代价，那么几乎所有人都会获益。

为停车付费

怀疑论者可能认为，停车收费无情地将开车人按收入分成不同等级，并将最好的车位留给富人而伤害穷人的利益。但第 18 章停车选址模型告诉我们，一些影响停车位置选择的因素包括停车时间、车内人数以及停车人为特定行程节省时间的价值。开车人对节省时间的重视程度对于每一趟出行都是不同的，市场定价的停车费允许出行者按照出行需求以及具体时间调整自己的时间价值。穷人可能也会赶时间，平时消费不起最佳位置停车位的开车人，当节约时间变得特别重要时也会选择停在那里。相反，每个人在愿意拼车、步行以及搭乘公共交通时均可以选择节约这笔停车费。市场价格会使路边停车位在任何位置及任何时候对所有人都可用，因此开车人总可以选择停车之处。许多人即使自己愿意支付停车费，也总会因为找不到停车位感到沮丧，所以，他们发现基于市场价格的停车比免费停车要好，因为这意味着总能够找到停车位。因此，路边停车市场定价可以作为一个安全保障体系，避免开车人因找不到停车位耽误重要出行。

同样，在第 13 章中提到的停车巡游模型表明，价格低廉的路边停车并不能

① 原书名为 *2001 National Household Travel Survey*。(译者注)

② 原文为 individualize。(译者注)

③ 原文为 decollectivize。(译者注)

自动使穷人受益。影响停车位置决策的相同因素也会影响是否巡游的决策。当有人赶时间，或者车里坐着一堆不耐烦的乘客，或者大家都愿意分摊停车费时，他们就不太可能花时间在街区兜圈寻找停车位了。同样，在一趟特定出行中，节约时间价值的衡量因素众多，收入只是其中一个因素，而且同一个人在不同时间完全可能做出不同的决策。因此，存在很多时间价值以外的因素影响停车巡游的意愿，巡游并不会自动将免费路边停车位分配给穷人。换句话说，免费路边停车并不是帮助穷人的有效方法，特别是因为很多最穷的人根本买不起车。老年人、出行很少的贫困居民为他们不需要使用的停车位买单，而年轻、富裕且移动性更高的居民却免费使用停车位。即使考虑到由收入提供的额外公共服务，路边停车市场定价也可能使少数最贫穷开车人的状况变得更糟，但它无疑将使大部分最低收入人群的状况变得更好。

　　设想有钱人会垄断市场定价的停车位，这看起来很直观，但这种担心被夸大了。2001 年都柏林市中心路边停车价格提高 50%(提高至每小时 1.9 欧元，但还是比路外停车要稍微便宜一点)，为了研究路边停车价格如何影响停车人的人口统计学特征，都柏林大学学院彼得·克林奇和安德鲁·凯利[①]在提价前后对超过 1,000 名路边停车人进行了访谈。一个令人惊讶的发现是，当价格上涨后，女性停车人的比例增加了 19%。[72] 在价格提高后，平均停车时间下降了 17%，超过三小时的停车减少了 39%，一至二小时的停车增加了 32%。也许是因为周转率提高，巡游超过 11 分钟或更长时间才找到车位的人数下降了 28%。最令人惊讶的变化是，社会阶层最高的路边停车人比例下降了 24%。那么是谁占用了他们的停车位呢？答案是上层中产阶级：他们的比例上升了 24%。[73] 停车人的平均年龄没有发生变化。总体来说，将停车价格提高 50%，减少了使用路边停车位的上层男性人数，减少了平均停车时间，也减少了寻找停车位的巡游时间。面对这些调查结果，谁还能从根本上批评路边停车市场定价是不公平的呢？

　　当加州首次提出高占用/付费 (HOT) 车道时，批评者们谴责这些车道将成为富人的专属车道——加州参议员汤姆·海登将它们戏称为"雷克萨斯车道"。但当 HOT 车道开始使用后，福特和雪佛兰却远比雷克萨斯要普遍得多。许多人出于各种原因使用这些车道，而且大部分使用 HOT 车道的人认为收费合理。一项调查显示，84% 的受访者表示 HOT 车道对于使用者是公平的，而 80% 的受访者表示这些车道对于不使用的人同样公平。[74] 另外一项调查发现，认为 HOT 车道会变成雷克萨斯车道的担心并不普遍：91% 的受访者认为 HOT 车道所提供的节省时间选项是个"好主意"，66% 的不使用这些车道的开车人仍然表示支持。在使用 HOT 车道的最低收入开车人中，80% 同意如下说法："那些单独开车的人应该

---

　　① 原人名为 Peter Clinch 和 Andrew Kelly。(译者注)

可以付费使用 I-15 快速道"。[75] 最低收入者反而比最高收入者更有可能支持这样的说法，这表明"雷克萨斯自由主义者"[①]就是那些最担心雷克萨斯车道的人。由此推广一下，如果社区能够保留所产生的路边停车收入，那么所有收入阶层的人大概都会同意对非本地居民收取路边停车市场价是公平的。

即使是平等主义者[②]也应该认识到平等并不意味着停车应该免费。汽油是汽车的基本必需品，但这并不意味着汽油应该免费。加油站按不同的价格提供不同等级的汽油 (包括自助服务及人工服务)，这并非不公平。停车位主要在位置上彼此不同，价格也因此有所差别，这同样也不能说是不公平的。停车位是汽车的基本必需品，但找不到免费停车位的开车人不应该像无家可归者那样得到同情。酒店客房是旅游者的基本必需品，但这并不意味着城市应该要求到处都提供免费酒店。如果城市制定酒店客房最低数量标准以满足免费房间的需求，那么他们将很快需要旅游需求管理顾问的帮助。露营或住在亲戚家将被称为"替代性住宿"，正如现在将步行和骑自行车称为"替代性交通选择"，却无人去问"替代了什么"？因为独自驾车如此普遍，所以其他一切都是可替代的选择——或者说是非主流的——交通选择了。

酒店客房最低数量标准和免费房间当然是荒谬的，因为很难想象一家免费的酒店还能令人满意地经营。如果城市像酒店房间一样对停车位进行标价，那么停车行业很快就像酒店行业一样发达。与酒店客房相似，停车价格随时间和地点变化，而二者的相似点还不止于此。很多城市征收"临时入住税"[③]，这是对酒店客人征税的一种委婉说法。这种税收在政治上很受欢迎是有充分理由的。任何由非本地居民支付的税都受到本地选民的欢迎，而外来路边停车者是最典型的临时占用者，如果临时占用税对游客公平，那停车收费无疑对开车人也是公平的。

在发展中国家，停车问题更为严重，而且大部分有车者更富裕，对路边停车征收市场价格，它的经济、环境和公平性含义也就更加明显。比如在伊斯坦布尔[④]，《芝加哥论坛报》报道：

> 在过去十年内，这个拥有一千五百万人口的城市，人口几乎翻了一番，机动车供给过量，到处喇叭声震鸣，停车位严重短缺。开车人绝望地寻找停车位，最终将车停在别人家后院和公交车站，甚至有时实在找不着车位时，就停在繁忙的街道中间。人们想尽办法，用摇摇晃晃的椅子和可移动的钢制柱子来保卫停车位。这样的问题催生了整个家

① 原文为 Lexus liberals。(译者注)

② 原文为 egalitarians。(译者注)

③ 原文为 transient occupancy taxes。(译者注)

④ 伊斯坦布尔 (Istanbul) 是土耳其第一大城市。(译者注)

庭手工业，当地人称为"停车黑手党"①。有钱人雇警卫在自家的别墅和公寓前的街道上巡逻。任何想要正常经营的商户——从杂货店、纹身店到茶室——都必须通过这些"停车黑手党"来提供代客泊车服务。据有关当局称，正是在这个人满为患的城市里人们对停车位的需求状况下，一些别有用心的停车业巨头甚至已经开始有计划地烧毁建筑物，他们声称拥有大量奥斯曼帝国时期②独特特征的木制房屋，这些房屋为居住区提供了特色。76

　　市场价格当然可以用来管理伊斯坦布尔这种大城市的路边停车需求，并缓解交通压力。将停车收入用于提供基本的公共服务，例如自来水、下水道和人行道，将产生巨大的收益，而这主要是牺牲了拥有汽车的精英阶层的利益。因为城市可以预支未来的路边停车收入，这样在短时间内可为大量公共改善项目筹集资金。77

　　无论一个国家的收入和文化如何，路边停车收费涉及的政治问题在世界各地都是相似的。印度理工学院塔拉克纳斯·马祖德③说，"目前，有关印度路边停车的大多数决策都依赖于直觉和舆论"。78 这样的情况可能永远不会改变，但是停车受益区可以产生新的经济激励，从而改变直觉和舆论，因为居民将看到他们个人受益于路边停车市场定价。随后，舆论的变化可以在停车和交通方面推动产生更好的公共政策。

生命线定价

　　为了保证路边停车的公平性，城市可以为低收入家庭提供"生命线"信贷④，类似于电力和电话服务中的生命线定价机制。比方说，城市可以免费为每个低收入居民提供一份最低的停车信贷。79 这些信贷将至少保证最低水平的停车需求，同时，如果开车人愿意提供免费搭车时，那些无车的居民还可以使用信贷支付停车费。因为城市停车位过去是免费的，这些生命线信贷将不需要现金支出。相反，它们会将收入从拥有汽车的人转移到那些没有汽车的人。路边停车市场定价以及为低收入群体提供生命线信贷，这比到处要求路外停车标准要公平得多。

　　城市还可以提供生命线信贷帮助需要在目的地附近停车的残障驾驶员。通过各处均提供几个空车位，路边停车市场定价将改善残疾人士的出入通道，因为身体健全的司机将永远"无需"停在为残疾人士保留的停车位。因为如果有人冒用残疾人标牌免费停车，停车受益区内商户和居民的收入将有所损失，他们会积极支持对这种卑鄙行为进行罚款。到目前为止，残疾人标牌被广泛滥用，而这种违

① 原文为 parking mafia。(译者注)
② 原文为 Ottoman-era，土耳其的前身。(译者注)
③ 原人名为 Taraknath Mazumder。(译者注)
④ 原文为 "lifeline" credits。(译者注)

规行为很难被发现，实际获得罚单的机会非常低，即使对违规行为处以高额罚款也无济于事。例如在洛杉矶的部分地区，很多残疾人停车位都被冒用，以至于残疾人标牌的合法用户无法找到停车位。[80] 因此，减少残疾人停车位的违法停车成为路边停车市场定价以及返还收入给社区的另一项辅助手段。

收入分享

路边停车市场定价比规定路外停车标准要更公平，但由此产生的公共支出模式也会公平吗？假设一个富裕社区从非本地居民那里获得可观的路边停车收入，而同一个城市的贫困社区，由于几乎没有非本地居民愿意停车而无法赚到钱。因此富裕社区将有大量资金用于公共服务，而贫困社区则一无所获。这似乎并不公平，但这种情况也可能不常见，因为富人通常居住的地方远离产生停车溢出效应的土地用途。尽管如此，仍有许多贫穷家庭居住在没有停车收入前景的社区里，同时一些富人居住在可以产生大量停车收入的高密度地区 (比如纽约第五大道和洛杉矶威尔夏大道)。在这些情况下，一种收益共享方式可以抵消支出模式中潜在的不公平现象。如第 17 章所述，圣迭戈与周边地区共享停车咪表的收入：收入的 55% 用于该市的普通基金，而 45% 的收入用于产生该收入的社区。因此，收益共享可用于重新分配收入，而不会破坏路边停车位与社区公共服务之间的联系。所有社区都会有动力向路边停车收取市场价格，但即使收入不足的社区也会从中受益。

索取和馈赠

曾经免费的路边车位开始征收停车费，看起来像是社区对居民的"索取"，但并非如此，除非我们认为开车人拥有无偿使用公共财产的私人权利。开车人并没有获得免费停车的权利，因此，我们可以把免费停车视为"馈赠"，而不是把收费停车当成一种索取，这样想才更为合适。是馈赠而不是索取，需要依据来证明其合理性。为什么社区应该无偿把公共土地给开车人做私人使用？开车人使用公路时需缴纳燃油税，但只有在汽车行驶时才需要支付，而在停车时则不需要缴税，而且开车人停车时间越长，缴纳的燃油税就越少。

征收土地税比征收路边停车费更有争议。征收土地税的争议在于人们认为土地价值的增加是社区而不是个人创造的，因此将土地增值部分作为私人收入来源就显得不那么名正言顺。相比之下，对路边停车收费不要求在私人土地上主张公共权利。恰恰相反，它只需要重新主张对公共土地的公共权利 (相对于私人驾车者的权利)。城市拥有路边停车位，也有权利去收取其全部租金，就像私人停车场的业主有权收取其全部租金一样。这并不是在反驳亨利·乔治关于私人土地应由公共部门课税的观点，而是在强调，相对而言，对路边停车收费会更容易向公众解释和辩护。旧金山州立大学政治学家路易斯·沃瑟曼①认为：

> 如今，全额单一税②并不是一项严谨的财政提案，仅仅因为在国家
> 尺度上它的实施没有任何政治前景。但是乔治的核心原则——税负归
> 宿应该以土地价值为基础，而不是施加于生产性企业或者改善性建设
> 上——依然是财政改革的一个热点话题……时至今日，很多土地税收
> 支持者追求的就是沿着乔治的路线温和地前进。81

社区可以合法地对开车人在稀缺的公共土地上停车进行收费，而这样的结果
正是沿着乔治的路线温和地前进。

失之偏颇的分析

大多数赞成停车费市场定价的观点强调效率而非公平。比如，英国交通经济
学家加布里埃尔·罗斯③在 1966 年的专著《为停车付费》④中详细解释了市场价格
如何有效地分配路边停车位。人们可能期待其他经济学家会支持这个观点，但是
《经济杂志》⑤上一份未署名的评论，表现出一种难以掩饰的偏见反对这个观点：

> 停车问题作为影响更广泛的城市道路交通拥堵问题的一部分，它
> 的解决方案居然是依据价格机制来自由调节供需平衡，而无需来自地
> 方政府或公共部门的任何补贴。公共需要的一些基本因素根本没有去
> 考虑；在私人诊所门口，医生可以对停车位向所有来访者公开要价，大
> 概当需要医生出诊时，他也可以在病人家门口这么做。市场定价的做
> 法完全没有考虑社会成本和收益，也不会给出任何建议来改善目前的
> 状况。82

虽然这种对路边停车市场定价的傲慢且自以为是的反驳观点写在很久以前，
当时的医生确实还是"当有需要时"上门提供出诊服务，但它轻率的假设却永远
不会过时，比如"价格机制"将"社会成本和收益"排除在考虑之外，还有，停
车"公共需要"就自然能使"地方政府补贴"正当化。然而，免费路边停车会造
成交通拥堵、空气污染和能源消耗方式等巨大的社会成本。免费路边停车还引发
路外停车标准的政治需求，导致商品价格升高，用地密度降低，并破坏城市设计
的效果。基于市场定价的路边停车可以减少这些社会成本，并产生公共收入，而
不需要公共补贴。因此，效率和公平都是支持路边停车收费的充分理由。

---

① 原人名为 Louis Wasserman 。(译者注)
② 原文为 full single tax。(译者注)
③ 原人名为 Gabriel Roth。(译者注)
④ 原书名为 *Paying for Parking*。(译者注)
⑤ 原文为 *Economic Journal*。(译者注)

关于免费停车的大多数争论可能更多是出于理性的利己主义，而不是出于对社会正义的关注。迈克尔·汤姆森①在《大城市及其交通》②一书中，解释了这种不自知的利己主义如何导致对城市交通问题失之偏颇的分析：

> 在探讨城市交通这一主题时，总是以先入为主的思想和无意识的价值判断为起点。任何关注这个问题的人都是城市交通的使用者，具有多年的个人经验；他肯定已经形成基于自身角度或经验的观点，但如果连自己都没有意识到，那么这种观点会导致问题的分析和评价带有偏见。
>
> 专业负责城市交通的大多数人是有车一族，他们每天开车上班。最有权力的交通管理机构往往是公路工程部门，它们的经营场所为每天开车通勤的高级职员提供免费停车。公交公司的高级管理人员上班时更有可能开车，而不是去坐自己公司的公交车。还有那些准备实施一项城市交通研究的顾问团队，首要任务之一就是找到一批私家车用于调研。毫无疑问，大部分影响城市交通的最重要决策都是由这样一些每天高度依赖汽车、个人观点也受其影响的人做出的。83

开车人很少思考停车是否太便宜，或者停车位是否太多了，如果政策制定者从依赖汽车的角度来思考停车问题，那么对开车人有利的政策似乎也对社会有利。因为开车人对大部分交通和土地利用做出决策，有时这种"公共需要"也就为免费停车提供了合理证据。政策制定者作为停车用户已有多年的个人经验；在讨论停车问题和制定相关政策时，他们肯定会有先入为主的个人观点，从而导致失之偏颇的分析结论以及欠妥的公共政策。

一个先例：随用随付的所得税③

路边停车收费似乎是一种为公共服务融资的激进方式，但不少曾被视为激进的财政改革，在今天看来也如同常识一般。不妨看看那个从工人薪水中扣除所得税的先例吧。戴维·布林克利④在《华盛顿大战》⑤一书中提到，从工资中扣除收入所得税曾遭遇自由派人士的强烈反对。在第二次世界大战之前，人们按季度分期缴纳上一年的收入税。战争爆发后，所得税税率急剧上升，但收入却落后了一年。纽约联邦储备银行主席比尔兹利·鲁姆⑥提出了一个解决方案，他称之为"随

---

① 原人名为 J. Michael Thomson。(译者注)
② 原书名为 *Great Cities and Their Traffic*。(译者注)
③ 原文为 Pay-as-You-Go Income Taxes。(译者注)
④ 原人名为 David Brinkley。(译者注)
⑤ 原书名为 *Washington Goes to War*。(译者注)
⑥ 原人名为 Beardsley Ruml。(译者注)

用随付"①。工人们拿到收入时就缴纳收入税，在他们看到收入之前税费就直接从收入中扣除了。但这个方法存在一个问题使自由派人士感到不安，"要使用'随用随付'系统开始新的一年"，鲁姆辩称，"有必要免除上一年的所得税费。否则，人们将不得不在一年内缴纳两年的税，这让许多人负担过重了"。84 但自由主义者认为，给富人一年免税是不合理的，尤其是在战争时期。布林克利解释了这种强烈的反对意见：

> 自由派人士一直在抵制。"该提案的真正目的"，一位反对者声称，"仅仅是使富人变得更富，而穷人变得更穷。"总统一直承诺会否决任何包含免税条款的法案……每个人都同意税收制度行不通。每个人（包括总统在内）也认为"随用随付"系统会更有效。但是，对于有钱人来说，一次（也是想象中的）"意外之财"产生了尖锐的意见分歧，导致整个过程停顿了。最终国会提出了一项法案，其中包括对低收入人群一年免税和富裕阶层部分免税。总统并不介意这个改动。他签署了该法案。法案于 1943 年 7 月 1 日生效。
>
> 该计划的短期影响引发了旷日持久的战争，显然无法让每个人密切关注潜在的长期结果。对于比尔兹利•鲁姆②而言……他推动了美国公共财政史上一次重大革命。当人们习惯按照分期付款买车一样——分期纳税——国会和总统很高兴地知晓汽车销售商很久以前学到的东西：分期付款的购买者被引诱支付更多的钱，因为他们看起来不是按总债务而是按月还款。在这种情况下，对于政府来说，人们用从来没有看到过的钱支付了税收，这会产生一个额外的心理优势。于是"实得工资"③这个术语应运而生。85

今天工资代扣代缴所得税已变得根深蒂固，人们对它习以为常了，当初认为它会损害穷人利益的反对意见似乎令人难以置信。同样，一旦社区开始享有路边停车带来的公共服务，那些认为它可能损害穷人的反对意见也会烟消云散。相比现有的停车不付钱以及付钱不停车的做法，"随停随付"④则公平多了。

路边停车的机会成本

政府通常采用以下两种方法对公共服务进行定价：1) 不考虑市场价格，按成本定价；2) 不考虑成本价格，按市场定价。86 免费路边停车代表了第一种方法，

---

① 原文为 pay as you go。（译者注）
② 原人名为 Beardsley Ruml。（译者注）
③ 原文为 take-home pay。（译者注）
④ 原文为 Pay as you park。（译者注）

因为路边停车位看上去是零成本。路边停车市场定价则代表第二种方法：价格由需求而非成本决定。按市场价格收取的停车费远远超过收费成本和停车位维护成本，因此路边停车可以为城市带来可观的收入。收集路边停车收入的成本不会抬高路边停车的价格，而将它从总收入中减去之后，剩下的才是净收益。

图 19-5　帕洛阿尔托的人行道和行道树

图片来源：Donald C. Shoup

除了收费成本和维护停车位成本之外，路边停车还有一项机会成本——被闲置汽车占用的停车位可以挪作他用。道路两边不一定要用来停车，很多人都想利用这块土地。行人希望更宽的人行道，骑车人想要自行车道，开车人想要道路空间，居民想要行道树，餐馆希望在路边摆放餐桌。路边停车与这些其他的利用方式在竞争，因此有一个高昂的机会成本。有的城市在高峰时段禁止在某些道路上停车，正是考虑这个机会成本，因为这个时段道路空间价值很高，用作停车实在太过浪费。[87] 路边停车市场定价将揭示有多少司机认为路边确实值得用作停车位，也可以帮助城市比较这块空地用作停车位，与用作人行道、自行车道以及机动车道时的不同价值。正如威廉·维克瑞①所说，"某个特定的空间被某个特定的人使用，唯一的异议在于他可能剥夺了其他人使用这个空间的机会。"[88] 停车的市场出清价格揭示了停车位的机会成本——其他开车人愿意支付的价格。如果城市以市场出清价格收取路边停车费——如果这个价格刚好足够高，让每个街区随时空出几个停车位——那么这个价格将显示路边停车的价值。那么，了解路边停车位

———————————

① 原人名为 William Vickrey。(译者注)

的价值有助于城市做出明智的判断,如何对宝贵的土地资源进行最高和最佳利用。城市会选择减少一些热门步行区的停车位,拓宽人行道,为路边餐桌甚至售卖假发的摊位腾出空间。例如,加州帕洛阿尔托就选择在停车道而不是人行道上种树,同时在十字路口加宽人行道,形成宜人的休息区。一些路边停车位不见了,但人行道变得更有活力,在十字路口穿越马路也更加容易。[89]

经 济 发 展

停车受益区不仅能在交通领域提高效率和公平性,还可以将最终需求[①]从私人消费转移到本地公共投资上,这种转移将改变对不同种类劳动力的需求。用于社区公共物品的公共支出将比私人消费为地方经济创造更多就业机会,因为地方公共投资涉及的商品和服务更多在当地生产,而不是从该地区以外进口。

为了研究这个问题,我使用南加州经济模型来估算停车受益区如何影响当地的就业和收入。南加州规划模型 (由南加州大学卢斯克研究中心[②]开发) 是一个含有 515 个部门的投入产出模型,包括洛杉矶县、橙县、河滩县、圣伯纳迪诺县和文图拉县。[90] 该模型不仅可以估算最终需求所产生的直接影响,还可以估算由部门之间联系所产生的间接和诱发影响。因此,这个模型可用于估算私人消费减少和公共投资增加带来的净效应。

例如,花钱维修人行道将把资源从当地私人消费转移到对当地公共基础设施的投资中。假设停车受益区每年花费 100 万美元维修人行道,而支付停车费的开车人则相应地将其他私人消费支出每年减少 100 万美元。根据劳工统计局《消费者支出调查》[③]中每种消费类型的占比数据,按比例减少每种消费类型对应的最终需求,从而估算出减少私人消费的总影响。对于人行道增加公共投资的影响,测算就相对更复杂一些,原因在于虽然投入–产出矩阵已经非常细化了,但仍然没有一个关于人行道投资的特定类型。矩阵中最接近的类型是道路支出,它在劳动力和原材料需求上看起来与人行道的支出相似。因此增加人行道投资的影响可以通过预测道路最终需求的增加量近似得到。

表 19-2 显示了每年将 100 万美元从本地私人消费转移至公共投资的影响。第一行显示了私人消费和公共投资的变化,二者变化量相同但方向相反,因此总需求没有净变化。

第二行显示,每年增加 100 万美元的公共投资将使当地工资收入每年增加 84 万美元。另一方面,每年减少私人消费 100 万美元则会减少当地工资收入

---

① 原文为 final demand。(译者注)

② 原文为 Lusk Center Research Institute of the University of Southern California。(译者注)

③ 原文为 Consumer Expenditure Survey, Bureau of Labor Statistics。(译者注)

446,000 美元。因此，每年最终需求从私人消费转移至公共投资将增加当地工资收入 394,000 美元 ($840,000 – $460,000)。那么，为什么工资收入会有这么大的净增长呢？这是因为维修人行道雇佣本地工人，而很多私人消费品——比如照相机、汽车和服装——则从该地区乃至全国以外的地方进口。因此，几乎所有由维修人行道带来的新就业都来自本地，而私人消费减少造成的大部分就业缩减仅仅影响本地区之外的市场。[91]

第三行显示，每年减少 100 万美元的私人消费则会减少 18 个本地就业机会，而每年增加 100 万美元的公共投资将增加 22 个本地岗位。因此，最终需求从私人消费转移至公共投资，每年将增加 4 个本地就业机会。为什么支出转移会使总工资每年增加 349,000 美元，却只创造 4 个新的工作机会呢？如第四行所示，由于减少私人消费而淘汰的工作每年平均工资为 24,900 美元，而增加公共投资所创造的工作平均每年工资为 39,100 美元。换句话说，不仅由私人消费向公共投资转移而增加的就业机会比其减少的就业岗位多 20%，而且所创造的就业机会相比消失的工作，其平均收入要高出 57%。[92]

表中最后一行显示，地方税收收入每年将增加 33,000 美元。这是因为最终需求向本地生产转移刺激了五个县域范围内的应税经济活动。因此，在此示例中，停车受益区将增加地方税收入，其总额占从私人消费转移到公共投资的最终需求的 3%。

这些数字只是粗略的近似值，而不是精确的估计值，并且其结果取决于停车受益区所选择的公共服务投资方式。尽管如此，它的逻辑很明确。通过将需求从私人消费转移至公共投资领域，停车受益区将使城市更加繁荣。

除改善城市经济之外，取消路外停车标准并提高停车价格还可以改善国民经济。我们不能进口停车位，但是免费停车增加了两大进口商品的国内需求：汽车和燃油。2001 年，美国进口了价值 2,930 亿美元的机动车和汽油，占进口总额的 26%。[93] 由于停车价格上涨将减少对汽车和汽油的需求，因此可以显著减少进口量和贸易逆差。除了这种经济利益外，减少汽油消耗量将降低我们依赖进口外国石油带来的国家安全威胁。

表 19-2　私人消费向公共投资转移 100 万美元产生的地方影响

	私人消费	公共投资	净增加
	(1)	(2)	(3) = (2) – (1)
支出	−$1,000,000	+1,000,000	$0
工资	−$446,000	+$840,000	+$394,000
就业岗位	−18	+22	+4
平均工资	$24,900	$39,100	+$14,200
税收	−$38,000	+$71,000	+$33,000

数据来源：根据南加州大学卢斯克研究中心开发的南加州规划模型计算所得，包括洛杉矶县、橙县、河滩县、圣伯纳迪诺县和文图拉县。

《大富翁》、免费停车和亨利·乔治

孩子们在玩《大富翁》游戏时第一次接触到免费停车、城市规划和经济的概念。投掷骰子后，玩家可以在棋盘上四处走动，购买财产，建造酒店，入狱或免费停车。当玩家登录另一名玩家的物业时需要支付租金，他们学会了如何做租客。当其他人登录玩家的物业并收取租金时，他们学会了如何做房东。当驻足于自己买下的房产时，他们学会如何成为业主。在抵押贷款建造房屋时，他们学会了投资。当拆掉房屋建造酒店时，他们学会了城市更新。最后，当游戏结束、赢家之外的所有人都破产时，他们还知道了破产。但是，《大富翁》里两个关于经济和城市规划的观点误导了参与者。一个是通货膨胀，因为《大富翁》里的价格自1935 年以来一直保持不变。另一个是路外停车标准，因为《大富翁》里没有停车位。

路外停车标准有着与《大富翁》相似的历史，而后者最终的玩法与开始时完全不同。根据传说，费城一名失业工程师查尔斯·达罗①在大萧条时期发明了《大富翁》游戏。他在厨房餐桌上勾勒出游戏的草图，以大西洋城街道命名游戏中的房产，用废木料制成房屋和酒店，用彩色按钮作为代币，最后将游戏卖给了帕克兄弟公司②，赚了一大笔钱。但如果这个游戏与亨利·乔治相联系的话，它的历史则要长得多。一位单一税倡导者伊丽莎白·玛吉③在 1904 年获得与《大富翁》类似游戏的专利。这款游戏叫《地主的游戏》④，意在表明土地垄断者的弊端，并在常春藤联盟学校经济学系中非常流行。1924 年玛吉在游戏专利的更新说明中写道：

> 这款游戏的目的不仅是为玩家提供娱乐，而且告诉他们，在现行的土地所有权制度之下，地主比其他各方都具有优势，这也就是为什么单一税能够抑制土地投机。94

《地主的游戏》更具政治性和教育性，而不是娱乐性，但玩家逐渐改变了规则，放弃了对土地价值税的高度关注，转而强调土地垄断的刺激性。当达罗 1935 年为《大富翁》申请专利时，游戏的目的发生了巨大变化。与之前控诉土地垄断大相径庭的是，后来的游戏为土地垄断而欢呼；曾经被谴责的东西某种程度上成为游戏的目标。沿着这个思路，玛吉游戏中的乔治主义者言论被清除了。游戏起点从"大

---

① 原人名为 Charles Darrow。(译者注)
② 原文为 Parker Brothers company。(译者注)
③ 原人名为 Elizabeth Magie。(译者注)
④ 原文为 The Landlord's Game。(译者注)

地上的劳动产生了工资"①变成"出发"(GO)，而起点的对角从"公园"(Public Park)变成"免费停车"(Free Parking)。从 20 世纪初的《地主的游戏》到《大富翁》，这些变化反映了公众对土地价值税的关注下降，人们的兴趣从公园向停车场转移。比起单一税，人们更想要免费停车。

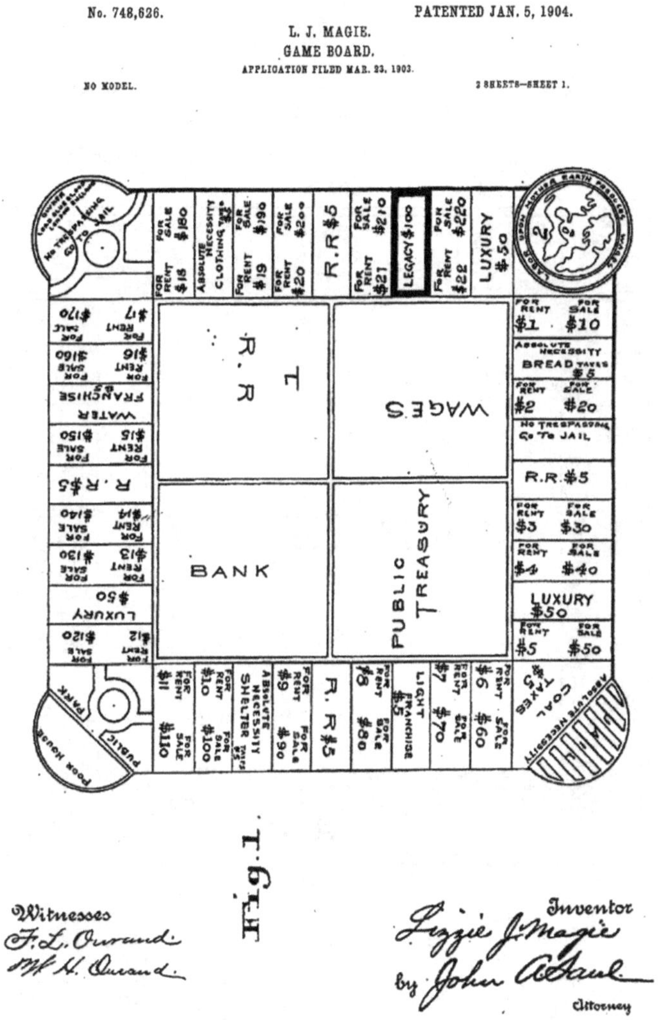

图 19-6　《地主的游戏》(本页) 和《大富翁》(下页) 专利申请书

《大富翁》看上去并不像伊丽莎白·玛吉设想的那样，实际上，当我们接受所

① 原文为 Labor upon Mother Earth Produces Wages。(译者注)

拥有的东西时，很少停下来思考究竟失去了什么。免费停车也是如此，最初它的产生是为了帮助城市，但现在被视为不可剥夺的权利，当我们使用这项权利来规划城市时，却以所有事物的福利损失为代价。因为开车人不为停车买单，这个社会就得用其他方式为它买单——交通拥堵、空气污染、能源消耗、设计贬值、城市蔓延以及土地的高昂机会成本。我们停放每辆汽车之处原本可以用来摆放其他物品。当谈到停车时，我们已经忘却土地并不是免费的。

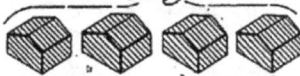

当汽车产生路边停车需求，城市就失去了一个获得土地租金的绝佳机会。停车咪表的发明与《大富翁》是在同年 (1935) 申请专利，因此对路边停车收费的方法很早就存在了。但即便是主张征收土地"没收税"[①] 的改革者，也没打算对停车收费。在一个乔治主义者会议上，我曾经建议采用路边停车市场定价作为收取土地租金的一种方式，但一位著名的单一税专家给我写信，声称："我讨厌支付停车费"。好在为了让路边停车市场定价的想法取得成功，并不需要靠乔治主义者支持。如果社区能够留存其产生的路边停车收入，选民就会拥护这个方案。

与收取全部土地租金相比，路边停车收费是一种比较温和的改革方式，而这是一个优势。威廉姆斯经济学教授罗杰·博尔顿[②] 认为，由于亨利·乔治的想法过于极端，土地价值税不被人们所接受：

> 乔治过分的乐观主义体现在两个方面——所有租金都应课税，并且政府应该完全信任对土地的单一税负——这些阻碍了经济学家接受他的思想。这些也让后来者没有意识到还可以用最温和的方式对租金课税，以此代替其他更容易受人们抵制的税种。[95]

同样，罗伯特·安德尔森和梅森·加夫尼[③] 解释说，当代对亨利·乔治的大部分批评是"针对单一税，而不是针对土地增值税，这仅仅是公共收入来源的一个组成部分"。[96] 路边停车收费是一项合理而不笼统的提议，如果城市将由此产生的收入用于支付社区的公共物品，居民将发现对路边停车市场定价可以改善交通、用地以及公共财政。

结论：我们车轮下的财富

免费路边停车产生了一个经典的公共物品问题，导致了许多病态的结果。路边停车位"短缺"导致巡游，并引发对路外停车标准的需求，然后，这个标准扭曲了交通和土地市场。相比之下，对路边停车收取市场价格将减少巡游造成的交通拥堵、空气污染及能源消耗，同时让路边停车更为方便。取消路外停车标准反过来将减少土地开发成本，提高土地市场效率，并改善城市设计效果。最后，路边停车产生的收入还可以改善公共服务，或减少扭曲经济的税收，或两者兼而有之。[97]

既然有这么多的好处，为什么路边停车仍是一项微不足道的公共收入来源呢？我提到了两个原因。首先，路外停车标准隐藏了停车的真实成本，它以其他物品

---

① 英国亨利三世 (1216～1272) 在位时，曾对犹太社群征收"没收税" (confiscatory taxes)。(译者注)

② 原文为 Williams economics professor Roger Bolton。(译者注)

③ 原人名为 Robert Andelson 和 Mason Gaffney。(译者注)

的高价格为代价，愚弄了大部分人，让他们误认为免费停车真的完全没有成本。其次，因为似乎没有人真正得到停车人投入咪表中的钱，路边停车市场定价缺乏政治上的支持。因此，规划师和政治家们发现设定路外停车标准要比收取路边停车费更容易。

如果城市将停车收入返还给产生收入的社区——停车受益区——则可以为路边停车市场定价创造必要的政治支持。每个城市都会有一些明显符合停车受益区标准的社区，可以通过试点加以推广。当一个社区开始将非本地居民支付的路边停车收入用于支付公共服务的改善，其他社区将看到这个政策的优势并提出申请，要求实施类似的安排。城市因此可以解决停车问题并将其转化为公共收入。正如亨利·乔治对土地价值税的预言，路边停车市场定价可以推动进步并减少贫困。

停车受益区本身无法完全解决停车问题，也不应该期望它们能解决。如果一个问题引起如此之多的利益和观点冲突，就不可能用一个简单方案加以解决。当谈到停车时，坚定的保守主义者经常变成热情的共产主义者，而理性的人很快也会情绪激动。尽管如此，停车受益区还是提供了一种切实可行的策略，以改善交通和土地利用并产生可观的公共收入。路边停车将仍然是社区财产，而每个社区的规模都应小到可以鼓励有效管理。路边停车市场定价还可以让城市废除给所有房地产开发造成沉重负担的路外停车标准，而这种负担最终以更高价格的形式传递给了消费者，让停车之外所有商品的价格上涨。

如果对路边停车维持过去的做法，那么我们将继续遭受目前所拥有的——"停车问题"及各种衍生问题的困扰。幸运的是，我们可以解决这一问题，只要按照以下几点去做：1) 对路边停车收取市场价格；2) 将收入返还给社区，用于公共设施融资；3) 取消路外停车标准。没有其他公共收入来源可以轻松地带来这么多钱，同时改善交通、用地和环境状况。综上所述，为路边停车市场定价产生的土地租金是当地公共收入的理想来源。

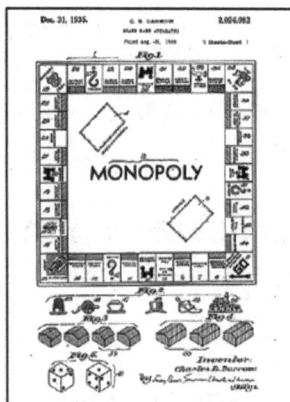

第 19 章注释

1. George(1879 [1938]，421)。

2. George(1879 [1938]，434)。

3. 最初，大多数经济学家都反对乔治的观点。哥伦比亚大学埃德温·塞利格曼 (Edwin Seligman) 宣称，"无论是美国人民还是金融科学专业的学生，都不会接受那种明显不公正的方案……该方案试图把大多数人的负担放在少数人的肩膀上"(Cord，1965，30)。塞利格曼的观点假设只有少数人拥有土地，或至少假设很大部分的土地价值集中在少数人身上。但乔治认为，经济学家的不屑一顾，与其说是对他的思想的起诉，不如说是他们职业失败的例证。在最后一本著作《政治经济学的科学》(*The Science of Political Economy*) 中，乔治认为经济学家反对地价税，因为他们有一种倾向于富人利益的立场偏差，并且越来越受到高校内思想流派的影响，即"精心算计如何服务于高校内强势的兴趣领域……这些高校对简单易懂的政治经济学感到害怕，并且隐约地希望可怜的学生们认同他们教授的观点，变得对经济问题无能为力……正是在这种情况下，高校所讲授的政治经济学宣称对该学科所有的知识了如指掌，这就是当下发生的状况"(George，1898，189)。

4. Smith(1776 [1937]，795)。John Stuart Mill(1965，825) 提出了类似的看法："租金税完全落在地主身上。他无法通过任何方式将负担转移给其他任何人……因此，除了明显的税费以外，租金税没有任何作用。它只是从地主那里收取很多钱，然后将其转移给了州。"

5. Blaug(1992，ix)。

6. Cord(1965，36) 认为，"一些著名的历史学家，比如 John R. Commons，认为当时掌权的腐败的坦慕尼派 (Tammany) 采用贿赂手段和控制选举机制，否决了 [乔治] 实际已经获胜的选举。"也可参见 Birnie (1939，Chapter XI)。

7. 熊彼特 (Schumpeter)(1954，865)，楷体来自原文。熊彼特还指出，法国经济学家弗朗索瓦·奎斯奈 (François Quesnay，1696—1774) 发展了一套称为重农学派 (Physiocracy) 的分析体系，他提议仅对土地净租金征收税款——他所提出的唯一 [税](impôt unique) 是单一税的前身。亚当·斯密写道，奎斯奈的追随者之一，米拉波侯爵①(Marquis de Mirabeau)，认为重农学派 (Physiocracy) 体系发明的重要程度等同于写作的发明，或以金钱交易取代以物换物 (Smith，1776 [1937]，643)。

8. 詹姆斯·布坎南 (James Buchanan)，米尔顿·弗里德曼 (Milton Friedman)，佛朗哥·莫迪利亚尼 (Franco Modigliani)，保罗·塞缪尔森 (Paul Samuelson)，赫

---

① 维克托·德·里克蒂，米拉波侯爵 (Victorde Riquetti，Marquis de Mirabeau，1715~1789) 是一名法国政治经济学家，重农学派经济思想的先驱。(译者注)

伯特·西蒙 (Robert Solow)，约瑟夫·斯蒂格利茨 (Joseph Stiglitz)，詹姆斯·托宾 (James Tobin) 和威廉·维克瑞 (William Vickrey)(参见《激励性税收》[①]，1991 年 11 月 1 日，第 1 页)。Prest(1981) 总结了地价税的经济思想史。他认为，"上个世纪左右关于城市土地税收政策的第一个观察结果是……它幸存了下来。尽管税收政策中的许多其他观点已经出现、消失和被遗忘，但我们发现，在 19 世纪 90 年代，在这些问题上引起的巨大兴趣以一种或另一种形式出现，到了 20 世纪 70 年代又再次以某些方式出现"(Prest，1981，105)。Cord(1965) 和 Whitaker(1997) 解释了当代经济学家为什么批评及如何批评《进步与贫困》(*Progress and Poverty*)。

9. Blaug(1992，x)。

10. Arnott 和 Stiglitz(1979)。乔治认为，单一税可以取代所有其他联邦和地方税收，而阿诺特 (Arnott) 和斯蒂格利茨 (Stiglitz) 则发现，它可以取代所有其他地方税。

11. 在经济学中，租金是一种必付的款项，它确保一种资源在所有潜在用户中得到有效分配，但该资源却不必投入使用。在短期内，市场价格可以确保路边车位得到有效分配，而让路边车位投入使用并不一定要付费。但是，路外车位的长期供给并不是完全没有弹性的，因为城市可以通过将平行车位改为斜列式车位，以及将更多用于行车的道路用于停放车辆来产生更多的路边车位。尽管如此，路边停车位的供给在短期内是固定的，在 85% 的占用率处供给曲线是一条直线 (见第 12 章)。

12. C. Lowell Harriss(1972，296) 谈到有关土地价值税的影响范围，"实际上，土地所有人在每次上调税率时都会损失一部分资本价值——除了资金的支出增加了抵消性收入，从而增加了对该物业的需求。"

13. George(1879 [1938]，418) 过分乐观，但是正如罗伯特·安德森 (Robert Andelson，1979，387) 指出的那样，我们应该把亨利·乔治看作是"有洞察力的向导，而不是无懈可击的先知。"

14. 例如参见 Holland(1970)。从 1913 年到 2001 年，宾夕法尼亚州匹兹堡提高了土地税率，而关于土地及其改良方案的重新评估引起了争议，该市恢复了对土地和土地改良的统一税率。

15. Pollock 和 Shoup(1977) 以及 Shoup(1978) 进行了案例研究，估算财产税如何减少对建筑物的投资。Fischel(2001b)、Nechbya(2001) 和 Zodrow(2001) 解释了财产税是否以及如何减少建筑物投资的不确定性。停车位配建标准不同于财产税之处，在于它的适用对象为建筑物而不是土地，而财产税适用于土地和建筑物。但是，就像建筑物的财产税那样，停车标准可以通过减少建筑改建的激励来

---

① 原书名为 Incentive Taxation。(译者注)

降低土地价值。

16. 还有另一种方法来计算隐含在停车标准里的影响费。第 7 章解释了停车位的建筑成本，如果建在地面为 13,000 美元，在地下则为 25,000 美元。因为办公建筑最常用的停车标准为每千平方英尺建筑面积 4 个车位，所以如果是地面车位，所要求的停车位每平方英尺办公空间花费 52 美元，如果建在地下则为每平方英尺办公空间 100 美元。洛杉矶一栋办公建筑的平均建筑成本不包含停车位成本约为每平方英尺 150 美元。因此，按要求每千平方英尺提供 4 个车位，如果是地面车位将增加 35％的办公空间建筑成本 (52 美元.÷150 美元)，在地下则增加 67％(100 美元.÷150 美元)。

17. 这些税率的税基是房地产的 "全部现金价值"。这些税率适用于 2002 财年。有关信息可参见蒙哥马利县的网站：www.co.mo.md.us/。该停车附加税仅低于建筑物税率，因为停车附加税适用于建筑物和土地。假设评估值包括 50％土地价值和 50％建筑物价值。如果一位业主选择支付占总评估价值 0.28％的附加税来代替建筑物所要求的停车位，那么这笔税金相当于一笔占建筑物价值 0.56％的附加税，因为对于土地本身没有要求提供停车位。任何建筑物 (新建或现存) 不提供所要求的停车位都必须支付附加税。

18. 当商家提供现场停车位而不是支付代赎金，他们确实会从停车位中受益。只有当代赎金小于提供所要求停车位的净损失 (收入减去成本) 时，商家才会支付代赎金。因为停车位自身物有所值，所要求停车位的成本必须明显高于代赎金，商家才会支付代赎金 (见第 9 章)。

19. 参见《蒙哥马利县分区法规》第 59-E-3.7 条："每千平方英尺建筑面积 25 个停车位专供设施内的用户使用，每千平方英尺建筑面积 15 个停车位专供设施以外不动产内的用户使用。"

20. David Segal(1977，198-199) 解释说，在某些情况下，仅财产税就能增加停车位供给。当开发商为一栋新建筑整理场地时，经常必须等待数年才能开始施工。在等待开工期间，开发商获得一笔税收优惠来拆除现有建筑物并将其转换为停车场，因为停车场的物业税低于建筑物的物业税。这种现象进一步增加了停车供给，并给城市肌理增加更多的沟壑。

21. Smith(1776 [1937]，777-778)。

22. 1995 年，一项对加州停车咪表成本 (包括收费、维修、更新和安装) 和收入的调查发现，圣莫尼卡和西好莱坞的成本与收入之比为 5％，圣迭戈为 9％，圣路易斯·奥比斯波为 10％，贝弗利山为 11％，萨克拉门托为 19％，圣何塞为 20％ (圣迭戈，1995)。由于最高的咪表费率仅为每小时 1 美元，将咪表费率提高到市场水平可以产出更多收入而不会增加采集成本，并且成本与收入的比率甚至更低。

23. Dréze(1995，114) 解释了 "公共资金的边际成本"。扭曲价格的税收降低了效率，造成了"无谓"损失（"deadweight" loss），这增加税收对经济的成本。公共资金的边际成本大于新增一美元的税收收入，因为它包括与较高税率相关的无谓损失估计值。当然，不同的税率会有不同的无谓损失。Hamond 等 (1997) 认为，当税收负担从工作和储蓄之类的"好事"变为污染和废弃物之类的"坏事"时，此时会产生双重红利。

24. 路边停车市场定价的基本原理类似于威廉·维克瑞 (William Vickrey, 1967，136) 提出拥挤收费原理："鉴于许多城市政府的严重财政困境，可能需要对城市车辆使用者进行收费以提供适当的额外资金来源。一方面，这不会受到大多数其他收入来源的不利经济影响，例如财产改良税或销售税，另一方面，它构成了一种地方税源，比来自大管辖区的拨款更有利于收入的经济使用，这种拨款支出通常是在未充分考虑税收后果的情况下决定的。"

25. 房产税收入报告可参见《2001 年美国住房调查》(*American Housing Survey for the United States*：2001) 表 1A-7，"财务特征——所有住房单元"(美国人口调查局，2001a)。

26. Smith(2001，24；27) 表明，只有当土地价格超过每平方英尺 30 美元时，建造停车楼才会比地面停车场更便宜。

27. 如果路边车位每天的收入超过 5 美元，则该收入应可证明其优于建造相邻的路外停车场。从长远来看，建造路外停车场的成本应该可以限制路边停车的价格上涨。反过来，按市场价格收费的路边停车随时可用，应该可以在短期限制路外停车的价格。部分原因是缺少路边空位，路外停车第一个小时价格通常是全天停车费的 25% 或更多，如果路边车位总是找得到，这个比例应该下降。大部分路边停车当前的价格低估了其全部创收潜力，因为最低停车标准增加了路外停车供给。因此，只有在从未要求路外停车标准的城市中才能看到路边停车产生公共收入的能力。

28. 这是一个路边车位的净现值。由于它是土地价值，没有折旧且时间范围无限长，因此资本价值为年收益除以利率。如果停车价格随通胀率增加，则应使用实际利率来折现未来收入。5% 是对实际利率一个偏高的估计，并导致对路边停车位现值的保守估计。

29. Whyte(1988，73-74)。

30. 纽约市城市规划局 (City of New York Department of City Planning, 2002, 表 10)。该区域包括从曼哈顿第 59 街到炮台公园 (Battery)、在哈德逊河和东河 (Hudson and East Rivers) 之间的所有地区。

31. "市中心停车位价值飙升"，《波士顿环球报》，2004 年 4 月 14 日。按 5% 利率计算，167,500 美元的年利息为 8,375 美元。当加上每月 163 美元的管理费和一年 811 美元的物业税，则总费用为一年 11,142 美元，即每天 30.53 美元。就像 1998 年一样，近期一个车位售价仅 27,000 美元，因此 6 年内每个车位价格上涨 620%。因为车型过大，布里默街车库 (Brimmer Street Garage) 不允许雪佛兰 (Chevrolet Tahoes)、福特 (Ford Expeditions) 和悍马 (Hummers) 停入。美国有线电视新闻网 (CNN) 报道，2004 年，纽约公寓式停车位的最高价格为 250,000 美元，旧金山为 200,000 美元，芝加哥为 80,000 美元（"波士顿停车位售价 160,000 美元"，2004 年 4 月 27 日）。

32. 波士顿交通局 (Boston Transportation Department，2001，63，66)。尽管按 4∶1 超额发放了免费居民停车证，但波士顿交通局得出结论："不建议将定价策略，例如为多个标贴收取更高费用，作为管理汽车所有权的通行费，因为与波士顿居民支付的高昂的运营和保险成本相比，高额费用不会影响拥有汽车的决策"（波士顿交通局，2001，68）。当然，这种支持免费停车的说法是一种脆弱的伪经济借口，可能旨在证明已经做出的政治决定是合理的。路外停车的高收费表明许可证的市场价格（使需求与供给相等）将减少巡游，改善交通状况并产生大量公共收入。

33.《星期日泰晤士报》(Sunday Times)，1999 年 12 月 12 日。该项目位于骑士桥汉斯新月 1 号 (Knightsbridge No. 1 Hans Crescent) 哈罗兹大厦 (Harrods Mansions)。

34.《路透社》(Reuters)，2004 年 2 月 24 日。同一车库里的另一个停车位被一位母亲买下，准备给她三岁儿子以后能开车时使用。

35. "停车大道？"《洛杉矶时报》(Los Angeles Times)，2004 年 6 月 7 日。这座城市给希恩菲尔德 (Seinfeld)——还有每个在路外停车的人——一个路缘坡，这样他们可以开车进入自家的新车库，并取消了一个路内停车位。希恩菲尔德的车库成本说明在曼哈顿拥有汽车的经济性与香港相当。Ming Zhang(2004，357) 在研究土地利用如何影响出行模式选择时认为，"在香港，拥有和使用私人机动车的购置后成本是世界上最高的……香港很多人买得起汽车，却找不到停车位，或买不起一个停车位。"

36. 自然，每平方英尺路边停车位挣到的租金比起邻近的土地不是更多就是更少。

37. 波特兰地铁区域交通规划 (Portland Metro Regional Transportation Planning，1995)。

38. 街区长度定义为街区内物业的地界线，不包括人行道。

39. 停车咪表通常相距 20 英尺，但也会有所不同。例如在凤凰城，标准长度为 22 英尺，成排咪表中的首尾车位只有 17 英尺 (de Cerreño，2002，16)。在相同面积的矩形区域中，正方形的周长和面积之比最低。如果街区不是正方形，停车面积与街区内面积之比将超过 8%。例如街区的短边为 100 英尺，长边为 640

英尺，面积为 64,000 平方英尺，而周长为 1,480 英尺，或者比正方形街区的周长多 46%。路边停车位将占街区面积的 12%。在正方形街区中，周长与面积的比率随面积增加而下降。

40. Dueker、Strathman 和 Bianco(1998，28)。

41. $1,800 \times 33 = \$59,400$ 和 $\$59,400 \div 1,012 = \$58.70$。

42. 如果人行道宽 6 英尺，更换人行道的成本为每平方英尺 10 美元，那么路边停车收入每临街英尺[①]59 美元，就足以每年更换人行道。

43. 参见美国人口普查局 (U.S. Census Bureau，2000d，表 45)1997 年地方政府停车收入和支出。美国交通部 (The U.S. Department of Transportation) 和联邦公路管理局 (Federal Highway Administration，1997b，表 MV-1 和 DL-1C) 报告，1997 年共有 207,753,660 辆注册机动车及 182,709,204 位注册司机。

44. Smith(1776 [1937]，835)。图 19-4 下方曲线有时被称为 "拉弗曲线" (Laffer Curve) 以纪念经济学家亚瑟·拉弗 (Arthur Laffer)，他曾在 1974 年用鸡尾酒餐巾纸画过草图。参见 Monissen (1999) 有关拉弗曲线的讨论。

45. 假设收入为 1 个亿。但是，如果路边停车每年产生 1,800 美元收入，那么拥有 56,000 个路边车位的城市每年将获得 1 亿美元的总收入。如果社区所得比例增加到 50%，则普通基金的收入也会增长 (如果总停车收入曲线是一条直线，则普通基金收入的最大比例为 50%，但并不需要如此)。如果城市和社区平均分配收入，每年可平均获得 2,500 万美元。如果社区所得比例进一步增加到 100%，普通基金收入下降到零 (右下角)，社区收入则增加到每年 1 个亿。

46. 正如理查德·伯德 (Richard Bird，1991，268) 所说，"税收改革是一个政治过程，而不是经济过程。它由利益集团相互作用以及政治过程的角色特征决定，而不是采用基于税制改革常规分析中'理性人'(或'慈善独裁者') 方式"。停车改革也是如此。

47. 参见第 16 章。如果市民认为城市仅采用指定用途收入来代替社区已有的支出，而不是扩大这项支出，停车受益区就毫无吸引力可言。因此，城市必须致力于维护那些由受益区资助的服务。

48. 路边停车的土地租金是一项司机向政府的转移支付。司机将付费视作一项成本，它对社区而言是一项重要的收入。虽然大部分司机不认为路边停车市场定价是个好主意，但对拿到这笔收入的那些人，他们的观点可起到一种有价值的平衡作用。

49. 引用自 Cord(1965，27)。这来自乔治 1877 年给加州大学教职员工的致辞，当时他作为政治经济学教席的候选人。但他没有获得这个职位，也从未邀请

---

① 原文为 per front foot，沿街土地不动产测量单位。(译者注)

他再次在伯克利发表演讲。

50. 美国人口普查局 (U.S. Census Bureau，2000d，4)。Shoup(1990) 解释了如何利用基于临街英尺收费 (front-foot charges) 的特种税评价方法为社区公共投资提供资金。停车受益区融资应符合什么样的社区公共目标？一个简单的回答是任何一种通过特种税评价方法提供资金的公共目标。

51. Wachs(1994，16)。

52. Deakin 和 Harvey(1996，5-14，5-15)。

53. Goodwin(1989，495)。

54. Small、Winston 和 Evans(1989，86)。

55. Goodwin(1995，496) 认为，"当然，很明显，'三分之一'说法是随意的……但是我认为，这种说法清晰易懂，而且它可以作为达成共识的有用基础。"Small(1992)提出类似的收入三方划分方法。

56. 几乎可以肯定，对收入的渴望推进了停车咪表的出现。1935 年大萧条期间，俄克拉荷马市安装了第一批咪表，那时它几乎接近破产边缘。LeRoy Fischer和 Robert Smith(1969) 报告称，该市财产税税基在 1931 到 1934 年期间缩水了29％。城市经理估计，新停车咪表的收入在第一年达 75,000 美元，相当于 2004年的 100 万美元。要不是为了这笔收入，俄克拉荷马市不会安装停车咪表。

57. 类似地，如果车辆行驶里程税 (VMT 税)[①]按照各城市的 VMT 数量进行分配，对 VMT 税的支持力量就会出现。如果拥堵费或 VMT 税可通过卫星技术计费，按地域分配收入将不会很困难。

58. 人均收入来自 2000 年人口普查。当南加州人一夜暴富后，他们似乎都喜欢住在山上，远离令人抓狂的高速公路。

59. 威廉·富尔顿 (William Fulton，2001) 讨论了销售税竞争如何扭曲加州的土地利用规划。当然，拥堵费是使用费，而不是税费。在很多方面，拥堵费是一种比财产税更好的公共服务融资方式，因为拥堵费增加经济效率，而财产税却降低经济效率。用亨利·乔治的观点来说，拥堵费是由于使用稀缺空间而产生的租金。在拥有高速公路的城市之间分享通行费会导致"通行费寻租"行为，这将为拥堵收费产生必要的政治支持。

60. Lave(1995，465)。同样，Small、Winston 和 Evans(1989，86) 认为，"应用经济学很少能产生具有一致专业信念的想法，它既有效，在政治上又不可接受。"他们还解释了为什么没有其他政策减少城市道路拥堵，因为这些政策都无法解决高峰期道路出行的潜在需求。

61. Calthrop 和 Proost(2003，544)。

---

① 车辆行驶里程税 (VMT 税)，是根据驾驶人的行驶里程向其收费的政策。(译者注)

62. Fielding 和 Klein(1997)。

63. 威斯敏斯特市,《事实与数据 2002/2003》(*Facts and Figures 2002/2003*)。

64. 参见伦敦交通网站:www.transportforlondon.gov.uk/tfl。

65. 1872 年的《通用采矿法》(General Mining Law) 允许矿业公司在公共土地上开采坚硬岩矿物而无需支付使用费。该法律是在总统尤利西斯·格兰特 (Ulysses S. Grant) 鼓励下制定的, 该法律还规定了以每英亩 5 美元的价格出售公共土地, 这也许是美国自 1872 年以来唯一没有上涨的商品价格。

66. Simons(1948, 33)。

67. Casella (1985) 以及 Johnson 和 Man(2001) 解释了税收增额融资。对于停车增额融资, BID 的收益大概是扣除采集成本之后的停车收益净增加额。

68. Williams 和 Ross(2003)。

69. Dardia(1998) 解释说, 在许多情况下, 总税收增量中的大部分在没有任何再开发项目的情况下产生, 因此税收增额融资将城市、县郡和学区的收入转用于补贴再开发区域。Hormann 和 Segal(1998) 认为, 加州 TIF 资助的社区再开发机构 (Community Redevelopment Agencies) 在商业区发挥了重要作用, 并妨碍 BID 依靠自身力量成长。

70. 城市对博物馆及许多其他公共服务收费, 人们认为它们应该免费开放, 而停车免费几乎无需质疑。大部分开车人不会担心社会公平或经济正义, 可能只想保留免费午餐, 而不考虑社会成本。

71.《2001 全美家庭出行调查》(*2001 Nationwide Household Travel Survey*) 发现, 年收入低于 25,000 美元的家庭中, 20.3% 没有汽车, 而高于 25,000 美元的家庭中, 2.3% 没有汽车;租住房屋的家庭中, 17.6% 没有汽车, 而自有住房或其他非租住房屋的家庭中, 仅有 3% 没有汽车 (美国交通部, 2003a, 20)。Steven Raphael 和 Michael Stoll(2001, 109) 利用 1991 年到 1993 年《收入和项目参与调查》(*Income and Program Participation*) 数据, 计算出非洲裔美国人家庭每个成年人拥有 0.67 辆汽车, 拉丁裔家庭每个成年人拥有 0.73 辆, 白种人家庭每个成年人拥有 1.14 辆。

72. 女性在路边停车的比例从 36% 增加到涨价后的 43%(Clinch 和 Kelly 2004a, 图 3)。这种变化之所以发生, 可能是因为女性比男性更不愿意在路外车库停车。Amanda Nelson (1997) 发现, 有 51% 的妇女说天黑后使用停车库感到焦虑, 而另有 32% 的妇女说天黑后她们从未在停车库里停车。

73. 最高社会阶层的路边停车所占比例从价格上涨之前的 46% 降至之后的 35%;中上阶层的路边停车比例从价格上涨之前的 38% 增加到之后的 47%。Clinch 和 Kelly(2004a, 3) 得出结论:"关于停车价格变化的争论可能会引起更严重的公平性关注……这些数据并不能证明……唯一的变化是在上层阶级与中上层

阶级之间的 [停车位] 转移。"社会阶层的类别是指户主的职业，并符合爱尔兰市场调查标准。

74. 圣迭戈政府协会 (San Diego Association of Governments，2000，36)。John Berg (2003，7) 在对道路定价的公众意见调查中报告，94%的公交乘客和 92%的拼车乘客认为 I-15 收费项目是公平的。

75. 美国交通部 (United States Department of Transportation，2003b，30)。

76. "停车黑手党危害伊斯坦布尔历史性房屋"，《芝加哥论坛报》(*Chicago Tribune*)，2004 年 4 月 11 日。

77. 在老帕萨迪纳停车咪表区安装停车咪表时，帕萨迪纳从未来的收入中借入 500 万美元，并将其投入主要街道景观和小巷的改造 (参见第 16 章)。

78. Mazumder(2004，2)。

79. 城市可以对路边停车采用与其他公用事业，比如电话和电力服务相同的生命线-资格 (lifeline-eligibility) 标准。

80. 也就是说，残疾人车位被非法占用的比例达到 100% ！

81. Louis Wasserman(1979，30)。

82.《经济杂志》(*Economic Journal*，76，第 301 期，1966 年 3 月：215)。约瑟夫·熊彼特 (Joseph Schumpeter，1942，262) 关于政治的看法也适用于停车："典型的公民一旦进入政治领域，就会降低其心理表现。在一个他真正有兴趣的范围内，以一种容易被认为是幼稚的方式进行争论和分析。他再次变成了原始人。"

83. Thomson(1977，15)。

84. Brinkley(1988，218)。

85. Brinkley(1988，219)。

86. 肯尼斯·巴顿 (Kenneth Button，1977，43) 认为："在实践中，可以辨别两种完全不同的停车收费政策：一种是行政手段，另一种是经济手段。前者与成本回收有关，与道路工程师解决城市交通问题密切相关……经济手段是根据当前的需求状态调节收费，与其他商品价格的变化规律一样。因此，收费基于'支付意愿'原则。"巴顿解释说，当城市对路边停车收取较低的管理费用时，路边车位是由司机按支付意愿产生的搜索成本来分配的。

87. 1929 年，美国国家公路交通协会停车法规委员会 (Committee on Parking Regulations of the National Highway Traffic Association) 做出了简短的结论："如果路边停车给公众出行带来的成本并不高于它为停车者节省的费用，那么在商业区所有时间内应该允许……[路边] 停车……汽车的行驶权优于在公共道路上存放汽车的权利，并且，如果在何时或何地停车妨碍了安全便捷的出行而对公众造成净经济损失时，那么就应该限制商业或私人用途的停车" (国家道路交通协会停车法规委员会，1929，139)。在讨论路边停车合适的价格时，英国运输经济学家 D.

H. Glassborow (1961，26 和 29) 认为："停车费是……对使用资源的一种付费行为，这些资源本可用于其他目的。很简单，因为停放的车辆所占用的空间还有其他用途，此时道路停车便成为一个问题……道路停车收费不应视为一种对实物配给制度 (a system of physical rationing) 管理成本的支付行为……停车收费所得的收益在满足管理成本之后，应从整体上减轻纳税人的负担，而不是用于为路外停车场融资。无疑，这笔钱不应该用来补贴这些停放的汽车。"

88. Vickrey(1954，62)。

89. 帕洛阿尔托的大学大道 (University Avenue in Palo Alto) 在街道的一侧有斜列式停车场，在另一侧有平行泊车场。Roberta Gratz 和 Norman Mintz(1998，95-96) 描述了康涅狄格州纽黑文如何取消耶鲁大学对面的教堂和大学街 (Chapel and College Streets) 拐角处的停车位，并用树木、公共座椅和人行道咖啡店营造出一个愉悦的公共环境。

90. 参见 Richardson 等 (1993) 对南加州规划模型的描述。我感谢 Peter Gordon 采用此模型估算最终需求从私人消费转移到公共投资的影响。

91. 由于供应本地私人消费的更多商品和服务来自进口，因此减少本地的私人消费只会减少本地工资的 45%。相比之下，更多供应本地公共投资的商品和服务由本地生产，这样增加本地公共投资将增加 84% 的本地工资。因此在这个例子中，停车受益区通过由私人消费转移到公共投资的最终需求，从而增加 39% 的当地工资总额。

92. 在这个例子中，由于公共部门修建了道路，因此新增岗位的估计工资可能会异常高。在加州出资的建设项目中，中标人必须以该地区"最常见"的工资率支付工人工资，而这个事项经常由工会决定。维修人行道的私人承包商可能支付较低的工资，但他们用资本替代劳动力的动机就会减弱。因此，将支出从私人消费转向维修人行道可能会以较低的工资创造更多的就业机会，而它比这里所估计的、将相同支出转移到修建道路上创造的就业机会要多。但是，还值得注意的是，所创造的大多数工作岗位是在私营部门中进行，其中许多工作是为技能相对较少的工人提供的。估计损失的岗位数为 17.9，获得的岗位数为 21.5，在表中四舍五入为 18 和 22。

93. 美国人口普查局 (United States Census Bureau，2002a，表 1、6 和 9)。总额 (石油 1,040 亿美元和机动车 1,900 亿美元) 占贸易逆差的 82%。

94. 美国专利号 1,509,312(1924 年 9 月 23 日)。在购买达罗 (Darrow) 的专利之后，Parker Brothers 公司接着购买了玛吉 (Magie) 早期的专利。Monopoly.® 现在是 Hasbro 公司地产交易游戏的商标。参见 Orbanes(1988) 中有关《大富翁》的历史。

95. Bolton(1985，11)。

96. Andelson 和 Gaffney(1979，284)。Edwin Seligman(1931，68) 认为，"土地价值税并不一定是单一税。单一税的本质特征是税收的单一性。"土地价值税的本质特征不是它的单一性，而是它在不扭曲激励措施的情况下具有增加税收的能力。同样，路边停车收入不会代替所有的税收，但城市可以用它来减少一些税收，比如财产税。免费路边停车和苛刻的路外停车标准戏剧性地表明，政府对土地的所有权不会自动获取土地租金以造福社会。

97. 路边停车市场定价除了具有这些优点，第 13 章中的巡游模型建议，如果路边停车价格被低估，则其价格的上涨可使开车人每增加 1 美元的路边停车费用，巡游的时间和燃料成本则相应减少 1 美元。因此，路边停车收费并不像税收那样将收入从开车人转移给政府。路边停车人的净负担为零，因为公共收入的增加等于减少的私人巡游浪费。在一个区域内提高路边停车价格，通过减少由巡游造成的交通拥堵，从而减少了开车人出行的时间成本，更多时间可用于开车而不是寻找停车位。Arnott、Rave 和 Schöb(即将发表) 通过一个数值实验测算了提高路边停车价格，当路边停车收入每增加 1 美元时，则可减少在途司机 (那些正在出行而不是在巡游的司机)2 美元的出行时间成本。在一个定价过低的区域，每增加 1 美元路边停车收入，可以按 3 : 1 的时间-燃油节约比例减少巡游司机的出行成本，为正在出行的司机节约 2 美元时间成本。当然，本例的估算结果还取决于那些为寻找车位而巡游的汽车所延误的过境交通量。

第 20 章　解除捆绑停车

城市之魂，在于选择的多样性。

——简·雅各布斯

如果城市要求餐馆每顿晚餐提供免费的甜点，那么为了包含甜点的成本，晚餐的价格很快就会上涨。为了确保餐馆提供甜点时不偷工减料，城市必须精确设置"最低卡路里标准"。一些食客会为他们不吃的甜点付费，另一些食客不得不吃下含糖甜点，而如果甜点需要单独购买，他们根本就不会点。毫无疑问，后果就是肥胖、糖尿病和心脏病的流行。纽约和旧金山等一些注重饮食健康的城市可能会禁止免费提供甜点，但大部分城市仍会继续要求餐馆提供。吃了那么久的免费甜点，现在如果改为付费，许多人甚至会为此生气。

当然，城市没有要求每顿晚餐提供免费的甜点，但却要求每栋建筑提供路外停车位。结果，停车成本通常被捆绑在其他所有价格之中，而大多数人不管去哪儿都会开车前往。[1] 如果城市取消这些要求，开发商将能够按照自己的选择提供尽可能少的停车位。当开发商将停车场改建为加密项目[①]时，由于法律不再要求提供一定数量的停车位，一些现有的停车位就会因改造而消失。由于城市不再要求业主为新用途提供额外的停车位，老旧建筑适应性再利用过程中遇到的问题也将会变少。

摆脱了停车标准的束缚，停车供给会相应减少，停车价格也会提高。没有人会为支付停车费而高兴，但可以换个角度考虑：甜点没有包含在晚餐价格里，依然可以单独另点，而并非人人都会下单。取消路外停车标准就像取消晚餐中的免费甜点，给用餐者更多的选择，他们可以决定到底想吃什么，而解除捆绑停车[②]则能给出行者带来更多的选择。解绑停车还可以推动共享停车位的增加，因为只要愿意支付停车费，每个人都可以使用它。相反，停车标准通常不允许共享，每个特定用途的场所都必须提供属于自己的停车位。[2] 而且，那些为增加自己的停车位付出高昂代价的商家，肯定不愿意让竞争对手的客户使用它。因此，有偿共享停车位的增长可以采用更少的停车位供应服务于更多的出行，而更高的停车价格

---

① 原文为 infill projects。（译者注）

② 原文为 unbundled parking，这里"解除捆绑停车"的意思为将停车从建筑物的停车位数量标准中解脱出来，下文中简称"解绑停车"。（译者注）

会增加拼车、公交、骑车和步行的数量。因此，取消路外停车标准可以缓慢但有效地推动共享停车发展、提高城市密度以及减少单独开车的行为。

有的地方停车位昂贵，但停车收费交易成本较低，那么解绑停车就很容易实现。一个最简单的例子是公寓楼，现在通常每个单元都要提供两个"免费"停车位。在这种情况下，可以通过向居民提供单独租赁公寓和停车位的选项来解绑停车。然后，居民可以自行选择需要租用几个停车位。我将以停车位租金和公寓租金分离为例说明解绑停车如何降低住房成本。

从住房成本中剥离停车成本

房东习惯将住房和停车的价格捆绑进行一次性交易。当然，捆绑停车[①]并不是真正的免费。它的提供没有额外的成本，因此居民认为它是免费的并做出相应的选择。对于那些认为不值得为第二个停车位 (甚至第一个停车位) 付出额外成本的人而言，分别租用公寓和停车位会使房租更低廉。如果开发商提供更少的停车位，并将成本节约的好处传递给居民，住房本身就会变得更便宜。

一个案例

由于城市要求提供一定数量的停车位作为发放建设许可证的条件，开发商通常无法将停车位成本从公寓建筑的其他成本中分离出来。然而，正如第 5 章所述，加州大学洛杉矶分校 (UCLA) 不受分区法规的约束，校园内一处公寓项目由于住房和停车由独立预算资助而将两部分成本分开处理。因此，该项目的数据可以说明将公寓和停车位的成本分开计算的效果 (有关项目的详细信息，请参见第 5 章和表 5-4)。

UCLA 不受分区法规的约束，但如果要求该项目遵守城市的路外停车标准，则每套公寓需建设 2.1 个停车位。为了简化计算，假设每套公寓建设成本为 140,000 美元，每个停车位建设成本为 20,000 美元，同时城市要求每套公寓配备两个停车位。[3] 假设收回公寓或停车位成本的月租金为建设成本的 1%。[4] 表 20-1 显示将停车成本捆绑入公寓成本以及将这两个成本拆开后的结果。

每套公寓成本包括两个停车位，即为 180,000 美元 (140,000 美元 +2×20,000 美元)，如果月租金为建设成本的 1%，无论房客拥有多少辆车，每套公寓收取 1,800 美元租金 (见第 4 列)。不妨假设公寓和停车位是分开租用的。一套不含停车位的公寓租金为每月 1,400 美元，带一个车位的为 1,600 美元，带两个车位的为 1,800 美元 (见第 7 列)。如果将两个"免费"车位与租金捆绑在一起，则租用两个停车位的人所支付的租金仍与原本应支付的租金相同，但其他人都省了钱。解绑停车所做的就是让居民摆脱这种支付义务，不必为他们认为不值得的停车位付费。

---

① 原文为 bundled parking。(译者注)

表 20-1　解除捆绑降低公寓租金，同时增加停车租金

| 汽车数量 | 租金 (美元/月) | | | | | | 节省成本 |
| | 捆绑停车 | | | 解绑停车 | | | |
	公寓	停车	总计	公寓	停车	总计	
(1)	(2)	(3)	(4)=(2)+(3)	(5)	(6)	(7)=(5)+(6)	(8)=(4)−(7)
无车	1,800	0	1,800	1,400	0	1,400	400
一辆车	1,800	0	1,800	1,400	200	1,600	200
两辆车	1,800	0	1,800	1,400	400	1,800	0

注：
基于如下假设。
每公寓单元建设成本 =140,000 美元。
每个停车位建设成本 =20,000 美元。
月租金 =1%的建设成本。
捆绑停车：每个公寓单元配备两个停车位。
解绑停车：每个停车位租金为每月 200 美元。

　　每月 200 美元租金是根据停车位建设成本计算的。但是从营销角度看，由于每个人都习惯于"免费"停车，这个定价似乎过高了。为了避免给人标价过高的印象，如果房客不占用停车位，房东可以给他们的租金打折，就像餐馆和酒吧为早到的顾客提供早鸟特惠和欢乐时光[①]，而不是对晚到的人收取滞纳金。[5] 如果带两个免费停车位的公寓租金 (如捆绑停车) 是 1,800 美元，房东可以给只有一辆车的房客每月 200 美元折扣，给不开车的房客每月 400 美元折扣。

　　大部分人没有意识到付房租时已经为停车买单。解绑停车并不会增加住房和停车的总成本，而是将其分成两个部分，并由房客选择是否支付停车成本。还可以为房客提供各种停车选择，包括指定或非指定车位，前后式或并排式车位，甚至代客泊车服务，这些都可以根据成本来定价。紧凑型车位可以比全尺寸车位更便宜，因为建设成本更低，这将鼓励居民购买更小型的汽车。开发商提供不同价格的公寓大小和布局选择以适应不同的需求；提供停车位数量和类型的选择也将满足不同的需求，新的选择将使公寓本身更便宜。[6]

自有产权公寓

　　对于业主自用的自有产权公寓，在销售中也可以解绑停车。开发商可以提供不同选择，将住房单元和停车位分别出售，或通过自有产权公寓协会出租停车位。在第一种选择下，市场将显示居民对停车位的估价，如果居民认为建设和维护成本过高而不值得投入，开发商可以终止停车位建设。[7] 在第二种选择下，协会可以采用公共财产方式拥有这些停车位，并以供需平衡时的市场价格出租。然后，共有停车位的租金可以代替居民为维持协会而缴纳的全部或部分费用。停车不会免费，但拥有更少汽车的居民可以少付钱。通过解绑停车，开发商发现在建造自有

---

① 原文为 early-bird specials and happy hours。(译者注)

产权公寓时可以少建一些停车位，因为当居民在单独支付停车费时就会想要更少的汽车。

自有产权公寓的业主更愿意租赁而不是购买停车位，持怀疑态度的人可能会质疑这种观点，但它很容易成为一种主流的做法。毕竟，人们曾经习惯于租用公寓并购买汽车，但现在情况正好相反。[8] 如果人们选择租用汽车，也可能会决定租用停车位。首先，租用停车位的交易成本比租用汽车要低得多。此外，能够改变停车位的使用数量也是这种方案的一个优势，特别是考虑许多捆绑式停车位比停在其上的汽车还要贵。很少有人想要租用他们并不使用但又很昂贵的停车位。解绑停车只是让人们可以选择是否放弃他们认为不值得花钱的停车位。

与雇主支付的停车位提现类似

公寓楼给不使用停车位的居民提供租金折扣，类似于工作场所雇主支付的停车位提现选项①。采用停车位提现选项的雇主称赞它简单易行，也很公平，并有助于招募和留住员工。如果通勤者在工作单位享受雇主兑付的停车提现奖励，同时在家通过更少使用停车位来降低住房成本，那么他们可以通过减少汽车保有量获得双倍的节约收益。在工作端和家庭端都能兑现免费停车位的现金提现，将特别吸引那些喜欢以邻近性而不是移动性②来获得活动机会的人。

解绑停车位的最佳数量是多少？

如果城市不要求路外停车位标准，开发商如何知道该提供多少停车位？这就又回到餐馆菜单的问题上。如果晚餐中不包括免费的甜点，厨师应该准备多少甜点呢？众所周知的答案是由价格决定需求。甜点的正确数量取决于准备各种甜点所需的成本以及食客愿意支付的价格。那么，停车位也是如此。停车位的正确数量取决于停车位的建设成本以及居民认为这些停车位价值几何。

每个居住单元建造第二个停车位可能要比第一个贵得多，这是因为停车位成本有自然的"间断点"——停车位边际成本跳跃的点。当地面无法提供所要求的停车位而需要修建停车楼时会出现一个主要的间断点。另一个主要间断点出现在所有地面上的停车位全部用尽、必须在地下建造停车场之时。对于地下停车场，每增加一层地下车库都会产生一个间断点。因此，每套公寓的第二个停车位可能比第一个贵得多。

回到 UCLA 的案例，所有停车位的平均成本为每车位 20,000 美元，但是第一批停车位的成本仅为每车位 15,000 美元，而第二批停车位却需要每车位 25,000 美元。然而，尽管第二个停车位的成本较高，对居民而言它的价值可能比第一个停车位低，因为许多家庭只有一辆车，日子或许还能过下去。因此，不应该把第

---

① 原文为 cash out employer-paid parking at work。（译者注）

② 原文为 proximity rather than mobility。（译者注）

一个停车位的高需求与第二个停车位的低需求相混淆，解绑停车可以显著降低公寓的成本，同时 (减少一个停车位) 只会稍微降低它对居民的价值。毕竟，如果你觉得第二个停车位每月只值 50 美元，而放弃它每月可节省 200 美元，那么放弃它可能会让你觉得自己的境况要好得多。

一个简单的示意图可以说明价格如何影响停车需求以及成本如何影响供给。图 20-1 表明两个公寓的停车需求与每个停车位租金的关系。假设两个公寓的停车需求曲线相同。尽管不同家庭会有不同的需求，但随着每车位租金下降，所需车位的数量也会增加，当租金为零时，两座建筑物中每个单元都需要两个车位 (图中 A 点)。现在考虑两个公寓停车位的边际成本。下方的曲线显示，当第 1 套公寓提供一个额外停车位时，边际成本如何随着停车位数量而增加。当一个停车位的租金足以支付建造它的边际成本时，居民要求每套公寓提供 1.5 个停车位 (也许一半居民占用一个车位，另一半居民占用两个车位)，价格为每月 50 美元 (图中 B 点)。[9] 这种情况下，开发商为每套公寓提供 1.5 个以上的停车位就会亏损，因为额外的停车位将比居民愿意支付的价格高。上方的曲线显示了第 2 套公寓每车位边际成本的变化情况，第 2 处场所的停车位成本比第一套公寓高，在此情形下，居民要求每套公寓一个停车位，每月价格为 100 美元 (图中 C 点)。即使各处的停车需求相同 (实际情况并非如此)，不同地点的建设成本也存在差异，这

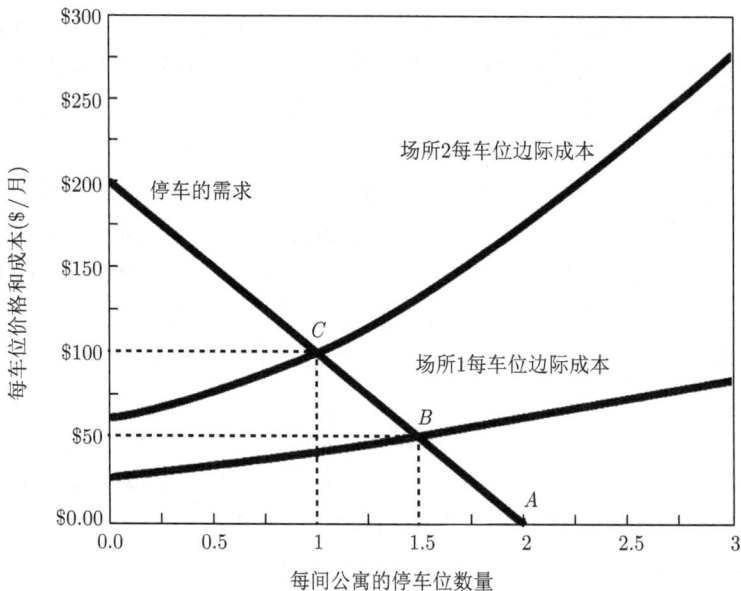

图 20-1 解绑停车的需求

意味着各处停车位数量不应相同。

开发商可以将停车位建设成本与他们认为居民愿意支付的价格进行比较。比方说，在年利率 10％ 和 30 年贷款期限的条件下，每个停车位 1,000 美元建设成本每月需要偿还 8 美元的债务。在此利率下，一个需要花费 20,000 美元的停车位每月需要赚取 160 美元支付建设成本。如果只有少数居民愿意每月为第二个停车位支付 100 美元以上的费用，开发商就不会为每个公寓自愿提供两个停车位。用同样的钱，大部分居民还是喜欢更大的公寓和更少的停车位，因此市场往往会提供这种公寓。

如果城市对路边停车收取市场价格，那么路外停车价格可以指导开发商提供停车位的数量，这样居民就不会被迫为自己认为不值得的停车位付费。但是，如果路边停车仍然免费，城市想要防止停车溢出效应的话，就必须要求开发商在两处场所为每套公寓提供两个路外停车位，而这在各个方面都非常浪费。首先，每套公寓提供两个停车位造成经济上的浪费，可以通过比较这些停车位的建设成本与居民认为的价值之间的差额来计算。[10] 其次，捆绑停车所导致的供过于求会诱使居民花更多的钱买车和用车。随之而来的交通拥堵和空气污染进而加剧了过多停车供给所导致的经济浪费。

解绑停车位的最佳尺寸是多少？

一些城市允许开发商在所需的停车位中提供一部分作为紧凑型停车位，以便在同一区域内可容纳更多汽车。但是，很多城市已经放弃这项政策，取而代之要求提供足够大的"通用"尺寸停车位以容纳所有车辆。例如，史蒂文·史密斯和亚历山大·海基米[①]在对马里兰州蒙哥马利县停车标准进行研究时，报告该县对所有停车位均采用 8.5 英尺 ×18 英尺大小，因为单一尺寸有以下好处：1) 简化停车规定；2) 减少大型车挤占小型车位引发的执法问题；3) 使停车规划更容易通过评估；4) 随着车队中小型车比例变化，紧凑型车位最大允许比例随之发生变动，单一尺寸可以避免这种规定变化带来的影响；5) 降低设施内寻找合适尺寸停车位的需要，从而改善车辆通行；6) 减少用户抱怨和不满。[11] 上述采用单一尺寸制定普适停车位标准的理由表明，当规划取代价格机制来决定需求时会带来很多问题。如果所有停车都免费，规划师们必须设计笨拙而严格的规章制度，以致无法根据不同人群的不同情况进行区别对待。

应该按照车辆尺寸按比例收取停车费，但路外停车标准消除了这种激励。当汽车越造越大，城市也就随之增加配建停车位的最小宽度和长度，以便司机们可以安全舒适地打开较大的车门，而不用担心刮擦相邻车辆的表面。想象一下，如果人们在体重增加时总是免费得到一个全新的衣橱以容纳更大号的衣服，这将会

---

① 原人名为 Steven Smith 和 Alexander Hekimian。（译者注）

给公共健康带来问题。由于随着汽车越变越大,城市不断要求配建更宽更长的停车位,而停车价格无法限制汽车尺寸的增长。相比之下,欧洲一些停车库在入口处装有天花板传感器来测量每辆车的长度。小型车会自动获得折扣,并引导至较小尺寸的车位。[12] 如果更多停车库为小型车提供折扣,更多车主就会购买小型车,而停车位可能会变得更小。

如果城市不再规定停车位的最低数量和尺寸,开发商和业主就可以对需求的变化做出回应,按照不同尺寸的汽车重新划定和分配停车位,并根据停车位尺寸收费。例如,假设一处公寓建成时,紧凑型和全尺寸的停车位各占一半。如果更便宜的紧凑型车位需求增加,公寓业主就可以重新划定停车位,将部分全尺寸的停车位变为更多数量的紧凑型车位。如果庞大的运动型多用途车 (SUV) 无法轻松停进全尺寸停车位,业主又可以重新划定一些加大尺寸的停车位并收取更高价格,或许这些车主可以租用两个小型车位。如果停车位按照尺寸定价,人们在买车时会将价格因素考虑进去,决定需要购买何种尺寸的汽车。比方说,一辆雪佛兰爱唯欧①占据的面积仅有雪佛兰西维拉多的 57%。[13] 如果停车收费与汽车尺寸成比例,爱唯欧车主就可以比西维拉多车主少付费,那么开车人会买更多的爱唯欧。在其他国家,汽车在尺寸上的差异也同样显著。在英国,一辆迷你库珀占据的面积是劳斯莱斯幻影的 54%。在日本,两辆铃木卡布奇诺可以停在一辆日产无敌舰队位置上。在德国,三辆戴姆勒–克莱斯勒智能汽车可以停在一辆戴姆勒–克莱斯勒·迈巴赫 62 位置上。由于汽车之间的尺寸差异非常大,因此停车费按照汽车尺寸成比例征收,比无视尺寸按同一价格付费更公平。[14] 毕竟,没有人期望在同一建筑物中为一间 500 平方英尺公寓支付与 1,500 平方英尺公寓相同的租金。

解绑停车的两个市场

对那些拥有较少汽车的居民,解绑停车给了他们一个节省住房成本的选择。即使在公寓租金中捆绑两个免费停车位的情况下,一些家庭也只有一辆车,而有的家庭则没有车。由于捆绑停车迫使这些家庭为他们并不使用的停车位付费,他们显然是解绑停车公寓市场潜在的消费群体。不用放弃任何东西,他们就可以节省住房开支。

另外一个潜在市场是那些目前拥有两辆车的家庭。解绑停车增加了拥车的固定成本,这一高昂的固定成本可能会导致一些居民放弃购买第二辆车。正如捆绑停车增加了购车和驾驶的开支,相反解绑停车减少了这些花费。由于停车价格影响汽车拥有量,在那些全部免费停车之处观察到的汽车拥有率会扭曲地显示“停车需求”。那些不得不为第二个车位付出高价的居民,可能会决定不值得拥有第

---

① 本段出现的汽车品牌分别为 Chevrolet Aveo、Chevrolet Silverado、Mini Copper、Rolls Royce Phantom、Suzuki Cappuccinos、Nissan Armada、Daimler-Chrysler Smart 和 Daimler-Chrysler Maybach 62。(译者注)

二辆车。例如在解绑停车之后，他们可能会选择买一辆较新的更高品质的车，而不是购买两辆破旧且可靠性较差的廉价车。而且，随着汽车数量精简和质量提高，家庭可以增加一部分支出用于非机动化出行。[15] 这个同时在购车和停车上省钱的选择，特别吸引那些喜欢在短途出行中选择步行和骑车而不是开车的居民。

蒂布特分群[①]

一些公寓楼是在城市制定路外停车标准之前建造的，很少或根本没有现场停车位。因此，从某种意义上说，有些居民可以选择解绑停车，因为如果选择住在一幢老建筑中，他们可以选择不带停车位的公寓。所以，人们倾向于根据自己在公寓楼中对停车的需求进行分群：那些需要更多停车位的人，可住在相对较新的建筑物中，而那些需要更少停车位的人，则选择相对较老的建筑物。这种居民的住宅分群与"用脚投票"概念很相似，财政学家查尔斯·蒂布特[②]假设，人们会搬迁到那些可以提供他们所偏爱的公共服务和税收组合的城市。[16] 蒂布特认为，那些在公共服务和税收政策上有着相似偏好的家庭会聚集在同一个管辖区。同样，那些拥有更多私家车的家庭更愿意搬到有更多停车位、相对较新的建筑物里，那些私家车数量较少的家庭则更愿意搬到相对较老的建筑物里。但是这个分群过程是局限性的，因为老楼房都集中在老城区，而且它们的供应在缩减。2000 年，只有15％的自住房屋和 36％的租住房屋是在 1960 年之前建造的。[17] 因为路外停车标准从 1960 年开始普及，不论居民们是否需要，现在大多数房屋都配备了充足的停车位。蒂布特分群现象无疑会出现，但用这个方法提供解绑停车是很低效的，随着时间推移这个办法也会慢慢失效。

停车上限还是停车定价？

1998 年英国政府成立由建筑师理查德·罗杰斯勋爵[③]担任主席的城市工作组，旨在探明英格兰城市衰退的原因并提出切实可行的解决方案。罗杰斯勋爵在工作组报告《走向城市复兴》[④]导言中写道：

---

① 原文为 Tiebout Sorting。(译者注)

② 原人名为 Charles Tiebout。查尔斯·米尔斯·蒂布特 (Charles Mills Tiebout，1924～1968) 是美国经济学家和地理学家，最知名的成就是用脚投票模型，它表明搭便车问题实际上有非政治性的解决方案。(译者注)

③ 原人名为 Lord Richard Rogers。理查德·乔治·罗杰斯 (Richard George Rogers，1932～)，英国建筑师。代表作有著名的伦敦"千年穹顶"，与福斯特合作设计的中国香港汇丰银行与与意大利建筑师皮阿诺共同设计的乔治·蓬皮杜国家艺术文化中心等，评委会称赞他的作品"表现了当代建筑历史的片断"。虽然饱受争议，但不妨碍他成为是 30 年来最有影响力的建筑师之一。1991 年被授予爵士头衔。作为伦敦市市长的首席建筑和城市主义顾问，罗杰斯是"英国城市工作组" (Urban Task Force) 的负责人，该工作组成立于 1998 年，研究了城市衰败的原因，并为城市复兴的未来规划了基础工作。(译者注)

④ 原书名为 *Towards an Urban Renaissance*。(译者注)

　　　　我们需要一种能够推动城市复兴的愿景。我们认为，城市应该是
设计良好、更紧凑、更连通，并为多元化应用提供助力——允许人们在
可持续的城市环境中，近距离地居住、工作和享受自己的生活……一
场城市复兴是可取的、必要的、可实现的，并且长期有效。[18]

　　这份报告一个颇受争议之处，是它建议对所有新的住宅开发项目设置一户一
车位的上限标准。[19] 地方政府认为该建议过于死板，没有考虑当地情况，并与预
计的汽车拥有率增长趋势相冲突。房屋建筑商声称，只有一个停车位的新住宅很
难出售，因为居民即使没有车，也很看重住宅停车。一项对伦敦居民的调查中，牛
津布鲁克斯大学迈克尔·斯塔布斯①发现了一个自相矛盾的结果，越中心的住宅区
对停车位需求越大。受访者还提到，很难将没有停车位的房子转手售出。问卷调
查中典型的回答包括"在伦敦市中心停车位是必需的"以及"在伦敦如果有车而
无车位是绝对不行的"。[20] 尽管有些规划师建议提供无车住房②来增加密度并改善
设计，但如果没人愿意租住或购买无车住房，开发商就不会建造这些没有停车位
的楼房。即使是那些没有车的人也不想完全放弃停车位，因为情况可能会发生变
化。如果将来有一天他们买了车，就会想要一个停车的地方，甚至想要一个供客
人停车的地方。

　　在某种程度上，住宅停车位需求增加，部分原因在于房屋与停车位捆绑在一
起似乎不会增加额外的成本。住宅要么带有停车位，要么没有，并不涉及价格。
但解绑停车让居民可以单独对住房和停车做决定。那些无车的人更愿意在没有
捆绑停车位的情况下租用或购买公寓，前提是他们知道只要情况发生变化并且
他们决定买车时，总是可以随时租用或购买一个便利的车位。他们不必仅仅因
为买了车就得搬到带捆绑停车位的公寓。相比之下，捆绑停车增加了停车需求，
这些需求甚至来自那些不需要停车位的人，以及那些宁愿居住在汽车较少的城市
的人。

　　如果停车位不与住房捆绑在一起，而是单独标价，那么价格可以起到减少
停车位数量的作用。当停车位的价格可以覆盖其建设成本时，新开发项目就不
需要设定停车位数量上限。然而，如果对停车位设置上限，那么毫无疑问应该
解绑停车。如果居民们知道可以随时以市场公平的价格购买停车位，他们将会
更愿意搬到有停车位限额的住宅区去。市场定价的路边停车位将以"限额和解
绑"③方式补充路外停车位的不足。如果路边停车可以定价，那么每个人都可
以随时在所住街道上找到停车位，居民们甚至更愿意租住或购买那些不提供
捆绑路外停车位的公寓。人们不必为了解绑停车而放弃自家的汽车并改变生

---

　　① 原人名为 Michael Stubbs。(译者注)

　　② 原文为 car-free housing。(译者注)

　　③ 原文为 cap and unbundle。(译者注)

活方式，只要足够多的人做出这样微小的改变，就能为城市和社会带来巨大的变化。

解绑停车如何影响车英里数和车辆排放

平均说来，汽车 95% 的时间都处于停放状态，如果你拥有汽车，那么就需要一个停车位。因此，停车需求看起来几乎完全没有弹性——一个毋庸置疑的必需品。但是，解绑停车将把停车位从住房成本中分离出来转变为购置汽车的成本，而停车位的租金将成为拥有汽车的一项固定成本。像保险费和年度注册费一样，停车费将成为拥车和开车决策中需要考虑的另一项成本。预测汽车拥有成本对车辆出行的影响很复杂，荷兰交通经济学家杰拉尔德·德容①为此开发了一个模型。[21]他采用荷兰和挪威的数据对模型进行校准，然后用它估算每年车英里数 (VMT)对拥有汽车的年度固定成本的长期弹性系数。荷兰的估计值为 −0.68，挪威的估计值为 −0.48；也就是说，拥有汽车的固定成本提高 10%，荷兰的 VMT 降低了6.8%，而挪威的 VMT 降低了 4.8%。如果我们假设较低的弹性指数 −0.5，则可以使用该模型预测增加拥车的固定成本以及结合解绑停车措施将如何降低年度VMT。表 20-2 给出了结果。

美国汽车协会估计，2002 年新车的平均固定成本为每年 5,800 美元，美国乘用车的使用年限中位数为 8 年。[22]因为 79% 的新车固定成本是折旧和财务费用，一辆使用 8 年的汽车相应的固定成本 (主要为保险费和注册费) 比新车低得多。如果我们假设拥有一辆车龄为中位数的汽车，固定成本为每年 1,000 美元，则可以估计解绑停车如何增加拥有新车和中位数车龄汽车的固定成本，以及固定成本的增加又如何反过来减少年度车英里数 (VMT)。

假设一个停车位租金为每月 50 美元，即每年 600 美元。对于车龄中位数的汽车来说，解绑停车将增加 60% 的固定成本，并且如果 VMT 相对于固定成本的弹性系数为 −0.5，增加这项成本将降低 30% 的年度 VMT(−0.5×60%，见表 20-2第二栏)。对于新车，解绑停车只会增加 10% 的固定成本，从而只降低 5% 的年度VMT，但是如果停车价格更高，VMT 的降低幅度将更大。举个例子，如果一个停车位每月租金为 150 美元或每年 1,800 美元，拥有一辆新车的其他固定成本为每年 5,800 美元，则解绑停车将降低 15% 的 VMT(见表 20-2 第四栏)。[23]

解绑停车将降低汽车拥有率。虽然没有汽车的家庭可能仍然很罕见，但是只购买一辆车的家庭将变得更加普遍。解绑停车也将使汽车共享计划越来越受欢迎，因为人们可以通过分摊停车费来省钱。汽车共享的最大好处是将汽车拥有的固定成本分摊给一大批潜在用户，而把停车成本加到拥车的固定成本中将增加这种好

---

① 原人名为 Gerald de Jong。(译者注)

处。汽车共享的家庭面临更高的开车边际成本，因为他们按使用小时数或行驶里程数付费。例如，在洛杉矶，一个汽车共享计划包括 25 美元年费和每小时 10 美元使用费；每小时包含 10 英里的免费里程，超出的里程按每英里 35 美分收费。[24] 如果一个家庭使用第二辆车的时间每月只有 10 小时，那么汽车共享的成本每月只要 100 美元，这可能比拥有第二辆车的停车费加保险费还要便宜。因此，许多家庭可能方便地选择汽车共享作为第二辆汽车的替代品。[25] 由于汽车共享把很大一部分的拥车成本转换成开车的边际成本，因此较高的边际成本将进一步降低 VMT。

表 20-2　　解绑停车降低的车英里数 (每年 VMT 降低百分比)

车辆固定成本 (美元/年)	停车价格 (美元/年)		
	$ 600	$1,200	$1,800
(1)	(2)	(3)	(4)
新车　　　　　　　$5,800	−5%	−10%	−15%
车龄中位数的汽车　$1,000	−30%	−60%	−90%

注：第 (2)(3)(4) 栏显示每年 VMT 降低的百分比。
假设：VMT 相对拥车固定成本的弹性系数 = −0.5。
来源：de Jong(1997) 和《沃德汽车事实与数据 2002》，第 64 页。

　　住宅并不是唯一可以解绑停车的用地类型。举例来说，如果通勤者兑现由雇主支付的停车补贴，就能在通勤出行的家庭端和工作端两头节省停车费。如果商店和餐馆把停车费从商品价格和食物价格中分开，那么每个人都可以通过减少用车来节省停车费。因此，解绑停车把停车从隐性的固定生活成本转变成拥有和使用汽车的显性边际成本。[26]

　　对于家庭中有较旧且可靠性较差的第二 (或第三、第四) 辆汽车，解绑停车将成比例地增加拥有成本，这些汽车通常消耗更多燃料并产生更多污染。当人们考虑停车成本时，如果一辆汽车很少使用，那么它可能被视为一种消耗性的奢侈品。因此，解绑停车往往会淘汰那些对机动性影响最小、对燃料消耗和空气污染影响最大的汽车 (旧车停放时的蒸发排放可能高于新车的运行排放)。因此把住房成本和停车成本分开，将有选择地打消人们对拥有那些带来最大社会成本的汽车的念头。丹佛大学化学系教授唐纳德·斯特德曼[①]采用遥感技术，估算出排污能力前 10% 的汽车会产生全部汽车排放量的 50%。[27] 因此淘汰一些不值得为之付停车费的大型污染源，可以大大改善空气质量。解绑停车可以减少汽车数量和总的 VMT，并且由于剩下的汽车相对更清洁，因此排放量的减少将超过 VMT 的减少。

---

① 原人名为 Donald Stedman。(译者注)

对解绑停车的反对意见

如果解绑停车是个好主意，为什么大多数房东还没有这样做呢？解绑停车通常只出现在历史悠久且人口稠密的城市，像纽约和旧金山这些停车位稀缺的地方。那里甚至还修建了停车公寓，销售给那些居住在没有停车位的建筑里的居民 (见第 19 章)。但因为分区法规中路外停车标准很高，大多数开发商和房东还是将住房与停车位捆绑在一起。如果城市要求开发商为每套公寓配建两个停车位，房产主就不能指望以收回成本的价格出租停车位。许多居民会认为第二个停车位，甚至第一个停车位不值得如此之高的价格。解绑停车的情况很少见，因为大多数城市要求提供足够多的现场停车位以满足免费停车需求。

当然，路外停车标准和捆绑停车不会凭空出现。如果停车成本没有捆绑在其他商品价格中，那么可能会出现一些问题，城市则要求提供路外停车以解决这些问题。下面考虑当人们期待的解绑停车实施之后可能出现的问题：溢出效应、不确定性、法律责任、交易成本及公平性。我们将会看到，在没有路外停车标准和捆绑停车的前提下，即使可能出现这些问题，它们也可以很好地加以解决。

溢出效应

路外停车标准旨在防止停车溢出效应。如果路边停车免费，新开发项目又不提供足够的路外停车位，那么停车溢出效应将给所有人带来困扰。如果不采取其他措施——将停车从住房中解绑出来——就可能产生停车溢出效应，而这恰恰是设计停车标准打算解决的问题。

为了避免居民区产生停车溢出问题，一些城市禁止在路边通宵停车，以防止居民将街道用作自家车库。而一个更有前景的方法是建立停车受益区，对路边停车收取市场价格，并将收入用于社区公共支出 (见第 16 和 17 章)。如果城市不再要求提供路外停车位，路边停车就可以产生可观的收入来支付公共服务，这将成为解绑停车的另一个重要好处。

不确定性

对解绑停车的另一个担忧是，如果没有路外停车标准，一些开发商可能提供的停车位过少，这些房子可能完全租不出去。考虑前面介绍的图 20-1 中两个公寓的例子。假设第一个公寓的开发商低估了停车需求，每套公寓仅提供 1.25 个停车位。一个弥补失误的方法是提高停车位价格 (或提高不使用停车位的折扣)，直到居民对每间公寓只需要 1.25 个停车位，在这种情况下，每个停车位每月需要支付 75 美元。停车价格可以调整达到市场出清状态，就像公寓价格自身可调整到市场出清一样，而这些有弹性的价格将反映出人们真正多看重停车位的价值。另外一个方法是为所有居民提供如下选择，第一个停车位租金每月 50 美元，而第二个停车位按市场出清价格提供。因此，弹性价格可以解决任何不确定性，更好实现未来的停车供需匹配。

针对未来停车需求的不确定性，另外一种解决方法是让一些停车库车位在停车和现场存储之间转换用途，这些空间可用于更有价值的用途。[28] 公寓楼居民对现场存储的需求比较旺盛，这可以从商业自存柜①的高需求中看出。房主经常将自家车库改成仓库，而公寓居民可能也有类似需求。因此，停车位也变得像其他类型的房产一样功能灵活。

新公寓楼的停车价格也可以进行调整，以使房东和房客同时受益。新的办公楼通常在最初的租赁期提供免费停车，因为此时停车位比较充足，这也是吸引新房客提早入驻的好办法。当该建筑完全租出去之后，就可以引入停车费，因为这时有必要限制需求。公寓楼也可以这么做，在租赁初期大量停车位空置时提供免费停车。免费停车将是对第一批租户的激励，而公寓楼接近饱和时引入停车收费(当然，这样的安排必须提前在租约中告知房客)。相比之下，当停车被捆绑后产生高的公寓租金时，免费停车对最早的租户并不存在任何激励。

城市规划师没有接受过训练来估计停车需求，对一个开发项目如何获得成功也缺乏财务方面的理解。他们不比开发商更了解每个项目需要多少停车位。他们可能充其量只了解少数几种用地类型免费停车时的高峰需求 (见第 2 章)，但并不了解不同地点停车位的边际成本以及如何以价格为函数去估算停车需求。如果城市停止要求路外停车标准，市场会很快对停车需求做出反应。开发商、房主和租户将能够对恰当的停车位数量做出独立的决策。停车市场定价允许城市根据开发商成本及市民的偏好做出自然的推演，而停车标准只会让城市向汽车依赖和城市蔓延的方向发展。对不确定的未来进行规划，弹性价格远比刚性标准来得有效。

法律责任

法律责任有助于解释一些城市繁重的交通法规。比方说，狭窄的街道容易造成汽车事故，就采用过宽的街道以防范潜在的法律纠纷。这时候，法律而非交通方面的顾虑阻碍了法规的变更。但是法律责任问题并不能解释停车标准。在波士顿、纽约和旧金山的中央商务区 (CBD)，路外停车受到法律限制而不是强制要求提供，而克利夫兰、密尔沃基和费城既没有法律限制，也没有规制要求。这些例子说明从法律角度，城市可以限制路外停车位数量，或者可以视而不见。比如，快餐店为顾客提供过少的停车位，城市由于疏忽大意也没有制定具体的规定加以约束，如果一家汉堡王餐厅由于经营失败而起诉城市的不作为，那么它就很难胜诉。路外停车标准起源于城市交通和土地利用规划政策，而不是法律责任

---

① 原文为 commercial selfstorage lockers。(译者注)

问题。

交易成本

停车是不是太便宜了，以至于不该将其与住房解绑？如果采用市场价格管理停车需求，获取收入的成本要高于其收益，那么免费停车就比市场定价更有效；也就是说，停车可能太便宜，无法证明收取停车费的交易成本是合理的。然而，就公寓而言，对停车位收费所产生的交易成本相比建设成本几乎可以忽略不计。[29]

由于用地类型、地点以及出行行为等因素，解绑停车的收益与交易成本之间的平衡可能会大大不同。如果城市取消路外停车标准，那么市场将开始在那些可以有效解绑停车的地方恢复正常。但一种错误的观点认为解绑停车总会伴随着更高的交易成本。比如，豁免停车费需要额外的文书工作和会计核算方案，免除司机按原价支付停车费。停车人还必须记住在停车收据上盖章，如果忘记这么做通常会导致出口处的争执，后面的车辆只能排队等待。在这个例子中，停车捆绑了盖章，只会增加交易成本，而解绑停车会减少这种成本。

公平性

对停车与住房分开收费是否会危害穷人呢？要回答这个问题，我们必须牢记，每个人都为停车付费，但几乎没有人直接为此付费。每个人通过支付其他商品更高的价格为捆绑停车付费。如果停车成本被捆绑进入房租中，那么即使那些买不起车的人也必须支付停车费。由于按要求提供停车位是一项固定成本，它占据较低收入的很大一部分，因此对低收入家庭造成了更大的负担。比如一个家庭年收入 24,000 美元，房租中有 100 美元来自两个捆绑的停车位，那么所谓"免费"停车将消耗该家庭收入的 5%。

解绑停车特别有益于那些没有汽车的人，因为他们可以为住房支付更少的费用，也可以不为停车支出。相比其他任何人，解绑停车因此将会使最贫困家庭受益更多。但为了节省一个捆绑车位的租金，单独收取停车费是否会伤害那些放弃了汽车——或决定不买车的贫困家庭呢？同样，我们应该记住捆绑停车不是免费的；相反，它提高了住房成本。那么，通过提供更少的停车位来减少住房开支，这样的选择怎么会伤及任何人，无论富人还是穷人？那些租用已解绑停车位的人，他们的状况并没有变差，而那些不租用停车位的人，因为有了更多可支配收入用于消费其他的他们认为物有所值的商品，甚至还会变得更好。[30] 因此，解绑停车政策对低收入家庭特别有帮助，这也是它的另一个重要优点。

结论：捆绑停车的高昂成本

如果停车成本包含在其他所有商品的高价格之中，我们就无法通过降低使用量来减少付费。捆绑停车掩盖了拥有和使用汽车的成本，扭曲了人们的选择，使之趋向购买汽车，导致城市蔓延。为了满足免费停车需求，强制停车位的过度供给会降低城市设计水平，榨干城市街道活力。相比之下，解绑停车能够揭示停车成本，降低其他所有商品的价格，使每个人可以选择减少拥车和开车来省钱。减少开车意味着减少交通拥堵、能源消耗和空气污染。更少的停车位意味着增加城市密度和延缓城市蔓延。当市民由于停车费上涨而减少开车，他们会在追求自身利益的同时促进公共利益。取消路外停车标准的城市将会获得应有的回报。

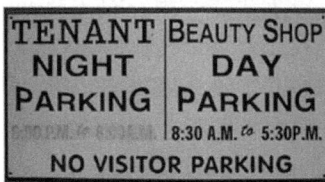

图 20-2

第 20 章注释

1. Fang 和 Norman(2003，1) 认为，捆绑销售是"一种实践，即打包销售两种或多种产品，而不是分别销售每种产品……经济学文献对混合捆绑 (mixed bundling) 和纯捆绑 (pure bundling) 进行了区分。混合捆绑是指一种定价策略，捆绑中的商品也可以单独购买，而纯捆绑用于描述捆绑中的商品不单独出售的情况。"验证豁免停车费 (validated parking) 是混合捆绑的一个示例；对停车收取一定费用，但对那些从公司购买商品并出示凭据通过验证的顾客，停车可以免费。居民区停车是一个纯捆绑的例子；例如，停车位包含在公寓价格内，不购买公寓的话就无法停车。

2. 只有在购物中心，许多不同用途才会在一个场所混合利用，而这里的免费停车场也经常被不同用途的车辆共享利用。

3. 该项目的实际建造成本为每套公寓 139,000 美元和每个停车位 21,000 美元 (见第 5 章)。

4. 对于租赁房屋，一个经验法则是每月租金成本占资本的 1%，这个数字仅用于说明。显然，这个比例取决于利率、税金、运营成本和其他变量。

5. 同样，如果在给定时间内缴纳罚金，一些城市会自动减免停车罚金，而不是要求在相同期限内对没有缴纳的车主加付一笔滞纳金。例如，如果在一周内支付，一个最初 50 美元的罚金可减免到 35 美元，这等价于：如果一周内不支付，则由原本的 35 美元增加到 50 美元。虽然更低的罚金加上滞纳金等同于提前支付更高的罚金去掉减免额，但这涉及一个公共关系议题：滞纳金是一种惩罚，而对提前支付的减免则是一种奖励。

6. 更小的车位加更低的价格应该特别吸引崇尚"绿色"的居民，他们将超大型 SUV 视为"邪恶轴心"(axles of evil) 和"大规模消费武器"(weapons of mass consumption)。

7. 法规可以将停车位的所有权限制为居民，以避免居民感到"外来者"正在使用他们的停车位。

8. 类似的逆转也会发生。过去有线的物品现在变成无线的 (电话)，从前无线的物品现在变成有线的 (有线电视)。现在喝咖啡的人看到液体甜味剂 (liquid sweeteners) 和粉状奶精 (powdered creamers) 也不再吃惊。我们绝不应低估消费者对新环境的适应能力。对停车位只买不租的社会传统，就像其他传统一样很容易改变。

9. 我假设房地产行业市场竞争激烈，开发商确实考虑了供应量对公寓和停车位价格的影响。

10. 浪费的大小可以由需求曲线上方、边际成本曲线下方以及每单元两车位的垂直线左侧围成的三角形面积来表示。

11. Smith 和 Hekimian(1985，39)。ITE(美国交通工程师协会) 推荐的全尺寸停车位为 8.5 英尺 ×18 英尺。一项对佛罗里达州达德县 27 个城市停车标准调查中，John Bradley(1996) 发现，这些城市要求的停车位尺寸从 8.5 英尺 ×18 英尺 (153 平方英尺) 到 10 英尺 ×25 英尺 (250 平方英尺)。许多城市似乎采用了 ITE 推荐值作为最小尺寸，然后进一步要求提供更大的停车位。

12. 瑞士的几个车库以及伦敦波特曼广场的国家停车场 (National Car Park garage in Portman Square) 都安装了该技术。

13. 一辆爱唯欧 (Aveo) 宽 1.67 米、长 4.24 米，占地 7.07 平方米，而一辆西维拉多 (Silverado) 宽 1.99 米、长 6.27 米，占地 12.49 平方米。

14. 更小的车型不仅减少了对停车位需求，同时也节约了道路空间。但因为交通中汽车使用的大部分道路空间是用于保持车距，而不是用于车辆自身，因此减少汽车的平均尺寸主要是减少停车需求，而不仅仅是减少对道路的需求。

15. 减少汽车数量将降低拥有汽车的固定成本，比如保险费。一辆新车的总保险费可能大大低于两辆旧车的总保险费。一辆新车的维修费用也少于两辆旧车。重要的是，停车解绑后的家庭比之前有更多选择。一些司机人数比常规多的家庭甚至可选择租用更多的停车位，而不是像通常那样将免费停车位与普通公寓捆绑在一起。

16. Tiebout(1956)。参见 Donahue(1997) 和 Fischel(2001b) 对蒂布特分群 (Tiebout sorting) 的讨论。

17. 2000 年人口普查中的表 H-36。这些数字是全国平均值,大多数城市变化很小。例如,波士顿可能有更多公寓没有或只有一个停车位,而凤凰城低于两个车位的公寓相当少见。

18. 城市工作组 (Urban Task Force,1999,8)。

19. 城市工作组 (Urban Task Force,1999,105)。

20. Stubbs(2002,233)。

21. De Jong(1997) 解释说,由于存在固定成本,当经常用车时才值得拥有一辆车。因此家庭买车和用车必须是相关联的决策。

22.《沃德机动车事实与数据 2002》(*Ward's Motor Vehicle Facts & Figures 2002*),第 64 页。

23. 如果房租中捆绑停车位的费用,那么解绑不会改变汽车拥有者支付停车费的金额。但是解绑停车确实增加了购买汽车的固定成本,并减少了房屋租金。对于停车解绑后放弃第二辆或第三辆汽车的人,较低的租金将对汽车的使用产生一个 "收入" 效应 ("income" effect),因此,由需求弹性计算得出的结果会稍微高估 VMT 实际降低的程度。

24. 参见 Flexcar 网站:www.flexcar.com。对于汽车使用频次更高的用户,也有固定成本更高、边际成本更低的其他方案。

25. 在一项有关旧金山汽车共享计划的研究中,Cervero 和 Tsai(2003,24-25) 发现,10 位成员中有 9 位来自无车或只有一辆车的家庭。

26. 我们可以考察解绑如何以另一种方式减少开车行为。Andreas Schafer(2000) 提供的证据表明,家庭对出行时间和经济预算随时间推移出奇地稳定。如果解绑停车增加了机动车出行的货币成本,那么减少车辆数和 VMT 则是可用于补偿出行货币成本、保持出行预算稳定的两种方式。

27. Stedman(1994) 采用道路测试技术测量尾气排放。他还发现,污染程度排前 3% 的车辆在道路上释放了 23% 的 CO 排出量以及 27% 的碳氢排放量 (第 viii 页)。保养不善的汽车每年行驶的里程较少,但每英里排放的污染物却更多;停放时它们的蒸发排放也高得多。解绑将减少总的 VMT,但主要减少排污能力高的污染汽车所产生的 VMT,但对于剩下的更环保车辆,每辆车的 VMT 则有所增加。

28. 当租户愿意支付更多的钱用于存储而不是停车时,办公建筑所有者有时会将停车位改造为存储空间。如果停车位数量由分区法规要求,那么这种改造是不合法的,但是如果没有人抱怨,法规的执法就很困难。

29. UCLA 经济学家哈罗德·德姆塞茨 (Harold Demsetz,1964) 研究如何在交易成本与准确的经济激励措施的收益之间做出权衡,他用停车来说明这种情况,即交易成本高到足以证明免费提供东西的合理性。"的确，对每个停车者设定和收取适当比例的 [停车] 建设和交易费用，将减少方便进出所需要的停车位数量。但是，尽管我们减少了用于建设停车位的资源，但是却增加了用于市场交易的资源。我们最终可能会比允许免费停车分配更多的资源来提供和控制停车。"(Demsetz，1964，14)。这里德姆塞茨指的是购物中心的停车。De Alessi(1983，66) 也以购物中心的停车位为例，解释了为什么由于交易成本而无法对某些资源进行定价，但他忽视了免费停车对出行需求产生的影响。理查德 • 爱泼斯坦 (Richard Epstein，2001，5) 使用路边停车来检验在分配稀缺资源过程中交易成本和准确价格信号之间的权衡关系："只有当使用强度增加时，更复杂的法律制度才能付诸实施。"

30. 解绑也使这样的家庭受益，他们拒绝在公寓大楼内使用昂贵的停车位，而是在附近租用更便宜的车位，这样他们可以在不放弃汽车的情况下节省停车费。正如 Thomas Sowell (1980，128) 所说，"没有理由相信人们通常会从较小的一组选项中做出更好的选择，其中较大的一组包括较小一组的所有选项。"

第 21 章　范式转型的时机来临

　　一代人赞誉为精妙、灵活和复杂的概念性方案，为何到了下一代就变得晦涩、含糊和笨拙呢？

　　　　　　　　　　　　　　　　　　　　——托马斯·库恩 ①

　　普林斯顿大学科学史学家托马斯·库恩指出，范式是一种在整个行业获得广泛认可的概念性方案②：

　　　　[科学家] 将研究建立在共同范式基础上，在科学实践中坚持统一规则和标准。这种坚持不懈及其产生的明显共识成为一般科学的先决条件，即特定研究传统的开创和传承。[1]

　　库恩认为，每个行业的实践都体现了当前的规则范式，而这种范式勾勒出一个领域中的研究问题、所使用的研究方法以及评估结果的标准。他进一步认为，科学研究的"一般"过程聚焦于该规则范式涉及的重要变量。换句话说，科学家们专注于思考一系列观点并极其详细地测量相关变量。

　　库恩认为，由于一般科学研究是累积性的，那些与规则范式相矛盾的数据通常会被忽略或质疑。但是，随着时间的流逝，如果相矛盾的证据积累到一定程度，一个新的范式就会被采纳来解释这些证据。当这种范式转型发生时，科学家可能会发现一组新的相关变量。一般来说，这些变量在以往范式基础上还没有被研究过 (至少还没有高度关注或准确地研究过)。作为回应，从业者将改进用于测量新变量的技术手段，收集数据支持和加强新的范式。接着，这个一般科学流程重新启动，缓慢地前进直到新的矛盾证据再次积累，并引发新一轮的范式转型。

　　① 托马斯·库恩 (Thomas S. Kuhn, 1922~1996)，美国著名的科学史家和科学哲学家。代表作《科学革命的结构》是 20 世纪学术史上最有影响的著作之一，引导了科学哲学界的一场认识论大变革，成为科学哲学史上一道重要的分水岭。该书从科学史的视角探讨常规科学和科学革命的本质，第一次提出了范式理论以及不可通约性、学术共同体、常态、危机等概念，提出了革命是世界观的转变的观点，深刻揭示了科学革命的结构，开创了科学哲学的新时期。其影响不仅在于科学史、科学哲学、科学社会学等相关领域，而且延伸到社会学、文化人类学、文学史、艺术史、政治史、宗教史等人文和社会科学领域。(译者注)

　　② 原文为 conceptual scheme。(译者注)

作为范式的停车标准

虽然城市规划并不是一门科学，但停车标准类似于一种范式，为建立停车标准采集数据的过程与科学中采集数据类似。城市规划师开始制定路外停车标准时，他们几乎对停车需求一无所知。规划师和交通工程师随后采集各种用地类型的高峰期停车位占用率数据。例如，由交通工程师协会编撰出版的《停车生成》①，每个新版本都包括对先前观察到的用地类型的新调查数据，以及新出现的用地类型的调查数据 (见第 2 章)。

为建立停车标准而收集的伪经验数据，不仅如库恩所描述的那样是累积的，而且还涉及循环论证。规划师使用高峰期停车占用率来确定各地的最低停车位数量标准。在大多数情况下，所要求停车位的超额供给导致大部分停车的市场价格降至零。结果，大部分停车需求调查都是在提供充足免费停车的地点进行的，因此，观察到的"需求"相应会很高。按照这种循环论证的逻辑，城市规划师在制定停车标准时忽略了停车的价格和成本，他们所观察到的最大停车需求变成了所要求的最低停车供给。

库恩认为，我们采用的范式会影响所形成的理论，反过来，理论也会影响我们感知世界的方式。停车规划有一种更深层次的复杂性：与所有人一样，规划师也不想为停车付费。因此，规划师不仅将停车的"需要"视为专业问题，而且从个人角度带入自己的看法。几乎每个人对提供免费停车都有自利的兴趣，这强化了制定停车标准的范式。正如耶鲁大学政治学家爱德华·塔夫特②解释的那样，我们被一种偏见所左右，"这种偏见倾向于制定这样的政策，它会带来立竿见影、显而易见的好处以及隐性、滞后的成本——这是一种为目光短浅的选民制定的目光短浅的政策。"[2]

停车标准与科学范式相比有一个重要区别。库恩认为，教育能够使学生对现有的科学范式产生一种强大的尊重和坚持。相反地，规划教育很少 (如果有的话) 涉及停车标准——这一交通和土地利用之间的最大仲裁者。在实践中，停车规划与其说是科学，还不如说更像是巫术。

在谈到科学范式转型遭遇的困难时，库恩质问道："一代人赞誉为精妙、灵活和复杂的概念性方案，为何到了下一代就变得晦涩、含糊和笨拙呢？"[3] 毫无疑问，停车标准是晦涩、含糊和笨拙的——就像一个没有地基的精致建筑。停车标准还会带来巨大的成本，阻碍我们朝着重要的社会、经济和环境目标迈进。是时候对停车规划进行一次范式转型了。[4]

---

① 原书名为 *Parking Generation*。(译者注)

② 原人名为 Edward Tufte。(译者注)

当前城市规划领域对两项最新的运动——新城市主义和精明增长——给交通方面带来的益处进行辩论，为我们提供了一个很好的机会，重新思考分区法规中的路外停车标准。许多支持新城市主义和精明增长的规划师认为，城市可以通过改变用地模式和社区设计来减少对汽车的依赖。然而，持怀疑态度的人指出，缺乏确凿的证据表明土地利用会影响汽车出行。例如，考虑马龙·博阿内特和兰德尔·克兰①的合著《设计影响出行：城市形态对出行的影响》②，这是迄今为止最严谨的有关城市规划如何通过用地控制来影响出行行为的研究。博阿内特和克兰回顾了先前有关城市形态和出行行为之间关联性的研究，并得出以下结论：

> 关于城市形态如何影响出行方式，可靠的知识鲜为人知。鉴于土地利用和城市设计在解决交通问题上所起的巨大支持作用，这种缺乏依据的状况有点令人惊讶……支持这些交通方面有改善作用的经验证据尚无定论，其行为学基础也不清楚。5

然而，与其他研究者一样，博阿内特和克兰并没有研究路外停车标准如何破坏城市形态和如何扩大汽车出行规模。在《设计影响出行》中仅在脚注中提到过一次停车，而书中没有任何评论指出这种疏忽。6 五十多年来，路外停车标准成为交通和土地利用政策的核心要素，并且严重扭曲了出行模式，但是在交通和土地利用研究中，对停车标准视而不见几乎是通行的做法。

停车标准尤其难以改革，因为它们在区划法规中根深蒂固，并牢固嵌入一个由许可证、豁免、契约、法院判决和应享权利组成的复杂结构中。城市巩固了它们所产生的结果。不仅是城市规划师必须摒弃停车标准，商家、业主、选民以及民选官员也必须拒绝停车标准。为了改变人们的看法，规划师们必须为社会提供比路外停车标准更好的选择，而规划师们确实可以提供更好的选择：在停车受益区按市场价格对路边停车收费。具体而言，城市应该取消路外停车标准，对路边停车收取市场价格，并将所得收入用于改善社区公共服务。取消路外停车配建标准并不意味着路外停车会消失，相反，当需求推高路边停车价格后，开发商将根据自己的意愿提供额外的路外停车位，并相应地按市场价格收取费用。

美 国 更 新

现有社区可以逐渐改造为停车受益区。这些新的受益区既不完全是政府，也不完全是企业，但兼具二者的一些特色。它们以企业方式管理路边停车供给，所得收入用来支持地方公共服务举措。对路边停车市场定价可以改善交通，公共开

---

① 原人名为 Marlon Boarnet 和 Randall Crane。（译者注）
② 原书名为 *Travel by Design: The Influence of Urban Form on Travel*。（译者注）

支将改善社区。取消路外停车标准将减少开发成本，同时将大量目前依法规划为停车场的土地释放出来。实际上，城市如果取消路外停车标准，就相当于成立了一家庞大的土地储备银行，现在可用于住房和其他发展。[7]

取消停车标准的结果不会立竿见影而将是渐进的，而简·雅各布斯解释了我们为什么应该支持微小的改变，以及这些微小的改变如何叠加在一起成为巨大的进步：

　　二十年前人们普遍认为，规划要造福于城市必须是全面而系统的。小的改进和无破坏的规划被人们嘲笑为创可贴式的小修小补。贫民窟被彻底铲除，为大型公共住房项目腾出空间。社区被一分为二，一分为三，甚至分为更多部分，为市域高速公路系统让路。历史和文化街区被拆除，以腾出空间来盖高层公寓或办公楼。分区的目的是将城市生活的不同组成部分相互隔离。最后，我们不得不面对的现实是：这种破坏性的城市更新不仅代价高昂，而结果在社会、功能和美学上都令人失望。

　　即便如此，旧的思考方式仍然难以在短时间内改变。一旦人们认为这是理所当然的事，那么，如果没有全面改革计划的指导——对遥远未来深入而重大的变化进行谋划——那么就无法实现任何有价值的事情，人们在寻找其他建设性替代方案时就会迷失方向。

　　因为我们更多依据文字而非图表来思考，有时一个简单的用词变化有助于我们开阔思路，发现更多的可能性和替代方案。因此，如今的一个新术语，更新①，已经进入规划词汇表。更新意味着以现状为基础，用一种现有的细致方式，通过许多微小的变化去改善它。当有机会考虑或实现时，这些微小的变化能够积累成为非常显著的改善。从本质上讲，这种方法是经济、节约、高效、灵活以及响应迅速的。[8]

　　雅各布斯指出，如果社区具有三个共同的价值观，它们将选择使采用更新的方法：

　　一是相信微小的改善是有意义的，二是相信微小的改善可以累积，三是认识到它们之所以更有效，是因为不具有破坏性，它们之所以更适应环境，是因为只有在机会和条件允许的情况下才会发生。[9]

　　与此类似，麻省理工学院景观建筑学教授安·惠斯顿·斯皮恩②认为：

---

① 原文为 retrofitting。（译者注）
② 原人名为 Ann Whiston Spirn。（译者注）

通过小型项目进行渐进式改变，通常更可控，或更可行，更不会引发担忧，并且更适应于本地需要和价值取向。如果协调得好的话，渐进式改变可能会产生深远的影响。解决方案不一定是全面的，但对于问题的理解必须是全面的。[10]

城市将自己从路外停车标准中解放出来之后，可以从基本的认识出发，即理解"免费"停车成本高昂，进行许多微小而重要的改革。例如，在洛杉矶，盖蒂博物馆对停车收费但对游客免费开放，而亨廷顿博物馆则提供免费停车但对游客收费①。对停车多收费而对人们少收费，将会改善城市生活。

一个例子：给市长提建议

有些人似乎认为，路边停车市场定价将需要一场巨大的社会变革，如同20世纪禁酒运动，或16世纪宗教改革。但是，在一些建立了停车受益区的城市，路边停车市场定价进展得十分顺利。尽管停车受益区只是在现有实践上做出微小的改变，但这些改变能带来巨大的改善。如果将停车受益区放在交通、土地利用和公共财政更广泛的背景下，假设一位来自发展中国家的市长就汽车保有量高速增长引起的停车问题询问你的建议。你可以考虑推荐两种政策：1) 保持路边停车免费，并要求所有开发项目提供路外停车场；或者 2) 对路边停车收取市场价格，并将收入用于地方公共服务。

1. 路外停车标准把停车成本隐藏在其他所有价格中。它们使停车成本呈现集约化，即无论是否使用停车位，每个人都将为停车付费。免费停车鼓励汽车出行，而不利于其他包括步行、自行车和公共交通等出行方式。因此，它增加燃料消耗、交通堵塞和空气污染。城市将围绕免费停车进行设计和建设——但要牺牲许多其他公共目标。国家将进口更多的汽车和燃料。停车位数量标准的成本将变成一种隐性税，使每个人，甚至不拥有汽车的人，都必须为所有购买的商品支付更高的价格。城市也将无法获得任何路边停车收入来购买公共服务。

2. 路边停车的市场定价将停车成本"个人化"②，并给每个人足够的激励去合理使用它。这项政策将揭示停车的成本，并允许个人选择确定路外停车的供给水平。市场价格将产生几个空闲的路边停车位，以便司机始终可以在目的地附近找到停车位。停车价格将限制对汽车的需求，从而减少燃料消耗、交通堵塞和空气污染。越来越多的人将采用步行、骑车、拼车及公交出行。国家将进口更少的汽车和燃料。因为开车人直接为停车付费，没有人会被迫间接地为停车付费。路边停车收入将用于社区公共投资。

---

① 这里提到的两个博物馆，原文为 Getty Museum 和 Huntington Museum。(译者注)
② 原文为 individualize。(译者注)

　　为了帮助市长选择，你可能会建议比较两项政策的评价标准，表 21-1 所示的十二项标准可以提供帮助。停车受益区在以下十一个方面表现出色：空气质量、气候变化、燃料消耗、住房价格、公共收入、公共交通、交通拥堵、城市设计、城市蔓延、步行环境以及水质量。[11] 而停车标准在一项标准上表现优异：免费停车。你会推荐哪种政策呢？总体而言，城市在这两项政策之间——当然还有其他政策选项——做出选择时，不仅会影响其自身，还会影响整个世界。例如，不妨考虑一下，如果中国和印度对所有新开发项目采用美式停车标准，将会发生什么。除了对城市本身造成自我伤害之外，这些结果对全球燃料消耗、空气污染和气候变化将是灾难性的。

表 21-1　停车配建标准还是停车受益区？比较研究结果

标准	结果	
	停车配建标准	停车受益区
1 空气污染	更差	更好
2 气候变化	更快	更慢
3 燃料使用	更高	更低
4 住房价格	更高	更低
5 停车价格	更低	更高
6 公共收入	更少	更多
7 公共交通	更差	更好
8 交通堵塞	更差	更好
9 城市设计	更差	更好
10 城市蔓延	更快	更慢
11 步行环境	更差	更好
12 水质量	更差	更好

一种新的规划风格

　　停车受益区将引发一种新的城市规划风格。现在，规划师投入大量精力对新建筑强化实施停车标准，或对现有建筑更改配建指标。结果，他们需要花大量时间与开发商周旋。有了停车受益区，规划师将会更多与社区合作，帮助它们决定如何管理路边停车以及如何使用停车收入。在关注路边停车的同时，城市规划师还必须更加注意街道，而现在它们被大大忽略了。正如华盛顿大学城市设计学教授 Anne Vernez Moudon 所说：

　　　　在城市规划师心目中，街道已经变得一文不值。相应地，交通规划
　　与城市规划之间已变得相互分离，因此，街道分割而非连接了城市的
　　不同部分。[12]

　　路边停车产生的收入使规划师重新将注意力集中在街道和社区上。由于社区有足够的钱来支出和做出真正的选择，居民的偏好将重新获得重视，因此实际的

社区参与变得更加必要。让规划师集中精力改善现有社区，将是新规划范式一项最为重要的优势。

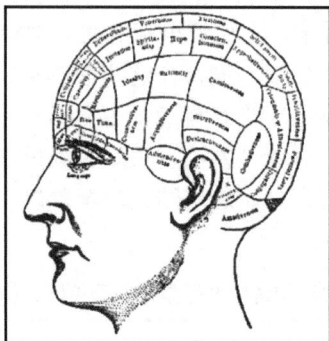

第 21 章注释

1. Kuhn(1996，11)。《美国传统辞典》(*The American Heritage Dictionary*)将范式定义为"一组假设、概念、价值观和实践，为共享它们的社群提供一种观察现实的方式，尤其是在一门知识学科中。"

2. Tufte(1978，143)。

3. Kuhn(1957，76) 描述了近代天文学家如何回顾性地评价地球是宇宙中心这一学说。

4. 范式转型并不容易，但是规划范式已经发生了转变，从二十世纪各种城市规划理论名称可以看出：城市美化、城市实用性、花园城市、光辉城市、理性规划、综合规划、城市更新、渐进主义、渐进决策、倡导性规划、公平规划、参与式规划、渐进式规划、激进规划、批判性规划、战略规划、沟通行动、后现代主义、新城市主义及精明增长[①]。每种范式都有自身的优点而不会被完全放弃，但是规划理论总是不断向前发展。

5. Boarnet 和 Crane(2001，172)。

6. 想象一本类似的书，讨论航空旅行如何影响城市形态，但从未提及机场。难道没有人看出有所遗漏吗？

7. 一些停车场已经作为土地储备银行供后续开发，而临时使用的停车场被称为"纳税人"(Shoup，1969 和 1970)。

8. Jacobs(1987，27)。

---

① 原文为 city beautiful, city practical, garden city, radiant city, rational planning, comprehensive planning, urban renewal, incrementalism, muddling through, advocacy planning, equity planning, participatory planning, progressive planning, radical planning, critical planning, strategic planning, communicative action, postmodernism, New Urbanism, and Smart Growth。(译者注)

9. Jacobs(1987，27)。

10. Spirn(1984，10)。楷体来自原文。

11. 表中包括水质有两个原因。首先，水泥铺设的停车场增加城市不可渗透地表面积，减少水流渗透到土壤的面积，并增加雨水径流。停车场还会积聚含铬等有毒金属的油滴，径流会污染供应水源。其次，路边停车所得收入可以支付停车受益区的管道供水和排水。

12. Moudon(1987，16)。

第 IV 部分　结　　论

面对全新的情况，我们必须重新思考并采取新的行动。

——亚伯拉罕·林肯

第 22 章 改变未来

也许很多年后，在某个地方
我轻声叹息，将往事回顾：
一片树林里分出两条小路，
　　而我——
选择了人迹较少的一条
从此一切与众不同。

——罗伯特·弗罗斯特[①]

在《大富翁》游戏中，免费停车仅占棋牌板 40 个空位中的一个。然而，如果按照当前的分区法规来玩游戏，免费停车将会占据每一寸土地。停车场将覆盖马文花园[②]的半壁江山，越洋广场[③]则会拥有地下停车场。免费停车使建筑物之间彼此远离，增加住房和酒店的成本，并且，由于达不到停车位配建标准，更少住房和酒店能够获得建筑许可。精明的玩家很快会离开大西洋城[④]，去向更开阔的地带，那里郊区有更便宜的土地，允许他们建造停车场。康涅狄格大道[⑤]不会再与酒店一起开发，铁路会消失，棋牌板上每个棋子将移动得更慢。即使汽车行驶缓慢，也可以随意免费停放。

如果我们按照当前的分区规则来玩《大富翁》游戏，那么每栋新建建筑的大部分投资将消失在公益金[⑥]中，并以免费停车场的形式再次出现。每位玩家都希望拥有汽车作为代币。拿到鞋子[⑦]作为代币的玩家则抱怨连连，他们的想法是对的——这个系统不公平，因为他们大部分的钱将用于补贴汽车，而其他人拿走了剩下的部分。我们可能不希望我们的孩子遵守这些不公平的规则，但在现实生活

---

① 罗伯特·弗罗斯特 (Robert Frost，1874—1963) 是 20 世纪最受欢迎的美国诗人之一。曾四次获得普利策奖和许多其他的奖励及荣誉，被称为"美国文学中的桂冠诗人"。代表作品有《诗歌选集》、《一棵作证的树》、《山间》、《新罕布什尔》、《西去的溪流》、《又一片牧场》、《林间空地》、诗剧《理智的假面具》、《慈悲的假面具》、《诗歌全集》和《未选择的路》等。在他的下半生才赢得大众对其诗歌作品的承认，在此后的年代中，他树立起了一位伟大的文学家的形象。(译者注)

② 原文为 Marvin Gardens。(译者注)

③ 原文为 Park Place。(译者注)

④ 原文为 Atlantic City。(译者注)

⑤ 原文为 Connecticut Avenue。(译者注)

⑥ 原文为 Community Chest。(译者注)

⑦ 原文为 shoe。(译者注)

中美国成年人每天都遵守这些规则。强制性的免费停车会损毁景观，扭曲城市形态，破坏环境，浪费钱财，而这些钱本来可以用在其他地方提高生产效率。因为我们从来没有看到花在停车上的钱，看起来总会有人为它付账。一切似乎都很正常，但我试图在本书中证明涉及免费停车的大部分交易是错误的，如果我们想纠正错误，那么现在正当其时。

路边停车是一个公地问题

在土地充足且便宜的地方，停车永远是免费的，但是如果认为停车应该在任何地方都免费，就犯了一个严重的错误。在第 1 章，我认为大多数停车问题源于将路边停车视为公地。在英格兰，"公地"一词最初是指社区每个人都可以使用的农业用地，"有公地使用权的人"是指可以免费使用公地的民众。免费路边停车是一个中世纪农村公地问题的现代城市版本，而开车人是新的拥有公地使用权的人：只要能找到车位，他们就可以免费停车。但是，找到空闲车位通常需要巡游，而停车巡游是一个经典公地问题产生的自然结果。司机们浪费时间在街区上兜圈子，等待另外一辆汽车离开，这样做会造成交通拥堵、浪费燃料并污染空气。

尽管花上几分钟时间寻找免费的路边停车位，对司机个人而言并不是一个沉重的负担，但累积的后果却是惊人的。第 14 章显示，在洛杉矶一个拥有 15 个街区的商业区，为停车而巡游每年产生 945,000 车英里数 (VMT)——相当于绕地球 38 圈！由于许多城市都有拥堵区域，司机们得花上许多时间寻找路边停车位，因此在地球上所有拥堵城市中停车巡游产生了数量巨大的过剩车辆出行，浪费了天文数字的燃料，并造成灾难性的空气污染及 CO_2 排放。

当然，城市规划师并没有忽视路边停车产生的公地问题，但选择一种代价高昂的解决方案：制定路外停车数量标准。在美国大多数城市中，规划师认为，大多数人会开车到处出行，因此要求每个场所提供足够的路外停车位以满足预期的停车高峰需求。结果，大多数新建的商业建筑拥有比自身面积更大的停车场或停车楼，并且几乎每个人只要出行都得开车：在美国，所有出行的 87% 由私人机动车完成，而这些出行中 99% 的停车是免费的。制定标准要求所有新建筑提供充足的路外停车位，确实减少了为寻找免费路边停车位产生的巡游，但同时也带来了许多新问题。它增加城市开发成本，降低开发密度，导致更快的城市蔓延；它促进对汽车的过度依赖，加剧空气污染、交通拥堵和能源消耗；它降低交通系统中除汽车以外的其他方式的出行质量，包括公交车 (它们在同样拥堵的道路上缓慢前行)、自行车骑行者 (他们必须与车辆共享道路空间，不得不呼吸它们排出的尾气) 以及步行者 (他们必须当心穿过人行道进出停车场的汽车)。

巨额的停车补贴

　　所有这些免费停车是一种对汽车的慈善活动。2002 年，路外停车的补贴总额每年约在 1,270 亿美元和 3,740 亿美元之间。如果我们再算算给免费和低价路边停车的补贴，那么停车的总补贴恐怕会更高。同年，联邦政府在医疗保险^①上花费 2310 亿美元，在国防上花费 3,490 亿美元。难道我们真的打算花费与医疗和国防一样多的钱来补贴停车吗？因为停车成本高昂而开车人付出很少，这种隐藏的补贴确实高得惊人。花费如此之多的钱来补贴停车，极大地改变交通系统、土地利用模式、经济和环境——所有这些都朝着错误的方向发展。1

　　任何公共政策的基本价值都是公开透明。市民不仅应该知道哪些事情正在进行，而且还应该知道它要花多少钱以及谁来付钱。免费停车的资金来源却缺乏透明度：对它的补贴不仅高昂，而且被隐藏起来。作为开车人，我们只看到它的好处；作为市民，我们承受它的成本，但却不了解它的来源。补贴的隐藏性质使我们不必怀疑免费停车的价值。自第二次世界大战以来，我们重新规划了城市，好像停车真的应该免费，因此不值得去讨论。比如，我们讨论是否要为一家沃尔玛超市重新分配四英亩土地，其中三英亩用于城市所要求的停车场。在这样的讨论中，我们遗漏了一些重要的东西。为什么不能分别考虑沃尔玛超市和停车场各自的价值，而不是作为开发项目自身的一部分，应该仔细检查两者各自的价值并加以评估。虽然停车是城市中最大的土地利用单一用途，但它一直成功地成为其他用途的一部分，并且从这种地位来看，它在城市占据主导地位。

　　缺少对免费停车的批判性思考，直接后果就是人们倾向于视其为理所当然——错误认为它是一种合法权利，而不是一种特殊权利——因此大多数人并不认为它是一种补贴。路外停车标准似乎毫无疑问是必要的，因为如果没有它，开发项目会引发溢出效应，并且所有免费路边停车将供不应求，人们认为这种情况难以忍受。与此同时，另外一种替代做法，对路边停车按市场价格收费则令人生厌，因为我们都习惯于将路边停车视为“应有”的权利。实际上，开车人以违法方式占据路边停车位。汽车免费占据路边如此之久，以至于大多数人会震惊其实它不仅是错误的做法，而且还以非法方式影响人们通行——并且，如果按一种非美国的方式——应该建议司机们按市场价格支付停车费。

　　如果路外停车标准的唯一后果，只是通过让其他所有东西变得更贵，而迫使每个人间接为停车付费，那么它大体与其巨大的成本相当。毕竟在美国大部分出行都由汽车完成，因此可以质疑免费停车只是简单将钱乱花在开车人身上，仅使一小部分乘公交、骑车和走路的人利益受损。将负担甩给一小部分非机动车出行

---

　　① 原文为 Medicare。(译者注)

者而补贴大部分开车人，这引发了严重的公平问题，但是很少有人能发出这样的质疑，他们的政治能力甚至更微弱。然而，比简单惩罚一部分不开车的人更严重的是：停车标准还产生了其他意想不到的后果。它们加剧了交通拥堵和空气污染，扭曲城市形态，使城市设计贬值，增加住房成本，限制住房所有权，毁坏城市经济，损害中心商业区，使贫困家庭处于不利地位。它们还增加了能源消耗，这有助于解释为什么当前美国机动车消耗了世界石油总产量的八分之一，其中一半以上来自进口，并用贷款支付。[2]

在 20 世纪 30 年代规划师发明了路外停车标准，目前已经产生了他们无法想象的后果，其成本高得令人震惊。今天，规划师仍然不理会他们所要求的停车标准带来的成本和后果，这是不可原谅的。城市规划的美好初衷除了产生种种后果之外却没有带来任何价值，并且路外停车标准由此变成一种巨大的灾难。

意 外 后 果

每个人都很熟悉意外后果带来的问题，1936 年哈佛社会学家罗伯特·默顿[①]首次分析了这种现象。他指出意外后果的五种来源：无知、错误、眼前利益、基本价值以及自我实现的预言。当默顿写下这篇经典论文时，美国城市正在推行停车标准，每一种来源都会导致停车标准的意外后果。我们可以依次考虑每个来源，并将它与停车标准造成的问题联系起来。

无知[②]

默顿认为，"现实生活中的紧急情况经常迫使我们以一定的信心采取行动，即使这表明我们行动所依据的信息并不完整。"形势要求采取某种当机立断的行动，"通常会导致对情况某些方面的无知，并带来意想不到的结果。"[3] 无知这种原因显然适用于停车标准。规划师必须为每种用地类型设置停车标准，但几乎没有理论或数据帮助他们估算真正"需要"多少个停车位。通常为了完成任务，他们最终会抄袭其他城市的标准，或依靠不可信的高峰停车占用率调查，而这些调查往往在郊区有免费停车和没有公交的地方实施。结果，城市毫无意外地要求开发商和业主提供过多的停车位。

错误[③]

默顿认为，"我们可能会错误地评估当前状况，从中推断未来的客观形势，选择一系列行动方案，或者最终执行所选择的行动。"他解释说，"通过不断重复，行

---

① 原人名为 Robert Merton。(译者注)

② 原文为 Ignorance。(译者注)

③ 原文为 Error。(译者注)

动往往会变得自动和不慎重，以至于行动者无法意识到，那些在某种特定环境中
获得成功的过程，哪怕在任一种条件，甚至所有条件均满足时，并不必然获得成
功。"⁴ 停车需求随着不同的区位、一天的时段、一周的某天以及一年的某个星期
变化。然而，正如默顿预料的那样，规划师经常犯错误，在整个城市中应用相同
的停车标准。曾经思考过的结论变成了例行公事，曾经仔细审查和辩论的结论被
不加批判地接受了。规划师并没有接受过有关如何估计停车需求的培训，大多数
人可能难以解释他们的城市如何根据不同的用地类型设置停车标准，或如何在这
一次和下一次运用时根据差异做出调整。但是他们确实知道，停车标准自他们诞
生之日起就已经存在，于是他们继续沿袭传统，而无需询问如何确定停车标准。

眼前利益①

意外后果也会发生在这种情形中，"行动人的领导者只关心可预见的直接后
果，而不去考虑相同行动在未来产生的后续后果或其他的后果。"⁵ 规划师处于
当前土地利用冲突带来的巨大压力之中，未来究竟如何变化，一般只能任其发展。
停车标准可以缓解社区之间悄无声息的争端，并可以促使开发项目推进，但是谁
又能认真地争辩说，最低停车标准和无所不在的免费停车就是一种长期战略，目
标是造就伟大的名胜景观，创建可持续的城市？停车标准有助于规划师规避当前
发展中立竿见影的冲突，但会为许多长期的困境埋下伏笔。

基本价值②

默顿认为，"考虑到采取某些行动需要一定的基本价值，但没有考虑进一步后
果的可能性"，这种情形很可能导致意想不到的结果。⁶ 在一种提倡拥有汽车的民
主制度③中，路外停车标准符合大多数人的基本价值观，他们看不见——或不想看
见——无所不在的免费停车所带来的长期社会、经济和环境成本。

自我实现的预言④

最后，默顿解释说，"对未来社会发展的预测……在特定环境下成为一种新
元素，逐渐改变发展的初始进程。"⁷ 如果规划师认为每个人不管去哪里都会开
车，而城市要求提供足够的停车位以满足每种用地类型所对应的免费停车高峰需
求，那么大多数人将会开车去他们想去的地方，这种情形会传播扩散开来。这种关
于停车需要的自我实现预言有助于解释为什么我们目前出行中有 87% 依赖汽车。
城市规划师认为，要求提供如此之多的停车位是合理的，因为毕竟几乎每个人去

---

① 原文为 Immediacy of Interest。(译者注)
② 原文为 Basic Values。(译者注)
③ 原文为 car-owning democracy。(译者注)
④ 原文为 Self-fulfilling Prophecies。(译者注)

任何地方都要开车。但是，如果城市一开始就不要求提供任何路外停车位，而是对随处可见的路边停车收取市场价格，那么我们现在将拥有更少的汽车，并更加明智地使用它们。

路外停车标准产生了许多意料之外的不良后果，但城市采用它来处理一个非常现实的问题：将路边停车视为公地而导致过度拥挤。要解决路边停车的公地问题，如果城市没有不恰当地设置土地利用规制，反而有机会让市场为公共物品做些事情——布鲁金斯学会经济学家查理·舒尔茨①称之为"私人利益的公共使用"。[8]

将公地围起来

加州伯克利城市规划教授霍斯特·里特尔和梅尔文·韦伯②在解决问题的悖论描述中写道，"理解问题所需的信息取决于人们解决问题的思路。"[9] 按照这句话表达的本质含义，我对停车问题的理解已经由解决公地问题的传统思路勾勒出来：圈地。在英格兰，通过持续数个世纪的圈地运动，农用地的公有权力逐渐转变为私人权力。[10]"圈地"意味着将大片公共土地细分为较小的私有财产，这个过程通常涉及给每个共有人一小块土地，作为他们放弃其先前的"共同"权利的补偿。作为解决公地问题的方案，圈地现在通常是指建立对以前不受规制的资源的合法权利。[11] 从现代意义上来说，对路边停车进行圈地，并不意味着拥有路边停车位的私人产权。相反，我使用"圈地"一词，是指对路边停车收取市场价格，然后将所得收入用于改善当地的公共设施。

英格兰农业圈地极大地提高了农场的生产效率，但它们也标志着一种既定生活方式的终结，学者们对这种转型的痛苦有不同的看法。例如，牛津大学历史学家查尔斯和克里斯塔贝尔·奥温③称之为"乡村社区成员对社会机构丧失个人责任感。"[12] 但是，其他学者则认为公地农业的社会收益被夸大了。伦敦大学地理学家詹姆斯·耶林④认为，批评家们认为公地制度"并不是一种'纯粹民主'的令人羡慕的经历，而是一堆琐碎的小规矩⑤，是争吵和个人摩擦的有效来源。"[13]

正如农业中的公地那样，免费停车也卷入了一堆琐碎的小规矩，经常沦为争论的有效来源。停车是城市土地利用中最严格规制的领域之一，而且这些规制经常让人困惑——只有居民可以在一条街道停车；非本地居民可以在另外一条街道停车，但只能停留两小时；除了周五早上所有禁停时段，第三条街道可以给任何人

---

① 原文为 Brookings Institution economist Charles Schultze。(译者注)
② 原人名为 Horst Rittel 和 Melvin Webber。(译者注)
③ 原人名为 Charles 和 Christabel Orwin。(译者注)
④ 原人名为 James Yelling。(译者注)
⑤ 原文为 a morass of petty restrictions。(译者注)

免费停车；下一条街道装有咪表，或完全不允许停车。如果城市开始以市场价格对路边停车收费，并将收入用于改善社区，则未来一代人不太可能认为圈地会减少任何成员对社区的个人责任，或不公平地剥夺开车人古老的公共权力。总之，司机仍然可以泊车；只是他们应该付费，结果就会使每个人受益。如果愿意付费，司机总是能找到地方停车，路边停车所得的收入将用于支付物有所值的公共服务。14

公产，而不是私产

"公共财产"(政府拥有) 和"开放使用"(任何人都可以免费使用) 是两个独立的议题，它们之间有一个重要的区别。对于路边停车，问题并不出在它是公共财产上，私有制也不是解决方案。相反，问题出在路边停车的开放使用上，而公平市场价格是一种解决方案。当然，公有制经常会导致开放使用，但这不是必需的。按市场定价的停车受益区将建立公共所有权，而不必开放使用。15

由于路边停车位仍将维持公共财产属性，因此圈地几乎可以为每个人提供帮助。相比之下，尽管收益和成本在很大程度上取决于环境因素，农业圈地将公共的农耕模式和放牧权转变成私人财产，这个过程确实伤害了一些人的利益。十八世纪农业专家阿瑟·扬格①在圈地运动的论述中，对圈地的正确之处评论道：

[它] 证明了穷人的愿望是希望分摊财产而不是共同财产……他们由于拥有这种财产而变为持重而规矩的上等人，而不是之前猖狂自恣的那类人……[没] 有什么比获得土地的前景或拥有土地的希望更为强烈，更能让穷人拥有勤劳和节俭的习惯。16

尽管这番论述在当下看来有些政治不正确，研究圈地运动的历史学家倾向于同意扬格的评价。例如，奥尔文夫妇②指出，公开使用土地的农场阻碍这种进步，因为它扭曲了农场主的积极性，并阻止新耕作技术的采用。如果个体农场主投资所得的产出不得不与那些贡献不多的其他人分享，他们就不愿意投资于新工具或研究新的农业方法。奥尔文夫妇概括说，公地"曾适合于过去的时代，但如今不得不放弃它。"17

停车受益区可以在没有社会成本的情况下产生农业圈地类似的经济收益。"财产的魔力将沙子变成金子"，阿瑟·扬格观察到，同样的炼金术可以将路边停车位转化为现金，用于改善公共设施。免费路边停车是善意的产物，大多数实施路外停车标准的规划师都是具有公共意识的人，努力为社区做到最好。但是免费停车

① 原人名为 Arthur Young。(译者注)

② 原人名为 Orwins。(译者注)

的成本是巨大的，而当人们越是仔细审视，收益相比成本就越微不足道。免费路边停车曾适合于过去的时代，但如今不得不放弃它。

公地、反公地和自由公地

1968 年，加勒特·哈丁①发表了他的著名文章"公地的悲剧"。三十年之后的 1998 年，哥伦比亚大学法律教授迈克尔·海勒发表"反公地的悲剧"②，他在其中分析了相反的问题。海勒认为，在反公地中，"每个所有者都被赋权将其他人排除在一种稀缺资源之外，而且没有人拥有使用资源的实际特权。当太多的所有者拥有这种排他权利时，这个资源倾向于束之高阁而无法利用——这是一个反公地的悲剧"。[18] 免费路边停车产生了一个经典的公地问题：当司机们为寻找稀缺的路边停车位而巡游时，他们浪费了时间，堵塞交通，污染空气。[19] 相反，在许可当地居民停车的区域禁止非本地居民使用路边停车，则制造了一个反公地的例子：居民们并不拥有社区的路边停车位，但他们却不让非本地居民停车。当免费路边停车位开放给所有人而变得拥挤不堪，居民许可停车区域却很少开放，一种宝贵的资源被束之高阁。正如海勒所说，"资源可能会在产权范围的任何一端陷入低价值的使用中。不管这种错误的配置是以公地方式过度使用还是以非公地方式使用不足，都会导致资源的经济性浪费。"[20] 免费路边停车以巡游方式浪费资源，而居民许可停车区域则以空置路边停车位的方式浪费资源。

其他学者也重新审视了财产权领域，他们的发现表明，共同拥有的财产并不必然导致悲剧后果。1991 年加勒特·哈丁在"不受管理公地的悲剧"③中对公地问题进行重新分析，认为将公地产权与有限的使用权结合起来才能成功。[21] 格伦·史蒂文森④分析了公有财产使用的经济学，他认为，开放使用而不是公地所有权引起了悲剧。[22] 汉诺克·达根和迈克尔·海勒⑤也区分了公地产权和开放使用的差异，认为开放使用意味着对每个人免费开放，而公地产权可适用于由有限数量的人拥有或控制的资源，这些人一起管理资源并排除外来者。[23] 类似地，耶鲁法律教授卡罗尔·罗斯⑥讨论了一些案例，"个体财产化"的困难导致"有限的公地产权"制度，使得"在内部是一个公地，而在外部则是一项产权"。[24] 如果一个社区的居民可以在自己的街道上免费停车，而非本地居民不得不付费停车，内部人士会将他们的路边停车视为公地，但局外人会将其视为私有财产。

---

① 原人名为 Garrett Hardin。(译者注)

② 原文为 The Tragedy of the Anticommons，作者 Michael Heller。(译者注)。

③ 原文为 The Tragedy of the Unmanaged Commons。(译者注)

④ 原人名为 Glenn Stevenson。(译者注)

⑤ 原人名为 Hanoch Dagan 和 Michael Heller。(译者注)

⑥ 原人名为 Carol Rose。(译者注)

达根和海勒进一步分析了所有权谱系的可能范围,一端是私有产权,另一端是可以开放使用的公地,并提出一种混合所有权形式,称为"自由公地"①:

> 对于许多资源而言,最有吸引力的所有权结构实际上是一种参与性的公地制度,该制度允许成员自由出入。我们称这种结构为"自由公地"——一种理想的所有权类型,既有别于私有财产和公共财产,又从两者中汲取元素。任何法律制度只要能使有限的所有者群体从合作使用稀缺资源中获得经济和社会利益,同时还确保个人成员的自治权,就可以被视为自由公地……建立一个成功的自由公地总是有挑战性的,但这不是一个内在的矛盾或实践上无法实现的目标。[25]

停车受益区完全符合自由公地的定义。它提供了一个很好的例子,说明社区可以通过合作使用一块稀缺的城市资源——路边停车用地——获得经济和社会效益。

城市规划师也一直在探索居民如何通过合用物业权追求共同利益。卡迪夫大学城市规划教授克里斯·韦伯斯特②解释说,"当个人寻求降低彼此合作的成本时,城市会变得有序",他以路边停车为例,说明当一种资源由于产权不足阻碍了合作时会发生什么情况:

> 许多建筑物的土地使用者都有权使用建筑物前的路边停车位,但实际上却无法控制……当居民没有有效的合法权利应对社区拥挤的风险时,社区质量和应有的活力由非本地居民和不遵守规则的居民所支配。[26]

韦伯斯特在讨论城市问题的解决方案时指出,一种资源的产权取决于资源的价值以及权利的分配和执行成本。随着资源价值的增加和分配权利的成本下降,社会将倾向于重新分配其财产权,他再次引用路边停车作为例子:

> 城市道路上的停车位曾经是一种共享资源。随着人口数量、密度和汽车拥有量的增长,停车需求上升,也推高了资源竞争所浪费的成本。新房地产项目的开发商通过给独立住房分配道路停车位或出售共享停车位的使用权做出回应。政府的回应是重新分配道路资源、引入居民专用停车位等。[27]

停车受益区是路边停车财产权分配中一个合乎逻辑的可行方案。它们将推动那些有价值的公共土地进行合作,有助于形成韦伯斯特描述的那种城市秩序:

---

① 原文为 liberal commons。(译者注)
② 原人名为 Chris Webster。(译者注)

社区是一种城市秩序。个人将某些资源的权利集中起来，经由组织化的秩序调整，形成了这种城市秩序。它们受制于制度秩序，以自发的公约和习俗、有组织的规则和法规的形式出现，减少因共享资源造成冲突的耗散性成本。它们定义为由私人产权制度确保的所有权秩序。它们也由试图分配共享资源权限的机构定义。实际上，正是这种类型机构的成功决定了社区的命运。[28]

那些用作路边停车的城市土地，停车受益区通过充分利用它们的经济和社会价值改善社区的命运。

公共财产，但不会无限开放

停车受益区将公共权利转变为公共收益。城市拥有所有路边停车位，但往往将其视为开放使用的公共财产——任何能找到停车位的人都可以免费使用。[29] 即使城市确实要对路边停车收费，但所收的费用通常低于市场价格。就路边停车而言，公共所有权并不能解决公地问题，而这种失灵可能与约翰·斯图尔特·穆勒①给出的术语，即政府"对结果兴趣低下"有关：

人们比政府更了解，或可以预期更好地了解自家的生意和利益，也对它们更在意……政府获得信息的所有便利；政府拥有分配报酬的所有手段，因此也统领市场上最好的人才——这些并不能与政府对结果兴趣低下带来的巨大损失相提并论。[30]

政府的层级越高，对地方成果的兴趣就越小。例如，联邦和州政府对路边停车几乎没有兴趣。对于大多数地方政府，从路边停车收来的钱也只是九牛一毛，不值得密切关注。但对社区的停车受益区而言，从路边停车收来的钱将是全部收入来源，把它用于支付公共设施改善可以带来巨大的变化。对于一个城市而言，免费停车似乎有很多好处，而且成本很低。相比之下，对停车受益区而言，免费路边停车的成本要明显得多——因为社区可以用路边停车市场定价产生的收入购买任何东西。因此，把有关停车的决策转移到社区层面，就会对结果有着极大的兴趣，从而产生巨大的优势。在每个社区中，居民、商业和业主每天都会看到结果。

这项提议并不认为人们乐意为停车付费，或认为每次付费时人们为更大的福利做出贡献。无人想为停车付费——这将永远不会改变——谁愿意为任何事情付出代价呢？付费是因为我们必须这样做，而不是因为我们想这样做，对于安装咪

---

① 约翰·斯图尔特·穆勒 (John Stuart Mill, 1806~1873)，英国著名哲学家、心理学家和经济学家，19 世纪影响力很大的古典自由主义思想家，支持边沁的功利主义。(译者注)

表的社区，返还的收入将产生一个必要的支持者群体，他们希望对路边收费。如果路边停车收入用于支付当地公共设施改善，市民会支持新的圈地运动，将免费路边停车变成公共收入。那么，付费停车对开车人来说是无法忍受的负担吗？停车只是开车的一个方面，其他大多数方面都不是免费的。例如，没有人期望汽油免费也是相同的道理。汽油价格打击了消费者的实际需求——让他们从钱包掏钱时更加物有所值，这实际上刺激汽车技术的发展，提高了燃油效率。但正像农业开放耕地放慢了农业技术的改进，免费路边停车在交通和土地利用的改进也是如此。就像开放耕地的圈地运动改革了农业一样，同样对路边停车的圈地运动也能改革交通系统，由此带来城市土地利用改善的影响可能会更为深远。

其他公地问题

对路边停车收费有助于解决很多其他困难的公地问题。停车收费将减少交通拥堵，而交通拥堵本身是由免费使用稀缺的道路资源造成的。减少车辆排放将降低空气污染，而污染来源于我们将大气视为公地。最后，路边停车收费可以帮助解决另一个经典的公地问题：全球气候变化。

气候变化是一个相当复杂的问题，解决这一问题需要制定包括目标、时间表、交易、监控和制裁的复杂国际条约。签署一项应对全球气候变化的国际条约意味着所有国家都必须同意采取一些并非有益于个别国家的行动，以确保各自最终希望获得的集体利益。对可能发生的全球性气候灾难的恐惧最终会迫使各国采取一致行动，然而行动是缓慢的。相比而言，停车受益区不需要复杂的谈判就可以很快达成。在某种程度上，更高的停车价格可以减少化石燃料的消耗，它们可以达成一些我们目前期待国际谈判完成的工作。

虽然路边停车收费可以间接帮助解决地区、国家甚至国际问题，但是这种关联性乍一看似乎很微不足道。追求局部的个人利益可以帮助我们实现更广泛的目标。因此，先解决最小和最简单的公地问题，可能会对更大、更复杂的问题产生深远的影响。把路边停车的收入返还给社区，在地方、区域、国家和全球范围内都是有意义的。可见，为路边停车正确定价将造就美好的世界。

两 种 未 来

我们不能改变过去，但我们可以改变未来。错误的停车政策已经破坏了我们的城市、经济和环境。这些政策导致彻底的失败，但是更好的政策可以带来巨大的进步。在 21 世纪我们可以选择两种替代性停车政策，我将比较它们截然不同的结果作为结束语。

免费停车

我们可以选择不做出任何改变。城市可以继续免费停车，继续要求每种用地类型提供大量的路外停车位。停车的成本仍旧隐藏在所有商品更高的价格之中。免费停车将扭曲我们的交通选择偏向汽车，我们将继续根据这种扭曲的观念设计城市。我们将投入稀缺的土地和资本用于提供免费停车，因此忽略了许多其他目标。我们将更多的宝贵时间浪费在交通中，消费更多的能源，进口更多的石油，呼吸更肮脏的空气，并为停车以外的所有商品支付更多的钱。无论是否使用停车位，每个人都将为停车付费。城市将对所有人，包括那些太穷而无法拥有汽车的人，施加免费停车的高昂费用。

停车受益区

但是，我们可以选择一个更好的未来。城市可以对路边停车收取公平的市场价格，将所得收入返还给社区公共服务，并取消路外停车标准。通过这种方法，停车成本将不再捆绑在每件商品的价格之中，逐渐从当中分离出来。响应这种变化，我们将更少开车。结果，我们将减少交通时间的浪费，减少能源消耗，减少石油进口，呼吸更清洁的空气，并为停车以外的所有商品支付更少的钱。我们还将有更多的收入支付当地的公共服务。

在一代人以前，许多规划师和政治家几乎从原则上反对采用市场手段解决公共问题，但是即使是怀疑主义者，虽然他们仍然质疑其他公共服务的市场定价是否有利，也会用心良苦地建议对停车进行收费。如果城市低估了路边停车的价格，那么就会要求任何地方都提供路外停车位——这给经济和环境带来巨大的成本。规划师可以而且应该规范停车的质量，同时应该放松管制或限制停车位数量。规划师从不使用价格工具，取而代之的是我们可以让价格来做规划。

三 项 改 革

这三项改革——对路边停车收取公平的市场价格，将所得收入返回社区以支付公共设施改善，并取消路外停车配建标准——这将使个人激励措施与我们的共同利益保持一致，以便私人选择产生公共收益。通过补贴人和场所，而不是补贴停车和汽车，我们几乎可以免费获得巨大的社会、经济和环境效益。

第 22 章注释

1. 通常用于评估补贴适当性的三个标准是：必要性、充分性和不过度。我们可以采用上述标准评估停车补贴。"必要性"是指结果是可取的，否则就不会发生。按照这样考虑，免费停车不满足必要性标准。对大多数汽车出行而言，停车是必需的，但它不必免费，因为即使必须付费停车 (就像必须为汽油付费一样)，大多数人仍然可以到达想要去的地方。许多人将继续独自驾驶并支付全部停车费，但有些人开始拼车、公交、骑车或步行。"充分性"是指补贴足够大，可以提供所需的服务。再次，停车补贴不满足充分性标准，因为永远不可能有足够的免费停车位，或者确切地说，在人人都想停车的地方没有足够的免费停车位。最后，"不过度"意味着公众不会为所获得的回报付出太多。停车补贴也未能通过这项标准。如果将补贴用于更重要的目标，我们将获得更高的价值。

Right-priced curb parking

1 of 8 curb spaces vacant

No cruising

Average search time＝0 minutes

2. 2001 年，美国每天生产 810 万桶石油，另外进口 1.06 千万桶 (Davis 和 Diegel，2002，表 1.11)。进口石油总额达 1,040 亿美元，占进口总额的 8%，占贸易逆差余额的 29%(美国统计局，2002a，表 1、6 和 9)。

3. Merton(1936，900)。

4. Ibid.(901)，楷体来自原文。

5. Ibid.(901)。

6. Ibid.(903)。

7. Ibid.(903-904)。

8. Schulze(1977)。南加州大学城市规划教授彼得·戈登 (Peter Gordon) 和哈里·理查森 (Harry Richardson)(2001) 将这种手段称为"市场规划"。

9. Rittel 和 Webber(1973，161)。

10. 圈地法案是国会授权在特定地区围封共同土地的一项法案。Turner(1980，32) 认为，从 1604 年第一部法案到 1914 年最后一部法案，英格兰共有 5,265 块与国会相关的圈地。这些圈地占英格兰表面积的 21%，但占可用于农业的面积比例要高得多。

11. 例如，罗斯·埃克特 (Ross Eckert) 在《海洋资源的圈地》(*The Enclosure of Ocean Resources*) 中指出，不要把海洋圈起来，而是将国家主权和监管范围扩大到近海领域 (Eckert，1979)。这种圈地的现代概念根植于农业圈地悠久的历史传统，但并不意味着"圈地"资源具有私人所有权。

12. Orwin 和 Orwin(1967，171)。

13. Yelling(1977，215)。在所讲述的圈地运动历史中，威廉·库特勒 (William Curtler，1920，65) 写道，"流行的观点认为圈地完全是土地所有者 (地主) 的运动，与此相反，现代研究清楚地发现，农民从开始就做出了独特的努力，早在 14 世纪，并一直持续到 15、16 世纪，人们就放弃开放的耕地系统，逃避与懒惰和无用的人的强制合作。"

14 . 如果城市没有把路外停车标准作为解决路边停车位短缺的一种替代方案，那么，将路边停车作为公地圈起来的做法肯定早就发生了。卡尔·达尔曼 (Carl Dahlman，1980) 在英国开放式土地系统经济学专著中解释道，放牧地的集体所有权持续了几个世纪，部分原因是畜牧生产的规模经济效应。类似地，当停车需求比较低而路边车位充足时，路边停车的开放使用曾经也是高效的。当汽车普及后，如果没有修建足够的路外停车场，免费路边停车的做法就不可行。既然路外停车的成本如此之高，对路边停车收取市场价格是一个有吸引力方案，可以替代路外停车位标准。

15. 一些城市与私人运营商签约管理路边停车位，但这与将路边停车位转换为私人所有权不同。具有公共所有权的路边停车位，如果按市场价格收费并有限开放，相比个人拥有路边停车位对应的私人所有权，前者也许会效率更高。将公共停车位转换为个人所有，并对私有的路边停车位进行市场运作将产生较高的交易成本，并且政治上充满争议。私人拥有的路边停车位可能大多数时间都空着，因为当业主不用时，出租车位的交易成本可能很高。公共拥有但市场定价的路边停车位具有更高的占用率，正如停车场或停车库中随机进入的车位，比指定名字的车位有更高的占用率。

16. Young(1801，500-501 和 521)。Young 还写道，圈地往往会伤害穷人，但这种伤害并非不可避免："不是给穷人财产，或保全财产，或使他们获得财产，而是发生了相反的效果；由于这种有害的做法完全没有必要与圈地手段相联系，它是一种容易避免的损害，将来应该最谨慎地避免"(Young，1801，515，楷体来自原文)。Young 对圈地的描述与现代福利改革的讨论十分相似。

17. Orwin 和 Orwin(1967，171)。琼·瑟斯克 (Joan Thirsk，1967，200) 写道，"一些人目睹或经历了中部地区郡县内一些较为残酷的圈地活动，对他们而言，所有圈地人都是魔鬼撒旦的代理人，所有圈地对社区造成严重的伤害。这种变化带来坚定的反对变革者，他们几乎不会意识到在中部地区西北的一些县，同时发生的温和的圈地运动也是同一运动的一部分。"同样，詹姆斯·耶林 (James Yelling，1977，214) 认为，"这种将某些圈地效应转移到其他一些地方的错误，导致展现给现代学者的都是圈地运动的核心问题。几乎所有最容易证明的圈地后果都取决于当时的环境。任何圈地行动都不可避免地涉及到必要的后果，尽管可能具有深远的意义，但这些后果远没有那么明显。"

18. Heller(1998，622)。卡罗尔·罗斯 (Carol Rose，1986，723) 描述了对公地悲剧的另一种选择，即公地"不是悲剧，而是喜剧性的经典故事，其结局是喜人的。"当更多人参与进来，在活动中给予每个参与者的收益增加，结果就是"'公地悲剧'的逆转：它变成了'公地喜剧'，用这个词语表达再恰当不过了，'越多越欢乐'"(Rose 1986，768)。不幸的是，免费停车还不是一个喜剧性公地。

19. 社区中的路边停车会变得过于拥挤，以至于居民不愿意离开停车位，因为他们担心离开后再回来会找不到其他停车位。因为人们更愿意使用自己的汽车而不是连续停泊，所以不愿意离开停车位的做法减少了真正想停车的人的可用车位数。那些确实找到车位的人不得不走很长一段路才能到达最终目的地。这种对路边停车位的低效配置增加了由巡游造成的效率低下。

20. Heller(1998，626)。

21. Hardin(1991)。

22. Stevenson(1991)。

23. Dagan 和 Heller(2001)。

24. Rose(1998，139)；也可见 Rose(1999)。

25. 达根和海勒 (Dagan 和 Heller，2001，553)。达根和海勒提出了这种所有权结构的法律制度，并认为这种机制将直接导致公地悲剧，这是法律理论的核心难题之一。

26. Webster(2003，2596 和 2600)。

27. Webster(2003，2601)。Demsetz(1964) 有一个类似的争议。

28. Webster(2003，2610)。

29. Alchian 和 Demsetz(1973，19) 认为，"如果国家很少行使排他权，比如公园或道路，那么在实践中，资源的使用者会将其视为公用的……第一位进入公共道路的司机只要一直在使用该道路，就会享有使用权。"

30. Mill(1965，942)。

附录 A　停车标准的实践

为了追求更好，我们毁损了那些美好的东西。

——威廉·莎士比亚

自从大约 5,000 年前在苏美利亚①发明两轮战车以来，城市一直需要停车位，但是直到 20 世纪汽车数量激增之后，停车才成为一个大流行病问题②。1923 年俄亥俄州哥伦布市开始要求公寓建筑提供路外停车位，它成为美国第一个对某种土地用途制定停车标准的城市。接下来，1939 年加利福尼亚州弗雷斯诺开始要求酒店和医院提供路外停车位，成为美国第一个对住宅之外的其他土地利用类型设置停车标准的城市。[1] 尽管路外停车标准迄今已有 80 年历史了，但是没有一本城市规划或交通规划教科书解释过为什么要这样做。规划专业顶级期刊上发表的有关停车标准的文章只是严厉地批评它，也没有人去努力捍卫这些停车标准。[2] 本节附录简要描述了城市规划师——如何在没有理论支撑、缺少培训以及缺乏数据的情况下——为数百种不同用途的土地类型设定并应用路外停车标准，以及迄今为止该过程是如何步入歧途的。

设置停车标准的三个步骤

为了设定停车标准，城市规划者必须 (1) 确定用地类型，(2) 为停车标准选择基准以及 (3) 确定每单位基准需要多少停车位。有时，这三个步骤简单明了。例如，一栋办公楼的典型停车标准为每千平方英尺建筑面积 4 个停车位。用地类型是办公楼，停车标准的基准是建筑面积，并且开发商必须为每千平方英尺建筑面积提供 4 个停车位。

然而，对于许多土地利用类型，停车标准更加复杂。例如，考虑以下汽车经销店的停车标准：

> 销售和展厅总建筑面积每千平方英尺需要 3.3 个停车位；修理库区的服务台需要 3 个停车位；通常用于操作该用途或存放在该场所的每辆车应有 1 个停车位。[3]

---

① 原文为 Sumeria。(译者注)

② 原文为 a pandemic problem。(译者注)

这种对汽车经销商的停车标准有三个基准——总建筑面积、服务区和车辆——三个基准每单位的停车位标准都不一样。

规划师必须根据具体情况对一些停车标准做出解释。例如，考虑以下出租车场站的标准：

> 在最大的工作班次中，每位员工需要一个停车位，外加每辆出租车一个停车位，再加上足够的停车位以容纳任何时候可能出现的最大访客数。[4]

该标准也有三个基准——员工、出租车和访客——但规划师在决定需要多少停车位时有相当大的自由裁量权。他们必须估计最大的工作班次，任何时候预期的最大访客数以及访客将停放多少辆汽车。如果按字面解释，该标准似乎可以保证停车位容纳得下在出租车场站停放的最大数量的汽车——同时也导致大多数停车位大部分时间都是空置的。

这种停车标准引发了很多问题。首先，它要求每名员工享有一个停车位，每辆出租车需要一个停车位，这意味着所有员工都将独自开车到出租车站，停放自己的汽车，然后使用一辆停放的出租车。这是一个合理的假设吗？可能不是，例如，有些出租车司机可能会把他们的车带回家，然后第二天开着出租车回到出租车场站。其次，在最大工作班次上要求每个员工获得一个车位，意味着规划师知道最大工作班次上有多少员工。工作班次可能会随季节而变化，出现不定期的高峰期。例如在暴雨期间，出租车的使用可能会增加，但在其他时候，如果天气良好适宜步行，出租车的使用次数则会减少。那么这种情况下，我们所讨论的出租车员工实际又有多少呢？再次，需要足够的停车位来容纳任何时候可能预期出现的最大数量访客，这意味着规划师可以知道这个人数，但他们无从知晓。毕竟谁是出租车场站的访客，他们为什么要在那里停车？大多数前往出租车场站的人可能都不会开自己的车，这恰恰就是他们想要一辆出租车的原因。事先无法知道任何时候访问出租车场站的最大访客数，而且无论如何这种情况也很少发生。最后，既然有了停放出租车的专用停车位，为什么城市还需要出租车场站为所有人提供停车位？

可悲的是，复杂而令人费解的出租车场站停车标准不是一个反常现象，或者至少不是众多反常现象中仅有的一个。纵观全美，停车标准充斥着类似令人困惑的规则，这些规则共同导致对停车位供给的监管长期存在，但又缺乏常识。但是，我们不应该太快地将这种情况归咎于规划师——毕竟，规划师被要求执行一项未经培训的艰苦工作。为任何单一土地用途设置停车标准都是一项挑战，而规划师必须为数百种土地用途设定停车标准。在 2002 年的最新停车标准调查中，规划咨询服务部门 (PAS) 发现 662 种用地类型具有不同的停车标准，并以 216 种不同的

因素作为基准。[5] 可以快速查看表 A-1 所示的规划咨询服务报告 510/511(2002)
中 662 种用地类型和 216 种因素，这有助于说明为什么停车标准根本不是那么
简单。

662 种用地类型

设置停车标准的第一步是确定用地类型。这不是一件容易的事，因为即使"土
地利用"的定义也需要公开进行解释。在《城市交通：土地利用的功能》[①]一书中，
罗伯特·米切尔和切斯特·拉普金[②]描述了该术语的各种含义：

> 在规划中经常使用的术语"土地利用"具有几种特定含义。它可
> 以指土地上的建筑物或其他改善项目，土地的占用者或使用者，土地
> 占用的主要目的或土地上的活动类型。有时，在使用该术语时并没有
> 特别定义。[6]

规划师通常需要根据最后一个含义为用地类型设置停车标准：土地上建筑物
内的主要活动类型。

PAS 报告中引用的各种用途和标准令人惊讶：击球护网和身体打孔店，建筑
拖车和通风设备，舞厅和排毒中心，珠宝店和垃圾场，图书馆和酒类售卖店，桑
拿浴室和锯木厂，小酒馆和洗车设施。由于这些用地类型之间的停车需求差异很
大，而且同类用途土地在不同城市的停车需求也有很大变化，因此为每个城市每
种用地类型设定停车标准是一项艰巨的任务。[7]

216 项基准

确定用地类型后，设定停车标准的第二步是确定每种……需要多少个停车位？
为了回答这个问题，规划师试图确定可能有助于预测停车需求的相关因素。表 A-1
显示规划师选择 216 个停车标准的依据。[8] 同样，种类也令人惊讶：理发师和摇
篮年，教堂和儿童，燃油喷嘴和葬礼用车，加油泵和高尔夫球洞，灵车和直升飞
机停机坪，寄宿室和润滑架，修理场和太平间，出租车和教师，候诊室和洗手间。
在土地用途和交通规划的教科书中找不到任何帮助，(但也许是从鲁布·戈德堡或
希斯·罗宾逊[③]得到一些启发后)，规划师确定了这 216 个可用来预测停车高峰需
求的因素。[9]

---

① 原书名为 *Urban Traffic: A Function of Land Use*。(译者注)
② 原人名为 Robert Mitchell 和 Chester Rapkin。(译者注)
③ 原人名为 Rube Goldberg 或 Heath Robinson。(译者注)

建筑面积是停车标准最常见的基准，但这一指标引发了有关建筑面积定义的许多问题：它应该是总面积、可租面积、销售面积，还是其他一些指标？例如，一些城市要求餐馆的停车位数量仅与就餐区面积成比例，不包括厨房，而其他城市则要求停车位数量与包括厨房在内的总建筑面积成比例。(总建筑面积是建筑物的总面积，包括地窖、地下室、走廊、大厅、楼梯、电梯和储藏室，并从建筑物外墙测量。) 如果城市要求提供与就餐区面积成比例的停车位，而一个更大的厨房区域不需要更多的停车位，那么餐馆就倾向于拥有更大的厨房。但是，如果城市要求停车位与总建筑面积成正比，那么一个更大的厨房确实需要更多的停车位，因此该标准就限制了厨房的大小。因此，停车标准所采用的建筑面积定义可以直接改变建筑物内停车位的使用。

用作停车标准基准的因素可能会产生严重的意外后果。例如，城市可以要求生产场所与员工或建筑面积成比例来提供停车位。考虑这两项标准的影响：(1) 最大工作量时每个员工一个停车位，或 (2) 每千平方英尺建筑面积提供 2 个停车位。[10]如果城市要求每个员工有一个停车位，那么企业在没有增加停车位的情况下就不能雇用更多的员工。因此，按照员工数量成比例地提供停车位会增加雇用劳动力的成本，并可能减少雇用工人的数量。[11] 但如果城市要求每千平方英尺提供 2 个停车位，企业就无法在未增加停车位的情况下扩建厂房，即使扩建不增加新员工。因此要求按建筑面积同比例增加停车位，增加了工厂扩建成本，并可能减少扩建工厂的投资。因此，选择停车标准基准的因素会影响公司雇用和投资决策。鉴于这些影响，规划师应如何为生产场所以及其他数百种用地类型确定停车基准？

表 A-1 用于最低停车位标准基数的 216 种因素

活跃会员	干船存放区	预期最大会员数	服务港
行政办公室	干燥机	最大容量	服务容量
管理员	晾晒处	最大座位容量	服务摊位
飞行器	住房单元	机器	服务窗口
飞机库	就餐区	会员	射击点
飞机系紧装置	效率单元	流动住房地址	展厅面积
巷子	急诊室列表	流动住房	卧室
游乐设施	雇员	机动车维修处	寝室单元
箭靶	最大班次雇员	楼面净面积	外场屏防守的地区
装配区	室内空间	可出租净面积	观众座位
会堂	检查床	办公室	广场
会议室	检查房	运营车辆	马厩
运动场	设备运输车	操作台站	职员
礼堂座位	教职员工	外部显示区域	小摊
礼堂	前墙英尺数	三杆洞	存储区
自动柜员机	土地	客厅座位	存储单元
银行窗口	固定座位	客厅	存储车辆
理发椅	客用面积	乘客座	学生
理发师	水道	病床	设计容纳学生数

摇篮车	燃油喷嘴	病人睡眠区	套房
击球护网	葬礼用车	顾客座位	目标区
美容师	游戏桌	顾客服务区	出租车
美容椅	车库面积	顾客	教师
卧室	加油泵	围栏	丁字架
床	高尔夫球洞	人数	球座
台阶长度	油脂架	合法入池人数	租户
台球桌	绿地	设计容纳人数	系紧装置
船泊位	总楼面面积	额定容纳人数	总土地面积
露营营地	总可出租面积	泳池表面积	总会员数
纳客量	组屋居民	从业者	总销售面积
收银台面积	客房	额定容纳学生数	拖车场地
椅子	客人	接待处	医疗室
教堂容量	灵车	出租展示区	卡车
教堂	直升飞机停机坪	出租面积	单元
儿童	洞	出租单元	可用建筑面积
教室座位	孤儿	修理场面积	用户
教室	线形工作台长度	太平间	用途相关车辆
牧师	葬礼	居民	常用车辆
顾客	一小时葬礼数	房客	车辆维护
会所面积	气泵岛	住宿单元	学校所有运营车辆
公司车辆	实验室	房间	室内存放车辆
法院	车道	睡房	视频游戏机
客户流通区域	最大教室	休闲车地址	来访医生
客户	预计最大车辆数	销售面积	游客
牙科用椅	最大游客数	座位区	等候区
牙医	可出租区域	座位	等候乘客
设计占用率	可出租建筑面积	食品服务座位	候诊室
钻石	注册容量	营业厅	洗手间
用餐区	装载区		清洗器
餐饮空间	住户		清洗模块
展示区	寄宿室		清洗空间
医生	润滑架		水域
宿舍单元	管理人员		工作区
免下车车道	管理者		
免下车窗口			
驱动座			

来源：规划咨询服务 (1964，1971，1991，2002)。

黄金法则的趋同

　　设置停车标准的第三步是确定所需停车位的数量。问题在于规划师不知道一家汽车餐厅——或其他用地类型——需要多少停车位。大多数规划师对停车的了解程度并不比普通市民高多少。因此，对于需要为某种土地用途推荐停车标准的人来说，直接复制另一个城市的停车标准是一种简单易行的办法。如果城市之间相互复制，随着时间的推移，它们的停车标准就会趋同。我们可以利用南加州 117 个城市办公楼停车标准的两次调查结果来检验这种趋同效应是否存在。停车顾问雷克斯·林克[①]在 1975 年进行了首次调查。我在 1993 年再次进行了调查，以分析这些城市在过去 18 年中停车标准的变化趋势。[12]

两项调查表明，城市之间确实在互相复制。1975 年，最常见的标准 (模式) 是每千平方英尺 4 个停车位。在标准低于 1975 年模式的城市中，有 65% 到 1993 年时提高了标准，但没有一个城市降低标准。在标准高于 1975 年模式的城市中，有 80% 到 1993 年时降低了标准，而没有一个城市提高标准。1975 年有 31 个城市要求每千平方英尺提供 4 个停车位，其中只有两个到 1993 年时改变了标准 (一个提高，一个降低)。这种向一个模式趋同的变化使每千平方英尺要求 4 个停车位的城市比例，从 1975 年的 27% 增加到 1993 年的 54%(表 A-2)。

从业人员有时将每千平方英尺 4 个停车位称为"魔术数字"或"黄金法则"。[13]因为一个路外停车位 (连同坡道和过道) 至少占据 300 平方英尺，4 个停车位将至少占据 1,200 平方英尺。因此，每千平方英尺建筑面积要求 4 个停车位就会使停车场面积至少要比建筑物多出 20%。在相互复制停车标准多年之后，现在大多数城市要求为汽车提供的空间比为人提供的还要大。

表 A-2 黄金法则的趋同：1975~1993 (加州 117 个城市办公建筑停车标准)

城市	每千平方英尺车位数			城市	每千平方英尺车位数		
	1975	1993	变化		1975	1993	变化
普拉森舍	8	4	−4	布雷亚	3.3	4	+0.7
阿普兰	6.7	6.7	0	阿苏萨	3.3	3.3	0
洛斯阿拉莫斯	6.7	4	−2.7	丰塔纳	3.3	4	+0.7
格伦多拉	6.7	4	−2.7	康莫斯	3.3	3.3	0
杜亚特	6.7	4	−2.7	赫莫萨海滩	3.3	4	+0.7
莱克伍德	6.5	4	−2.5	斯坦顿	3.3	3.3	0
普安那公园	6	4	−2	圣马里奥	3.3	4	+0.7
圣哈辛托	5.3	4	−1.3	拉古纳海滩	3.3	4	+0.7
夏威夷花园	5	3.3	−1.7	塔斯廷	3.3	4	+0.7
贝尔弗劳尔	5	5	0	圣塔菲泉	3.3	3.3	0
圣迪马斯	5	5	0	拉帕玛	3.3	3.3	0
英格尔伍德	5	3.3	−1.7	锡尔比奇	3.3	3.3	0
沃尔纳特	5	5	0	雷东多海滩	3.3	3.3	0
约巴林达	5	5	0	南盖特	3.3	3.3	0
派拉蒙	5	3.3	−1.7	圣克莱门特	3.3	3.3	0
皮科里韦拉	5	4	−1	西科威纳	3.3	3.3	0
亚凯迪亚	5	4	−1	奥哈伊	3.3	3.3	0
波莫纳	5	4	−1	加迪纳	3.3	3.3	0
拉文	5	4	−1	亨廷顿海滩	3.3	4	+0.7

① 原人名为 Rex Link。(译者注)

续表

城市	每千平方英尺车位数			城市	每千平方英尺车位数		
	1975	1993	变化		1975	1993	变化
锡格纳尔山	5	4	−1	贝尔花园	3.3	3.3	0
蒙罗维亚	5	4	−1	托伦斯	3.3	3.3	0
安大略	5	3.3	−1.7	威斯敏斯特	3.1	3.1	0
雷德兰兹	4.5	4.5	0	卡尔弗城	2.9	3.8	+0.9
菲尔莫尔	4.5	4	−0.5	贝弗利山	2.9	2.9	0
克莱尔蒙特	4.5	4	−0.5	阿罕布拉	2.9	4	+1.1
科斯塔梅萨	4.2	4	−0.2	佩里斯	2.9	4	+1.1
阿纳海姆	4	4	0	圣璜卡皮斯川诺	2.9	5	+2.1
阿迪希亚	4	4	0	里弗赛德	2.6	2.6	0
贝尔	4	4	0	里亚托	2.6	2.6	0
拉哈布拉	4	5	+1	文图拉	2.5	4	+1.5
塞里托斯	4	4	0	卡尔森	2.5	3.3	+0.8
奇诺	4	4	0	派洛斯福德庄园	2.5	4	+1.5
科罗纳	4	4	0	科威纳	2.5	3.3	+0.8
卡达西	4	4	0	埃尔塞贡多	2.5	3.3	+0.8
埃尔蒙特	4	4	0	奥克斯纳德	2.5	4	+1.5
富乐顿	4	4	0	科尔顿	2.5	4	+1.5
赫米特	4	4	0	格兰代尔	2.5	3	+0.5
怀尼米港	4	4	0	博蒙特	2.5	5	+2.5
拉米拉达	4	4	0	拉朋地	2	3.3	+1.3
埃尔西诺湖	4	4	0	曼哈顿海滩	2	3.3	+1.3
罗马琳达	4	4	0	南埃尔蒙特	2	3.3	+1.3
洛米塔	4	4	0	圣莫尼卡	2	3.3	+1.3
梅伍德	4	4	0	朗代尔	2	3.3	+1.3
蒙特克莱尔	4	4	0	圣费尔南多	2	3.3	+1.3
蒙特利公园	4	4	0	帕姆代尔	2	3.2	+1.2
纽波特比奇	4	4	0	洛杉矶	2	2	0
诺科	4	4	0	伯班克	2	3	+1
诺尔沃克	4	4	0	帕萨迪纳	2	3	+1
奥兰奇	4	4	0	唐尼	2	2.9	+0.9
圣贝纳迪诺	4	3.3	−0.7	工业城	2	4	+2
罗斯米德	4	4	0	蒙特贝洛	2	2.5	+0.5
卡马里奥	4	4	0	欧文代尔	2	4	+2
圣盖博	4	4	0	卡彭特	1.3	4	+2.7
圣巴巴拉	4	4	0	霍桑	1.3	3.3	+2
西米谷	4	4	0	长滩	1	4	+3
南帕萨迪纳	4	4	0	韦尔农	1	2	+1
千橡市	4	4	0	**均值**	**3.6**	**3.8**	**+0.2**
加登格罗夫	3.7	4	+0.3	**中位数**	**3.5**	**4**	**+0.5**
罗灵丘陵庄园	3.5	5	+1.5	**众数**	**4**	**4**	**0**
马德雷	3.3	3.3	0	**极差**	**7**	**5.7**	**−1.3**
惠提尔	3.3	5	+1.7	**标准差**	**1.3**	**0.6**	**−0.6**

注：停车标准是指 10,000 平方英尺的三层办公大楼每千平方英尺建筑面积内所须配备的停车位数量。

停车标准与地区文化

在调查南加州办公楼停车标准时，我注意到许多城市停车标准所涉及的用地类型超出了 PAS 全国停车标准调查的种类。经统计，南加州停车标准中有 110 个附加的用地类型——超出或不在 PAS 第 510/511 号全国调查报告范围之内。这些附加的用地类型告诉我们一些有关南加州的文化和经济信息，也向人们展示了一些当地的风俗 (见表 A-3)。

出于我们对汽车及其相关物品的热爱，汽车展示、免下车乳品店、汽车直通式设施、维修加油站、补胎或翻新、卡车仓库和二手车销售等都设有相应的停车标准。出于我们对服装的热爱，化妆品加工、定制服装店、女帽店、鞋店和擦鞋服务亭等也有相应的停车标准。最后，自卫工作室①和敬老院的停车标准表明我们渴望未来在安全和长寿方面获得关注。

表 A-3 南加州 110 种附加用地类型的停车标准

有氧运动健身房	高科技制造
游乐场	敬老院
动物护理机构	马术表演
动物养殖	人才服务机构
动物表演	冰淇淋制作
养蜂	大型家庭日托中心
建筑	洗衣服务
艺术古董店	轻金属薄板制品
艺术工作室	拓印或出版
汽车展示	大剧院
宴会承办	维修加油站
理发学校	陶器制造
生物实验室	霓虹灯制造
锻造工厂	美沙酮治疗设施
船舶建造或维修	女帽店
图书装订厂	报业出版
建筑承包商场地	非快餐店
散装食品生产	眼科医生
橱柜或木制品商店	露天工业用途
罐头厂	眼科诊所
牌友俱乐部	参与娱乐
看守者住所	被动停车
地毯清洁	表演剧场
餐厅	照相洗印
餐饮服务	野餐庇护所
儿童看护服务	印刷和雕刻店
儿童之家	专业工作室

---

① 原文为 self-defense studios。(译者注)

冷藏库	即食餐厅
水泥制品	回收转运
糖果店	宗教团体驻地
聚集照护设施	废料厂
化妆品加工	自卫工作室
文化机构	收容所
定制服装店	鞋店
舞蹈学院	擦鞋服务亭
日间托儿所	观赏性娱乐活动
滞销存货房	为出售出租的工业建筑
独立佣人宿舍	文具店
迪斯科舞厅	证券经纪
甜甜圈店	演播室
窗帘店	游泳俱乐部
免下车清洁	外卖餐馆
免下车乳品店	售票处
汽车直通式设施	铁匠铺
变电站	补胎或翻新
电玩中心	工具和模具厂
职业介绍所	拖车停车场
雕刻品店	卡车仓库
健身房	卡车运输场
传真中心	无人看管的公共设施
鱼及肉制品加工	二手车销售
冷冻食品柜	汽车销售
游戏厅	可视公用电话亭
储气装置	焊接车间
日用品商店	对公众开放的批发商店

停车标准和停车技术

在设置停车标准时，规划师经常将停车位数量与可停泊汽车的容量混为一谈，因为停车场或车库停泊汽车的容量是一个模棱两可的概念。在需求高峰时段，代客泊车和堆叠停车①可以通过串联停放或在通道停车来增加停车容量，从而用劳动力代替停车的土地和资本。相反，自动车库用资本投资和技术代替停车位。停车小时数②是衡量当司机离开汽车后最终消费的基本指标，而在提供停车小时数的过程中，停车位最低数量标准消除了用劳动力替代资本投资和停车技术的选项。停车场或停车楼的容量是每小时可提供的停车小时数。可以通过减少每辆车的停放空间、减少停车和取车所需的时间以及降低有效运行所需的最小空置率，来实现这种容量的提升。停车消费还包含质量维度，包括停泊车辆及其所有者的安全，

---

① 原文为 stack parking。（译者注）

② 原文为 parked-car hours。（译者注）

停车和取车的速度，防止恶劣天气及类似情况的影响等。在关注停车位的绝对数量时，路外停车标准忽视了许多其他重要的考虑因素，而这些因素可以回答如何最有效地满足停车需求。

欧洲和亚洲城市已经安装了数百个自动车库，它们的容量是传统坡道式车库①的两倍。司机驶入看起来像单车车库的入口通道，从汽车上走下来，然后走下汽车去取票。司机和乘客不会随车停泊，传感器判断是否所有人都已经离开车库。在乘客离开后，汽车被提升到托盘上，并从入口托架处转移到存储区。当司机返回并重新插入车票时，汽车会在一两分钟内朝外送出。从司机的角度来看，该系统的工作原理类似于代客泊车，虽然司机可保留钥匙，也不用给小费。自动车库给城市设计增加了一种新的优势，它的建筑外立面可以很容易与附近的建筑物融为一体 (见图 A-1)。

图 A-1 新泽西州霍博肯的自动车库

图片来源：Robotic Parking

自动车库为司机、车辆及所载物品提供了更高的安全性，因此保险成本更低。由于汽车是机械停放的，并且车门始终保持关闭状态，因此停放车辆之间的水平和垂直间距很小。完全不需要坡道、过道、电梯和楼梯空间。这些节省空间的功能是地下停车场的独特优势。传统的地下车库需要成本昂贵的挖掘、支撑、防水、防火、照明和通风，因此减少车库体积大大降低了成本。此外，自动车库不需要通风，因为汽车发动机始终不会在里面运转，不会产生废气排放。与传统车库相

---

① 原文为 ramped garage。(译者注)

比，自动车库只需要一半的体积，在土地稀缺的地方，它们可以减少每个停车位的资金和运营成本。[14]

尽管具有这些优点，自动车库在美国很少见，部分原因是大多数分区法规要求提供一定数量的特定尺寸的物理停车位，而不是采用存储相同数量汽车的机械容量。此外，停车标准造成大量的停车位供给，使美国大多数停车的价格降至零，路外停车标准降低了自动车库的潜在盈利能力，并延缓其发展。

停车标准也阻碍了停车技术的采纳，这些技术采用比传统车库更少的停车位来满足相同的停车需求。例如，电子告示牌可以显示每个楼层有多少空位，以便司机可以直接驶入有空位的楼层。在一些车库中，每个车位都有一个安装在天花板上的探测器，用于检查是否停有车辆。探测器将观察结果发送到中央计算机，然后计算机更新各层车库的显示数字，并指示通往最近空车位的路线。在整个过道上均可以看到每个探测器配备的照明灯，显示是否有可用的停车位——已占用的车位显示红色，而空车位显示绿色——因此司机可以轻松地看到最近的空位，避免驶入没有空位的过道。[15] 中央计算机还可以显示每个停车位和区域的占用率和周转率的历史数据，并提供分析车库运行和性能评估所需的信息。这种技术在美国很少见，因为充足的停车位供给使有效利用停车位的重要性降低。

问题出在哪？

停车标准试图为一个城市几乎每种经济功能分配特定数量的汽车，这提供了一个有趣的窗口展示城市独特的个性和优先事项。但是城市太复杂了以致于无法排序和分类，而且没有合理的规划，或者没有繁琐的、精心设计的工作，就无法衡量每个人在任何地方都想停车的"需要"。因为这是停车标准想达到的目的，所以毫不奇怪它们会如此失败。我们当前的停车政策在审美、经济、环境和智力上都彻底失败了。

诚然，在新开发项目中要求提供"足够"的停车位似乎是明智的。如果有人开车上班，那么新的办公楼应该设有一些停车位，不是吗？那么问题出在哪儿？这里有两个问题。第一个问题是无论成本多高，规划师要求至少提供足够的停车位来满足免费停车的高峰需求。第二个问题也是最根本的，停车标准是不必要的。毕竟，人们需要食物生存，但这并不意味着规划师应该规定每个办公楼都要提供足够大的餐厅，中午能为楼内每位工作者提供免费午餐。但是，如果所有餐馆都是免费的，城市将很快需要对所有办公楼设置餐厅标准，这样办公室工作人员就不会挤爆附近的免费餐馆。为了满足免费食物的高峰需求，这些餐厅标准可能看起来与路外停车标准完全一样。开发商可以为无法提供餐厅的建筑物支付代赎金，而城市将允许共用餐厅的建筑物减免标准。每个人很快会发现减肥变得更加困难，就像有路外停车标准的城市，现在很难减少交通拥堵、空气污染和能源消耗一样。幸运的是，餐馆不是免费的，城市不需要提供免费午餐的餐厅，许多上班族完全不吃午餐或者吃轻食午餐，部分因为他们必须自己付钱吃东西。如果城市开始对路边停车收取公平的市场价格，并取消路外停车标准，那么它们同样会发现，减少交通和空气污染更加容易。随着人们的短途出行从开车转为步行和骑车以节省停车费，我们当中有些人甚至发现减肥会更容易。

附录 A 注释

1. Mogren 和 Smith (1952，25)。Hartmut Topp (1991，12) 表示，德国在 1939 年颁布《国会大厦保护法》时开始要求建筑物为所有人提供路外停车位。

2. Shoup(1995，1997，1997a) 和 Willson(1995)。当城市规划师在专业期刊上谴责该行业的主要实践时，显然无需做出回应。这种沉默表明许多规划师没有阅读期刊，或不同意批评意见但没有任何回应，或可能同意批评意见但不知道该如何应对。

3. 这是密苏里州圣路易斯县一家汽车销售公司的停车标准 (规划咨询服务，1991，8)。

4. 这是密歇根州圣克莱尔海岸出租车场站的停车标准 (规划咨询服务，1991，25)。

5. PAS 报告 510/511(2002) 773 个用地类型中，有些名称是重复的，实际上是相同的土地用途。例如，屠宰场 (Abattoir) 与屠杀场 (slaughterhouse) 相同。当删除 111 个重复名称后，有 662 种不同的用地类型。15 个调查城市是：华盛顿州贝尔维尤、马萨诸塞州剑桥、加利福尼亚州戴维斯、密歇根州大急流城、北卡罗来纳州格林斯博罗、蒙大拿州海伦娜、荷兰、密歇根州、爱荷华州爱荷华、明尼苏达州明尼阿波利斯、宾夕法尼亚州匹兹堡、俄勒冈州波特兰、华盛顿州雷德蒙德、弗吉尼亚州里士满、得克萨斯州圣安东尼奥和加利福尼亚州圣克鲁斯。

6. Mitchell 和 Rapkin (1954，13)。

7. 即使是最微不足道的用地类型，停车标准有时也会引起激烈的争论。例如，1995 年加利福尼亚州纽波特海滩 (Newport Beach) 将美甲沙龙每 240 平方英尺面积一个停车位标准提高至三倍，达到每 80 平方英尺一个停车位。规划委员会此前拒绝这一增长，因为经济发展委员会辩称，这样会妨碍新业务的开展。市议会一名成员反对该基准的提高，理由是"我认为这是针对成功的行业……我认为这是反商业行为"(《洛杉矶时报》，1995 年 4 月 1 日)。

8. 规划咨询服务在 1964、1971、1991 和 2002 年进行的调查，报告了用于停车基准的 216 个因素。城市使用的其他因素未包括在这些调查中。

9. Rube Goldberg (美国人) 和 Heath Robinson (英国人) 绘制一些复杂的装

置, 它们经常因过度使用而破损, 这些设计旨在完成简单的任务, 通常被过于认真的服务员用于执行简单的工作, 如切割绳子。

10. 规划咨询服务在 1991 年的调查中发现了这两项标准 (PAS, 1991, 18)。

11. 每位员工需要一个停车位会增加雇用劳动力的成本, 但不会增加使用资金 (计算机、机器等) 的成本, 因此可以鼓励企业在生产决策中用资本替代劳动力。

12. Link (1975)。该标准是针对一幢 10,000 平方英尺、三层办公楼计算的。Link 1975 年调查中的几个城市未被纳入比较, 因为这些城市 1993 年的标准难以解释。例如, 在 1993 年, 班宁市规定"在最大班次上为每个员工提供一个停车位, 再加上每 350 平方英尺建筑面积一个停车位。"因此, 仅按建筑面积的大小不足以计算所需的停车位数量。

13. Willson (1995, 30)。

14. Beebe(2000) 介绍了自动停车库的历史和技术。车库操作系统每种功能都有备用的计算机系统, 并且高度的冗余大大降低了机械错误的可能性。关于自动停车库的文章可参考《今日停车场》(1998 年 1 月和 2003 年 3 月和 5 月)、《城市土地》(1998 年 5 月),《华尔街日报》(1999 年 2 月 13 日)、《纽约时报》(2003 年 9 月 21 日) 和 *Slate* 杂志①(2004 年 4 月 1 日)。Josh Levin 所撰写的 *Slate* 杂志文章标题 ("你不必付小费的服务员") 表明了机器人停车的另一个优点。另请参阅其制造商网站 www.roboticparking.com/index.html 和 www.spacesaverparking.com.

15. 该指示系统用于巴尔的摩-华盛顿国际机场的智能公园车库。有关该系统的信息请访问 www.signalpark.com/ functions.html。

---

① *Slate* 是美国知名网络杂志, 1996 年创刊, 以其政治评论、离奇新闻和艺术特写等内容而闻名。Slate 本义是"石板 (名词)"或"用板岩覆盖 (动词)", 口语中常引申为"拿到报刊上进行抨击/谴责"。(译者注)

附录 B　全美交通调查

> 如果一个外星人徘徊在地球上方几百码处，认为汽车是地球的主要生命形式，而人类是一种动态燃料电池，在移动时插入，用完后拔出，那么这种想法是可以原谅的。

——海斯寇特·威廉姆斯 ①

美国交通部分别于 1969、1977、1983、1990 和 1995 年进行了全美个人交通调查 (NPTS)②。2001 年，该调查更名为全美家庭出行调查 (NHTS)。[1] 根据这些调查，我得到以下结论：(1) 司机在 99％的汽车出行中享有免费停车，(2) 汽车平均有 95％的时间处于停放状态。

99％的汽车出行中司机免费停车

1990 年，针对司机前一天所有汽车出行，全美个人交通调查 (NPTS) 这样咨询：本次出行中你是否支付过停车费？(不幸的是，在之前或之后的调查中均没有询问这个问题。) 表 B-1 显示了结果。[2] 司机在 99％的行程中停车是免费的。以免费停车结束出行的比例如此之高，并不是由于在家免费停车所致——毕竟，当驶入自家的车道时，没有人会向你收费——对调查车辆问及"你付停车费了吗"时，不包含以家庭为终点的情形。

不论性别、年龄、收入、教育程度或居住地，司机几乎都不会为停车付费。随着收入的增加，享受免费停车的汽车出行比例略有下降：例如，年收入低于 2 万美元的司机中，在全部出行中 99％是免费停车，而年收入超过 6 万美元的司机，免费停车只有 98％。这并不意味着低收入司机更有可能获得免费停车。相反，未享受免费停车的低收入司机更有可能乘坐公交、骑车、步行或不出行。低收入司机在免费停车中占较大比例，是因为他们在需要付费停车时不太可能开车。

随着受教育程度的提高，免费停车的人数比例也略有下降。高中教育程度以下的司机，在 99％的出行中可享受免费停车，而拥有研究生学历的司机，只在

---

① 海斯寇特·威廉姆斯 (Heathcote Williams)，演员、编剧、导演，主要作品《微光城市》《本能 2：致命诱惑》和《罪孽的代价》等。(译者注)

② 原文为 Nationwide Personal Transportation Survey，简称 NPTS。(译者注)

97％的出行中免费停车。这并不意味着高等教育会减少免费停车的可能性。相反，较高的教育程度会增加支付停车费的可能性，这主要是因为教育与收入相关。

表 B-1 汽车出行中免费停车占比

司机	停车费	大都市区	停车费
性别		亚特兰大	97％
男性	99％	巴尔的摩	97％
女性	99％	波士顿	98％
全体	99％	水牛城	99％
		芝加哥	98％
年龄		辛辛那提	98％
16-30	98％	克利夫兰	97％
30-50	99％	达拉斯	99％
50-70	99％	丹佛	99％
70 以上	99％	底特律	99％
		沃斯堡	99％
收入		休斯敦	99％
$20,000 以下	99％	洛杉矶	97％
$20,000-$40,000	99％	迈阿密	98％
$40,000-$60,000	99％	密尔沃基	97％
$60,000-$80,000	98％	明尼苏达	98％
$80,000 以上	98％	新奥尔良	99％
		纽约市	96％
受教育程度		费城	99％
高中以下	99％	菲尼克斯	99％
高中	99％	匹兹堡	99％
本科	98％	波特兰	99％
研究生	97％	圣迭戈	99％
		旧金山	98％
		西雅图	98％
		圣路易斯	98％
		华盛顿	98％

来源：根据《1990 全美个人交通调查》计算得出。

由以下问题的回答计算百分比：

本次出行中你是否支付过停车费？

除以家庭为终点的司机外，其他司机均被问及该问题。

大多数司机可能认为，有超过 1％的汽车出行中要自己支付停车费，许多人确实愿意这样做，尤其是那些居住在汽车出现之前建成的、古老而紧凑的城市中的人。但是，那些生活在不断蔓延郊区中的人，如果有的话，则很少会支付停车费。2001 年 NHTS 发现，美国家庭每年出行次数为 2,350 亿次。[3] 如果司机仅为 1％的出行支付停车费，他们每年确实支付 23.5 亿次，不过他们每年也免费停车 2,326.5 亿次。

美国人在 99％的汽车出行中享受免费停车，并不意味着 99％的停车位对于想停车的人而言是免费的。许多通勤者的免费停车位实际上由雇主支付,非雇员司机必须支付停车费。许多停车位也是要经过企业许可才能使用,而不是客户或顾客的司机必须支付停车费。因此,如果一位特定的司机在给定的行程中可以免费停车,并不意味着该停车位通常对于任何想停车的人都是免费的。

美国人 99% 的汽车出行中享受免费停车,这个发现并不意味着 99% 的出行者每次开车出行都可以免费停车。一个数字例子显示出行者对收费停车的反应将如何增加免费停车出行的比例。如果知道出行结束时会收取停车费,你就会寻求其他方式替代单人开车出行。假设在接下来的 100 次出行中,你可以免费停车的次数占 50%,但是必须为其他 50% 的停车支付费用。同时假设免费停车时,你总是选择开车。这意味着你可以免费停车出行 50 次。但是,当需要支付停车费时,你可能只开车出行 20%,然后对其他 80% 的出行选择步行;这意味着 50 次出行中,你会为 10 次出行支付停车费,而对其他 40 次出行选择步行。因此,在 60 次出行中免费停车为 50 次,占 83%。但是这个统计结果取决于你自己的选择,也取决于你可以使用的免费停车次数。如果 100 次出行中均选择开车,那么你的免费停车出行比例为 50%。因此,改变模式以避免支付停车费,使享有免费停车的汽车出行比例提高到 83%。

停车费减免还有助于解释为什么司机在 99% 的出行中免费停车。尽管泊车位的标价经常高得让人望而却步,但是因为有了减免,司机可以免费停车,因此,高昂的停车价格并不妨碍开车出行。只有在司机自己付费时,高价停车才会鼓励人们合乘。我在一个民间组织的研究小组服务了几年,我们经常在洛杉矶市中心美国银行大楼开会,加州大学洛杉矶分校校长查尔斯·扬格是我们的主席。在每次会议结束时,我们都会享受停车费凭收据减免,然后我们在地下车库等着代客泊车的服务员把我们的车开过来 (像往常一样,我们都是独自驾驶)。有一次会议之后,查尔斯·扬格惊诧地指出张贴的停车价格是每 20 分钟 2.50 美元!这对除了我以外的所有人来说都是个新闻 (由于研究停车,我倾向于关注这些事情)。每个人都立刻同意在市中心停车是多么昂贵,尽管我们当中没有人付过一分钱。高昂的停车价格从未阻止我们中的任何人选择独自驾驶。

汽车 95% 的时间处于停放状态

汽车在大多数时候都静止不动。一种计算停车时间百分比的简单方法是估算其驾驶时间百分比,然后从 100% 中减去该数字。1995 年 NPTS 发现,在典型的一天司机平均开车 73 分钟 (1.2 小时)。[4] 如果司机拥有一辆车,并且一天中有 5% 的时间 (1.2÷24) 驾驶该汽车,那么该汽车在剩下 95% 的时间里处于停放状态。[5]

澳大利亚珀斯和法国里昂进行的调查发现了类似的结果。乔治·布朗、理查

德·麦凯拉和海蒂·兰斯德尔①报告说，珀斯地区私家车平均每天在家停放时间为
18.5 小时。[6] 在离家的 5.5 小时中，汽车在道路系统仅行驶了 45 分钟，而其他
4.75 小时则是停放着的。因此，汽车平均每天停放时间为 23.25 小时，即 97% 的
时间都在停放。J. P. 尼古拉斯、P. 波谢 和 H. 彭博夫②使用法国里昂住户调查数
据发现汽车行驶的时间仅占 4.7%。[7]

　　卡车每天会停放多久？1958 年对匹兹堡卡车运行规律的调查中，匹兹堡地区
交通研究主任路易斯·基弗③发现，每辆卡车平均每天行驶不到一小时，并且 95%
的时间处于静止状态：

> 　　人们普遍的印象是许多卡车处于经常行驶的状态：收取清洗和干
> 洗的衣物，运送百货商店的商品，给电视销售服务送货以及通常在各
> 种各样的城市活动中运转。停车被视为短暂的，而出行则是全天持续
> 的。实际上，这种印象令人误解；许多停车远不是短时间的事。[8]

　　1969 年，威尔伯·史密斯④报告了对五个城市卡车运营的类似研究结果。在
一天内进行一次或多次出行的卡车中，行驶时间为 12%，其余 88% 时间处于静
止状态。车辆越重，当天行驶时间的比例就越高；重型卡车有 16% 的时间在移动，
而轻型卡车只有 11% 的时间在移动。[9] 这些统计数字来自一天内至少出行一次的
卡车，夸大了所有卡车行驶时间的比例，因为同一次调查发现很多卡车整日都闲
着；例如在纽约，一个工作日内大约三分之一的卡车全天处于闲置状态。[10] 该研
究得出结论是：

> 　　归根结底，普通卡车的平均行驶时间非常短。在一天大部分时间
> 里，它都处于停放、等待装载或卸载，或等待使用中。这一发现强调了
> 卡车停车位的重要性。[11]

　　汽车和卡车在行驶时显然会造成严重的问题，但大部分时间它们都处于停放
状态，产生的问题不太明显，但同样很严重。

附录 B 注释

　　1. 这些调查可在线获取：http://nhts.ornl.gov/2001/index.shtml.

　　2. 表 B-1 是指所有车辆免费停车的比例 (来自 1990 NPTS)。

　　3. 美国交通部 (2003，2003a，21)。

---

① 原人名为 George Brown、Richard McKellar 和 Heidi Lansdell。(译者注)
② 原人名为 J.P. Nicholas、P. Pochet 和 H. Poimboeuf。(译者注)
③ 原人名为 Louis Keefer。(译者注)
④ 原人名为 Wilbur Smith。(译者注)

4. Hu 和 Young(1999，表 14)。

5. 我们可以用另一种方式计算这个数字。如果汽车有 5% 的时间在行驶，那么它们每年行驶时间为 438 小时。1995 年 NPTS 发现，每辆车平均年行驶里程为 12,226 英里。在 438 个小时内行驶 12,226 英里，平均速度是每小时 28 英里(12,226÷438)。如果平均速度超过每小时 28 英里，那么在一年中行驶 12,226 英里所花费的时间不到 5%，而汽车停放的时间超过 95%。

6. Brown、McKellar 和 Lansdell(2004，7)。

7. Nicholas、Pochet 和 Poimboeuf(2003)。

8. Keefer(1963，30)。

9. Wilbur Smith and Associates(1969，56)。

10. Wilbur Smith and Associates(1969，54)。

11. Wilbur Smith and Associates(1969，56) 。

附录 C　停车的语言

我们如何停驻而陷入苍茫之中。

——威廉·莎士比亚

莎士比亚似乎是第一个使用"停车"(parked) 这个词的作家，他在《亨利六世》中写道，"我们如何停驻而陷入苍茫之中"。他指的是被困在围栏里的士兵，但这句话也可以用于描述被困在拥挤停车场里的汽车。

按照《牛津英语词典》，"停车"一词指的是将车辆停在路边，或发源于美国其他地方的做法。从 1867 年起，《牛津英语词典》最早的用法引自"晚上货车停成一个圈"。另一个引用来自 1887 年维多利亚女王的周年纪念日，"该区域……是为游行队伍停放四轮马车保留的。"1900 年，《国会记录》中一段较早的引用是"上述街道……的任何部分不得用于……停车。"当然，免费停车的概念和停车本身一样古老。例如，1932 年《牛津英语词典》的另一句话是："两年来，我只被要求支付过一次停车费。"

动词"停车"(to park) 现在的意思是要么把车开进停车位，要么把车留在停车位，直到返回并离开停车位。名词"停车人"(parker) 虽然不经常使用，描述的是谁在停车，就像"司机"(driver) 描述的是谁在开车。"停车人"(parker) 也可以指停车场的顾客，但这似乎不是一个常见术语用来描述一个人的车已经停放 (尽管如此，也许因为这个定义大部分时间适合大多数美国成年人)。《美国传统词典》将"parker"作为一个名词，但没有给出定义，而《牛津英语词典》将"parker"定义为"停车的人"，并提供这样一个例子："史密斯幸运地发现一辆汽车离开了咪表。他快速倒车……阻止了另一个可能的停车人。"在本书中，我用"parker"这个词指的是正在停车的司机或停车的人。

显而易见，我们的语言表明停车对我们的生活很重要。例如，《美国传统词典》认为：

> 今天很难想象一个没有车库的世界，或者一种没有车库这个词的语言。然而，这个词可能在 19 世纪之前不存在，当然在 18 世纪之前也不存在；可能这件事情本身在 19 世纪末之前不存在。我们的单词是直接借用法语的车库 (garage)，1802 年它第一次有了"一个停靠的地方"含义的记载。停放 (garer) 这个动词是从车库 (garage) 派生出来

的，最初的意思是"把商品藏起来"，然后是"停泊一艘船"，再然后是"把一辆车放在一个能安全保管的地方"，就是指一个车库，这个意思首先在 1901 年用法语记录。英语几乎立刻借用了这个法语单词，最早发现于 1902 年。(注 2)

现在有许多国家和地区的英语术语用于为停车设计的多层建筑结构。英国的标准术语是"多层"(multi-storey) 停车楼，"parkade"在加拿大很常见。美国各地使用的术语有车库 (garage)、停车场 (parking deck)、停车坡道 (parking ramp)、停车楼 (parking structure) 和停车平台 (parking terrace，这个术语只在犹他州使用)。就像法语将车库 (garage) 一词赠予英语一样，英语也将停车 (parking) 一词赠予许多其他语言 (比如法语中的 le parking)。为了显示停车 (parking) 一词在其他语言中的传播，请考虑将本书标题《免费停车的高昂代价》翻译成 29 种其他语言 (其中"停车"的翻译用斜体显示)。

Arabic	Al taklefah al mortafeaa le magganeyyet *entezar el sayyar*
Chinese	Gao dai jia mian fei *ting che*①
Croatian	Visoka cijena besplatnog *parkiranja*
Czech	Vyoská cena bezplatného *parkování*
Danish	Den høje pris af fri *parkering*
Dutch	De hoge kosten van gratis *parken*
Finnish	Vapaan *pysäköinnin* korkea hinta
French	Le prix élevé du *parking* gratuit
Gaelic	An costas ard ar *pháirceáil* saor
German	Die hohen Kosten des *Gratisparken*
Greek	To ipsilo kostos tou eleftherou *parking*
Hebrew	Hamehir hagavoha shel *hanaya* hinam
Hindi	Nishulk *parking* ke oonche dham
Indonesian	Tingginya biaya *parkir* gratis
Italian	L'alto costo del *parcheggio* gratuito
Japanese	Muryou *paakingu* no kou hiyou
Korean	Mooryo *joochaeui* nopeun sahoi biyong
Marathi	Paishay khoob lagthay *parking* karaila
Norwegian	Den høye kostnaden ved gratis *parkering*
Persian	Keemat ziyad *parkiink* majani
Polish	Wysoki koszt *parkowania* za darmo

---

① 本书最初出现在中文文献时译为《高代价免费停车》。(译者注)

Pilipino	Ang malaking halaga ng libreng *paradahan*
Portuguese	O custo elevado de *estacionamento* gratuito
Russian	Vysokaya tsena besplatnoy *parkovki*
Spanish	El alto costo del *estacionamiento* gratuito
Swedish	Det höga priset för fri *parkering*
Ulster	Scots Heich cost o free *pairkin*
Urdu	Muft *parking* ki bhari keemat
Zapotec	Wgyezh sac *estasyonamiend* digasy

其中 19 种语言直接采用英语单词 parking(法语、希腊语、印地语、马拉地语和乌尔都语) 或将它变为本地语言 (克罗地亚语、捷克语、丹麦语、荷兰语、芬兰语、德语、印度尼西亚语、日语、挪威语、波斯语、波兰语、俄语、瑞典语和阿尔斯特苏格兰语)。但英语中的 park 一词来源于法语 *parc*,它源于日耳曼语。因此,不是英语将 parking 这个词借给法语和德语,也许英语只是简单将其归还了。

据说,语言中有许多词汇可以很好地识别出对一种文化产生重要影响的东西。按照这个标准,我们区分了许多不同类型的停车场,如表 C-1 所示,因此停车场对美国文化很重要。这些并不是表述不同种类停车场的专用词语,而是用不同的形容词加上常用语 parking 来表达不同种类的停车场。此外,许多其他类型的停车场也可以根据提供停车位的土地用途加以区分。考虑一个教堂张贴的标志:"仅限教堂停车。违反规定将受惩罚。"如果所有用地类型都采用这样的停车标志——医院停车场、图书馆停车场、餐馆停车场等——并把它们添加到表中,那么将有数百种不同类型的停车场。

表 C-1　78 种各式各样的停车场

Accessible parking	Off-site parking
All-day parking	Off-street parking
Alternate-side parking	On-street parking
Angle parking	Overflow parking
Assigned parking	Overnight parking
Authorized parking	Overtime parking
Automated parking	Paid parking
Back-in parking	Parallel parking
Carpool parking	Pay-and-display parking
Commercial parking	Peak parking
Commuter parking	Perpendicular parking
Compact parking	Permit parking
Courtesy parking	Private parking
Covered parking	Public parking
Curb parking	Random parking
Customer parking	Replacement parking
Daily parking	Required parking

续表

Diagonal parking	Reserved parking
Disabled parking	Residential parking
Double parking	Restricted parking
Driver-paid parking	Robotic parking
Employee parking	Self parking
Employer-paid parking	Shared parking
Flexible parking	Short-term parking
Free parking	Snow-emergency parking
Guest parking	Side-by-side parking
Head-in parking	Spillover parking
Handicapped parking	Stack parking
Hourly parking	Staff parking
Illegal parking	Structured parking
In-lieu parking	Surface parking
Joint-use parking	Tandem parking
Loading-zone parking	Tenant parking
Long-term parking	Triple parking
Metered parking	Underground parking
Mobile parking	Unreserved parking
Monthly parking	Valet parking
Multistory parking	Validated parking
No parking	Visitor parking

附录 C 注释

1. 大多数商业和职业都有词语描述其从业者，例如木匠、医生、律师、规划师、水管工、教授或老师，但从事停车行业的人不能简单称自己为"停车工作者"(parkers)。由于缺乏一个简单的词来形容自己，停车行业的人采用一个笨拙的短语"停车专业人员"(parking professional)。也许停车行业的成员应该借鉴房地产经纪人的做法，他们编撰并注册了一个术语 Realtor® 来描述自己。

2.《美国传统英语词典》(2000，724)。

附录 D 关于开车、停车和步行的微积分

数学有非凡的功能，帮助你认识自己。

——塞缪尔·贝克特 [1]

大多数汽车出行的起点和终点都是停车位和一段步行的路程。当汽车出行接近终点时，我们必须决定在哪里停车，然后步行到目的地。第 18 章给出了一个简单的停车选择模型，该模型只考虑停车的货币成本和步行的时间成本。我们可以进一步扩展这个模型，考虑停车位置如何影响开车的货币成本和时间成本。

假设目的地的停车价格最高，并随着至目的地的距离增加而下降。寻找停车位是没有"搜索"成本的，因为价格的设定让车位随处可见。要找到最佳的停车位置，考虑以下变量 (及其单位)：

a 车辆运行成本 (美元/英里)

d 从停车位到目的地的距离 (英里)

D 从出发地到目的地的距离 (英里)

n 车内乘客数 (人)

$p(d)$ 车辆停在距离目的地 d 英里处的价格 ($/时)

s 从目的地到停车位的车辆行驶速度 (英里/时)

t 停车时间 (小时)

w 从停车位到终点的步行速度 (英里/时)

v 开车和步行的时间价值 ($/(时·人))。

汽车出行的总费用是开车、停车和步行的成本。在距离最终目的地 d 处，开车和停车的货币成本以及 (货币化) 时间成本为

$2a(D-d)$ (1) 开车往返停车位的货币成本

$\dfrac{2nv(D-d)}{s}$ (2) 开车往返停车位的货币化时间成本

$tp(d)$ (3) 停车的货币成本

$\dfrac{2nvd}{w}$ (4) 步行往返目的地的货币化时间成本

---

① 塞缪尔·贝克特 (Samuel Beckett, 1906—1989)，爱尔兰作家，创作领域主要有戏剧、小说和诗歌，尤以戏剧成就最高。他是荒诞派戏剧的重要代表人物。1969 年，他因 "用一种新的小说与戏剧的形式，以崇高的艺术表现人类的苦恼" 而获得诺贝尔文学奖。(译者注)

汽车出行的总成本是开车货币成本、开车时间成本、停车货币成本以及步行时间成本之和：

$$2a(D-d) + \frac{2nv(D-d)}{s} + tp(d) + \frac{2nvd}{w} \qquad (5) \quad 总成本$$

停车位是一种"多式联运设施"，允许出行者在两种出行模式——开车和步行之间切换。从目的地到停车位的最佳距离 d^*，是使开车、停车和步行的总时间成本和货币成本最小化之处。当因停车较近而节省开车和步行时间的总价值等于因停车较近而增加停车和车辆运行的成本之和时，上述总成本可实现最小化。[1] 将开车、停车和步行的总成本 (公式 (5)) 对 d 求导，并令其为零，得到总成本最小化时到达最终目的地的距离：

$$-2a - \frac{2nv}{s} + t\frac{\partial p}{\partial d} + \frac{2nv}{w} = 0 \quad 以及 \quad t\frac{\partial p}{\partial d} = -\frac{2nv}{w} + \frac{2nv}{s} + 2a \qquad (6)$$

解读这个方程发现，在距离较近之处，当停车所增加的货币成本 (方程左边) 等于较近处停车带来步行和开车时间的货币价值及车辆运行成本的净减少值 (方程右边) 时，开车、停车和步行的时间加货币成本最小。如果车辆运行成本 a 较低，并且行驶速度 s 相对步行速度 w 较大时，则 a 和 s 可忽略不计，并且求解 d^* 的方程简化为

$$t\frac{\partial p}{\partial d} = -\frac{2nv}{w} \qquad (7)$$

方程 (7) 表明，在停车和步行成本最小值处，一个微小的距离变化将使停车货币成本 $t\frac{\partial p}{\partial d}$ 和步行时间成本 $\frac{2nv}{w}$ 的变化在绝对值上相等，符号相反 (当不考虑开车的货币和时间成本时，这相当于第 18 章的结果)。

弹　性

在第 18 章中，路边停车价格与目的地距离之间的关系假定为负指数形式：

$$p(d) = \$1e^{-2d} \qquad (8)$$

当用该公式求解方程 (7) 的 $p(d)$ 时，最佳停车位置为

$$d^* = -\frac{1}{2}\log_e\left(\frac{nv}{tw}\right) \qquad (9)$$

在这种情况下，我们可以计算最优距离 d^* 关于四个自变量的导数和弹性。表 D-1 显示，d^* 对 t 和 w 的导数为正，这意味着如果停车时间较长或步行速度较

快，那么值得停在离目的地更远之处。$d*$ 对 n 和 v 的导数为负，这意味着如果车内有更多的人或者认为时间价值更高，那么值得停在离目的地更近之处。

表 D-1　最优步行距离 ($d*$) 的弹性

变量	$d*$ 的偏导数	$d*$ 的弹性
t (停车时间)	$\dfrac{\partial d*}{\partial t} = +\dfrac{1}{2t} > 0$	$\eta_t = +\dfrac{1}{2d*} > 0$
w (步行速度)	$\dfrac{\partial d*}{\partial w} = +\dfrac{1}{2w} > 0$	$\eta_w = +\dfrac{1}{2d*} > 0$
n (人数)	$\dfrac{\partial d*}{\partial n} = -\dfrac{1}{2n} < 0$	$\eta_n = -\dfrac{1}{2d*} < 0$
v (时间价值)	$\dfrac{\partial d*}{\partial v} = -\dfrac{1}{2v} < 0$	$\eta_v = -\dfrac{1}{2d*} < 0$

注释：

停车位和目的地之间的最优步行距离 ($d*$) 为

$$d* = -\frac{1}{2} \log_e \left(\frac{nv}{tw} \right)$$

$d*$ 对变量 i 的弹性 (η_i) 为

$$\eta_i = \frac{\dfrac{\partial d*}{\partial i}}{\dfrac{d*}{i}}$$

$d*$ 对其变量的弹性随距离目的地增加而减小 (绝对值)(见图 D-1)。例如，$d*$ 对停车时间 t 的弹性是 $+\dfrac{1}{2d*}$。在距离市中心 $d* = 0.5$ 英里处，$d*$ 对 t 的弹性为 +1，因此停车时间增加 10%，最优停车位置离最终目的地的距离增加 10%。[2] 相反，在距离目的地 2 英里处，弹性仅为 0.25，因此停车时间增加 10%，最优停车位置离最终目的地仅增加 2.5%。

复　杂　性

一个简单的模型不能捕捉到选择停车地点的所有复杂问题，但可以考虑更多的因素。例如，如果步行带来的效用损失随着距离加长而增加，那么节省时间的价值也随着距离而增加。如果下雨，步行时间的成本可能比开车时间的要高，如果天气好，步行时间的成本可能变低。因此，可以为步行和开车的时间价值指定不同的值。Denvil Coombe 等人采用陈述偏好方法发现，例如，对于停在英格兰布里斯托尔市中心的司机来说，节省步行时间的价值是每分钟 7 便士 (10 美分)，而节省开车时间的价值是每分钟 3.6 便士 (5 美分)。[3] 换句话说，司机似乎愿意花两倍的钱减少从停车位到目的地的步行时间，而不是减少到停车位的开车时间。

基于明尼阿波利斯中央商务区 (CBD) 停车价格梯度的数据，Yong Nam Song 发现了类似的结论，估计节省步行时间的价值是节省开车时间的 1.5 到 4.6 倍。[4]

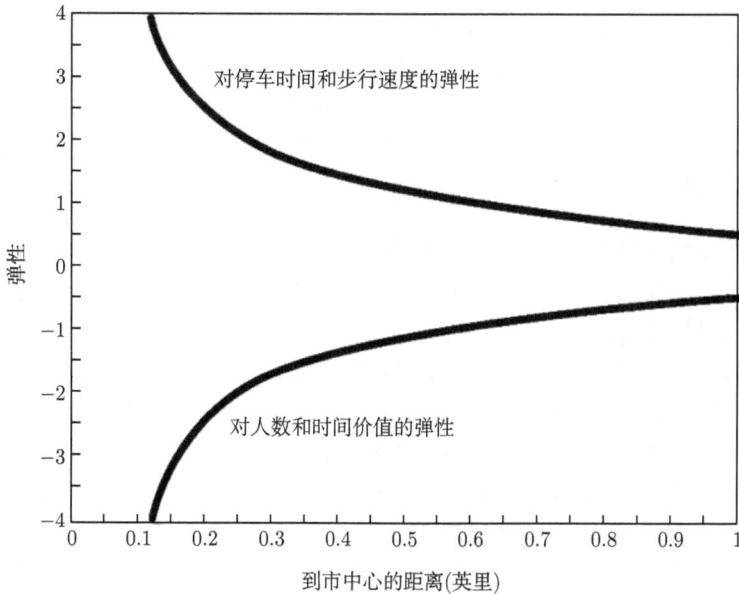

图 D-1　弹性与距离的函数关系

其他几个因素会使选址决策复杂化。如果在你接近目的地时，停车价格下降而不是上升，你可以开车经过目的地，找到更便宜的停车位，然后步行回去。你也可以选择走得更快些，以节省步行时间。一个更困难的问题是，你的目标并不真的是为了停上一段时间，而是为了商务或娱乐目的。你想在目的地呆多久，在某种程度上取决于你要花多少钱停车，以及步行往返停车位需要多长时间。因此，在目的地停留较短的时间，可以补偿停在较昂贵的车位里，但步行距离较短。[5] 一个简单的模型不能捕捉所有这些因素，但基本的数学技巧仍然有助于分析如何做选择。

时间的价格

在停车市场中，时间是可以买卖的，因此停车位置揭示了出行者节省时间的价值。澳大利亚、英国、加拿大、希腊、荷兰和美国等国对停车选址中时间与金钱的权衡关系进行了实证研究。本研究结果与单中心停车区位选择模型相一致。

Thomas Lambe 对停车区位选择进行了首次研究。1962 年他在英属哥伦比亚省温哥华的 55 个车库里对 1 万名通勤者进行了一项调查，调查数据显示人们愿意花多少钱把车停在离工作地点更近的地方。在使用停车价格、停车位置以及通勤者步行至 CBD 的距离数据之后，他发现：

> 通勤者愿意每月支付 1.00 美元 [加元]，把车停在离目的地 175 英尺的地方。按每月单程 20 次计算，他们每走 7,000 英尺支付 1.00 美元，或每走 1,000 英尺支付 0.14 美元。据观察，步行速度为每分钟 270 英尺 [约合每小时 3 英里]，包括交通信号灯延误，通勤者倾向于把自己的时间价值估计为每小时 2.30 美元。[6]

当这些价值换算成美元，并根据 2002 年通货膨胀进行调整后，通勤者认为步行时间节省的价值为 12.68 美元/时。他们从更偏远的停车位步行，每英里节省的价值为 4.17 美元。[7]

温哥华也有同样的数据，Lambe 和 S.A. Brown 采用线性规划模型表明所有停车位的市场出清价格如何组合在一起，以最小化开车人从停车位到最终目的地的总步行时间。[8] 他们发现，路外停车的市场价格与最小化总步行时间的价格非常接近，平均误差只有 20%。路内停车价格则远低于开车人最小化的总步行时间水平。由于路边停车的价格过低，司机对路边停车位置的选择更多地取决于巡游找车位时的运气，而不是选择最佳的停车位。因此，从路边停车位到最终目的地的总步行时间超过了市场价格产生的水平。

Lambe 再次使用 1962 年对温哥华通勤者的调查数据，但采用了更复杂的统计方法，后来重新评估了司机驾驶时间和步行时间的价值。Lambe 采用一个多元正态 probit 模型，该模型包括从出行起点到停车设施的开车时间，从停车地点到最终目的地的往返步行距离以及由停车时间决定的停车费，他估计了司机对步行和驾驶时间的价值。[9] 结果表明，停车人对停车位和目的地之间步行的效用损失①的评价在每公里 1.73 美元到 2.13 美元之间。以每小时 4.5 公里的步行速度计算，这相当于每小时 7.78 美元至 9.58 美元。如果换算成美元并考虑到 2002 年通货膨胀因素，节省步行时间的价值在每小时 43 美元到 53 美元之间。

1971 年，Gökmen Ergün 对前往芝加哥市中心的司机进行了一项调查分析，以估计司机对节省步行时间的价值。他估计，那些将车停在离目的地一个街区以外的司机，平均每小时可节省 4.5 美元的额外步行时间 (2002 年为每小时 20 美元)。对于那些把车停在离目的地不到一个街区的人，他估计，如果他们愿意走得更远的话，平均每小时可以节省 5 美元 (2002 年为每小时 22 美元)。

1973 年，Terence Austin 对洛杉矶 CBD 七座大型办公楼的上班族进行了一项调查，估计节省步行时间的价值在每小时 10.80 美元到 15 美元之间 (2002 年

---

① 原文为 disutility，也可译为负效用。(译者注)

为每小时 44 美元到 61 美元之间)。[10] 在一项类似的研究中，Boris Pushkarev 和 Jeffrey Zupan 对曼哈顿 CBD 的汽车通勤者进行调查，收集司机支付全天停车的价格以及他们从停车位到目的地的步行距离。他们发现，按 1969 年价格，在价格较高地段的停车场，为了方便往返不多走 1,000 英尺的距离，停车人平均要花 0.65 美元。由于高峰时段的开车速度只有每小时六到九英里，很多靠近市中心的停车库处理车辆的延误时间更长，他们估计，通勤者通过减少 1000 英尺停车距离可节约 2 至 2.7 分钟的步行时间，节约的时间价值 (基于停车价格的差异) 范围介于每小时 14.40 美元和 19.20 美元之间 (按 2002 年价格为每小时 71 美元至 94 美元)。[11] Pushkarev 和 Zupan 指出，这些数字远高于其他时间价值的估计值，但也解释说，他们的样本代表了一个非典型群体：高峰时段曼哈顿的开车上班族在通勤者中所占比例很小，并且他们的收入也很高。

在 1975 年对西柏林市中心停车的研究中，Yvo Dirickx 和 Peter Jennergren 使用线性规划模型回答了以下问题：

> 如果可能对现有停车设施进行"最佳"利用，那会是什么样子？……司机要步行多远才能从停车位置到达目的地？街道上哪里有空车位？理论上正确的停车费率结构是什么样的？[12]

他们建立了一个给汽车分配停车位的模型，尽量减少司机和乘客在汽车和最终目的地之间步行时间的总成本。他们发现，在现有停车设施中，如果正确设定停车价格，可以满足停车需求且步行时间很短。为了尽量减少步行，路边停车价格应至少与相邻的路外停车场价格一样高。然而，实际上，西柏林路边停车价格被大大低估了：要么是免费的，要么只有路外停车价格的 20% 左右，而且，即使相邻的路外停车位最多使用了三分之二，但路边停车还是很拥挤。许多路边停车位被长期停车的人占用，因为他们早早在车位还空置时到达。结果，很多短期停车人更愿意支付额外费用停在便利的路边车位，但被迫走很远的路到目的地。

1978 年，加拿大交通经济学家 David Gillen 开发了一个类似于本章介绍的选址模型，尽管他没有考虑车上的人数和停车时间 (所有开车人都是单独驾驶，所有出行都是去上班)。利用多伦多通勤者数据，Gillen 发现：(1) 停车价格在通勤者目的地附近增加，(2) 价格梯度的斜率在这些目的地附近增加，以及 (3) 在决定停车位置时，这个斜率是一个统计显著的变量。Gillen 前两个发现与我在方程 (8) 中假设的停车价格形式一致，他的第三个发现与方程 (6) 中计算的最优停车距离一致。

1982 年对荷兰哈勒姆市中心司机进行的一项研究中，D. van der Goot 提出一个模型来解释司机对停车地点的选择。停车地点与最终目的地之间的步行时间对停车选择的影响最大。对于购物出行，较长的步行时间与较长的停车时间相关，这与本文介绍的模型一致。[13]

1991 年，Kay Axhausen 和 John Polak 采用英国伯明翰和德国卡尔斯鲁厄停车者问卷调查数据，估算与汽车出行不同阶段相关的时间价值 (车内总时间、停车搜索时间以及步行至最终目的地时间)。他们使用陈述偏好方法，估计在停车位和工作出行目的地之间步行的时间价值，他们发现，在伯明翰，通勤者愿意花费 11.66 美元来节省一小时的步行时间，而在卡尔斯鲁厄，通勤者愿意花费 21.33 美元 (这些数值根据 2002 年通货膨胀水平调整)。[14]

Richard Arnott、Andre de Palma 和 Robin Lindsey 建立了一个理论模型，模拟通勤者单独开车前往 CBD 上班。[15] 所有通勤者都沿着通往 CBD 的放射状路线停车，然后从停车处步行至市中心。通勤者选择各自的出发时间和停车地点，以最小化由车内出行时间、通行费、停车费、步行时间和计划延误 (提前或延迟到达目的地的成本) 所产生的总成本。该模型表明，如果政府为防止交通拥堵收取最优通行费，停车市场价格将随着中心距离而下降，并产生停车位置选择的社会最优分布。

1983 年，John Hunt 和 Stan Teply 对艾伯塔省埃德蒙顿市 80 家雇主雇用的 1,702 名通勤者进行一项调查，开发了一个工作出行停车行为模型。他们不仅考虑步行距离和停车成本，还考虑停车位是在路内还是路外，停车位的物理状态 (包括天气防护) 以及其他几个变量，如安全和附近的用地类型。他们发现，步行距离和停车成本是决定停车位置最重要的因素，对于路内停车者，通勤者对步行时间价值的评价为每小时 14.04 加元，对路外停车者，通勤者的步行时间价值为每小时 17.49 加元 (按 1983 年加元计算)。对通货膨胀进行调整并换算成 2002 年美元后，路内停车者的步行时间节约价值为每小时 20 美元，路外停车者则为每小时 25 美元。[16]

20 世纪 90 年代，英国交通部资助了一项广泛的研究，将停车作为出行选择的一个因素。Denvil Coombe 等人设计了一些调查，旨在了解司机如何选择停车地点，调查发现，当面临停车价格变化时，最常见的反应是寻找另外的停车地点：

> 研究表明，考虑改变出行频率、目的地、出行时间和出行方式的选择，受访者最普遍的反应是尝试继续停车，这样他们就可以在原来的目的地继续既定的活动，即使这涉及改变停车地点和停车类型。无论出行目的如何，这一发现都是正确的。[17]

停车位置决策中，最重要的两个因素 (远远超过任何其他因素) 是停车价格和步行到目的地的距离。

在选择出行方式时，出行者会同时考虑停车价格和步行至目的地的时间价值，因此，最佳停车位置的净成本会影响人们选择独自驾车、拼车、乘坐公交车、骑自行车，还是全程步行。David Hensher 和 Jenny King 建立了一个模型，同时考虑出行方式和停车位置的选择。他们使用陈述偏好方法，利用澳大利亚悉尼 CBD 1,789 名出行者的调查数据，对模型进行了估计。研究结果表明，停车价格的上涨重新分配了停车位置，并将一些司机转移到公共交通上，但并未将出行转移到 CBD 之外：

> [停车] 收费的提高将确保公共交通的使用大大增加，停车从靠近 CBD 的地方明显转向 CBD 的其他地方，转移到 CBD 边缘和 CBD 以外的停车也将小幅增加。前往 CBD 的出行几乎没有任何减少。[18]

这一结果驳斥了传统观点，即较高的停车价格将不可避免地减少 CBD 的就业和贸易。在爱尔兰都柏林，Peter Clinch 和 Andrew Kelly 使用类似的陈述偏好方法发现了一个可比较的结论。针对 2001 年路边停车价格上涨 367% 的提议，83% 的路边停车者表示他们将在不同的地点停车 (主要是路外停车场)，11% 的人表示他们将选择其他出行方式 (主要是公共汽车)，只有 5% 的人表示他们将减少前往都柏林市中心的次数。[19]

最后，Dimitrios Tsamboulas 通过对雅典市中心停车司机的访谈，评估他们是否愿意支付更高的价格以便有机会将车停在离目的地更近的地方，或者愿意将车停在更远的地方以换取更低的价格。他发现大多数司机更喜欢目前的停车位置，这表明考虑到停车价格随最终目的地的距离下降，司机们确实试图优化自己的停车位置选择。他还发现，通勤者 (每月停车的人) 会完整地规划出行，更有可能去寻找一个步行时间和停车价格最优组合的停车地点。他总结道：

> [停车选择] 只能用希腊人特有的行为特征解释：他们喜欢把车停在离目的地尽可能近的地方，以避免做步行运动。[20]

也许哪怕是最早的奥运会运动员也会把战车停在离体育场尽可能近的地方，以避免步行。但是 Tsamboulas 对他的希腊同胞太挑剔了——想在目的地附近停车的愿望似乎是普遍的。

表 D-2 整理了开车人将车停在离目的地较近的地方所节省的时间价值。估计范围从伯明翰每小时 12 美元到曼哈顿每小时 94 美元不等。虽然这些估计值似乎很高，但它们清楚地表明，当开车人选择停车位时，他们会在支付更多费用和走得更远之间进行权衡。另一方面，也许这些估计值并不是那么高，特别是当我们考虑许多开车人 (也许包括你自己) 在购物中心停车场里转来转去寻找一个近距离的停车位，这样到购物中心门口可以少走几步。无论如何，这些估计表明，最方便的路边停车位具有潜力以市场价格赚取可观的收入。在一天当中，周转率高的路边停车位可以为许多司机节省大量的步行时间，因为他们想在快速出行期间短时间内将车停在最方便的位置。

表 D-2   节约步行时间价值的估计 (美元/时，按 2002 年美元价格)

作者	城市	年度	时间价值 (美元/时)
Lambe (1967)	温哥华	1962	13
Lambe (1996)	温哥华	1962	43～53
Pushkarev 和 Zupan (1975)	纽约	1969	71～94
Ergün (1971)	芝加哥	1971	20～22
Austin (1973)	洛杉矶	1973	44～61
Hunt 和 Tepley (1993)	埃德蒙顿	1983	20～25
Axhausen 和 Polak (1991)	伯明翰	1988	12
Axhausen 和 Polak (1991)	卡尔斯鲁厄	1988	21

"最省力原则"适用于选择停车位。哈佛语言学家 George Kinglsey Zipf 在《人类行为与最省力原则》①一书中提出，在所有其他条件相同的情况下，人类行为倾向于选择最省力的方式。[21] 这个原则不仅有助于解释停车位选择，对停车的研究也可以从 Zipf 关于科学方法论的建议中获益：

> 如果我们把人类行为纯粹看作是一种自然现象，就像宇宙中的其他事物一样，如果我们用研究蜜蜂的社会行为或鸟类的筑巢习惯一样，用冷静客观的态度来研究人类行为，我们可能会对人类行为的根源有相当深入的了解。[22]

同样，我们也可以通过观察司机为停车支付多少钱，有多少人在车里，停了多长时间以及走了多远的路，来深入了解人类行为的主要根源。

附录 D 注释

1. 这里假设开车和步行的时间价值相等。

2. 这一结果来源于 p 和 d 之间假定的函数关系。在这种负指数关系下，t、w、n 或 v 同样相对的增加，总是对 d^* 产生相同的绝对变化。

3. Coombe 等 (1997, 67) 采用交通约束分析模型 (Traffic Restraint Analysis Model，TRAM) 进行这些估计。

4. Yong Nam Song(1995, 61)。

5. David Gillen(1978) 在一项对多伦多市区通勤者的研究中发现，按小时计费停车的司机会为步行距离减少停车时间：他们停放的时间越短，步行的距离也越短。

---

① 原书名为 *Human Behavior and the Principle of Least Effort*。(译者注)

6. Lambe(1967, 411)。

7. 按 1962 年加拿大 1.08 加元 = 1 美元的汇率计算, 节省的时间价值为 2.12 美元。经 2002 年通货膨胀调整后, 估计价值为每小时 12.68 美元。Lambe 指出, 他估计每小时节省 2.30 美元的出行时间价值 (基于通勤者在不同停车地点之间的选择), 接近 Thomas Lisco(1967) 估计的每小时 2.60 美元 (基于通勤者在汽车和公共交通之间的选择)。

8. Brown 和 Lambe(1972)。

9. Lambe 谦虚地表示, 该模型 "相对简单", 但它比用于分析停车数据的大多数统计技术更为复杂。例如, 考虑这句话: "引文中的表 1 中每个相对精度项是似然函数的自然对数在其最大值区域二阶导数的倒数的平方根" (Lambe, 1996, 211)。

10. Austin(1973, 5)。

11. Pushkarev 和 Zupan(1975, 68)。

12. Dirickx 和 Jennergren(1975, 1)。

13. 只有当占用率超过 120% 时, 潜在的停车人似乎才会却步, 这表明非法停车的意愿高得令人惊讶。当合法和非法停放的汽车都统计在内时, 停车占用率的变化范围高达 400%。

14. Axhausen 和 Polak(1991, 78)。1988 年最初的价值是每小时步行时间 4.93 英镑和 34.96 德国马克。用 1988 年购买力平价 (1 英镑 = 1.66 美元, 1 美元 = 2.49 德国马克) 将这些价值换算成美元, 然后由美国消费者价格指数调整至 2002 年。Axhausen 和 Polak 估计, 购物出行节省的步行时间价值远远高于商务出行。他们还总结了其他研究人员对步行时间价值的研究成果。

15. Arnott、de Palma 和 Lindsey(1991)。

16. 1983 年汇率为 1.244 加元 = 1 美元。

17. Coombe 等 (1997, 66)。当问及基于家的工作出行中选择停车位的主要原因时, 60% 的受访者认为离目的地很近, 20% 认为是停车收费, 5% 认为有机会找到车位, 只有 15% 的人认为是其他原因 (见引文第 67 页表 1)。

18. Hensher 和 King(2001, 195)。

19. Clinch 和 Kelly(2004b)。

20. Tsamboulas(2001, 120)。

21. 科幻作家 Robert Heinlein 将这一原则解释为: "进步是由懒惰的人通过寻找更简单的方法来实现的。"

22. Zipf(1949, v)。

附录 E 土地价格与停车成本

交通亦文明。

——拉迪亚德·吉卜林 [1]

我们如何决定何时建造停车楼而不是使用地面停车场？建造停车楼会置换可用于地面停车的土地，所以我们可以估算停车楼增加的停车位成本，并将其与地面停车场的成本进行比较。停车楼每个新增车位的成本通过扣除建成时损失的地面车位数量来考虑土地的机会成本。如果地面停车场的每车位成本等于停车楼增加的每车位成本，那么地面停车场和停车楼同样是以成本效益方式来增加停车供给。因此，停车楼每个新增车位的成本揭示了建造停车楼的成本效益达到收支平衡时的土地价值 [2]。该盈亏平衡的土地价值可以用来估计停车楼场地的土地价格下限 [3]。

盈亏平衡的土地价值

第 6 章介绍了 1961 年到 2002 年间加州大学洛杉矶分校 (UCLA) 建造的 15 个停车楼中每个新增车位的建筑成本。我们可以使用这些成本估算来计算停车楼建造决策隐含的盈亏平衡地价 (见表 E-1)。每个地面车位的盈亏平衡地价是指增加地面车位的成本与增加停车楼车位的成本相等时的地价 (见表 E-1 第 3 列，源自表 6-1 第 8 列)。将每个停车位的盈亏平衡地价除以它的面积 329 平方英尺 (UCLA 停车位的平均面积)，得出每平方英尺土地的盈亏平衡值 (见第 4 列)。

在 20 世纪 60 年代，建造这些停车楼的决策所隐含的盈亏平衡地价从每平方英尺 35 美元到 52 美元不等 (调整到 2002 年价格)。自 1977 年以来，决定建造一栋停车楼所隐含的盈亏平衡地价在每平方英尺 50 美元到 97 美元之间。如果地价高于这些盈亏平衡点，建造一栋停车楼就需要更高的支出。那么，如何把加州大学洛杉矶分校附近的地价与这些停车楼建筑成本所隐含的盈亏平衡地价做一比

---

① 拉迪亚德·吉卜林 (Rudyard Kipling, 1865~1936)，英国小说家、诗人，出生于印度孟买。他一生共创作了八部诗集、四部长篇小说、二十一部短篇小说集和历史故事集，以及大量散文、随笔、游记等，于 1907 年获得诺贝尔文学奖，成为英国第一位获此奖的作家。(译者注)

② 以下简称地价。(译者注)

③ 原文为 lowerbound price。(译者注)

较？1988 年，UCLA 校园附近一块占地 4 英亩的空地以每平方英尺 241 美元 (即每英亩 1,050 万美元) 价格出售。[1] 相比之下，1990 年建造的两栋停车楼 (1 号和 RC 停车楼) 的盈亏平衡地价分别是每平方英尺 88 美元和 94 美元。这些价格意味着建造停车楼确实比购买地面停车场土地便宜得多。

表 E-1　每个新增停车位成本隐含的地价 (2002 年美元价值)

竣工年份	停车楼名称	盈亏平衡地价	
		每个地面车位	每平方英尺
(1)	(2)	(3)	(4)=(3)/329
1961	5	$15,400	$47
1963	14	$11,600	$35
1964	3	$13,300	$40
1966	9	$14,800	$45
1967	8	$17,000	$52
1969	2	$14,900	$45
1977	CHS	$29,900	$91
1980	6	$23,200	$71
1983	4	$31,800	$97
1990	1	$28,900	$88
1990	RC	$30,800	$94
1991	SV	$28,300	$86
1995	3 附加	$16,400	$50
1998	4 附加	$29,000	$88
2002	7	$31,500	$96

注：校园内的地面停车场每车位平均占地 329 平方英尺。

　　如果用于建造两栋停车楼的地价也为每平方英尺 241 美元，那么较大停车楼的土地加上建筑成本为每车位 32,400 美元，而较小停车楼的土地加上建筑成本为每车位 46,800 元。[2] 每个车位的土地加建筑成本远高于每个新增车位的建筑成本，较大停车楼为 28,900 美元，较小停车楼为 30,800 美元。这些数字证实了停车楼每个新增停车位的建筑成本，给出了土地加上停车楼每个停车位建筑成本的保守估计。[3] 简而言之，停车楼每个新增车位 (即高于或超过停车楼场地用作地面停车场时的车位数量) 的成本为停车楼内所有车位的总成本 (土地加建筑) 提供了下限。

　　这里每个新增车位的成本是指停车楼停车位的成本，并且在地价较低的地方，地面停车位的成本低于停车楼停车位的成本。然而，地价可能低估了地面停车位的市场价值。停车标准往往会压低土地的市场价值，因为如果分区法规要求开发商建设的停车位数量多于他们本来打算提供的，那么开发商竞拍土地的价格就会降低。举例来说，如第 5 章所述，当加州奥克兰推出公寓楼每千平方英尺 1 个车位的停车标准时，土地价格下降了 33%。在停车标准降低土地市场价格的地方，如奥克兰，这种较低的市场价格低估了用于提供所需停车位的土地的机会成本。因此，土地市场价格低并不意味着提供所需停车位是便宜的，因为这一标准本身降低了地价。

土地储备银行

许多城市的地面停车场像巨大的沙漠，为未来的再开发提供了一个很好的土地储备机会。城市设计师乔纳森·巴奈特[①]解释了如何通过建造停车楼从地面停车场回收土地：

> 一个车库可以容纳五或六英亩的 [地面] 车位，而其本身所占面积不到一英亩……将 [地面] 停车场改造 [为车库] 所需的成本就变成让土地变得可利用的成本。[4]

我们以建造停车库的例子计算从地面停车场回收土地的成本。一英亩地面停车场约有 130 个车位 (每个停车位 330 平方英尺)，因此一个 6 英亩的停车场将容纳 780 个车位。如果 780 个停车位全部堆放在一个占地仅 1 英亩的六层停车库里，那么剩余 5 英亩的土地就可以用作开发，同时停车供应量丝毫没有减少。如果建筑成本为每车位 1 万美元，则总成本为 780 万美元。[5] 因此，以前用于地面停车场的 5 英亩腾空土地的成本为 160 万美元/英亩 (7,800,000 美元 ÷5 英亩 =1,560,000 美元)，或 36 美元/平方英尺。

回收土地的估计成本可能过高。在《停车楼》一书中，美国最著名的停车楼设计师玛丽·史密斯估计，如果土地价格超过每平方英尺 30 美元 (每英亩 130 万美元)，那么停车楼比地面停车场便宜。[6] 如果史密斯的估计是准确的，那么将地面停车场改造为停车楼的成本将是每平方英尺 30 美元左右，以前的地面停车场可用于新的用途。大多数城市现在都被停车场弄得坑坑洼洼，因此，即使不减少我们臃肿的停车供应，也可以用每平方英尺 30 美元的价格获得几乎取之不尽的空置土地。

停车标准的遵从成本

司机很少支付停车费，因为路外停车标准将停车成本捆绑到所有开发成本中。我们可以通过办公楼的例子估计所需停车位如何增加开发成本 (见表 E-2)。假设停车楼地上部分的成本为每车位 13,000 美元，而地下部分的成本为每车位 25,000 美元。[7] 最常见的办公楼停车标准是每千平方英尺建筑面积需要 4 个停车位。[8] 因

[①] 原人名为 Jonathan Barnett。(译者注)

此，如果是地上停车场，则所需停车位的成本为每平方英尺 52 美元，如果是地下建筑，每平方英尺 100 美元 (见第 3 行)。[9] 洛杉矶甲级钢结构办公楼的平均成本约为每平方英尺 150 美元 (包括建筑成本、租户改善成本和"软"成本，如建设期间的融资、保险和房地产税，但不包括停车场成本)。[10] 因此，如果停车场在地上，每千平方英尺配建 4 个停车位，则办公空间的建筑成本增加 35%(52 美元÷150 美元)，如果停车场在地下则增加 67%(100 美元 ÷150 美元)。[11] 因为停车成本被捆绑到办公空间的成本中，司机无需买单，所以其他人必须为此买单，最后其他人变成了每个人，包括那些没车的人。

表 E-2　停车标准增加办公空间成本

	地上	地下
1. 每车位建筑成本	$13000	$25000
2. 每千平方英尺停车标准	4 车位	4 车位
3. 每平方英尺办公空间停车成本	$52	$100
4. 每平方英尺办公空间建筑成本	$150	$150
5. 停车成本占办公空间成本比例	35%	67%

注：第 1 行出自 R.S. Means Co.(2001) 和表 6-1
第 3 行 = 第 1 行 × 第 2 行/1,000
第 4 行出自洛杉矶县估价员
第 5 行 = 第 3 行/第 5 行

停车标准只产生了停车总支出的一部分，因为即使分区法规不做要求，大多数开发商也会提供一些停车位。不过，在洛杉矶的例子中，每千平方英尺办公空间每增加一个地上停车位，就会增加每平方英尺 13 美元的建筑成本，而每增加一个地下停车位，则会增加每平方英尺 25 美元的建筑成本。[12] 如果开发商想为每千平方英尺办公空间提供 2 个停车位，而城市要求 4 个车位，那么这一要求就会增加每平方英尺 26 美元到 50 美元的建筑成本。即使停车标准小幅提高，也会显著增加开发成本，由此延伸到住房成本和所有其他商品和服务成本之中。在所有不提供经费的强制责任①中，路外停车标准也许是负担最大的一项。[13]

附录 E 注释

1. 1989 年，校园附近一处大型 R-5 住宅用地以每平方英尺 504 美元的价格出售。近年来与校园相邻的韦斯特伍德村几处小型商业用地也以高于每平方英尺 241 美元的价格出售。因此，每平方英尺 241 美元的地价似乎很保守。该信息由洛杉矶县估价员提供。

2. 每个车位的土地加建筑成本是停车楼的总建筑成本加上每平方英尺 241 美元的土地成本，再除以停车楼的车位数。

---

① 原文为 unfunded mandates，可译为无财源提供强制责任、未备资金法令、未附带经费的委任事项等。(译者注)

3. 因此，相比停车楼新增每车位的建筑成本，大型停车楼每个车位的土地加建筑成本高出 25%。而小型停车楼每个车位的土地加建筑成本则高出 69%。在目前的比较中，如果成本估算包括土地的市场价值，小型停车楼每个车位成本增加更多，因为它完全建在地面上，每个停车位消耗更多的土地：小型停车楼每个车位占地 121 平方英尺，相比之下，大型停车楼每个车位仅占地 39 平方英尺。只有当土地达到停车楼成本效益的盈亏平衡点，停车楼新增每车位成本才会等于每车位的土地加建筑成本。

4. Barnett (2003，54-55)。

5. 如果停车楼成本为 7,800,000 美元，1 英亩土地原先能容纳 130 个车位，现在增加了 650 个车位，那么停车楼成本为每新增车位 12,000 美元。

6. Smith (2001，27)。

7. 第 6 章解释了 2001 年洛杉矶停车楼的平均成本为每车位 13,000 美元。加州大学洛杉矶分校 (UCLA) 地下停车楼的数据显示，该项目的成本超过每车位 25,000 美元。

8. 关于南加州 117 个城市停车标准的两项调查结果，详见附录 A 表 A-2。

9. 地上停车位的成本为每千平方英尺办公空间 4 个车位 × 13,000 美元/车位，或每平方英尺办公空间 52 美元 (4×13,000 美元 ÷1,000)。

10. 此数据由洛杉矶县估价员 1998 年提供。

11. 如果办公空间成本低于每平方英尺 150 美元，停车标准使办公空间成本增加更大的百分比。当然，这种由停车标准导致的高昂成本并不是美国独有的现象。Simon Haworth 和 Ian Hilton(1981，87) 报告说，在苏格兰城市，提供所有配建停车位的成本将零售空间的建造成本抬高了 48%。满足最高标准所需的停车位成本占总开发成本的 32.5%(包括零售空间成本和配建停车位成本)，因此提供配建停车位的成本使零售空间成本增加了 48%(32.5÷67.5)。

12. 如果一个地面停车位的成本为 13,000 美元，那么每千平方英尺一个停车位的成本为每平方英尺 13 美元 (13,000 美元 ÷1,000)。如果一个地下停车位的成本为 25,000 美元，那么每千平方英尺一个停车位成本为每平方英尺 25 美元 (25,000 美元 ÷1,000)。

13. 不提供经费的强制责任通常定义为联邦、州或地方政府强制实施的要求，但不提供资金支持。路外停车标准就是一种地方政府强加给私营部门的要求，且不为配建停车位提供资金。

附录 F 市民、停车与城市

人们更愿意相信，那些他们欣然乐见的事实。

——弗兰西斯·培根

学术界存在一个共同的偏见是愿意相信任何关于洛杉矶的坏消息，而不去核实事实。我在一本 1997 年的书中找到一个很好的例子，这本书是伯克利的两位教授写的，"在美国城市，汽车消耗了城市接近一半的土地面积；而在洛杉矶，这个数字接近三分之二。"[1] 他们是如何知道这个数字的呢？他们引用了伯克利大学一位同事 1992 年的一篇文章，他说："在美国城市中，近一半的城市面积用来容纳汽车，而在洛杉矶，这个数字达到了三分之二。"[2] 但他是怎么知道的？他引用了华盛顿智库 1988 年的一份出版物，其中写道："在美国城市，将近一半的城市空间用来容纳汽车；而在洛杉矶，这个数字达到了三分之二。"[3] 那么，这是从哪里来的？它来自于 1980 年纽约人柯克帕特里克·萨尔① 的一本书——他自称是新路德派② 分子，在书中写道："它 [汽车] 需要巨大的空间，无论是在农村，还是在城市，迄今为止它已经造成 6 万平方英里土地被铺砌，并且城市大约一半的土地（洛杉矶占 62%）用来满足它的需要。"[4] 很难说柯克帕特里克·萨尔是怎么知道这一点的，因为他没有引述信息来源，就此问题我多次给他打电话，他也没有回复。也许他看过路易斯·芒福德 1961 年那本《历史中的城市》③，书中提到洛杉矶超过三分之一的土地被高速公路系统占用，三分之二的中央商务区 (CBD) 用于街道、高速公路、停车设施和车库。芒福德写道："这种现象可称得上是一种报复性的空间蚕食。"[5] 芒福德同样没有为这一说法引证信息来源，但也许他看过西摩·泰勒④ 在 1959 年 7 月《交通季刊》⑤ 中的文章，其中写道：

> 例如，包括洛杉矶市中心在内大约 28% 的土地面积位于街道、高速公路和服务区，另外 38% 用于路外停车场和装载区，因此大约三分之二的土地主要用在汽车上了。[6]

---

① 原人名为 Kirkpatrick Sale。（译者注）

② 原文为 neo-Luddite。（译者注）

③ 原文为 Lewis Mumford, *The City in History*。（译者注）

④ 原人名为 Seymour Taylor。（译者注）

⑤ 原文为 *Traffic Quarterly*。（译者注）

　　泰勒没有给出这些统计数字的引用来源，但考虑到他是洛杉矶交通局①局长，所以也许他知道自己在说什么。如果他是对的，这个数字是惊人的，因为更多的土地用于停车（38%），而不是道路（28%）或所有其他用途的加总（其余34%）。停车用地所占的比例很高，部分原因可能是该市臭名昭著的城市更新计划推平了邦克山②，空出来的大部分土地在另作他用之前，充当了几十年的停车场。即使在20世纪50年代这些洛杉矶市中心数据是准确的，但看到它们浮现在学术话语之中，用来描述20世纪90年代洛杉矶的状况，未免有点让人沮丧。

街道和停车的占地比例

　　1997年，伦敦大学学院（UCL）史蒂芬·马歇尔③在互联网上发布了一条消息，引用上文中伯克利教授们关于洛杉矶汽车用地比例的数据，并询问了其他城市的类似信息。马歇尔总结了这些回复并在网上公布。一位来自澳大利亚的规划师写道：

> 当然，对这些"数据"油腔滑调的引用是无稽之谈。很多年前，作为一名规划专业学生，我试着计算墨尔本的数据——发现在墨尔本较老的地区（有许多宽阔的林荫道和九十九英尺的地方道路储备），这个数字接近三分之一——但这主要是因为在汽车出现之前④的殖民地时期，为"街道"分配了大量的空间。我们发现，现代郊区的数字远低于25%，也就是说，为汽车使用而设计的城市地区投入在道路和街道上的土地面积反而更少，这就有点自相矛盾了。

　　这一发现似乎有悖常理，但街道早在汽车出现之前就已经存在了，而且城市用于街道的土地比例与"汽车消耗"的土地比例并不完全相同。也许汽车消耗的只是自"内燃"机发明之后街道和停车场增加的那部分土地。那么，我们如何解释为什么在一些城市较新的地区，街道用地比例反而低于汽车出现之前开发的地区？

　　在《汽车、公交和城市》⑤一书中，约翰·梅耶和何塞·戈麦斯–伊巴涅斯利用20世纪60年代收集的数据研究了街道占城市土地的比例。表F-1列出了美国15个大城市的结果。表中第1列和第2列分别是各城市的人口密度及排序。纽约的人口密度以每平方英里24,697人位居榜首，它是排在末位的达拉斯人口密度每平方英里2,428人的十倍。第3列和第4列显示了各城市的街道用地比例及其排

---

　　① 原文为 Los Angeles Department of Traffic。（译者注）
　　② 原文为 Bunker Hill。（译者注）
　　③ 原人名为 Stephen Marshall。（译者注）
　　④ 原文为 pre-auto。（译者注）
　　⑤ 原书名为 *Autos, Transit, and Cities*，作者为 John Meyer 和 José Gómez-Ibáñez。（译者注）

序。有点令人惊讶的是，密集的纽约使用了 30% 的土地用于街道建设，而蔓延的休斯敦只使用了 13%；人口密度较大的城市通常将较大比例的土地用于街道建设（人口密度和街道用地比例的相关系数为 0.78）。但现在考虑第 5 列和第 6 列，它们显示了每个城市街道的人均土地面积及其排序。虽然人口密度较大的城市，街道用地比例较大，但人均街道面积也较少（人口密度与人均街道面积的相关系数为 −0.89）。蔓延的休斯敦，人均街道面积为 1,585 平方英尺，而紧凑的纽约人均只有 345 平方英尺；也就是说，纽约的街道用地比例是休斯敦的 2.4 倍（30%÷13%），但休斯敦的人均街道面积却是纽约的 4.6 倍（1585÷345）。因此，到底哪个城市在街道上投入的土地更多呢？

表 F-1　人口密度和用于街道的土地面积

	人口密度		街道用地比例		人均街道面积	
	人/平方英里	排序	百分比	排序	平方英尺	排序
	(1)	(2)	(3)	(4)	(5)	(6)
纽约	24,687	1	30	1	345	14
纽瓦克	17,170	2	16	10	257	15
旧金山	16,559	3	26	2	441	10
芝加哥	15,836	4	24	4	424	11
费城	15,743	5	19	7	365	13
圣路易	12,296	6	25	3	609	7
匹兹堡	11,171	7	18	8	455	9
克利夫兰	10,789	8	17	9	416	12
迈阿密	8,529	9	24	5	778	4
密尔沃基	8,137	10	20	6	724	6
辛辛那提	6,501	11	13	13	573	8
洛杉矶	5,451	12	14	12	741	5
亚特兰大	3,802	13	15	11	1,120	3
休斯敦	2,860	14	13	15	1,585	1
达拉斯	2,428	15	13	14	1,575	2

来源：Meyer 和 Gómez-Ibáñez（1983，181）。

梅耶和戈麦斯解释了街道的用地比例与街道上的人均土地面积之间的逆向排序关系：

> 汽车的使用不会导致过高比例的土地用于交通目的。相反，相对于城市地区的人口数量，汽车似乎产生对交通用地的过度需求。具体来说，那些更依赖汽车的城市往往人均街道面积更多，但街道在总用地中所占比例更小。[7]

随着人口密度的降低和人们居住在更大的地块上，街道用地比例也会下降，因为街区更长，地块更深。例如，在旧金山地区郊区发展模式的研究中，迈克尔·

索斯沃斯和彼得·欧文斯[①]发现，1900 年密度更大的路网模式中，每一百英亩有 28 个街区和 26 个交叉口，而建于 20 世纪 80 年代的环形街道和郊区典型的死胡同，每一百英亩只有 8 个街区和 8 个交叉口。[8] 像休斯敦这样一个蔓延的城市，街道用地占总用地的比例较小，但由于人们居住密度较低，人均道路面积反而更多。而像纽约这样一个人口稠密的城市，每平方英里有许多街区和交叉口，将更多的土地用于街道，但由于每个街区紧密靠近，众多人口毗邻而居，因此人均街道面积也就比较少。

在约翰·梅耶、约翰·凯恩和马丁·沃尔的经典著作《城市交通问题》[②]中，他们计算了一个典型的市中心区域，由 40 英尺宽的街道和一英里内的 12 个街区组成，街道用地占总土地面积的 18%。而停车占用了更多的土地。他们还计算出，如果所有的通勤者都开车去市中心，而且所有的停车设施为四层车库，那么停车位需要占总土地面积的 38%——是街道用地面积的两倍多。[9] 总的来说，56% 的土地会用于街道和停车场，虽然这个计算显然取决于市中心的就业密度。梅耶、凯恩和沃尔认为，实际上，大多数城市的 CBD 至少有 40% 的土地用于街道、小巷和停车场。例如，1999 年伊利诺伊州莱克福里斯特地区的航拍照片显示，路外停车和路内停车用地在 55 英亩的 CBD 占了 39%。[10]

为什么停车需要的用地要比街道的用地多得多，哪怕是车辆堆放在四层车库里？我们倾向于认为汽车所需的土地仅仅是空间问题，但它也是时间的函数。埃里克·布鲁恩和维坎·维奇克解释了交通工具使用的土地是其占用的土地面积和占用时间的乘积 (所用土地 = 占地面积 × 占地时间)，这个等式有助于解释停车对建成环境的巨大需求。[11] 由于交通中车辆之间需要保持车距，因此每辆车在路上比停着的时候占用更多的空间，但是它在路上的时间很短，而停放的时间很长。在特定行程中车辆占用土地的面积-小时数[③]的初步估计中，安德烈·施密德[④]计算了，对于一趟往返 4 公里、在目的地停留八小时的出行，一辆时速 40 千米的汽车在行程中使用了 9.6 平方-米-小时 (汽车所占面积乘以六分钟的行程时间)，而停车使用了 64 平方-米-时 (停车位面积乘以 8 小时停放时间)；因此，在目的地停车所用的面积-小时数是往返目的地过程中所用面积-小时数的 6.7 倍。[12]

利用家庭出行调查数据，J.P. 尼古拉斯、P. 波谢和 H. 潘柏甫[⑤]估计，在法国里昂，停车用途占所有个人出行总面积-小时数的 62%。汽车出行占总面积-小时的 34%，而其他出行方式 (公交、步行、自行车及摩托车) 仅占 4%。[13] 停车在

---

① 原人名为 Michael Southworth 和 Peter Owens。(译者注)

② 原书名为 *The Urban Transportation Problem*，原作者为 John Meyer, JohnKain, and Martin Wohl。(译者注)

③ 原文为 area-hours。(译者注)

④ 原人名为 André Schmider。(译者注)

⑤ 原人名为 J. P. Nicholas、P. Pochet 和 H.Poimboeuf。(译者注)

出行相关的空间消费中所占比例如此之高，原因在于汽车的移动时间还不到总出行时间的 5%(根据里昂家庭出行调查，这一比例为 4.7%)。汽车需要这么多的停车场地，因为它们大多数时间都处于停放状态。

市民与土地：洛杉矶、纽约和旧金山

在汽车的一生中，大约 95% 的时间都是停放状态，所以停车消耗的土地比街道还多，而且洛杉矶"填平了天堂来建停车场"的说法是有道理的。把洛杉矶与旧金山做个对比，还比较恰当。对于市中心的音乐厅，洛杉矶分区法规要求的停车位数量至少是旧金山上限值的 50 倍。那么较低的人口密度是否解释了为什么洛杉矶音乐厅"需要"的停车位是旧金山的 50 倍？这里还有一个机会指出一个错误观念——洛杉矶的低密度。美国人口普查局将"城市化地区"①定义为在中心城市及周边邻接区域中每平方英里至少有 1,000 人的地区。[14] 人口普查局有关城市化地区的数据，允许我们使用相同的城市边界定义来比较不同大都市的定居地区。2000 年人口普查发现，就城市化地区每平方英里人口而言，洛杉矶的人口密度是美国最高的：每平方英里 7,068 人 (见表 F-2 第 6 列)。[15] 相比之下，旧金山每平方英里有 7,004 人，而纽约每平方英里有 5,309 人。洛杉矶的城市人口密度低于旧金山和纽约的城市人口密度 (见第 3 列)，但洛杉矶城市化地区的人口密度高于旧金山和纽约的城市化地区，旧金山和纽约的人口密度在美国分别位列第二和第三。

洛杉矶的高密度似乎在玩一个统计数字的把戏——如果我们谈论的是城市和市中心，谁会关心郊区呢？——但是，当比较不同大都市区的人口密度时，人口普查对城市化地区的定义要比仅对中心城区的定义更为恰当。洛杉矶市是旧金山的 10 倍 (469 对 47 平方英里)，但洛杉矶城市化地区仅是旧金山的 4 倍 (1,668 对 428 平方英里)。而洛杉矶市比纽约市大 50%(469 对 303 平方英里)，但纽约城市化地区是洛杉矶的两倍 (3353 对 1,668 平方英里)。采用城市化地区的人口普查定义，我们可以比较不同大都市地区和同一大都市地区在不同年份的人口密度，而不考虑这些地区的政治边界。

具有讽刺意味的是，正是纽约和旧金山城市化地区的蔓延，使其人口密度低于洛杉矶 (见第九列)。洛杉矶城市化地区的人口密度高于纽约或旧金山，因为洛杉矶以外的城市化地区的人口密度 (6,431 人每平方英里) 高于纽约以外的城市化地区 (3,211 人每平方英里) 和旧金山以外的城市化地区 (5,824 人每平方英里)。

与纽约人和旧金山人相比，洛杉矶人在整个城市化地区的分布要均匀得多。洛杉矶郊区密度是中心城区的 82%，而纽约郊区密度只有中心城区的 12%，旧

---

① 原文为 urbanized area。(译者注)

金山郊区密度只有中心城区的 35%。纽约和旧金山的城市化地区看起来就像是凤凰城包围着香港，而洛杉矶的城市化地区看起来像是……呃，洛杉矶包围着洛杉矶。

表 F-2　　洛杉矶、纽约和旧金山的人口密度

大都市区	中心城区			城市化地区			中心城区以外的城市化地区		
	人口	土地面积	密度	人口	土地面积	密度	人口	土地面积	密度
	人数	平方英里	人数/平方英里	人数	平方英里	人数/平方英里	人数	平方英里	人数/平方英里
	(1)	(2)	(3)=(1)/(2)	(4)	(5)	(6)=(4)/(5)	(7)=(4)−(1)	(8)=(5)−(2)	(9)=(7)/(8)
2000									
洛杉矶	3,694,820	469	7,873	11,789,487	1,668	7,068	7,708,126	1,199	6,431
纽约	8,008,278	303	26.430	17,799,861	3,353	5,309	9,791,583	3,050	3,211
旧金山	776,733	47	16,632	2,995,769	428	7,004	2,219,036	381	5,824
1990									
洛杉矶	3,485,398	469	7,427	11,402,946	1,966	5,801	7,917,548	1,496	5,291
纽约	7,322,564	309	23,705	16,044,012	2,966	5,409	8,721,448	2,658	3,282
旧金山	723,959	47	15,502	3,629,516	874	4,152	2,905,557	827	3,512
1980									
洛杉矶	2,966,850	465	6,384	9,479,436	1,827	5,189	6,512,586	1,362	4,781
纽约	7,071,639	302	23,455	15,590,274	2,808	5,552	8,518,635	2,507	3,399
旧金山	678,974	46	14,633	3,190,698	796	4,008	2,511,724	750	3,351
1970									
洛杉矶	2,816,061	464	6,073	8,351,266	1,572	5,313	5,535,205	1,108	4,995
纽约	7,894,862	300	26,343	16,206,841	2,425	6,683	8,311,979	2,125	3,911
旧金山	715,674	45	15,764	2,987,850	681	4,387	2,272,176	636	3,575
1960									
洛杉矶	2,479,015	455	5,451	6,488,791	1,370	4,736	4,009,776	915	4,381
纽约	7,781,984	315	24,697	14,114,927	1,892	7,462	6,332,943	1,576	4,017
旧金山	740,316	48	15,553	2,430,663	572	4,253	1,690,347	524	3,226

来源：2000 年数据出自《2000 年人口普查》表 P1 和 GCT-PH1，更早年份的数据出自美国人口普查局 (1993)。

纽约的郊区人口比洛杉矶多 27%，但纽约郊区居民占用的土地面积比洛杉矶多 154%，因此其人口密度只有洛杉矶的一半。旧金山的郊区人口仅为洛杉矶的 29%，但其郊区占地面积是洛杉矶的 32%，因此其人口密度仅为洛杉矶的 91%。

这种情况持续多久了？表 F-2 列出了自 1960 年以来每十年一次的人口普查数据，人口普查局在 1960 年采用每平方英里 1,000 人的标准来界定城市化地区。而 2000 年人口普查局改变了城市化地区的定义，因此 2000 年的结果与 1960 年到 1990 年的结果没有直接的可比性。2000 年，城市化地区是以每平方英里 1,000 人以上的所有人口普查区为基础，而早些年则以每平方英里 1,000 人以上的所有行政辖区为基础。例如，旧金山城市化地区在 1990 年 (当时为 874 平方英里) 到

2000 年 (当时为 428 平方英里) 之间缩减了 51%, 因为在 2000 年每平方英里人口超过 1,000 人的行政辖区中, 许多每平方英里人口不足 1,000 人的普查区被排除在外。

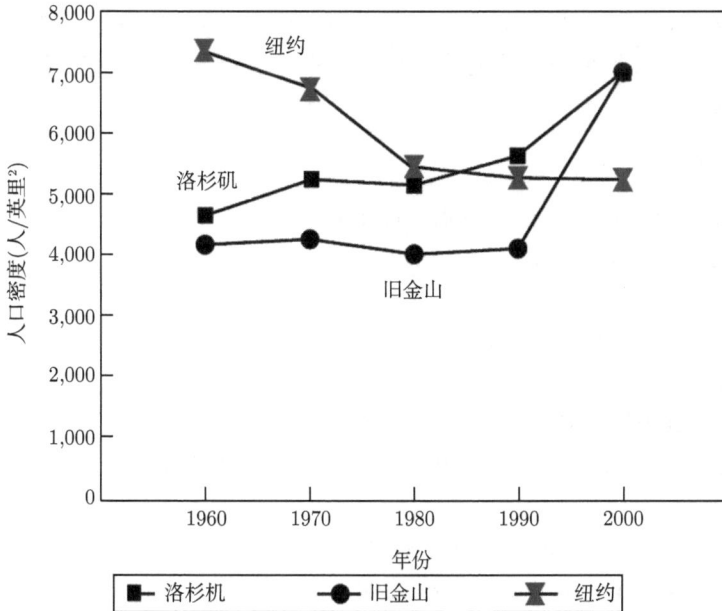

图 F-1　城市化地区的人口密度

图 F-1 显示 1960 年至 2000 年三个城市化地区的人口密度趋势。洛杉矶和旧金山的人口密度增加是因为其土地面积的增长速度慢于人口的增长速度 (1990 年至 2000 年旧金山人口急剧增长, 部分是由于 2000 年对城市化地区的新定义)。从 1960 年到 2000 年, 纽约人口密度下降了 30%, 因为它的土地面积增长了 77%, 而人口只增长了 26%。由于郊区人口密度高, 洛杉矶现在人均占有的土地比美国其他城市化地区都要少。

许多人认为洛杉矶是独一无二的 (既独特得令人愉快, 又独特得令人不快)。那么, 如果洛杉矶不像很多人怀疑的那样, 是低密度的蔓延, 那它又是什么呢? 也许, 洛杉矶的稠密程度与一个具有路外停车标准的城市差不多, 这些城市需要大量的路外停车场, 每个人都可以免费停车。如果停车是免费的, 那么大多数成年人将拥有一辆车, 并在大多数出行中使用它。提供所有配建停车位的成本将限制开发密度, 规划师还必须限制人口密度以控制交通拥挤。在一个以汽车为导向的文化中, 总的人口密度比我们在洛杉矶看到的还要高是很困难的, 因为在这种状况下交通拥堵变得难以忍受。如果人们想生活在一个高密度而又无汽车泛滥的城市里，那么停车的高昂价格是不可避免的。

那么在了解这些之后，2000 年汽车到底占用洛杉矶多大的面积？洛杉矶街道服务局[①]称在该市维护了 28,000 车道-英里的公共街道。[16] 如果粗略地估计每条车道有 12 英尺宽，那么这些街道覆盖了 64 平方英里。这座城市的总面积为 469 平方英里。因此，街道占据了城市 14% 的土地。由于 2000 年的总人口为 3,695,000人，这 64 平方英里街道大约人均占用 483 平方英尺土地。没有人知道有多少土地用于停车。

附录 F 注释

1. Southworth 和 Ben-Joseph(1997，4-5)。

2. Hanson(1992，66)。

3. Renner(1988，46)。

4. Sale(1980，253)。

5. Mumford(1961，510)。

6. Taylor(1959，357)。

7. Meyer 和 Gómez-Ibáñez(1981，180)。楷体来自原文。土地利用数据来自Manvel(1968)。

8. Southworth 和 Owens(1993)。

9. Meyer、Kain 和 Wohl(1965，296)。

10. Larsen(2000，207)。

11. Bruun 和 Vuchic(1995)。

12. Schmider(1977)。Bruun 和 Vuchic(1995) 翻译并介绍了 Schmider 计算方法的法文版本。同样的 4 公里行程，一辆自行车以每小时 12 公里速度行驶，则在途使用 6 平方-米-小时 (square-meter-hours)，而停放时仅为 12 平方-米-小时，因此停放自行车所用的面积-小时 (area-hours) 仅为骑行时的两倍。当然，4 公里是短途通勤。

13. Nicholas、Pochet 和 Poimboeuf(2003，207)。他们对停车所用空间-小时 (space-hours) 的估计仅包括非住宅区停放；因为汽车在家里也要停放很多小时，停车实际占用个人出行的总空间-小时的比例远在 62% 之上。

14. 城市化地区"包括一个或多个地区（'中心地带'）和相邻的人口密集的周边地区（'城市边缘地带'），这些地区总人口至少达到 50,000 人。城市边缘地带通常由密度至少为每平方英里 1,000 人的毗连区域组成。如果城市边缘通过道路与毗连区域的核心相连，且距离核心 1.5 英里以内或距离核心 5 英里以内，但被水域或其他不可开发的区域分隔，那么城市边缘地带也包括该密度的某些外围地

---

① 原文为 The Los Angeles Bureau of Street Service。(译者注)

区。其他人口密度低于每平方英里 1,000 人的地区，如果去掉飞地，或关闭城市化地区边界上的内嵌区，则可以纳入城市边缘区之内。人口密度是由下列因素决定：(1) 在某个地区以外，一个或多个人口密度至少为每平方英里 1,000 人的毗连普查区，或 (2) 在某个地区以内，包含人口至少占该地区 50%且人口密度至少为每平方英里 1,000 人的毗连普查区。"(美国人口普查局，2000c)。

15. 美国人口普查局 (1993)。

16. 洛杉矶街道服务局的公共道路数据可在网上查询，网址是 www.lacity.org/BOSS/StreetMaintenance/custod.htm.

附录 G　将交通拥堵点石成金

理解一个问题所需要的信息，取决于人们想怎么解决问题。

——梅尔文·韦伯[①]

一个简单的模型可以说明高速公路收费如何将交通拥堵转化为现金。该模型基于西洛杉矶 I-405 高速公路观察到的交通流 (见表 G-1)。第 1 列显示车道上每英里的车辆密度。随着越来越多的汽车进入高速公路，车流密度增加，平均速度 (第 2 列) 下降，因为当汽车跟得更近时，司机变得更谨慎。交通流量 (第 3 列) 不断增加，直到最大值超过每小时 1,900 辆车，这是在每英里 60 辆车的密度和每小时 32 英里的速度下发生的。如果有更多的车进入高速公路，密度进一步增加，拥堵更加严重，流量开始减少 (速度-流量关系的"向后弯折"部分称为"超级拥堵"[②]，见表格下图的上半部分)。例如，当交通流量为每小时 1,790 辆车时，密度为每英里 40 辆车，速度为每小时 45 英里 (图中 C 点)，但如果更多的车挤在路上，密度增加到比如说，每英里 100 辆车，那么速度下降到每小时 17 英里，流量下降到每小时 1,670 辆车 (图中 B 点)。因此，超级拥堵同时降低了速度和流量。当交通在没有收费的情况下变成过度拥挤时，收费的好处显而易见。

在这个例子中，以每小时 45 英里的速度行驶、每小时达 1,790 辆车的非拥堵车流 (C 点)，优于以每小时行驶 17 英里、每小时达 1,670 辆车的超级拥堵车流 (B 点)，因为在非拥堵状态下，更多的人到达他们想去的地方，他们走得更快。而超级拥堵状态下，很少有人能到达他们想去的地方，出行速度也变慢了。唉，洛杉矶高速公路上经常发生低速度下高密度、低流量的超级拥堵现象。

通过观察车辆在交通流中以不同的速度行驶一英里所需的时间 (第 4 列)，可以看出超级拥堵状态本质上是功能失调的。在这个例子中，在时速 45 英里、流量每小时 1,790 辆车的情形下，每辆车行驶一英里需要 1.3 分钟；而在时速 17 英

① 梅尔文·韦伯 (Melvin Webber) 是《后城市时代》(*The Post-City Age*, 1968) 一书的作者，他认为特定技术的发展将会导致传统城市的终结，并导致人类发展历程中一种后城市阶段的出现。1973 年，里特尔 (Horst Rittel) 和韦伯写了一篇传播至今的小文章。文章中，他们对自然科学和社会科学问题的性质作了区分。物理和化学问题一般是"可控问题"(Tame problem)，因为问题的边界、结构、研究目的可以事先设定。因此，目的、手段、结果表现之间比较容易找到一一对应关系。而公共政策相关的问题是"邪恶问题"(Wicked problem)，因为问题本身难以定义，牵扯的利益相关者很多，测量标准主观性强，而且经常变化。(译者注)

② 原文为 hypercongestion。(译者注)

里、流量每小时 1,670 辆车的超级拥堵情况下，每辆车行驶一公里需要 3.6 分钟。超级拥堵会减慢每个人的速度，减少了出行总量。

表 G-1 密度、速度、流量、成本以及高速公路出行需求

密度 (车/英里)	速度 (英里/时)	流量 (车/时)	出行时间 (分钟/英里)	出行成本 (美分/英里)	出行需求 (美分/英里) 低	高
(1)	(2)	(3)=(1)×(2)	(4)=60/(2)	(5)=10+15×(4)	(6)	(7)
10	73	730	0.8	22	31	76
20	62	A 1,240	1.0	25	25	70
30	53	1,580	1.1	27	20	65
40	45	C 1,790	1.3	30	18	63
50	38	1,900	1.6	34	16	61
60	32	1,930	19	38	16	61
70	27	1,910	2.2	43	16	61
80	23	1,850	2.6	49	17	62
90	20	1,770	3.0	56	18	63
100	17	B 1,670	3.6	64	19	64
110	14	1,560	4.2	73	21	66
120	12	1,440	5.0	85	22	67
130	10	1,330	5.9	98	23	68
140	9	1,210	6.9	114	25	70

注：第 6 列和第 7 列显示了导致第 3 列中出行流量需求的价格。
假设：车辆运营成本为 0.10 美元/英里，司机的时间价值为 $0.15 美元/分钟。

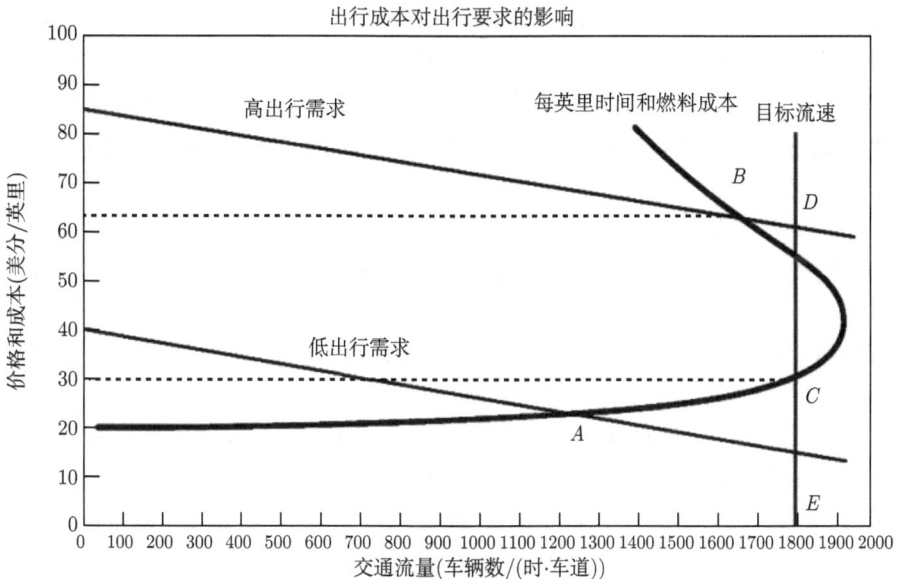

我们可以通过假设车辆每英里燃油成本和司机在出行中的时间价值，来计算

单独驾驶者每英里出行的总成本。假设车辆的燃油成本为每英里 10 美分，司机的时间价值为每分钟 15 美分 (即每小时 9 美元)，第 5 列显示此时的每英里出行成本。以每小时 45 英里的速度，司机的出行成本为每英里 30 美分 (10 美分 +1.3×15 美分)，而以每小时 17 英里的速度时，该成本为每英里 64 美分 (10 美分 + 3.6 美分 ×15 美分)。如果只有少数司机想在高速公路上行驶，即使车速很高，拥堵也不是问题，或者说问题不大。第 6 列说明了需求较低时，希望在高速公路行驶的司机数量与出行成本之间的假设关系。[2] 较低的需求曲线与成本曲线相交于图中 A 点，此时流量为每小时 1,240 辆，速度为每小时 62 英里，出行成本为每英里 25 美分。这种情形下，没必要设置拥堵费。

然而，如果出行需求很高，问题就会出现。第 7 列显示了高峰时段的出行需求。高需求曲线与成本曲线交于图中 B 点，此时流量为每小时 1,670 辆，速度每小时 17 英里，出行的时间-燃油成本为每英里 64 美分。将超级拥堵时的 B 点和备选点 C 点进行比较，后者对应流量每小时 1,790 辆，速度每小时 45 英里，时间-燃油成本也只有每英里 30 美分。C 点比 B 点好得多，但如果我们正处在 C 点，而且此时出行需求很高，那么更多的司机就会拥挤到路上，使车速降低，直到形成超级拥堵。如果这 1,670 位司机愿意以每小时 17 英里的速度留在路上的话，B 点就成为一个稳定的均衡点。超级拥堵是一个严重的问题；如果不发生超级拥堵，我们的出行可以有更高的车流量以及更低的时间-燃油成本。

那么，我们怎样才能避免在交通需求高峰时出现超级拥堵呢？答案是在高峰时段征收拥堵费。假设我们的目标是以每小时 45 英里速度达到每小时 1,800 辆的稳定流量。当高速公路上任何地方的车流量接近每小时 1,800 辆，并且速度下降到每小时 45 英里，就可以通过收取拥堵费，使交通保持在目标流量而不会进一步降低速度 (该政策类似于圣迭戈 I-15 快速车道的定价策略，如第 12 章所述)。在图中，垂直线 ECD 显示每小时 1,800 辆的目标流量；当需求曲线穿过 C 点左侧的平均成本曲线时，拥堵费为零。但当需求上升且接近 C 点的目标速度时，拥堵费开始生效并不断变化，以保持流量稳定在每小时 1,800 辆，速度为每小时 45 英里。[3] 当需求上升到图中的高水平时，拥堵费上涨到每英里 33 美分 (CD 线所示的价格)，而时间-燃油成本为每英里 30 美分 (CE 线)，故而出行者的总成本为每英里 63 美分 (DE 线)。

每英里 33 美分的拥堵费似乎很高，但加州现有拥堵收费公路的通行费在高峰时段甚至更高。例如，在圣迭戈 I-15 高速公路上，工作日 8 英里的高峰时段收费是 4 美元，也就是每英里 50 美分。在奥兰治县 91 号高速上，周五下午 10 英里的高峰时段收费是 7 美元，也就是每英里 70 美分。许多人愿意为快速出行付出代价，控制交通拥堵可使高速公路系统更有效率——更多的人可以在更短的时间内到达目的地。

在出行需求较高的情形下，我们可以对两种交通情形进行选择——收费或不收费。表 G-2 显示拥堵费对单独驾驶者的影响。在不收费情形下，单驾者的时间-燃油总成本为每英里 64 美分。在收费情形下，司机的时间、燃油和拥堵费的总成本为每英里 63 美分，所以司机每英里能省 1 美分；同时车流量也高出 8%。因此，拥堵费略微降低了司机的出行成本，增加了少许车流量。但还有一个更大的好处：拥堵费收入。拥堵费为每英里 33 美分，所以公共收入是司机节省的 33 倍。司机们不用花时间堵在车流中，而是花钱更快地出行，收入可以用来支付公共服务。若拥堵费为每英里 33 美分，车流量为每小时 1,800 辆，那么高速公路每个车道-英里每小时将产生 594 美元拥堵费收入 (1,800 辆车 × 每英里 33 美分)。若每英里有 40 辆车，则每辆车每小时收费 15 美元 (594 美元 ÷40)。高峰时段 45 英里的行程以每小时 45 英里速度行驶一小时，拥堵费为 15 美元 (45 英里 × 每英里 33 美分)。相比之下，在没有收费的情况下，同样的行程在高峰时段以 17 英里速度则要花上 2 小时 40 分钟 (45 英里 ÷ 每小时 17 英里)。单驾者因此支付了 15 美元，可省下 100 分钟行程时间，或者说，每分钟节约 15 美分 (每小时 9 美元)，这是假设的单驾者所节约时间的价值。

表 G-2   有收费和无收费的单独驾驶情形

	单独驾驶者					
	速度 (英里/时)	流量 (车/时)	燃油成本 (美元/英里)	时间成本 (美元/英里)	拥堵费 (美元/英里)	总成本 (美元/英里)
	(1)	(2)	(3)	(4)	(5)	(6)=(3)+(4)+(5)
无拥堵费	17	1,670	0.10	0.54	0.00	0.64
有拥堵费	45	1,787	0.10	0.20	0.33	0.63
差异	+18	+117	0	−0.34	+0.33	−0.01

我们也可以研究拥堵费对合乘者的影响。表 G-3 显示三人合乘时每人的出行成本。注意到没有收费时，合乘带来的节约实在微不足道。在时速 17 英里的超级拥堵中，合乘的每个人都要付出每英里 54 美分的时间成本，而每英里 10 美分的燃油成本被均匀分摊了，也就是每个人的时间-燃油成本为 57 美分，相比单驾者的成本为每英里 64 美分。因此，在没有收费的路段，合乘带来的成本减少只有每英里 7 美分，或者说节省了 11%。现在看看有收费的情形。当时速为 45 英里时，三人合乘每人都有每英里 20 美分的时间成本，而每英里 43 美分燃油-拥堵费的货币成本被平摊成三份，因此每个人的出行总成本仅为每英里 34 美分。相比不收费时每英里 57 美分的总成本，收费时合乘的成本因此每英里减少了 23 美分，或者说节省了 46%。所以说，拥堵费极大地鼓励了人们合乘或乘坐公共交通工具，由此高速公路沿线的人流量将比汽车流量增加得更多。

表 G-3　　有、无拥堵费时的合乘

三人拼车的人均情况					
速度 (英里/时)	流量 (车/时)	燃油成本 (美元/英里)	时间成本 (美元/英里)	拥堵费 (美元/英里)	总成本 (美元/英里)
(1)	(2)	(3)	(4)	(5)	(6)=(3)+(4)+(5)
无拥堵费 17	1,670	0.03	0.54	0.00	0.57
有拥堵费 45	1,787	0.03	0.20	0.11	0.34
差异 + 18	+117	0	−0.34	+0.11	−0.23

想想在南加州，通勤平均往返 30 英里，拥堵费是如何降低出行成本的。如果三人合乘中，拥堵费降低了每人每英里 23 美分的时间-货币成本，那么收费后合乘的每个人每天可节省 6.9 美元 (23 美分 ×30 英里)，或每月可节省 138 美元。由于合乘的每个人每英里可省下 34 美分的时间成本，而每英里 33 美分的拥堵费摊后，每人只要支付 11 美分，所以说拥堵费对合乘者来说是一笔很划算的交易。

交通拥堵远比一个简单的模型显示的更复杂，但拥堵收费的原则并不取决于每个案例的具体情况。高峰时段的目标速度将取决于具体情况，但它应始终小于超级拥堵时对应的流速。拥堵费真的把浪费的时间变成了真金白银。

拥堵费收入的使用

尽管拥堵收费具有明显的理论优势，但一直很难让选民乃至政客为之买单，因为司机们反对为现在免费的道路付费。为了在拥堵的高速公路上获得政治上的支持，第 19 章提议将拥堵费收入返还给高速公路经过的城市。考虑这个想法在南加州是如何发生作用的。南加州的交通拥堵是美国最严重的。[4] 洛杉矶县 882 英里高速公路系统经过该县 88 个城市中的 66 个。假设加州对这些高速公路收取拥堵费，并将由此产生的收入按人均分配给这 66 个城市，以补偿高速公路造成的有害影响。在政治现实中，拥堵费收入分配公式要比这个简单方案复杂得多，但重要的一点是建立一个公式，激励民选官员要求采用拥堵费以减少交通拥堵，并产生市政收入。[5] 将拥堵费收入分配给拥有高速公路的城市，从这个角度阐述提案可以为拥堵费收入培育具有政治效力的索赔人。

在有高速公路的城市之间分享拥堵费收入有两个理由。首先，高速公路使城市大片土地无法征收房产税，开车人在城市行驶时也无需缴纳销售税。因此，拥堵费收入可以被视为一种替代方式，补偿城市本该收到的房产税和销售税收入。其次，开车人经过城市时会造成空气污染，交通中车辆轰鸣声也干扰了周围社区，而高速公路本身也常常丑陋不堪。因此完全有理由将拥堵费收入用于补偿那些必须忍受空气、噪声和视觉污染的人。拥堵费收入一个直接的用途是建造隔音墙保护被高速公路侵入的城市居民。在考虑拥堵收费时，每位市长、市议员和利益集团都会知道，他们境内高速公路产生的拥堵费收入将留在本地，而大多数缴纳拥堵费的司机只是路过而已。通过减少交通拥堵，拥堵费还将改善这些城市的空气质量。当地居民因此获益，环境将得到改善，居民获得更好的公共服务。因此，这种拥堵费-共享政策可以消除拥堵收费的政治障碍：受益者将更容易组织起来。

在 66 个有高速公路的城市中，人均年收入仅为 20,100 美元，而另外 22 个没有高速公路的城市，人均年收入为 35,100 美元，因此拥堵费会把财富从较富裕的城市转移到较贫困的城市 (见表 G-4)。然而，一个城市并不需要修建这么一条使之饱受外部成本的高速公路。没有高速公路的四个最贫穷城市 (卡德希、亨廷顿公园、拉朋地和天普市①) 可以列入受资助城市之列，因为高速公路近距离穿过这四地，而且它们的人均收入低于其他受资助城市的平均水平。如果是这样的话，70 个"受助"城市的人均年收入将为 20,000 美元，而其余 18 个"捐助"城市的人均年收入为 47,000 美元。[6] 没有高速公路的高收入城市将不会获得任何拥堵费收入，但请这样想：它们是否更愿意拥有高速公路，以便分享收入? 可能不会。在低收入城市中，收费可以为公共财政做出巨大贡献，而这些城市承担着高速公路带来的不公平成本。

为了允许征收拥堵费，联邦及州的法律必须进行相应的修改，而拥堵费收入的分配，比简单将其分配给有高速公路的城市更为复杂。[7] 毕竟，开车的人要付拥堵费，而将部分收入用于改善高速公路，可能会减少开车人对收费的反对，而不会显著降低城市的支持率。例如，为了消除特定瓶颈路段的拥堵，这些路段的拥堵费必须设得很高，而部分收入可以用来增加这些地点的通行能力。[8] 但是，由于收费可以减少交通堵塞，所以拥堵费也可以替代那些只有在道路维持免费情况下才有意义的交通投资。例如，在 2005 年至 2030 年间，南加州政府协会②(SCAG)建议将 470 亿美元用于交通改善 (包括 130 亿美元用于道路改善，290 亿美元用于高速铁路系统)。SCAG 对成果的营收总结报告中估计，到 2030 年，该地区平均车辆占有率将从无投资时每车 1.4374 人降至有投资时每车 1.4364 人。[9] 相比之下，拥堵收费每年可产生数十亿美元收入，立竿见影地提高通行速度，并显著提高平均车辆占有率。

因为拥堵收费可以消除一些昂贵的铁路和公路项目的建设需要，也可以减轻汽油税对财政收入的负担，从而维持现有的交通系统。综合考虑所有因素，即使大部分收入分配到城市，拥堵收费也能极大地改善交通财政状况。收入合理使用是拥堵收费的必要条件，与其说是经济问题，不如说是政治问题。

---

① 原地名为 Cudahy、Huntington Park、La Puente 和 Temple City 。(译者注)

② 原文为 Southern California Association of Governments，简称 SCAG。(译者注)

表 G-4　洛杉矶县各城市人均收入 (美元 (人·年))

有高速公路的 66 个城市

城市	收入	城市	收入	城市	收入
奥格拉山	$39,700	埃尔塞贡多	$34,000	诺瓦克	$14,000
阿尔罕布拉	$17,500	加迪纳	$17,300	帕姆代尔	$16400
阿卡迪亚	$28,400	格兰代尔	$22,200	派拉蒙	$11,500
阿迪西亚	$15,800	格伦多拉	$26,000	帕萨迪纳	$28,200
阿苏萨	$13,400	夏威夷花园	$10,700	皮科里韦拉	$13,000
鲍德温公园	$11,600	霍桑	$15,000	波莫纳	$13,300
贝尔	$9,900	工业城	$9,900	雷东多海滩	$38,300
贝尔花园	$8,400	英格尔伍德	$14,800	罗斯米德	$12,100
贝尔弗劳尔	$16,000	欧文代尔	$13,100	圣迪马斯	$28,300
伯班克	$25,700	拉肯纳达石岭	$52,800	圣费尔南多	$11,500
卡拉巴萨斯	$48,200	拉米拉达	$22,400	圣盖博	$16,800
卡森	$17,100	拉文	$26,700	圣克拉拉	$26,800
喜瑞都	$25,200	莱克伍德	$22,100	圣塔菲泉	$14,500
克莱尔蒙特	$28,800	兰开斯特	$16,900	圣莫尼卡	$42,900
康莫斯	$11,100	朗代尔	$13,700	信号山	$24,400
坎普顿	$10,400	长滩	$19,100	南埃尔蒙特	$10,100
科威纳	$20,200	洛杉矶	$20,700	南盖特	$10,600
卡尔弗城	$29,000	林伍德	$9,500	南帕萨迪纳	$32,600
钻石岗	$25,500	梅坞	$8,900	托伦斯	$28,100
唐尼	$18,200	蒙罗维亚	$21,700	韦尔农	$17,800
杜亚特	$19,600	蒙特贝洛	$15,100	西科威纳	$19,300
埃尔蒙特	$10,300	蒙特瑞公园	$17,700	西湖村	$49,600
				平均	**$20,100**

没有高速公路的 22 个城市

城市	收入	城市	收入	城市	收入
阿瓦隆	$21,000	拉朋地	$11,300	罗灵丘陵庄园	$51,800
贝弗利山	$65,500	洛米塔	$22,100	圣马里奥	$59,200
布拉德伯里	$57,700	马里布	$74,300	马德雷	$41,100
卡达西	$8,700	曼哈顿海滩	$61,100	天普市	$20,300
赫莫萨海滩	$54,200	帕洛斯佛庄园	$69,000	沃尔纳特	$25,200
希登高地	$94,100	帕洛斯福德牧场	$46,300	西好莱坞	$38,300
亨廷顿公园	$9,300	罗灵丘陵	$111,000	惠提尔	$21,400
拉哈布拉山庄	$47,300			平均	**$35,100**

来源: 美国人口普查 2000。
两组的平均收入采用各城市的人口加权而得。

拥堵费收入的估算

伊丽莎白·迪金和格雷格·哈维[①]采用一个南加州数据标定的交通模型，估计了洛杉矶地区收取拥堵费带来的收入：1991 年为 32 亿美元，2010 年增至 73 亿

---

① 原人名为 Elizabeth Deakin 和 Greig Harvey。(译者注)

美元。[10] 肯尼斯·斯莫尔[①]估计 1991 年洛杉矶拥堵收费在扣除征收成本之后产生
30 亿美元收入。[11] 这些估计还是保守的，相比之下，德克萨斯交通研究所[②]估计
1991 年洛杉矶交通拥堵的总成本为 84 亿美元，2001 年为 128 亿美元。[12]

　　洛杉矶县的拥堵收费每年可产生数十亿美元收入，大大改善当地的公共财政
状况。由于 920 万人居住在 70 个受资助城市和县直辖区[③]，每 10 亿美元可产生
约 110 美元的人均市政收入。例如，如果交通拥堵收费扣除征收成本后，每年可
产生 50 亿美元收入，那么这些收费将为受资助城市带来约 550 美元的人均收入。
由于 2001 年这 70 个受资助城市的总收入为人均 577 美元，所以拥堵费几乎使
这些城市总收入翻倍，而最贫穷的城市相比自身的收入获益最多。[13] 例如，梅伍
德[④]的拥堵费收入达到该市人均收入的 6%（550÷8926 美元），而人均年收入超过
53,000 美元的城市则一无所获，因为它们没有高速公路。这种收入分配方式有助
于缩小贫富城市在公园、警察安保和其他公共服务方面的巨大差距。

　　非本地居民如游客和在该地区行驶的卡车也要支付拥堵费，因此总收入将超
过居民的支出。[14] 非本地居民将节省宝贵的时间，如果所节省的时间比支付的
拥堵费更有价值，那么他们甚至会更有收获。节省时间对于卡车运送货物到洛
杉矶港和长滩港尤其宝贵，这两个港口拥有美国最大的集装箱货运量。来自全
国各地的卡车汇集在通往这些港口的高速公路上，使南加州成为美国对外贸易
的要地，而公路已经不堪重负。为回应拥堵收费，开往港口的卡车要么支付高
峰时段的行驶费用，要么转向非高峰时段，无论哪种情况，该地区的居民都将
受益。

　　高速公路收取拥堵费会把一些司机转移到平行的地面街道上吗？高速公路的
速度会随着拥堵收费的增加而增加——这就是收费的理由——并且交通流量将会
上升而不是下降。如果收费增加了高速公路的速度和交通流量，又怎么会增加
平行地面街道上的交通呢？或许相反，在速度较快的高速公路上缩短行驶时间
可能会吸引地面街道上的交通。但是，如果来自高速公路的收费车辆确实挤满
了平行的地面街道，那么在这些街道上征收拥堵费也是合适的，以保持车辆的
自由流动。居民在自己城市的地面街道上可以免交拥堵费，但在其他城市的拥
挤街道上开车则需要付费。正如停车位可以为社区提供公共收入一样，拥挤的地
面街道也可以为城市创造公共收入，在这两种情况下，收入都将由非本地居民支
付。因此，高速公路收费产生的任何溢出交通量都可以为低收入城市提供更多的
收入。

---

　　① 原人名为 Kenneth Small。（译者注）

　　② 原文为 Texas Transportation Institute。（译者注）

　　③ 原文为 unincorporated area。（译者注）

　　④ 原地名为 Maywood。（译者注）

收入分配与政治支持

迪金和哈维估计，高收入开车人将支付大部分拥堵费，因为占总人口五分之一的最高收入人群（前 20% 最高收入人群）拥有的汽车是五分之一最低收入人群的 3.1 倍，他们每天行驶的车辆里程是后者的 3.6 倍。[15] 由于高收入开车人在高峰时段也会开车更多，五分之一最高收入人群要比五分之一最低收入人群多付五倍的拥堵费。[16] 因此，拥堵费将把钱从高收入开车人转移到低收入城市。但高收入开车人也将从中受益。开始收费后，出行速度提高，由于收费带来了时间节省，那些高度重视节约时间的司机情况会更好。毕竟，当我们开车去上班、赶飞机或到医院急诊时，是否希望高速公路的拥堵来自那些低价值、非高峰时段易于自由决定的出行？如果可以在其他高峰时段以更快速度行驶的话，大多数人肯定愿意放弃一些高峰时段最不重要的单驾出行，而拥堵费正提供了这样的交易。此外，收费将把拥堵的交通转化为低收入城市的现金，并把浪费的时间变成公共服务。

按人均分配拥堵费收入将缓解该地区的收入不平等。图 G-1 显示洛杉矶县的个人收入及拥堵费收入的分配情况。横轴测量城市人口在该县人口中的累积份额，按照人均收入增长排列。纵轴测量城市在该县总收入和通行费收入中的累积份额。上下曲线显示拥堵费收入和个人收入与人口之间的函数关系。[17] 居住在 33 个最贫穷城市的 20% 人口获得该县收入的 12%，但获得拥堵费收入的 21%。相比之下，居住在 43 个最富裕城市的 20% 人口获得该县 30% 的收入，但只获得 17% 的拥堵费收入。居住在最富裕的 8 个城市的 1% 人口获得了全县 4% 的收入，但没有拥堵费收入。

这些分配结果驳斥了任何反对拥堵收费的理由，比如拥堵费会伤害穷人。少数生活在富裕城市、在拥堵时间开车的穷人可能会损失一点，但绝大多数人会节省时间，呼吸更清洁的空气，以更低的成本获得更好的公共服务。当我们考虑全部人口时，拥堵收费显然是进步而不是倒退，因为最低收入的人没有汽车，也不会付拥堵费，但会得到更好的公共服务。即使我们只考虑司机，而忽略低收入城市得以改善的公共服务，有关拥堵费的结论仍然是进步的，因为最贫穷的司机最少在高峰时段开车出行。几乎每个人都可以从拥堵收费中获益。

南加州大学交通经济学家吉纳维芙·朱利亚诺[①]表示，人们对拥堵收费的常见抱怨——它是一种倒退，而且会伤害穷人——实际上可能是出于一个更卑鄙而短视的原因：司机们反对付费，只因为他们认为道路应该是免费的。[18] 将拥堵费收入返还有高速公路的城市可以扭转这种典型的辩论伎俩。政客们可以高瞻远瞩地支持拥堵收费，因为这将减少交通、改善环境、帮助穷人，即使存在另一个更重

---

① 原人名为 Genevieve Giuliano。(译者注)

要的原因——他们的城市需要这笔钱，而且这是他们应得的！

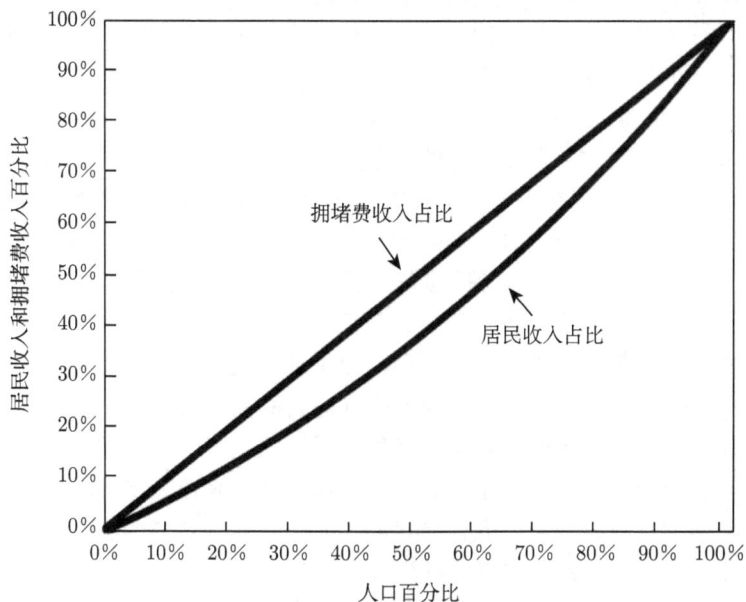

图 G-1　城市人口、收入、拥堵费收入占比

　　把税收返还给有高速公路的城市比减少一般税收产生更大的政治支持，因为任何减税的幅度都很小，而且很难察觉。许多人还会怀疑税收到底有没有减少。如果不减少税收，公共财政支出的任何增加——无论价值如何——也会难以察觉，而司机每天要支付拥堵费，反而更容易察觉。无论哪种情况，减税或增加一般财政支出的好处都是间接、久远、延迟和分散的，以至于大多数人可能会完全忽视它们。相比之下，将拥堵费收入返还给有高速公路的城市，将产生直接、邻近、即时和集中的好处，从而让高速公路城市的政客们敢于坚持收取拥堵费。无需专门组织受益人——受益的是这些城市——因为它们已经组织起来了。

　　如果采取正确的方式将部分收入用于交通运输，可能会进一步增加拥堵收费的政治吸引力。例如，洛杉矶大都会交通管理局 (MTA)①资助公共交通和一系列交通项目，包括自行车道、步行设施以及全县地方道路和公路改善。大部分地方的税收支持来自新增的 1 美分销售税率，而 2003 年全县销售税为 11 亿美元。[19]因此，如果将 11 亿美元拥堵收费收入分配给 MTA，全县的销售税率可降低 1 美分，从目前 8.25％降至 7.25％。[20] 拥堵收费本身将大大改善交通状况，如果拥堵费收入每年为 50 亿美元，那么每年仍有 39 亿美元可供城市使用。

————————————
① 原文为 Metropolitan Transportation Authority，简称 MTA。(译者注)

70 个收费受益城市加上县郡 (代表县直辖区①) 可以成为拥堵收费的游说团体, 它们在立法过程中具有强大的影响力。为了显示这一潜在联盟的重要性, 可以考虑另一种使用拥堵费收入的方式——按照税收中性②原则对燃油税进行减免。降低燃油税似乎是合理的, 因为它将补偿那些支付拥堵费的开车人, 而不会让政府收取更多的钱。但是那些获得拥堵费收入的人——开车人——并不是作为一个政治实体组织起来的。数以百万计的开车人将从较低的燃油税中获益, 但这还不足以在政治上对交通拥堵收费提出强烈要求。燃油税的减少充其量只能安抚开车人, 但不会建立一个支持收费的联盟。[21] 然而, 如果将收入分配给有高速公路的城市, 许多民选官员可能就会支持拥堵费, 因为他们已经被由此产生的收入说服了。

纯粹的交通拥堵收费经济学分析忽略了关键的政治观点。除非这项收入为支持道路收费的利益集团带来好处, 否则, 无论理论上多么有效和公平, 拥堵收费在实践中都将是困难的。如果收入流向有高速公路的城市, 政客们就不必声称要向每个在拥堵交通中开车的人收费, 然后再想办法把钱花掉。相反, 他们可以提出一个公平的方法同时处理三个问题——交通拥堵、高速公路环境成本和低收入城市的财政困境。只有当司机获得直接的个人收益——更快的出行——他们才会支付拥堵费, 而有高速公路的城市将获得更好的公共服务——如公园、警察安保、人行道维修和隔音墙。许多人都有充分的理由支持道路收费。

附录 G 注释

1. 南加州政府协会 (2004 年, 附录 C 第 C.5 条) 在《2004 年区域交通规划》(*Regional Transportation Plan*) 中指出, 在下午高峰时段 (下午 3 点至 7 点) 期间, 高速公路系统大部分路段的平均速度为每小时 15 至 24 英里。虽然超级拥堵是一个很难建模的复杂现象, 但许多人都熟悉在高速公路密集车流中以低速行驶的状态。Small 和 Chu(2003) 以及 Verhoef(2003) 探讨了超级拥堵的复杂性质。

2. 第 6 列和第 7 列显示在需求量低和需求量高的时期, 在高速公路上行驶一英里的边际支付意愿是车流中汽车数量的函数 (第 3 列)。这些值绘制为两条需求曲线。

3. Small 和 Chu(2003, 329) 认为, 在达到容量之前, 速度–流量关系通常是相当平坦的。因此, 最优流量通常接近于容量, 这表明边际成本曲线在容量附近几乎是垂直的。如果是这样的话, CDE 线可以被认为是到达点 C 后的边际成本曲线。Lindsey 和 Verhoef (2000) 解释说, 任何路段上最大可行流量取决于诸如车道数和宽度、坡度、道路曲率、限速、天气、车辆类型和司机的个体行为等因素。

4. 根据得克萨斯交通研究所 (Texas Transportation Institute, TTI)《2003 年

① 原文为 unincorporated territory。(译者注)
② 原文为 revenue-neutral。(译者注)

度城市移动性研究报告》(*2003 Annual Urban Mobility Study*)，洛杉矶是美国交通拥堵最严重的城市。2001 年，88％的高峰–小时车辆英里数 (VMT) 处于拥堵状态。得克萨斯交通研究所估计有 6.67 亿的个人–小时和 10 亿加仑汽油在拥挤交通中被浪费，这一数字是 1982 年首次估计的三倍多。2001 年交通拥堵的估计成本为每人 1,005 美元。

5. 与城市一样，洛杉矶县可获得县直辖区 (unincorporated area) 正比于高速公路长度的通行费收入。

6. 将四个最贫穷的城市从"没有高速公路"城市组剔除，会大幅增加剩余 18 个城市的人均加权平均收入，因为四个最贫穷的城市人口众多，而大多数较富裕的城市人口较少。在没有高速公路的剩余城市中，阿瓦隆最为贫穷，它位于卡塔琳娜岛距海岸 26 英里处，不会受拥堵收费的影响。

7. 实际上，通行费收入的分配公式可能类似于联邦政府向各州分配汽油税收入的公式。

8. 正如路边停车价格高的地方将反映出哪里更合适投资建设路外停车场一样，高拥堵收费将反映出哪些地方增加道路通行能力的投资是合理的，哪些地方是不合理的。因此，收费还有另一个好处：它将为投资决策提供一个极好的指南。如果拥堵费能反映出哪里投资最有成效，那么现有的汽油税收入可能足以为实施拥堵费提供资金。在这种情况下，所有拥堵费收入都可以分配给城市。

9. 南加州政府协会，2004，附录 C 第 C-29 条。尽管有人预计由于这些投资，平均车辆占有率将增加而不是下降，但预测未来 25 年每车 0.001 人的下降显然没有统计意义。

10.Deakin 和 Harvey(1996，表 7-14 和表 7-18)。

11.Small(1992，371)。

12. 参见得克萨斯交通研究所《2003 年度城市移动性研究报告》的网址：http://mobility.tamu.edu/ums/mobility_data/tables/los_angeles.pdf。

13. 这些城市的一般财政收入 (general revenues) 数据来自加利福尼亚州州长办公室《2000—2001 财年城市年度报告》。一般财政收入是指不能与任何特定开支相联系的财政收入；例如房产税、销售税和营业执照费。一般财政收入不包括直接服务的费用和收费，如市政公用事业收入。洛杉矶县人口为 950 万，其中 99 万居住在县直辖区。

14. 然而，在计算分配给城市的净收入时，还必须考虑征收成本。如果这些征收成本低于非本地居民支付的拥堵费，城市获得的收入将超过该地区居民的缴纳额。

15. Deakin 和 Harvey(1996，表 8-1 和表 8-3)。从全美来看，2002 年，五分之一最高收入家庭拥有的汽车数是五分之一最低收入家庭的 2.9 倍 (美国劳动统计局，2004，表 1)。

16. Deakin 和 Harvey(1996，表 8-6)。而且，在拥挤的环境中男性比女性更有可能驾车，因此男性也会支付更多的拥堵费 ((Deakin 和 Harvey，1996，表 8-7)。

17. 个人收入分配的洛伦茨曲线低于城市收入分配曲线，因为 88 个城市的平均收入掩盖了每个城市内部个人收入的不平等。由于车英里数 (VMT) 和在拥挤交通中开车出行的倾向都随收入增加，一条显示个人之间拥堵费分配的曲线也将低于收入分配曲线。

18. Giuliano(1992)。

19. 参见洛杉矶县大都会管理局 (Los Angeles County Metropolitan Authority) 财务报表，网址为：www.metro.net/about_us/finance/propositions.htm。

20. 尽管拥堵收费每年将为 MTA 提供 11 亿美元，但要注意的是，用拥堵费收入代替销售税将给全县所有人带来好处，而不仅仅是开车人。这看起来像是对开车人的打击，实际上是给每个人的减税，而大多数人恰好是开车人。

21. 在英国和美国燃油税研究中，Ian Parry 和 Kenneth Small(2002) 估计最优税率大约是每加仑 1 美元，或者是美国当前税率的 2.5 倍。因此，利用拥堵费收入来降低燃油税，对纠正燃油税的不足没有任何作用。由于征收拥堵费的成本无疑将高于燃油税，燃油税的减少额将少于拥堵费的支付额。

附录 H　各国汽车总量

> 倘若你能洞察时间的种子，
>
> 　知道哪些会生长，
>
> 　　哪些不会，
>
> 　那么请告诉我吧。[①]

—— 威廉·莎士比亚

表 H-1 显示 20 世纪美国和世界的人口和车辆数量。美国的数据包括所有年份，而世界的数据则是所有可获得的年份 (自 1950 年以来的每一年以及之前少数几年)。该表可以比较美国和世界其他地区汽车保有量的增长情况。

2000 年，美国每千人拥有 771 辆汽车，而世界其他地区每千人拥有 89 辆——相当于美国 1920 年水平。美国以外的地区用了 70 年时间 (从 1930 年到 2000 年) 才将汽车拥有率从每千人 5 辆提高到 89 辆，而美国汽车拥有率仅在 1910 年至 1920 年间就增长了这么多。直到 1965 年，美国拥有全球一半以上的汽车，而世界其他国家正在迎头赶上；2000 年，美国汽车拥有量就仅占世界的 30%。

在 20 世纪 90 年代，美国增加了 2,900 万辆汽车，而世界其他地区增加了 1.23 亿辆；因此，美国每增加一辆汽车，世界其他地区就增加 4.3 辆。尽管在 20 世纪 90 年代，世界其他地区的汽车数量增长速度快于美国，但美国每增加 1,000 人，相应增加 880 辆汽车 (每增加 3,300 万人，美国就增加 2,900 万辆汽车)，而世界其他地区每增加 1 000 人只增加 160 辆车 (7.63 亿人增加 1.23 亿辆汽车)。因此，在人口增长的同时，美国新增的车辆数量是世界其他地区的五倍 (880÷160)。

表 H-1　美国及世界汽车拥有率，1900~2000

年份	机动车 (百万)			人口 (百万)			每千人车辆数			美国占世界的比例		其他各国每千人车辆数相当于美国某年水平
	美国	其他各国	全世界	美国	其他各国	全世界	美国	其他各国	全世界	车辆	人口	
(1)	(2)	(3)	(4)	(5)	(6)	(7)	(8)	(9)	(10)	(11)	(12)	(13)
1900	0.01			76	1,574	1,650	0.1				4.60%	
1901	0.01			78			0.2					
1902	0.02			79			0.3					
1903	0.03			81			0.4					
1904	0.06			82			0.7					

[①] 这句诗来自英国剧作家威廉·莎士比亚 1606 年创作的戏剧《麦克白》(*Macbeth*)。(译者注)

续表

年份	机动车（百万）			人口（百万）			每千人车辆数			美国占世界的比例		其他各国每千人车辆数相当于美国某年水平
	美国	其他各国	全世界	美国	其他各国	全世界	美国	其他各国	全世界	车辆	人口	
(1)	(2)	(3)	(4)	(5)	(6)	(7)	(8)	(9)	(10)	(11)	(12)	(13)
1905	0.08			84			0.9					
1906	0.11			85			1					
1907	0.14			87			2					
1908	0.2			89			2					
1909	0.31			90			3					
1910	0.47			92	1,658	1,750	5				5.30%	
1911	0.64			94			7					
1912	0.94			95			10					
1913	1.26			97			13					
1914	1.76			99			18					
1915	2.49			101			25					
1916	3.62			102			35					
1917	5.12			103			50					
1918	6.16			103			60					
1919	7.58			105			72					
1920	9			106	1,754	1,860	87				5.70%	
1921	10			109			97					
1922	12			110			112					
1923	15			112			135					
1924	18			114			154					
1925	20			116			173					
1926	22			117			189					
1927	23			119			196					
1928	25			121			205					
1929	27			122			220					
1930	27	9	36	123	1,947	2,070	217	5	17	74%	5.90%	1910
1931	26			124			210					
1932	24			125			195					
1933	24			126			192					
1934	25			126			200					
1935	27	11	38	127	2,173	2,300	209	5	16	71%	5.50%	1910
1936	29			128			223					
1937	30	13	43	129			233			69%		
1938	30	14	44	130			230			68%		
1939	31	15	46	131			237			68%		
1940	32	14	46	132			246			70%		
1941	35			133			262					
1942	33			135			245					
1943	31			137			226					
1944	30			138			220					
1945	31			140			222					
1946	34	11	46	141			243			75%		
1947	38	15	53	144			263			71%		

续表

年份	机动车 (百万)			人口 (百万)			每千人车辆数			美国占世界的比例		其他各国每千人车辆数相当于美国某年水平
	美国	其他各国	全世界	美国	其他各国	全世界	美国	其他各国	全世界	车辆	人口	
(1)	(2)	(3)	(4)	(5)	(6)	(7)	(8)	(9)	(10)	(11)	(12)	(13)
1948	41	17	58	147			280			71%		
1949	45	19	64	149			300			70%		
1950	49	21	70	152	2,403	2,555	323	9	28	70%	6.00%	1911
1951	52	22	74	155	2,438	2,593	335	9	29	70%	6.00%	1911
1952	53	25	78	158	2,477	2,635	338	10	30	68%	6.00%	1912
1953	56	27	83	160	2,520	2,680	351	11	31	68%	6.00%	1912
1954	59	30	88	163	2,565	2,728	359	12	32	66%	6.00%	1912
1955	63	33	96	166	2,614	2,780	378	13	34	65%	6.00%	1913
1956	65	37	103	169	2,664	2,833	386	14	36	64%	6.00%	1913
1957	67	41	108	172	2,716	2,888	390	15	37	62%	6.00%	1913
1958	68	44	112	175	2,770	2,945	391	16	38	61%	5.90%	1913
1959	71	48	120	178	2,819	2,997	401	17	40	60%	5.90%	1913
1960	74	53	127	181	2,859	3,039	409	19	42	58%	5.90%	1914
1961	76	59	135	184	2,896	3,080	414	20	44	56%	6.00%	1914
1962	79	67	146	187	2,950	3,136	424	23	47	54%	5.90%	1914
1963	83	72	155	189	3,016	3,206	437	24	48	53%	5.90%	1914
1964	86	80	166	192	3,085	3,277	450	26	51	52%	5.90%	1915
1965	90	88	178	194	3,152	3,346	465	28	53	51%	5.80%	1915
1966	94	96	190	197	3,220	3,416	478	30	56	49%	5.80%	1915
1967	97	106	203	199	3,287	3,436	488	32	58	48%	5.70%	1915
1968	101	116	216	201	3,357	3,558	503	34	61	47%	5.60%	1915
1969	105	127	232	203	3,430	3,632	519	37	64	45%	5.60%	1916
1970	108	138	246	205	3,503	3,708	529	39	66	44%	5.50%	1916
1971	113	149	262	208	3,578	3,785	544	42	69	43%	5.50%	1916
1972	119	161	280	210	3,652	3,862	566	44	72	43%	5.40%	1916
1973	126	173	298	212	3,727	3,939	593	46	76	42%	5.40%	1916
1974	130	184	314	214	3,801	4,015	608	49	78	41%	5.30%	1916
1975	133	195	328	216	3,872	4,088	616	50	80	41%	5.30%	1917
1976	139	203	342	218	3,942	4,160	635	52	82	41%	5.20%	1917
1977	142	219	361	220	4,013	4,233	645	55	85	39%	5.20%	1917
1978	148	231	380	223	4,083	4,305	667	57	88	39%	5.20%	1917
1979	152	242	394	225	4,156	4,381	675	58	90	39%	5.10%	1917
1980	156	255	411	227	4,229	4,457	686	60	92	38%	5.10%	1918
1981	158	269	427	229	4,303	4,533	690	62	94	37%	5.10%	1918
1982	160	279	439	232	4,382	4,613	689	64	95	36%	5.00%	1918
1983	164	292	456	234	4,460	4,694	700	66	97	36%	5.00%	1918
1984	166	307	473	236	4,538	4,774	705	68	99	35%	4.90%	1918
1985	172	316	488	238	4,617	4,855	722	68	100	35%	4.90%	1918
1986	176	324	500	240	4,697	4,938	732	69	101	35%	4.90%	1918
1987	179	336	515	242	4,781	5,024	738	70	10	35%	4.80%	1918
1988	184	355	540	244	4,866	5,110	754	73	106	34%	4.80%	1919
1989	187	370	557	247	4,950	5,196	759	75	107	34%	4.70%	1919
1990	189	394	583	250	5,034	5,284	756	78	110	32%	4.70%	1919

续表

年份	机动车 (百万)			人口 (百万)			每千人车辆数			美国占世界的比例		其他各国每千人车辆数相当于美国某年水平
	美国	其他各国	全世界	美国	其他各国	全世界	美国	其他各国	全世界	车辆	人口	
(1)	(2)	(3)	(4)	(5)	(6)	(7)	(8)	(9)	(10)	(11)	(12)	(13)
1991	188	407	595	253	5,114	5,367	744	80	111	32%	4.70%	1919
1992	190	423	614	257	5,193	5,450	742	81	113	31%	4.70%	1919
1993	194	423	617	260	5,271	5,531	747	80	112	31%	4.70%	1919
1994	198	431	629	263	5,348	5,611	753	81	112	31%	4.70%	1919
1995	202	445	647	266	5,425	5,691	757	82	114	31%	4.70%	1919
1996	206	465	671	269	5,499	5,769	766	85	116	31%	4.70%	1919
1997	208	475	683	273	5,572	5,845	762	85	117	30%	4.70%	1919
1998	212	484	696	276	5,648	5,924	767	86	117	30%	4.70%	1919
1999	216	497	713	279	5,723	6,002	775	87	119	30%	4.60%	1919
2000	218	517	735	282	5,797	6,079	771	89	121	30%	4.60%	1920

来源:

第 (2) 列: 美国交通部 (2000, 表 MV-1) 以及更早年份。

第 (3) 列 = 第 (4) 列 − 第 (2) 列。

第 (4) 列: 美国汽车制造商协会 (1998);《沃德机动车事实与数据 2002》。

第 (5) 列: 美国人口普查局 (2000a)。

第 (6) 列 = 第 (7) 列 − 第 (5) 列。

第 (7) 列: 美国人口普查局 (2000b)。

第 (8) 列 =1000× 第 (2) 列/第 (5) 列。

第 (9) 列 =1000× 第 (3) 列/第 (6) 列。

第 (10) 列 =1000× 第 (4) 列/第 (7) 列。

第 (11) 列 = 第 (2) 列/第 (4) 列。

第 (12) 列 = 第 5 列/第 7 列。

第 (13) 列由第 (8)、(9) 两列比较而得。

　　图 H-1(来源于表 H-1) 显示自 1900 年以来美国人口和车辆数量的增长情况。自 1945 年以来，美国没有汽车的人数在缓慢减少，但由于大多数儿童没有汽车，因此人口的数量仍然超过汽车。图 H-2(也来源于表 H-1) 显示自 1945 年以来美国以外的世界其他各国的人口和车辆数量增长情况。由于美国以外的车辆存量从一个非常低的基数开始，尽管车辆存量的增长率较高，但没有汽车的人数却有所增加。然而，如果世界其他地区真的达到美国的汽车拥有率，停车将是一个巨大的问题。

　　表 H-2 显示 2000 年 150 个国家的车辆拥有率，从最低 (孟加拉国) 到最高 (美国) 升序排列。第 5 列显示 2000 年美国与其他国家具有相同车辆拥有率的年份 (来自表 H-1 第 8 列)。例如，2000 年印度每千人拥有 7 辆汽车，与 1911 年美国的情况相同。[1]

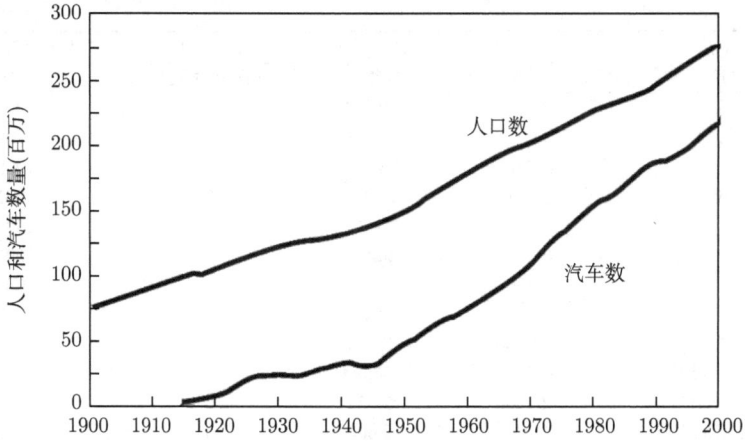

图 H-1 美国人口与汽车数量

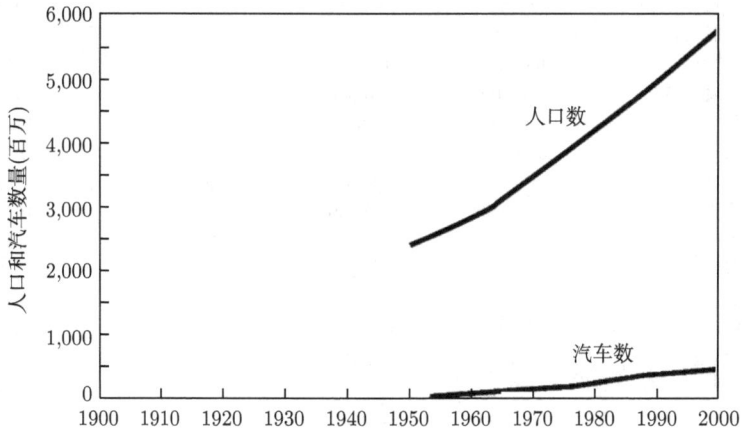

图 H-2 美国以外的世界其他各国人口和汽车数量

表 H-2 2000 年各国汽车拥有率

国家	机动车数量	人口 (千人)	每千人车辆数	相当于美国某年水平
(1)	(2)	(3)	(4)=(2)/(3)	(5)
孟加拉国	129,984	131,050	1	1906
肯尼亚	33,000	30,092	1	1906
马里共和国	15,000	10,040	1	1906
缅甸	77,000	47,749	2	1907
埃塞俄比亚	109,546	64,298	2	1907
坦桑尼亚	61,045	33,696	2	1907
阿富汗	52,200	26,550	2	1907
索马里	20,000	9,940	2	1907

国家	机动车数量	人口 (千人)	每千人车辆数	相当于美国某年水平
(1)	(2)	(3)	(4)=(2)/(3)	(5)
马拉维	23,000	10,311	2	1907
苏丹	79,387	31,095	3	1909
越南	207,000	78,523	3	1909
莫桑比克	55,212	17,691	3	1909
尼日尔	36,800	10,832	3	1909
贝宁	22,500	6,272	4	1907
卢旺达	27.800	7,738	4	1907
乌干达	87,923	22,210	4	1907
几内亚	33,000	7,405	4	1907
巴基斯坦	760,029	138,080	6	1910
塞拉利昂	29,400	5,031	6	1910
毛尼塔尼亚	16,000	2,665	6	1910
布基纳法索	68,100	11,274	6	1910
刚果共和国	310,000	50,948	6	1910
布隆迪	42,400	6,807	6	1910
安哥拉	90,326	13,134	7	1911
马达加斯加	108,239	15,523	7	1911
冈比亚	9,000	1,248	7	1911
印度	7,540,000	1,015,923	7	1911
加纳	149,071	19,306	8	1911
尼日利亚	1,050,000	126,910	8	1911
海地	66,500	7,959	8	1911
中国	13,400,000	1,262,460	11	1912
洪都拉斯	80,034	6,417	12	1912
印度尼西亚	3,023,414	210,421	14	1913
利比里亚	46,000	3,130	15	1913
喀麦隆	220,097	14,876	15	1913
巴拉圭	81,600	5,496	15	1913
塞内加尔	160,000	9,404	17	1913
赞比亚	175,284	10,089	17	1913
圭亚那	13,800	761	18	1914
危地马拉	209,150	11,385	18	1914
刚果	55,700	3,018	18	1914
伊朗	1,175,000	63,664	18	1914
萨尔瓦多	131,700	6,276	21	1914
巴布亚新几内亚	119,600	5.130	23	1914
叙利亚	405,903	16,189	25	1915
阿尔及利亚	860,435	30,399	28	1915
多哥	129,400	4,527	29	1915
哥伦比亚	1,255,000	42,299	30	1915
突尼斯	285,000	9,564	30	1915
津巴布韦	378,300	12,627	30	1915
尼加拉瓜	156,959	5,071	31	1915
科特迪瓦	498,779	16,013	31	1915
菲律宾	2,464,932	75,580	33	1915

续表

国家	机动车数量	人口 (千人)	每千人车辆数	相当于美国某年水平
(1)	(2)	(3)	(4)=(2)/(3)	(5)
加蓬	39,500	1,190	33	1915
斯里兰卡	651,000	19,359	34	1915
也门	598,900	17,507	34	1915
古巴	384,200	11,188	34	1915
斯威士兰	36,755	1,032	36	1916
伊拉克	845,634	23,264	36	1916
秘鲁	953,393	25,661	37	1916
埃及	2,557,315	63,976	40	1916
佛得角	18,000	394	46	1916
玻利维亚	438,282	8,329	53	1917
牙买加	138,970	2,633	53	1917
摩洛哥	1,626,239	28,705	57	1917
多米尼加共和国	492,000	8,373	59	1917
厄瓜多尔	762,239	12,646	60	1918
瓦努阿图	12,000	197	61	1918
多米尼加	5,700	83	69	1918
圣文森特与格林纳丁斯	8,200	119	69	1918
博茨瓦纳	115,187	1,602	72	1919
纳米比亚	129,000	1,727	75	1919
约旦	386,098	4,887	79	1919
特立尼达和多巴哥	103,827	1,301	80	1919
土耳其	5,965,300	65,293	91	1920
沙特阿拉伯	2,896,979	29,723	97	1921
阿拉伯联合酋长国	284,200	2,905	98	1921
伯利兹	24,300	240	101	1921
毛里求斯	122,425	1,186	103	1921
委内瑞拉	2,542,249	24,170	105	1921
黎巴嫩	468,483	4,328	108	1921
塞舌尔	8,500	78	109	1921
泰国	7,050,000	60,728	116	1922
乌克兰	6,310,829	49,051	129	1922
巴拿马	369,712	2,856	129	1922
利比亚	690,926	5,290	131	1922
智利	2,053,779	15,211	135	1923
新加坡	557,203	4,018	139	1923
哥斯达黎加	555,875	3,811	146	1923
斐济	121,053	812	149	1923
阿曼	361,153	2,395	151	1923
南非	6,704,600	42,801	157	1924
罗马尼亚	3,590,417	22,435	160	1924
巴西	28,975,309	170,406	170	1924
萨摩亚	11,600	65	178	1925
阿根廷	6,613,500	37,032	179	1925
墨西哥	18,486,835	97,966	189	1926
乌拉圭	655,776	3,337	197	1927

国家	机动车数量	人口（千人）	每千人车辆数	相当于美国某年水平
(1)	(2)	(3)	(4)=(2)/(3)	(5)
苏里南	84,987	417	204	1927
前南斯拉夫	2,170,000	10,637	204	1927
保加利亚	1,911,767	8,653	221	1929
巴哈马	67,000	303	221	1929
安提瓜和巴布达	14,673	66	222	1929
马来西亚	5,242,200	23,270	225	1936
法属波利尼西亚	57,200	235	243	1939
文莱	84,743	338	251	1940
韩国	12,040,195	47,275	255	1940
法属圭亚那	44,060	168	262	1941
斯洛伐克共和国	1,435,066	5,402	266	1947
巴巴多斯	73,172	267	274	1947
匈牙利	2.749,000	10,022	274	1947
以色列	1,754,058	6,233	281	1948
拉脱维亚	675,581	2,372	285	1948
波多黎各	1,155,000	3,920	295	1948
波兰	11,856,624	38,650	307	1949
巴林	214,504	691	310	1949
卡塔尔	200,900	585	343	1952
新喀里多尼亚	77,100	213	362	1954
捷克共和国	3,732,746	10,273	363	1954
爱尔兰	1,536,709	3.794	405	1959
希腊	4,279,524	10,560	405	1959
丹麦	2,230,421	5,336	418	1961
留尼旺	293,149	691	424	1962
科威特	920,915	1.984	464	1964
荷属安地列斯	100,300	215	467	1965
芬兰	2,431,600	5,177	470	1965
荷兰	7,489,400	15,919	470	1965
葡萄牙	4,750,000	10,008	475	1965
瑞典	4,388,031	8,869	495	1967
比利时	5,151,414	10,252	502	1967
塞浦路斯	384,119	757	507	1968
英国	30,545,600	59,739	511	1968
挪威	2,297,655	4,491	512	1968
安道尔	39,596	75	528	1969
百慕大	33,300	63	529	1970
澳大利亚	10,180,000	19,182	531	1970
瑞士	3,840,034	7,180	535	1970
西班牙	21,284,100	39,465	539	1970
奥地利	4,433,847	8,110	547	1971
法国	33.813,000	58,892	574	1972
德国	47,306,200	82,150	576	1972
加拿大	16,815,000	29,123	577	1972
马耳他	233,413	390	598	1972

续表

国家	机动车数量	人口 (千人)	每千人车辆数	相当于美国某年水平
(1)	(2)	(3)	(4)=(2)/(3)	(5)
意大利	36,165,300	57,690	627	1975
冰岛	180,401	281	642	1976
卢森堡	283,685	438	648	1977
日本	82,652,926	126,870	651	1977
摩纳哥	21,000	32	656	1977
新西兰	2,674,980	3,831	698	1983
美国	217,566,789	282,224	771	2000

来源：第 (2) 列和第 (3) 列：《沃德汽车事实与数据 2002》；第 5 列来自表 H-1。

在 20 世纪后半叶，世界其他地区的车辆增长速度是人口增长速度的三倍 (见表 H-3)。1950 年至 2000 年间，机动车保有量每年增长 7.2%(从 2,100 万辆增至 5.13 亿辆)，而人口总量每年增长 1.9%(从 24.03 亿人增至 57.97 亿人)。

表 H-3   1950～2000 年美国和世界的车辆拥有率

	车辆数 (百万)			人口数 (百万)			每千人车辆数		
	1950	2000	增长率	1950	2000	增长率	1950	2000	增长率
美国	49	221	3.3%	152	282	1.4%	323	771	1.9%
其他各国	21	513	7.2%	2,403	5,797	1.9%	9	89	5.1%
全世界	70	735	5.2%	2,555	6,079	1.9%	28	121	3.3%
美国与其他各国之比	70%	30%	-	6.0%	4.6%	-	3,653%	871%	-

来源：表 H-1。

当然，20 世纪汽车拥有量的趋势并不会持续到 21 世纪，汽车本身可能会发生巨大的变化。举例来说，无污染的燃料电池可能在未来为大多数汽车提供动力。如果是这样，停放的汽车可能会成为一种电力来源。家里停放的汽车内置燃料电池可以产生电力，供家庭使用或出售给电网。蒂莫西·利普曼[①]推测：

> 如果我们假设加州南海岸空气盆地[②]有一半的车辆是燃料电池驱动的 (比如说到 2020 年左右)，每辆车有一半的时间能够向电网提供 50 千瓦电力，那么这些车辆的总发电能力将是整个州目前装机发电能力水平的近两倍……这种安排需要一些额外的设备，车辆产生的电力与电网连接。然而，如果"智能电表"能够监控实时电价，并在价格合适时启动系统，燃料电池产生的电力就可以用盈利的价格出售给电网。想象一下，从电力公司得到一张支票而不是账单！特别是早期采用昂

---

① 原人名为 Timothy Lipman。(译者注)
② 原文为 California's South Coast Air Basin。(译者注)

贵的燃料电池汽车，这种安排可以帮助抵消一些车辆的成本。例如，一个 50 千瓦汽车燃料电池系统平均每天发电 12 小时，可以获得每千瓦时 0.02 美元利润，也就是说，这将使车主每年净赚约 4,380 美元。[2]

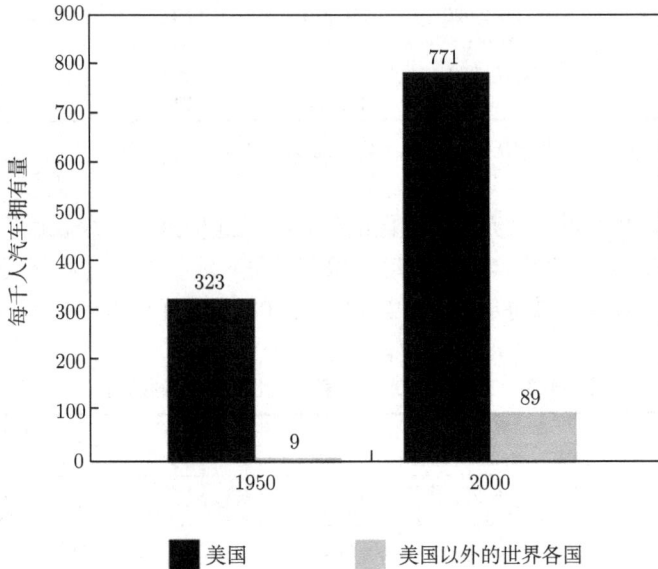

在以燃料电池为动力的未来，停放的汽车可以成为一种资源，而不是一种负担，它们可以挣足够的钱来支付停车费（尽管没有人知道燃料电池的燃料将从哪里来）。正如在 20 世纪末计算能力从大型计算机转移到个人计算机一样，在 21 世纪，发电可能从发电厂转移到停放的汽车。但是，即使对未来汽车技术最乐观的猜测，也不能证明路外停车标准是合理的。

附录 H 注释

1. 美国以外国家的汽车拥有率数据来自《沃德机动车事实与数据 2002》。因为在许多国家，记录保存是不可靠或不一致的，个别国家的数据不一定可靠，而且许多情况下沃德数据与《联合国统计年鉴》所示的在用车辆（vehicles in use）数量不同。我只是用沃德数据说明在大多数国家，每千人拥有的车辆数量处于较低水平。我非常感谢弗朗西斯科·孔特拉斯和塞思·斯塔克[①]在编写表 H-1 和表 H-2 时提供的研究协助。

2. Lipman(2000, 11)。

---

① 原人名为 Francisco Contreras 和 Seth Stark。(译者注)

后记
21 世纪停车改革

你不能借由今天的回避,逃脱明天的责任。

———亚伯拉罕·林肯

前言重点介绍了自 2005 年精装版《免费停车的高昂代价》出版以来发生的一些停车改革。此后还采取了其他改革措施。这篇后记结合书中推荐的三项基本政策:(1) 为路边停车制定合理的价格,(2) 将停车收入返还给地方公共服务以及 (3) 取消最低停车标准,给出其他改革措施更多的细节。

1. 为路边停车正确定价

城市通常在一天中保持咪表费率不变而允许占用率变化。相反,城市可以根据一天中不同的时间改变咪表费率,以保持大约 85% 的占用率。由于该做法具有理论吸引力和实践可行性,多个城市已经开始试行路边停车合理定价。如果路边停车定价试点的效果不好,可以很快调整或放弃;相比之下,路外停车标准有着重大的、几乎不可逆转的影响。用一个医学类比,绩效停车价格①就像物理治疗,而最低停车标准就像大手术。因为物理疗法便宜得多,而且如果结果证明它是错误的选择,伤害也会小得多,所以许多医生建议在采取手术前,先看看物理疗法是否能解决问题。绩效停车政策②——调整路边停车价格,让每个街区产生一、两个空车位——可以称为停车问题的价格疗法。

采用绩效停车价格的城市

华盛顿特区。2008 年华盛顿特区在一个新棒球场附近建立了绩效停车示范项目,该球场有 41,000 个座位,但只有 1,300 个路外停车位。[1] 哥伦比亚特区交通部门授权调整咪表费率,使路边停车位的空置率保持在 10% 到 20% 之间,调整咪表运行天数和时间,并提高罚款以劝阻非法停车。该市将 75% 的咪表收入返还给计费社区,用于改善非机动化交通。在比赛日,棒球场比赛时停车咪表每小时

---

① 原文为 performance parking prices。(译者注)

② 原文为 Performance parking policies。(译者注)

收费 8 美元，其余时间每小时收费 2 美元。在非比赛日，咪表价格是每小时 1 美元或 1.5 美元。[2]

纽约。2008 年，纽约在格林威治村[①]开展了一个试点项目，启动了 PARK Smart 项目。之前，咪表的费率全天均为每小时 1 美元，项目启动后，费率在中午和下午 4 点之间增加一倍，达到每小时 2 美元。在随后的调查中，61％的司机和 57％的商户报告说，停车变得更容易，或者与示范项目实施之前相比保持不变。46％的司机和 34％的商家表示他们知道新的费率，表明提高费率并没有遇到强烈反对。[3]2009 年，布鲁克林公园坡[②]开始第二次试点。之前，咪表的费率全天为每小时 75 美分，而项目实施后，从中午到下午 4 点，全天一小时的停车费增加一倍，达到每小时 1.50 美元。高峰期停车时间减少 20％；停在路边的车辆数量增加 18％；交通流量下降 7％，可能是因为巡游减少了。只有 46％的停车者知道他们是按新的高峰费率付费，只有 15％的行人是开车到达的。[4] 2010 年，曼哈顿上东区开始第三个试点项目，非高峰时段的收费标准为每小时 2.50 美元，从中午到下午 4 点的收费标准是每小时 3.75 美元。

文图拉。位于洛杉矶以北的文图拉在 2010 年通过一项绩效停车计划。市政条例的表述很简单："城市交通经理可以根据平均占有率调整收费点和咪表费率，以 25 美分为增量，每小时上下浮动 50 美分，以达到 85％的目标占用率。"[5] 该条例还规定，"所有从停车收费点收取的钱……应专用于收入来源的停车区域地理范围内的用途。"[6] 所有安装咪表的停车位取消了时间限制。[7]

西雅图。2010 年，西雅图市议会以不记名方式投票一致通过一项绩效停车计划。它引导西雅图交通部门 (SDOT) "合理设定费率，实现每个街区全天大致保持一或两个空车位。这项政策的目标是确保邻近商业区的游客能在目的地附近找到一个停车位。SDOT 可在不同地区适当提高或降低费率，使之刚好满足目标占用率。"[8] 2011 年，对全市 22 个收费区进行首次占用率统计后，SDOT 提高了四个区的收费标准，在七个区维持咪表费率不变，在 11 个区降低了费率。

市议会赢得商业集团的大力支持，因为该市通过设定咪表费率从收入目标转变为结果导向目标。该市显然继续获得收入，但收入不再是提高咪表费率的理由。每个街区有一个或两个空车位的政策目标很容易解释调整费率的目的是为了保证停车位的可用性。[9]

由于不同街区的停车需求可能不同，西雅图的目标是每个街区有一到两个空置的路边停车位，这意味着咪表费率的地理分布要有细密的网格。市议会指导 SDOT 根据商业模式和停车占用率将现有的收费区划分为"较小的邻里停车区[③]。

---

① 原文为 Greenwich Village。（译者注）

② 原文为 Park Slope。（译者注）

③ 原文为 smaller neighborhood parking areas。（译者注）

这一划分在全市范围内形成更加独特的停车区，并使收费标准更好地适应社区模式。" 10

合理的路边停车占用率

　　绩效定价政策要求设定一个停车占用率目标。这个目标是 85%，还是其他什么数字？答案取决于多几个车位被利用的价值以及为稀缺的车位进行更多巡游所产生的成本。例如，95% 的占用率意味着仍然会留下一些空位，但这只会增加 12% 的已用车位，同时减少 67% 的空闲车位。11 占用率越高，寻找空车位的难度越大，于是司机不得不花更多的时间巡游，下车后还得步行更长距离至目的地，返程也是这样。

　　也许西雅图的目标是在每个街区的两边各留出一个空车位，这是最明智的政策。考虑到达和离开的随机性，采用绩效定价的城市需要接受一段时间内有两个或更多的空车位，因此没有空车位的时间持续得更短。城市的目标并不是实现一个小时内平均 85% 的占用率，而是将每个街区至少有一个空车位的时间占比设定为目标值。城市可将目标设定为街区一小时内留出一个空车位的分钟数，这样至少可以达到三种目标：

　　(1) **随时可用**。可用性是指在一个街区内至少有一个空车位的时间比例。随时可用意味着司机通常可以找到一个方便的空车位。

　　(2) **高占用率**。占用率是一个小时内被占用车位的平均比例。高占用率意味着路边停车位得到很好的利用，并为许多客户提供服务。

　　(3) **收入**。收入取决于咪表价格和占用率。收入不应该是首要目标，但它应该来自良好的管理。

　　城市面临随时的可用性和高占用率之间的权衡。这两个目标是冲突的，因为提高咪表费率确保在更大时间段内至少有一个空车位，这样将降低平均占用率。例如，假设一个城市调整价格，确保每个街区每小时至少有 45 分钟的空车位。如果一个小时内该街区只能维持一个空车位有 30 分钟可用，则无法达到可用性目标，价格应该会上涨。然而，价格上涨意味着一小时的平均占用率将下降。

　　路边停车是一种易腐品①，这意味着它的成本是固定的且不能储存 (航空公司的座位是另一个易腐品例子——飞机上的空座位不能再次转售)。私人经营者制定易腐货物的价格是为了最大限度地增加收入，但一个城市限制停车的目标应该是不同的。路边停车位的完全占用会产生不必要的巡游，而占用率低则意味着路边停车位不会向附近商业区输送顾客。一个城市必须平衡可靠的可用性和高占用率这两个相互竞争的目标。一段时间内需求的随机变化越大，两个目标之间冲突就越大。尽管如此，作为制定价格的一项关键措施，关注司机到达后找到空位的可

---

　　① 原文为 perishable good。(译者注)

能性似乎是明智的。

绩效价格不是私有化

城市可以在不进行私有化的情况下对路边停车收取绩效价格，也可以在不收取绩效价格的情况下对路边停车进行私有化。2008 年，芝加哥将停车咪表私有化，但没有将绩效价格作为私有化的一部分而错过了一次好机会。芝加哥对特许经营合同的主要目标不是管理路边停车，而是"最大限度地提高特许经营的预付款"。[12]

私有化前芝加哥的咪表收费可能太低了。2008 年，洛普①一小时仅收 3 美元，在 CBD 其他地区一小时只有 1 美元，城市其他地区一小时收费从 25 美分到 75 美分不等。2013 年，洛普的特许权合同规定咪表费率上限为每小时 6.5 美元，CBD 其他地区为每小时 4 美元，城市其他地区为每小时 2 美元。[13] 从 2014 到 2084 年，咪表费率只能按通货膨胀率增长。因此，芝加哥将停车咪表私有化而不采用合理的价格来管理系统。

芝加哥也未能获得尽可能高的预付款，因为将 2013 年后的咪表费率增长限制在通货膨胀率范围内，肯定限制了投标人为 75 年特许权支付费用的意愿。然而，即使有价格上限，安装 36,000 个停车位咪表的中标价仍为 11.6 亿美元。因此，每个停车位至少值 32,000 美元。

一个城市可以为私有化系统设定绩效目标，而不是为未来的咪表费率设定上限。例如，合同可以要求特许权所有人设定咪表费率，使每个街区每天至少有一定的小时数让路边停车占用率保持在 75％到 95％之间，并对未能达到占用率目标的情形支付罚款。如果专业运营商能够用比城市工作人员更高的效率和更低的成本管理绩效停车，那么具有适当绩效目标的私有化可能成为一个城市为路边停车合理定价的好方法。

就像在寒冷的夜晚烧掉家具取暖一样，变卖资产来支付日常开支是个坏主意。一些城市正在考虑更具远见的停车特许经营方式，即分享年度收入，而不是最大限度地提高预付款。与专业运营商达成绩效目标并与城市分享由此产生的收入，这样的特许经营权可以给城市带来两大好处：(1) 一个管理良好的停车系统，以及 (2) 一个持续不断的收入流。

递进的停车罚款

没有有效的执法，城市就无法成功地管理路边停车 (见第 430-432 页)。然而，执法是一个困难的政治问题，因为停车罚单会让司机对政府产生敌意。幸运的是，一些城市已经开发出一种执行停车法规的方法，而不会让大多数司机付出任何代价。对于大多数很少收到停车罚单的司机来说，适度的罚款产生一种足够的威慑

---

① 原文为 Loop。(译者注)

力。对于轻微违规行为，如超时停车，城市可以在一年内对首次违规行为发出警告，并附上一份说明规则的小册子。这些警告向市民表明增加收入不是执法的主要目标。

　　警告并不能有效地遏制屡次违规者，而屡次违规往往占所有违规行为很大一部分。以洛杉矶为例，2009 年收到罚单的所有车牌中，8% 的车牌在当年所有罚单中占 29%。在贝弗利山，5% 的车牌占了罚单的 24%。严重违法者还不仅局限于加州本地居民。在新罕布什尔州曼彻斯特，22% 的罚单来自 5% 的车牌；而在马尼托巴省温尼伯，14% 的车牌导致了 47% 的罚单。

　　对一些屡犯者开出罚单表明，一些司机将违章停车视为一种可以接受的赌博，或者仅仅是做生意的另一种成本。然而，如果城市将罚款提到足够高以震慑少数长期违规者，可能就会不公平地处罚更多偶尔违规的司机——这些司机常常由于粗心大意——而违法。

　　递进的罚款是阻止长期违规者的最好方法，同时又不会不公平地惩罚其他人。它对许多只有几张罚单的车主很宽容，但对少数有许多罚单的车主却是惩罚性的。以加利福尼亚州克莱蒙特为例，一个日历年[①]中超时停车的第一张罚单是 35 美元，第二张是 70 美元，第三张是 105 美元。对于非法使用残疾人专用车位的行为，第一张罚单是 325 美元，第二张是 650 美元，第三张是 975 美元。递进的停车罚款始于 2009 年，在 2008 到 2010 年间罚单总量下降了 22%。重复性违法的次数下降最多，被罚款次数较多的车牌下降幅度较大；例如，四次或四次以上违规车牌的罚款次数下降了 31%。

　　就在不久前，执法人员还无法了解一辆车之前收到过多少罚单。然而，现在执法者携带手持罚单书写设备，可以无线连接到城市罚单数据库。这些设备可以根据车牌之前的罚单数量自动为每一次违规开出适当的罚金。

　　如果一位司机因为同类违法行为收到许多罚单，那么他很可能是粗心、不走运，或是一个屡次违规的人，认为冒险吃罚单是一种合理的赌博。如果一张罚单的金额乘以收到罚单的概率小于支付咪表停车的价格，那么冒险吃罚单的诱惑很强烈 (见第 430-433 页)。屡次违规者可以做一个简单的成本效益计算——他们每违规 10 次收到一张罚单，但每张罚单上的金额相同。可见，递进的罚金可以减少连续违规的次数，而不会惩罚偶尔违规的人。因此，递进的罚款比统一费率的罚款更公平、更有效。

　　引入随时间变化的绩效定价需要各城市告知司机新系统并按新的法规执法。对轻微违法者实行事先警告政策[②]，可以礼貌地告知司机有关规定，减少政治上对执法的反对，而对长期违法者处以更高罚款，将有助于确保司机为停车付费。重

---

① 原文为 a calendar year。(译者注)

② 原文为 warnings-first policy。(译者注)

复性违法者会付出更多，而其他人付出更少。

为了更有效地实施递进停车罚款，城市还得确保司机支付收到的所有罚单，纽约已经启动一项试点计划，以降低司机无视罚单的可能性。对那些未付停车罚单累积超过 350 美元的汽车，纽约使用可自动松开的车轮制动装置使它们无法动弹。拨打免费电话并用信用卡支付罚款的司机将得到一个密码，允许他们解锁制动装置。接着，司机必须在规定时间内归还制动装置，否则将面临另一项处罚。如果这一试点方案有效，司机将得到强的激励按绩效停车价格付费，而不是冒险吃一张罚单。

人人要停车，人人须付费

许多州规定，所有带残疾人标牌的汽车都可以在带咪表的路侧停车位上无限时免费停车。[14] 让残疾人无障碍停车的目标值得称赞，但将残疾人标牌视为免费停车通行证，鼓励了那些只想无限时免费停车的无残疾司机的广泛滥用。如果许多司机拿着标牌在咪表上不付任何费用，那么绩效价格就不能有效地管理停车位。

2010 年在洛杉矶市中心一个街区进行的调查显示，滥用残疾人标牌有可能阻碍绩效停车计划。该街区有 14 个停车咪表，大部分停车位都被贴着残疾标牌的汽车占用。一天 5 个小时里，14 个车位都被贴着标牌的汽车占据。咪表收费标准是每小时 4 美元，但平均一小时只挣到 32 美分。用标牌免费停车的汽车每天消耗 477 美元的咪表时间，相当于这个街区潜在咪表收入的 81%。如果这些观察结果代表了典型的一天，那么带标牌的汽车导致每年每个咪表损失约 8,900 美元，而该街区 14 个咪表损失为 125,000 美元。[15]

因为更高的收费标准会增加滥用标牌的经济回报，更多的咪表停车位可能会被带标牌的汽车占据。更高的咪表费率也会降低没有标牌的司机在咪表处停车的意愿。因此，绩效价格可能会产生一个不想要的结果：更多滥用标牌的人占据路边车位，更少司机为停车付费。越来越多的标牌滥用甚至会减少真正有残疾的人可使用的路边停车位。如果滥用标牌的人赶走了付费停车者和合法的标牌使用者，那么价格将无法正常管理路边停车位。

几乎每个人都见过挂着残疾人标牌的昂贵汽车，也见过敏捷的人从车里跳出来 (见第 431-434 页)。残疾并不意味着穷困潦倒，标牌也不能保证残疾。如果一个州免除了所有贴着标牌的汽车按咪表付费，那么城市如何采取绩效定价计划，并为残疾人保留停车位？弗吉尼亚州采用一项明智的政策解决这个问题。弗吉尼亚州免除张贴残疾人标牌的车辆按咪表付费，但也允许城市在合理告知需要付费的情况下取消此项豁免。[16] 1998 年，弗吉尼亚州阿灵顿选择取消标牌的豁免，在每根咪表杆上张贴"人人要停车，人人须付费"的告示 (见图 AF-1)。因为在街区的尽头停车和驶出比较容易，阿灵顿为挂有残疾人标牌的汽车保留了一些这样的尽头车位。其目的是为残疾人提供便利的停车位，而不是提供折扣方案以区别对待残疾人和其他人并招致大量误用。城市可以为残疾人标牌持有者保留最方便使用的咪表车位，但方便使用并不意味着免费。

图 AF-1　在阿灵顿人人须付费停车

图片来源：Frank Shoup

　　弗吉尼亚州亚历山大市正在考虑一项类似的退出政策，"作为一项更广泛战略的一部分，以妥善管理街头停车，并减少残疾人许可证持有人滥用许可证的可能性。"[17] 考虑到这项法令的出台，2010 年，亚历山大市警察局对标牌的使用进行了研究：

　　　　在夏季，警方将全市各地点带有残疾人标牌或车牌的停泊车辆置于监视之下。当停车人回到车辆上，警察在停靠车辆中检查车上的人是否为由法律授权、持有标牌或车牌的颁发人。警方表示，所检查 90% 的标牌和车牌均是非法使用。这是一次劳动强度大的执法过程。也有传闻说在法律上很容易获得残疾人标牌，这可能导致滥用残疾人停车特权。[18]

　　看起来使用残疾人标牌停车是一个几乎不受道德约束的地带，任何与标牌相关的政策都应考虑被误用的可能性。北卡罗来纳州罗利市首创了一项设计独特的政策，使其停车咪表能够为残疾人提供服务，而不会对误用行为产生经济刺激。罗利市允许带残疾人标牌的汽车在咪表前无限时停车，但司机们必须为使用的时间付费。[19] 标牌使用者按下咪表上的按钮，允许他们为超出规定限制的时间付费。

执法人员随后可以检查使用这一特权的汽车是否张贴标牌。城市可以通过取消所有汽车的时间限制，为残疾人提供同样的可达性，而不需要为标牌用户提供特殊技术。

如果残疾人必须按咪表付费，那么他们靠近或离开咪表的行动困难可能是一个障碍，尤其对于那些付款和售票的咪表。如果下雨或下雪，这种障碍会更大。为了解决这一问题，城市可以为标牌持有者提供使用车内咪表或手机支付的选项（见第 352-356 页）。提供这些选项可以避免一些反对的声音，向标牌使用者收取路边停车费会给残疾人带来障碍，因为支付方式本身就是一个障碍。[20]

结束标牌使用者免费停车将带来新的收入，可以用于支付惠及所有残疾人的服务，而不仅仅是戴着标牌开车出行的人。例如，如果一个城市提议停止对有标牌的汽车实行免费停车，它可以估计目前因使用标牌而损失的咪表总收入，并承诺将部分或全部新咪表收入用于支付为所有残疾人提供的特殊交通服务。[21]

亚历山大市的数据说明了残疾人社区如何从一项所有人-必须-付费政策①受益。警方调查发现，标牌误用在标牌豁免收费所损失的收入中占 90%。亚历山大市还估计，所有人-必须-付费政策每年将增加 133,000 美元的新咪表收入。[22]如果标牌误用行为占损失收入的 90%，这相当于误用者获得原本应给残疾人的 119,700 美元补贴，而残疾人仅获得 13,300 美元。

作为合法的标牌使用者，那些居住在亚历山大市的残疾人并没有获得所有 13,300 美元补贴。一项对亚历山大市咪表处停车并使用标牌的汽车牌照的调查发现，只有 21% 的汽车来自弗吉尼亚州（见表 AF-1）。69% 来自马里兰州，8% 来自哥伦比亚特区，2% 来自其他州。[23] 因此，带标牌的汽车中至少有 79% 不是来自亚历山大市本地，其中许多可能是由上班族驾驶的，他们使用标牌在工作场所免费停车。居民合法用户只得到了城市免费停车收费标准的 2.1% 的补贴（21%×10%），即 2,793 美元。如果亚历山大市采取所有人-必须-付费政策，新的咪表收入将比残疾居民现在得到的停车补贴多 50 倍左右。[24]

表 AF-1　对残疾人标牌可免除咪表收费，造成亚历山大市咪表收入损失

咪表收入损失	100%	$133,000
标牌误用者	90%	$119,700
合法标牌用户	10%	$13,300
外州车牌	79%	$105,070
州内车牌	21%	$27,930
非本地居民误用者	71%	$94,563
本地居民误用者	19%	$25,137
非本地居民合法用户	8%	$10,507
本地居民合法用户	2%	$2,793

① 原文为 all-must-pay policy。（译者注）

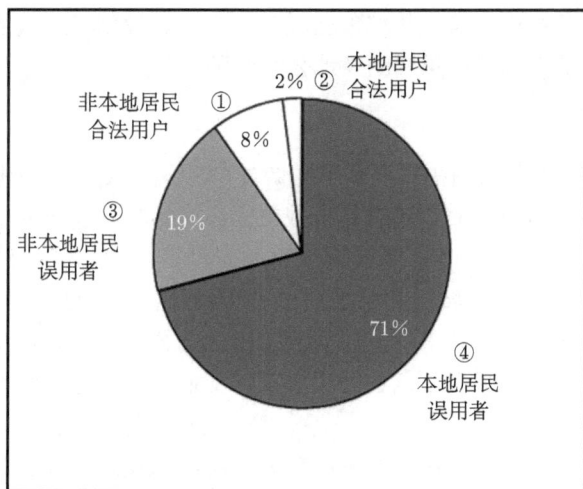

这些来自亚历山大市的调查数据并非基于随机抽样，它们也无法预测如果亚历山大市或其他城市在停车咪表处向标牌用户收费会发生什么。然而，数据确实表明，采用所有人-必须-付费政策可以防止滥用标牌，并为残疾人社区的新服务提供资金。使用这些资金为每个残疾人提供服务，似乎比浪费大量资金为滥用标牌的人提供免费停车要公平得多。很容易理解为什么亚历山大市正在考虑是否采用阿灵顿的政策，而不是其他方式。

除了增加财政收入为残疾市民提供服务融资外，所有人-必须-付费政策还可以消除因使用假的残疾人标牌作为免费停车凭证而滋生的腐败文化。城市让这种腐败变得如此容易，如此有利可图，而且很少受到惩罚，从而滋长了这种腐败行为的发生。

最后，路边停车位在合理收费之前，永远不被恰当地使用。如果城市停止将残疾人标牌作为免费停车凭证，并采用绩效价格管理路边停车，这些做法将更加有效。25

2. 返回停车收入用于当地公共服务

路边停车的绩效价格在理论和实践上都有意义，但在政治上很难推销。用营销术语来说，为停车付费是一种"怨恨购买"①——消费者不想购买的东西，比如在发生事故后修车。对一些人来说，对路边停车收取市场价格的想法是一种思想犯罪②。毕竟，司机已经为道路纳过税了，为什么还要为街道上停车付出更多呢？

① 原文为 a grudge purchase。(译者注)
② 原文为 a thought crime，意为思想犯罪，即被认为社会不接受或构成犯罪的想法或观点。(译者注)

没有人愿意为停车买单，但一些城市已经为停车咪表找到了强大的政治支持，他们把咪表收入用于支付居民想要的当地公共服务。

返还收入的城市

第 16 章介绍了在加利福尼亚州，帕萨迪纳和圣迭戈如何将停车咪表收入的部分或全部返还给其来源地。还有几个城市已经开始将咪表收入返还给设置咪表地区。得克萨斯州奥斯汀市将停车咪表收入支付得州大学旁的停车受益区，用于支付改善人行道、路缘坡道和行道树的费用。[26] 加利福尼亚州的雷德伍德和文图拉返还所有咪表收入，增加安装咪表街道上的公共服务。在华盛顿特区的绩效停车示范区，75%的咪表收入返还用于支付交通改善，包括照明、长椅和自行车架。

俄勒冈州尤金市率先采用一种独特的方式将收入返还给社区。俄勒冈大学打算建造一个 2.27 亿美元的新篮球竞技场，但是附近费尔蒙特社区居民担心，篮球场上的活动会吸引司机，他们会在比赛期间占据所有的路内停车位。但是，居民也不想通过支付许可区的费用来解决新竞技场带来的问题。

2010 年，尤金市政府和俄勒冈大学合作，在竞技场附近建立了一个活动停车区①（见图 AF-2）。[27] 该大学每年可在该区出售 500 个活动日停车许可证，最多可在竞技场举办 22 场活动。在传统的许可区，居民要为他们的许可证付费，而居民在活动许可区的每处房产可免费获得两个住宅许可证，他们可以按市场价格购买额外的许可证。该大学在比赛日向持票人收取许可区内活动停车费 8 至 10 美元，并将收入全部用于支付城市管理许可区的费用。如果大学没有从出售活动停车许可证中获得足够的收入，它将使用自有资金向城市支付差额。活动期间停车罚款加倍，以确保规制生效。

活动停车区为每个人创造了巨大的利益。大学不必建造一栋昂贵的停车楼，避免了比赛日停车拥挤，即使建了停车楼，一年中大部分时间也会使用不足。邻近的社区变为居住许可区，而没有给居民增加成本。尤金市获得了管理该地区所必需的资金。

尤金市活动停车区显示了住宅区和附近交通的产生者之间可能的共生关系。商业开发项目几乎没有现场停车位，但增加了一种附近社区可售卖给外来者的需求：路边停车位。其他城市也对居住许可区的外来停车者收费（见第 17 章，尤其是第 397-410 页）。一些土地利用模式会导致停车需求出现短期、急剧和罕见的高峰，尤金市项目展示了对这类土地利用有益的政策。

---

① 原文为 Event Parking District。（译者注）

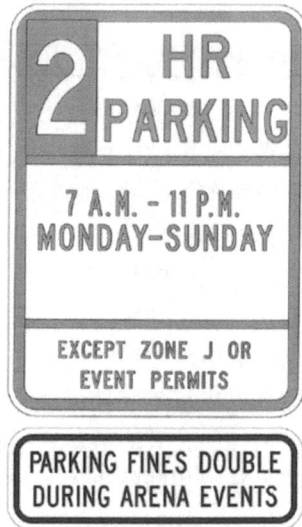

图 AF-2　尤金市活动停车区，停车罚款翻倍标志

图片来源：俄勒冈尤金市

停车增量融资

如果一个城市把咪表收入全部放入普通基金①，那么提议将这笔钱返回给咪表所在地区就会遇到政治上的困难，因为一旦放入普通基金，这些地区将失去咪表收入。城市可以采取两全其美的方式拥有这笔钱——继续为普通基金提供资金，同时指定它用于咪表所在地区——只返还城市开始收取绩效价格后咪表收入的增量部分 (即超过现有咪表收入的金额)。这种安排可以称为停车增量融资② (见第469-470 页)。当商业区采用绩效停车项目时，可以获得咪表收入的增量部分。更多的咪表、更高的费率和更长的运行时间为新增公共服务提供资金。增加的收入为商业领袖提供来自当地的激励，以支持绩效停车项目。

2008 年，圣路易斯对市中心商业改善区大中心艺术区③实施停车增量融资措施。如果咪表收入超过 2008 年基准收入，大中心将获得新增咪表收入的 75%。[28]大中心为安装任何新设备支付费用，并执行停车规定。新增收入可以用来支付人行道维修，增加安保、额外的照明和街景改善。

城市和大中心都受益于停车增量融资。圣路易斯收到本应获得的咪表收入，加上改进停车管理产生的 25% 的增量收入。大中心获得 75% 的增量收入，以及更有效地利用路边停车带来的收益。

① 原文为 general fund，也译为一般基金、不指定用途的资金、综合性基金等。(译者注)

② 原文为 parking increment finance。(译者注)

③ 原文为 Grand Center Arts District。(译者注)

停车联邦主义

由于一些地区对路边停车的需求远远高于其他地区，如果城市将所有停车咪表收入返还给赚取收入的地区，不平等现象就会出现。如果高收入地区对路边停车的需求更高，富裕地区将获得比贫困地区更多的收入。城市能做些什么来避免这种不平等，同时保持采用绩效停车价格的激励？

例如，假设一个城市每个咪表平均每年产生 1,500 美元收入 (每天 4.10 美元)，但富人区的收入为 2,000 美元，穷人区的收入仅为每年 1,000 美元。位于富裕社区的繁荣商业区收到的咪表钱是在贫穷社区苦苦挣扎的商业区的两倍，这看起来不太公平，尽管两个社区的咪表费率均被调整为达到 85% 的占用率。

在这种情况下，该市可能会提出每年应按每个咪表 1,000 美元返还给每个采用绩效定价的社区，用于支付增加的公共服务。这笔收入将有力地激励人们采用绩效定价，每个地区按每个咪表获得相同的收入，城市普通基金将获得总收入的三分之一。如果绩效停车价格增加的咪表收入平均每年超过 1,500 美元，普通基金收到的总收入甚至超过三分之一。而且，如果普通基金的支出平均分布在整个城市，绩效停车项目将把钱从富裕地区转向贫穷地区。

每年每个咪表返还 1,000 美元，用于支付每个咪表所在地区增加的公共服务，这里只是举了一个例子，但大多数联邦和州的交通基金都是通过类似的公式，比如人均拨款分配给地方政府。分摊咪表收入的公式将是一个城市与其社区之间的社会契约：城市对路边停车收取绩效价格，按咪表计费的地区获得更好的公共服务。如果分享收入的公式是公平的，那么绩效停车政策也将是公平的。

这种停车联邦制[①]在商业区和住宅区都适用。人口最密集的居民区对路边停车有很高的需求，城市可以每年拍卖居民的停车许可证 (可能是在 eBay 上)，并将收入按许可证所在的社区进行分摊 (见第 17 章)。每个街区可以投票决定是否采用许可停车，而选择绩效价格的街区将获得额外的公共服务，它由一部分增量停车收入资助。每个街区大部分路边停车位可以为居民预留，还有一些停车位采用绩效定价的咪表，供访客使用。在人口最密集的居民区，只有一小部分居民可以在街上停车，比如在纽约和旧金山，从来没有这么多的行人会因为这么少的司机付费而得到这么多的福利。

无返还收入的绩效定价

如果城市能够承诺至少将一部分收入用于咪表所在地区的公共服务，绩效定价将更受欢迎。然而，纽约、旧金山和西雅图的项目显示，即使不返还任何收入，城市也可以照样收取绩效价格。但是，旧金山有点不同寻常，因为旧金山市交通

---

① 原文为 system of parking federalism。(译者注)

局 (SFMTA)①是一个半自治机构，负责运营公交系统和路内停车，并使用咪表收入补贴公共交通。SFMTA 还负责整个城市的地面交通网络，由于巡游会造成交通拥堵、公共交通减速，并危及骑车人和行人的安全，因此 SFMTA 希望减少巡游。即使咪表收入消失在该市的普通基金中，SFMTA 仍希望路边停车能够设定合理的价格，但将咪表收入指定给 SFMTA，肯定会增加其对绩效停车的兴趣。

给停车位放假

把咪表收入放入普通基金让城市对停车收费漫不经心。例如，很多城市在圣诞节期间将停车咪表打包遮盖起来，并在需求高峰为每个人提供免费停车，以此作为市长和市议会的节日礼物 (见第 6 页)。以 2010 年华盛顿贝灵厄姆市项目为例：

> 今年，该市将在圣诞节前的两周内提供全天免费停车服务……为了帮助购物者将车停在离商业区较近之处并保持车位可用，该市要求人们仍然遵守咪表的时间限制。鼓励那些计划在市区停留两个小时以上的购物者将车停在立体停车场②一楼。[29]

目前尚不清楚免费路边停车如何"保持车位可用"，或者"要求人们仍然遵守咪表的时间限制"是否会说服许多开车人遵从。贝灵厄姆市给咪表放假，很可能将公共资金转给了那些整天停在咪表车位上的上班族，这意味着在城市以往获得咪表收入之处，市中心商店的雇员可以免费停车，而更少的车位会留给顾客。虽然这种给咪表放假的做法初衷很好，但却在一年中最繁忙的时候造成路边停车不足，增加了寻找路边停车位所需的时间，使交通拥堵更加严重。如果城市想在圣诞节期间慷慨大方，它可能会在咪表上张贴告示，上面写着"12 月 15 至 25 日期间，所有停车咪表收入将捐赠给城市无家可归者，用于购买食物和提供住处"。一些购物者可能会喜欢这种做法，并在市中心为停车付费时感到满意。如果城市在圣诞节期间制定绩效价格而不是给咪表放假，那么就可以防止停车位短缺，有助于那些依赖路边停车的商家，并产生大量收入来帮助无家可归者。

在圣诞节给咪表放假不是这里的关键问题。关键是要用停车收入向每个人展示，按绩效定价的停车咪表可以为世界带来一些好处。每年有 50 个星期可以将咪表收入贡献出来，为咪表所在的地区提供公共服务，并在圣诞节为无家可归者提供两个星期的援助，这样可以增加对绩效停车价格的政治支持。相比之下，如果只想要在圣诞节免费停车，就显得很自私了。

---

① 原文为 San Francisco Municipal Transportation Agency, 简称 SFMTA。(译者注)

② 原文为 Parkade。(译者注)

如果咪表收入被明智地使用，每个人都可以从绩效定价的路边停车中获益。减少交通拥堵、节约能源和空气清洁都是重要的收益，但这些收益在城市中广泛分布。这些广泛的利益可能不会促使居民在自己的社区提出绩效停车的要求。然而，如果城市返还收入，为社区提供有形的公共服务改善，如果人人都知道这些改善的费用来自咪表收入，经验表明，绩效价格可以成为政治上的成功。绩效价格之所以受欢迎，是因为收入用于为每个人都能看到的公共设施买单，而不是因为它们改善了交通。城市可以因改善交通和环境而获得赞誉，但是公共服务的增加——更清洁、更安全的社区——可能会为绩效停车价格创造最大的政治支持。

3. 取消最低停车位标准

停车位对于汽车出行是必不可少的，就像空气中的氧气对于生命一样。因此，大多数人似乎认为停车标准是城市规划一个必不可少的要素。另一方面，没有人想在停车之前看到路外停车场。大多数城市通过要求充足的停车位来解决目标之间的冲突——汽车停放与良好环境的冲突。一些城市通过取消或改革停车标准，正朝着为人们提供更好的环境努力。设置合适的路边停车价格比要求提供适当的路外停车位更容易实现这些目标。

评估停车标准的经济负担

最近一项大规模的经济计量研究发现，最低停车位标准显著增加了城市停车位数量。Bowman Cutter、Sofia Franco 和 Autumn DeWoody 采用洛杉矶县 9,279 处非住宅物业数据，调查停车标准是否会迫使停车位供应增加。

他们采用两种方法回答这个问题。首先，他们将办公楼的停车位数量与停车标准进行比较。他们发现，这些建筑平均只提供了城市要求数量的 97%，这表明大多数开发商仅按标准提供停车位的数量。[30]

其次，他们利用建筑物的销售价格数据，将停车位的边际成本与建筑物价值的增长进行比较。对于所有非住宅样本，新增一个停车位增加的建筑成本比增加的建筑价值多出 75,000 美元。[31] 对于服务零售业，比如停车标准较高的餐馆，新增一个停车位增加的建筑成本比增加的建筑价值多出 14,700 美元。[32] 因此，最低停车位标准迫使开发商提供亏损的停车位，从而给开发带来沉重的经济负担。实际上，最低停车位标准是对建筑面积征税，以补贴停车。

纽约最近的一项研究还发现，大多数开发商只建造分区法规要求的最低数量停车位。Simon McDonnell、Josiah Madar 和 Vicki Been 对皇后区 38 个大型住宅项目进行研究，并将建筑物中实际停车位的数量与该市的停车标准做了比较。他们发现 47% 的建筑的停车位数量与最低停车位标准持平，另有 11% 的建筑的停车位数量低于最低停车标准。仅在 13% 的建筑中，停车供应超过最低标准 25%。他们得出结论，城市停车标准可能迫使大多数开发商要么提供更多的停车位，要么提供比市场期望更少的住房单元。

路边停车位变身露天咖啡馆

一些城市最近发现，路边停车位对于户外咖啡馆来说更有价值，但不是用于储存汽车。加利福尼亚州芒廷维尤成为首批允许户外咖啡馆占据停车道的城市之一，而且项目变得广受欢迎。[33] 2010 年，纽约和旧金山开始允许类似的咖啡店出现在路边停车位上。[34]

芒廷维尤对路边停车位上的咖啡店给出详尽的设计指南 (见图 AF-3)。[35] 一家餐馆如果想扩大到停车道，必须获得一年的营业执照，并向城市支付每年每个停车位 600 美元的费用。城市发展审查委员会①必须按照路边咖啡店指南对咖啡店的选址、布局和设计进行审批。

将路边停车位改造成户外咖啡馆，颠覆了传统的规划标准。如果餐馆想把桌子放在人行道上，大多数城市要求提供额外的路外停车位。取而代之的是，芒廷维尤允许餐馆使用路边停车位进行户外就餐，而无需提供任何额外的路外停车位。如果城市也为剩余的路边停车位设定绩效价格，那么停车道上的咖啡馆就不会造成停车位短缺。这一安排可以为城市创造可观的新收入，因为它根据收据向咖啡馆收取消费税。

图 AF-3　芒廷维尤将路边停车位改造成户外咖啡店

图片来源：芒廷维尤

停车位上的户外咖啡馆将雇佣更多的人，缴纳更多的税，给街道带来的活力远远超过一辆停着的汽车。在冬季，当户外就餐不可行时，停车位上的咖啡馆可

① 原文为 The city's Development Review Committee。(译者注)

以很快改造回停车位，这也许就是纽约称之为"弹出式咖啡馆"①的原因。纽约第一家弹出式咖啡馆的设计师说，"从概念到实际上街实施，仅仅用了不到一个月的时间。我们的想法是，这是暂时的，或者至少是季节性的，我们希望餐馆有足够的时间来使用它。"36 纽约交通局局长珍妮特·桑迪可汗②说，"像这样的发明有助于我们的街道成为目的地，并改善成千上万在曼哈顿下城生活、工作和娱乐的人的生活质量。"37 巴黎和罗马等欧洲城市也采取了将人行道咖啡馆延伸到路边车道的政策。

如果城市允许路边停车位上的户外咖啡馆，就无需要求新就餐区提供路外停车位。由于户外咖啡馆只在温暖的月份营业，尤其在寒冷的气候下，需要为临时餐桌提供路外停车位，这将使户外就餐的费用高得让人望而却步 (见第 133-135 页)。城市可以将街道上的停车位改造成户外咖啡馆，而不是要求户外就餐提供路外停车位。

阻止偷猎行为③

如果城市取消对路外停车的要求，那么现在大多数建筑提供免费停车的地方就会出现问题。一些司机在访问一栋不提供免费停车位的新建筑时，可能会试图到附近其他建筑的免费停车场中偷偷泊车。这种偷猎问题是反对取消路外停车标准的一个理由。大多数拥有免费停车场的业主并不想看守自家的停车场，也不想赶走那些不是他们客户的司机。阻止未经授权的人在免费停车场停车听起来像是一个巨大的麻烦。最低停车位标准似乎是合理的，因为它们避免了偷猎问题，但一些城市的业主已经找到一种方法来防止偷猎，并从自家的停车场产生收入：他们与私人运营商签订合同，将他们的停车场作为付费公共停车场进行管理，并将由此产生的收入分成。

对于商家来说，将免费私人停车场转换为付费公共停车场，最简单的方法是设置多车位咪表，并准许达到最低购买额度的顾客验证停车，向非客户收取停车费 (见图 AF-4)。38 商家必须对停车收费和准许范围进行实验，以优化停车场的使用，但顾客将继续免费停车，这样过去对所有人免费的停车场开始获得收入。

类似的做法是，在商店 (或银行、教堂或其他用地类型) 营业期间为客户预留停车位，并在其他业务产生停车需求时，雇佣私人运营商把停车场作为付费停车场进行管理。这种安排从空置的土地上产生收入，并为附近的商业增加停车供给。

---

① 原文为 pop-up cafe。(译者注)

② 珍妮特·桑迪可汗 (Janette Sadik-Khan)，也译作珍妮特·萨迪-汗，她是全世界最权威的交通和城市改造专家之一。在美国第 106 任纽约市长戴维·丁金斯执政期间 (1990~1993) 于纽约交通局工作，并担任市长交通顾问。2007 年到 2013 年，纽约市市长迈克尔·布隆伯格任职期间，她担任纽约交通专员，负责纽约街道的重大改造。她将时代广场百老汇打造成非机动车通行区域，建设了长达 400 英里的自行车道，建造了 60 多个城市广场。著有《抢街：大城市的重生之路》(宋平，徐可，译，北京：电子工业出版社，2018)。(译者注)

③ 原文为 Preventing Poaching。(译者注)

　　另一种将免费私人停车位转变为付费公共停车位的方法是，商家可以与城市签订协议，在私人停车场安装咪表并执行停车规定，分享收益。[39] 商家仍然可以决定收多少停车费以及是否对顾客的收费进行验证，就像私人运营商管理停车场一样。许多城市已经在这样管理路外公共停车场，将这项服务在合同基础上扩展到之前免费的私人停车场，这将建立一种新的公私合作关系，使双方都受益。

　　免费停车和付费停车一个最大的区别是，因为司机需要如此之多的停车位，免费停车的成本要高得多，代价昂贵。如果城市取消路外停车标准，大型免费停车场可以变为小型付费停车场，释放出更多宝贵的土地用于加密开发。市场将从汽车那里收回土地，人们将取代停车场在城市中的地位。

图 AF-4　圣迭戈将顾客停车场转变为收费停车场

图片来源：Donald C. Shoup

太阳能停车场标准

　　太阳能电池板已经在阳光下找到一个新用途——安装在商业和工业建筑周围大型停车场的遮阳棚上，为停放的汽车提供遮阳。在富含沥青的城市里，停车场有着巨大的太阳能潜力，因为这种太阳能电池板可以在夏天的下午最大限度地提高发电量，而此时的电力是最有价值的。例如，谷歌在停车场安装了"太阳能树"，以满足总部 30% 的电力需求。

　　太阳能停车场可以缓解大型开发项目带来的高峰时段电力需求的大幅增长。然而，很少有开发商在停车场上方安装太阳能遮阳棚。城市该如何提高停车场的发电量？

　　一个解决方案是城市将太阳能纳入大型开发项目的停车标准中。城市对所要求停车场的特征做了很多规定，如停车位大小和景观美化。城市也可以要求一部分停车位采用太阳能电池板覆盖，以满足大型新建筑增加的高峰时段电力需求。

在停车场要求使用太阳能的法律依据与要求停车场本身的法律依据相似。如果开发项目在高峰时段增加了对稀缺能源的需求，那么对其停车场加装太阳能的要求将有助于满足高峰时段需求。如果一项新开发项目装有大型空调，在炎热的夏天显著增加了社区电力故障的风险，那么要求开发商补偿这项风险似乎是合理的。

城市可以修订分区条例，要求大型新建筑的停车场使用太阳能发电。与其要求在特定数量的停车位上安装太阳能电池板，城市可以要求每个停车位有一个太阳能发电容量，这样给开发商一定的自由，让他们以最经济高效的方式来满足标准。如果开发商不愿意在停车场安装所要求的太阳能容量，可以选择将其安装在屋顶或缴纳代赎金，城市可以将这笔费用在其他地方安装同等的太阳能容量，如学校或其他公共建筑。

很难说太阳能电池会破坏停车场的外观，因为大多数停车场已经很难看了。太阳能装置甚至可以改善停车场的外观。它们还可以帮助减少与建造发电厂和输电线路相关的邻避 (NIMBY) 问题[①]，这些输电线路需要将电力输送到消耗电力的地方 (见图 AF-5)。

图 AF-5　洛杉矶太阳能停车场

图片来源：Donald C. Shoup

联邦政府和许多州政府为太阳能电池板提供了慷慨的补贴，因此开发商在执行太阳能停车场标准时不必支付全部成本。由于大型建筑的停车场通常很大，且太阳能的接入通道畅通无阻，因此太阳能电池板可以利用建筑的规模经济优势，并捕获所有可用的太阳光。相比之下，只有少数住房具有合适的屋顶、畅通无阻的太阳能接入通道以及支撑太阳能电池板的建筑结构。因此，相比居民使用的太阳

---

① 原文为 NIMBY problems，NIMBY 一词是 Not In My Back Yard 的缩写。(译者注)

能，太阳能停车场每一美元的政府补贴能产生更多的能源。

太阳能停车场除了具有经济优势外，在自然灾害或恐怖袭击等紧急情况下，还将成为分散的备用电源。它能减少对电网能源的需求，还将减少发电厂排放的烟雾和酸雨。太阳能停车场还可以帮助电力企业满足各州的标准，从可再生能源中获得一定比例的能源。[40]

停车场的太阳能电池板将在安装几周后开始发电并带来收入，这比许多其他电源 (如核电站) 的启动时间要短得多，而核电站建设需要数年时间。分布在城市各处的太阳能停车场也可以在用电地点发电，减少电网的输电损耗，有助于防止输电线路过载造成的停电。在阳光充足的日子里空调需求达到高峰，此时太阳能电池板产生的电力最多，因此太阳能电池板可以在最关键的时刻降低传统发电厂的负荷。

只要对分区法规的停车标准稍作修改，城市可以迈向一条未来可再生能源利用之路。

其他改革

第 9 章和第 10 章介绍了最低停车位标准的渐进式改革，例如让开发商选择支付代赎金，而不是提供配建停车位。许多后续的渐进式改革已经出现，并显示出希望。

更少的用地类型采用单独的停车标准。某些用地类型如餐馆的停车标准很高，实际上阻碍了老建筑的利用，因为它们缺少配建停车位。当加州雷德伍德城对路边停车采用绩效价格后，还将市中心有停车标准的用地类型数量减少到只有三种：住宅区、酒店区和商业区。[41] 因为所有商业用途目前都采用相同的停车标准，任何商业建筑都可以在不增加停车位的情况下改作新用途。因此，对新餐馆的投资大增。雷德伍德城直到最近还被嘲笑为"枯木城"①，它有免费的路边停车场，但很少有顾客光顾其历史悠久的市中心。现在，由于安装了绩效定价停车咪表以及所有商业用地均采用相同的停车标准，市中心已成为一个受欢迎的餐饮目的地。

解绑停车标准。一些城市要求住宅建筑的业主将停车与住宅分开定价 (见第 20 章)。科罗拉多州博尔德的法规就是一个例子：

> 在含有十个或十个以上住宅单元的新建筑结构中，或在非住宅建筑改建为十个或十个以上住宅单元的新结构中，附属于住宅用途的所有路外停车位，应在住宅单元的使用寿命内从住宅单元的租赁或购买费用中分离出来，单独出租或出售，这样潜在的租户或买家可以选择

---

① 原文为 Deadwood City。雷德伍德城 (Redwood City)，也可译为红木城、红木市，Deadwood City 是对 Redwood City 的戏谑说法。(译者注)

　　租用或购买住宅单元，价格低于同时搭售住宅单元和停车位、只有单
一价格的情形。[42]

因此，拥有更少汽车的居民将支付更少的住房费用。

　　华盛顿贝尔维尤市要求市中心部分建筑的停车场价格和办公用房价格进行分
类，并要求每月停车的最低价格不低于一张交通卡费用。[43]

　　自行车停放标准。许多城市现在要求开发商按照与汽车停车场相同的标准提
供自行车停车位，比如餐馆每 2,000 平方英尺建筑面积提供一个自行车停车位。
自行车停车标准旨在促进骑车，这当然意味着停车标准促进开车出行。

　　城市在自行车停放标准上可以走得更远，允许开发商用自行车停车位代替所
要求的汽车停车位。俄勒冈州格兰茨帕斯允许开发商用可停放两辆自行车的停车
位代替一个所要求的汽车停车位，四个或更多的自行车停车位代替两个所要求的
汽车停车位。[44] 如果开发商希望提供停车位的数量低于标准，他们会发现自行车
停车位是一个很有吸引力的选择。

结　　论

　　最低停车位标准增加了路外停车位的供给，却没有考虑成本和后果。它们代
表一条用沥青和混凝土来解决停车问题的艰难路径。相比之下，路边停车的绩效
价格通过更好的管理来解决停车问题，是另一条可供替代的软性路径。[45] 如果城
市调整路边停车价格，针对每个街区留出一或两个空车位，利用由此产生的收入
改善咪表所在街道的公共服务，这条软性路径可以极大地改善城市生活。

　　本文和前言介绍的许多大大小小的改革表明，规划师和政治家们开始认识到
最低停车位标准给城市和社会带来了许多严重问题。所有要求的停车位都是出于
好意而铺设，但结果却是停车场带来了困扰。

　　城市问题往往只有在发现解决方案之后才能广泛识别出来，而现在有了绩效
停车价格，就更容易认识到由于要求提供过多的停车位而造成的种种问题。最低
停车标准最大限度地提高了每个人拥有汽车和开车去任何地方的可能性。它们确
实提供了我们想要的免费停车，但为了得到它，我们也放弃了很多。正像小理查
德①曾经唱到的，"他得到了想要的，但也失去了所拥有的。"

---

　　① 小理查德 (Richard Wayne Penniman，1932～2020)，出生于美国佐治亚州梅肯市，美国摇滚歌手、作
曲家。1951 年，首次以小理查德 (Little Richard) 的艺名亮相舞台，获得了极大的成功。小理查德是摇滚乐的奠
基人之一，极具魅力的表演技巧和充满活力的音乐影响了无数摇滚艺人。(译者注)

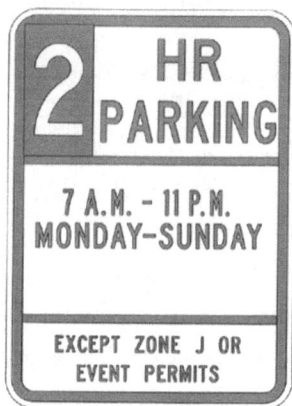

后记注释

1. "2008 年绩效停车试验区法案"。网址可见：
http://ddot.dc.gov/DC/DDOT/On+Your+Street/Traffic+Management/
Parking/Performance+Based+Parking+ Pilots。

2. 区域交通部 (District Department of Transportation，2009，7)。网址可见：
http://ddot.dc.gov/DC/DDOT/On+Your+Street/Traffic+Management/
Parking/Performance+Based+Parking+Pilots。

3. "PARK 智慧格林威治村试点项目——结果"。网址可见：
www.nyc.gov/html/ dot/html/motorist/parksmart.shtml。

4. "Park Slope 项目，更新时间 2010 年 6 月 17 日"。网址可见：
www.nyc.gov/html/dot/ html/motorist/parksmart.shtml。

5. San Buenaventura 市政法规，第 16.225.010 节。

6. San Buenaventura 市政法规，第 16.225.050 节。

7. Ventura 项目说明可参见：www.cityofventura.net/pw/transportation/
parking。

8. 西雅图市议会绿皮书 11-3-A，2010 年 9 月 12 日，第 1 页；楷体字来自
原文。

9. 一个典型的街区背面有八个路边停车位，一个空位对应的占用率约为 85%
。第 310-311 页对街区背面平均有八个路边停车位进行了测算。因为有些街区很
短，仅有少数几个车位，而有些街区很长，车位很多，所以每个街区都有一到两
个空位的目标不能严格适用。

10. 西雅图市议会绿皮书 11-3-A，2010 年 9 月 12 日，第 2 页。

11. 每 100 个车位的占用率从 85% 上升到 95%，停泊汽车的数量仅增加 10
辆，即 12%(10÷85)，而将空置车位从 15 个减少到了 5 个，即下降 67%(10÷15)。

12. 芝加哥 (2009，12-13)。

13. Ibid.，14-15。

14. 例如，《加利福尼亚州车辆法规》第 22511.5 节规定，"残疾人或残疾退伍军人可以在任何咪表车位停车，而无需按咪表显示的金额付费。"

15. Williams(2010，xiv-xv)。有人看见，几名带着残疾标牌的司机在他们的汽车和邻近商店之间搬运重物。

16.《弗吉尼亚州法规》第 46.2-1245 节。

17. 亚历山大市 (Alexandria)，2010。城市经理人备忘录，2010 年 11 月 10 日，第 1 页。网址可见：http://dockets.alexandriava.gov/fy11/111310ph/di14.pdf。

18. Ibid.，第 2 页。

19. Dash(2011)。北卡罗来纳州要求城市为残疾人提供无时间限制的停车位，但并不要求停车必须免费。

20. 阿灵顿在 1998 年采取所有人-必须-付费政策时，提供了使用车内计价器支付停车费的选择。

21. 一种让停车改革在政治上可接受的方法，是取消带残疾人标牌的车辆免费停车，并将收入返还用于支付残疾人社区的服务，这种政策类似于在咪表街区返还收入支付公共服务的政策。

22. 亚历山大市 (Alexandria)，2010。城市经理人备忘录，2010 年 11 月 10 日，第 4 页。网址可见 http://dockets.alexandriava.gov/fy11/111310ph/di14.pdf。

23. 亚历山大市 (Alexandria)，2010。城市经理人备忘录，2010 年 11 月 10 日，第 7 页。网址可见 http://dockets.alexandriava.gov/fy11/111310ph/di14.pdf。

24. 目前大部分的停车补贴都给了住在城外的标牌滥用者。如果至少 79% 使用标牌的司机来自城市以外，而且其中 90% 是标牌滥用者，那么城市每年至少损失 94,600 美元咪表收入，用于补贴不住在城市里的标牌滥用者 (133,000 美元 ×90%×79%)。

25. 残疾标牌可以免除咪表收费，Manville 和 Williams(2010) 分析了取消这一政策的公平和效率问题。

26. 奥斯汀停车收益区的描述可见 www.ci.austin.tx.us/parkingdistrict/default.htm。

27. 尤金市 (Eugene) 停车服务，活动停车区信息。网址可见 www.eparkeugene.com。

28. 如果全市范围内的停车费率上涨，基准线将向上调整。

29.《贝灵罕先驱报》(*Bellingham Herald*)，2010 年 12 月 13 日。加州伯克利也有类似的项目，伯克利市中心协会很高兴地通知会员们："无需付费，也没有时间限制！记住，这是给顾客的礼物。请告诉你的员工，把这个停车位留给顾客。"伯克利的城市经理估计，在咪表假日中，城市每天将损失 20,000 美元到 50,000 美元咪表和罚单收入 (Klein，2010)。如果伯克利市利用咪表收入支付市区新增公共服务的费用，那么商家们可能不会那么漫不经心地推荐这样一个咪表假日。

30. 一些开发商可能得到豁免，他们提供的停车位数量少于要求的数量，这可能有助于解释为什么这些建筑的平均停车位数量仅为要求数量的 97%。

31. Cutter、Franco 和 DeWoody (2010) 表 7 显示，对所有建筑物，每平方英尺停车用地的边际成本超过了所调查的建筑价值边际增长，达每平方英尺 21.43 美元。他们假设，每个地面停车位平均为 350 平方英尺的土地，那么新增停车位增加的建筑成本比其所增加的建筑价值多 7,500 美元 (21.43 美元 ×350 = 7,500 美元)。如果一位开发商需要为一栋建筑提供 100 个停车位，那么加上最后一个所要求的停车位 (从 99 个到 100 个) 时，项目总价值减少 7,500 美元。

32. Cutter、Franco 和 DeWoody (2010) 表 7 显示，对于服务零售业建筑而言，每平方英尺停车用地的边际成本超过了所调查的建筑价值边际增长达 42.02 美元。因此，新增停车位增加的建筑成本超过其所增加的建筑价值达 14,707 美元 (42.02 美元 ×350 = 14,707 美元)。

33. 芒廷维尤 (Mountain View)，市区人行道咖啡店标准。网址可见：www.ci.mtnview.ca.us/civica/filebank/blobdload.asp?BlobID=2487。

34. Klayko (2010) 和 Thoi (2010)。

35. 例如，必须放置花盆箱或熟铁围栏，以便从视觉上界定和保护咖啡店区域；种植者必须始终有活的绿植和花卉；桌子和椅子在任何时候都不能堆放在外面，也不能固定在路灯、树木或其他街道家具上。图 AF-3 是一个路边停车位上的咖啡店图片，取自芒廷维尤的设计指南。

36. Thoi (2010, 2)。

37. Thoi (2010, 2)。纽约市对弹出式咖啡馆的规定参见：www.nyc.gov/html/dot/html/sidewalks/popupcafe.shtml。

38. 将顾客的免费停车改为公众的付费停车，在英国已成为一种普遍做法。"ASDA 停车计划旨在缓解拥堵"，《贝尔法斯特电讯报》，2009 年 11 月 12 日。

39. 由于城市可以在其管理的咪表前向违规者开出罚单，而私人运营商不能，因此城市可能比私人运营商更容易对私人停车场实施监管。

40. 例如，加州可再生能源组合标准规定，到 2017 年将可再生能源在该州电力组合中的比例提高到 20%。

41. 雷德伍德城 (Redwood City) 市政法规第 30.2 条。该法规的另一个特点是共享停车位奖励：任何共享停车位都算作满足最低标准的两个停车位。

42. 《博尔德市政法规》第 9-9-6(1) 节。旧金山也有类似的一个解绑要求。

43. 《贝尔维尤市法规》第 14.60.080(B)(1)(c) 节要求："在此类租赁中 (在

建筑物所有者和承租人之间) 将停车成本确定为单独项目，并且每月长期停车的最低费率不低于当前地铁两个区域月票的费用。"

44. 《格兰茨帕斯 (Grants Pass) 开发法规》第 25.065 条。

45. Amory Lovins (1976) 用"硬"和"软"来描述能源生产的两条未来道路。硬路径依赖于建造更多的煤电厂和核电厂来增加电力供应，而软路径则依赖于更有效地利用可再生资源生产的电力。

参 考 文 献

Abrahams, Marc. 2000. "Nobel Thoughts—Horst Störmer." *Annals of Improbable Research (AIR)* 6, no. 2 (March/April).

Adams, Gerald. 2003. "What Makes Alan Jacobs Work?" *Planning* 69, no. 11 (December): 22-27.

Adiv, Aaron, and Wenzhi Wang. 1987. "On Street Parking Meter Behavior." *Transportation Quarterly* 41, no. 3 (July): 281-307.

Adler, Moshe. 1985. "Street Parking: the Case for Communal Property." *Logistics and Transportation Review* 21, no. 4: 375-387.

Alchian, Armen, and Harold Demsetz. 1973. "The Property Right Paradigm." *Journal of Economic History* 33, no. 1: 16-27.

Albanese, Brett, and Glenn Matlack. 1998. "Environmental Auditing: Utilization of Parking Lots in Hattiesburg, Mississippi, USA, and Impacts on Local Streams." *Environmental Management* 24, no. 2: 265-271.

Alexander, Christopher, Sara Ishikawa, and Murray Silverstein. 1977. *A Pattern Language.* New York: Oxford University Press.

Allmendinger, Philip, Alan Prior, and Jeremy Raemaekers, eds. 2000. *Introduction to Planning Practice.* New York: Wiley.

Al-Masaeid, Hashem, Bashar Al-Omari, and Ahmad Al-Harahsheh. 1999. "Vehicle Parking Demand for Different Land Uses in Jordan." *ITE Journal* 69, no. 5(May): 79-84.

Alonso, William. 1964. *Location and Land Use.* Cambridge, Mass.: Harvard University Press.

Altshuler, Alan, and José Gómez-Ibáñez. 1993. *Regulation for Revenue.* Washington, D.C.: Brookings Institution Press.

American Public Transit Association. 1997. *1997 Transit Fact Book.* Washington, D.C.: American Public Transit Association.

Amis, Kingsley. 1958. *Lucky Jim.* New York: Viking Press.

Andelson, Robert. 1979. "Neo-Georgism." In *Critics of Henry George*, edited by Robert Andelson. London: Associated University Presses, pp. 381-393.

Andelson, Robert, and Mason Gaffney. 1979. "Seligman and His Critique from Social Utility." In *Critics of Henry George*, edited by Robert Andelson. London: Associated University Presses, pp. 273-290.

Anderson, Larz. 1995. *Guidelines for Preparing Urban Plans*. Chicago: Planners Press.

Andrews, James. 2000. "Don't Park Here." *Planning* 66, no. 10 (October): 20-23.

Apogee Research. 1994. *The Costs of Transportation: Final Report*. Boston: Conservation Law Foundation.

Arnott, Richard, Andre de Palma, and Robin Lindsey. 1991. "A Temporal and Spatial Equilibrium Analysis of Commuter Parking." *Journal of Public Economics* 45: 301-335.

Arnott, Richard, T. Rave, and Ronnie Schöb. Forthcoming. "Some Downtown Parking Arithmetic." In *Alleviating Urban Traffic Congestion*. Cambridge, Mass.: MIT Press.

Arnott, Richard, and John Rowse. 1999. "Modeling Parking." *Journal of Urban Economics* 45: 97-124.

Arnott, Richard, and Joseph Stiglitz. 1979. "Aggregate Land Rents, Expenditure on Public Goods, and Optimal City Size." *Quarterly Journal of Economics* 93, no. 4 (November): 471-500.

Arroyo Group. 1978. *A Plan for Old Pasadena*. Pasadena, Calif.: City of Pasadena.

Austin, Terence. 1973. "Allocation of Parking Demand in a CBD." *Highway Research Record* no. 444: 1-8.

Axhausen, Kay, and John Polak. 1991. "Choice of Parking: Stated Preference Approach." *Transportation* 18, no. 1: 59-81.

Babcock, Richard. 1966. *The Zoning Game*. Madison, Wisc.: University of Wisconsin Press.

Babcock, Richard, and Charles Siemon. 1985. *The Zoning Game Revisited*. Boston: Oelgeschlager, Gunn & Hain.

Bacon, Robert. 1993. "A Model of Travelling to Shop with Congestion Costs." *Journal of Transport Economics and Policy* 27, no. 3 (September): 277-289.

Baker, Laurence. 1987. "Company Cars:Their Effects on Journey to Work in Central London." *Traffic Engineering and Control* 28, no. 10 (October): 530-536.

Balchin, Paul, David Isaac, and Jean Chen. 2000. *Urban Economics*. New York: Palgrave.

Banham, Reyner, Paul Barker, Peter Hall, and Cedric Price. 1969. "Non-Plan: An Experiment in Freedom." *New Society*, March, pp. 435-433. Reprinted in Jonathan

Hughes and Simon Sadler eds. 2000. *Non-Plan: Essays on Freedom, Participation and Change in Modern Architecture and Urbanism*, Oxford: Architectural Press.

Barnett, Jonathan. 2003. *Redesigning Cities: Principles, Practice, Implementation.* Chicago: Planners Press.

Barrett, Paul. 1983. *The Automobile and Urban Transit.* Philadelphia: Temple University Press.

Barry, Keith. 2010. "City Parking Smartens Up with Streetline." *Wired*, November 29.

Barter, Paul. 2010. "Parking Policy in Asian Cities." Asian Development Bank, November. Available at www.reinventingparking.org/2010/11/parking-policy-in-asian-citiesreport. html.

Barton Aschman Associates Inc. 1986. *Los Angeles Central Business District Employee Travel Baseline Survey, Final Report.* Los Angeles: Los Angeles Community Redevelopment Agency.

Bassett, Edward. 1926. "A New Kind of Garage." *City Planning* 2, no. 1: 64.

Basu, Pritwish, and Thomas Little. 2002. "Networked Parking Spaces: Architecture and Applications." *Proceedings of the 56th IEEE Vehicular Technology Conference.* Vol. 2. Piscataway, N.J.: IEEE Service Center, pp. 1153-1157.

Baum, Lyman Frank. 1903. *The Wizard of Oz.* Indianapolis: Bobbs-Merrill.

————. 1910. *The Emerald City of Oz.* Chicago: Reilly & Lee Co.

Bayliss, David. 1999. "Parking Policies and Traffic Restraint in London." In *Parking Policy.* Brussels: UITP Documentation Centre, pp. 27-31.

Becker, Gary. 1993. "Nobel Lecture: The Economic Way of Looking at Behavior." *The Journal of Political Economy* 101, no.3: 385-409.

Beckmann, Martin. 1968. *Location Theory.* New York: Random House.

Beebe, Richard. 2000. "Automated Parking Structures." In *The Dimensions of Parking.* 4th ed. Washington, D.C.: Urban Land Institute, pp. 39-42.

Behdad, Hamid. 2006. "Adaptive Reuse Program." Los Angeles: Mayor's Office of Housing and Economic Development, City of Los Angeles, February. Available at www.ci.la.ca.us/LAHD/AROHandbook.pdf.

Berg, John. 2003. "Listening to the Public: Assessing Public Opinion about Value Pricing." Working Paper #1, Hubert H. Humphrey Institute of Public Affairs.

Berg, Phil. 2003. *Ultimate Garages.* St. Paul, Minn.: Motorbooks International.

Bertha, Brian. 1964. "Appendix A." In *The Low-Rise Speculative Apartment*, by Wallace Smith. Berkeley: Center for Real Estate and Urban Economics, Institute of Urban and Regional Development, University of California.

Bifulco, Gennaro. 1993. "A Stochastic User Equilibrium Assignment Model for the Evaluation of Parking Policies." *European Journal of Operational Research* 71, no. 2: 269-287.

Bird, Richard. 1991. "Tax Structure and the Growth of Government." In *Retrospectives on Public Finance*, edited by Lorraine Eden. Durham, N.C.: Duke University Press, pp. 263-275.

———. 1997. "User Charges: An Old Idea Revisited." In *Tax Conversations: A Guide to the Key Issues in the Tax Reform Debate, Essays in Honour of John G. Head*, edited by Richard Krever. London: Kluwer Law International, pp. 513-546.

Birnie, Arthur. 1939. *Single-Tax George*. London: Thomas Nelson and Sons.

Bish, Robert, and Hugh Nourse. 1975. *Urban Economics and Policy Analysis*. New York: McGraw-Hill.

Black, Ian, Kevin Cullinane, and Chris Wright. 1993. "Parking Enforcement Policy Assessment Using an Economic Approach, Part 1: Theoretical Background and the Development of an Economic Model." *Transportation Planning and Technology* 17: 249-257.

Blake, John. 1999. "Car Parking Bombshell." *Town and Country Planning* 68, no. 2 (February): 46-47.

Blaug, Mark, ed. 1992. *Henry George (1839–1897)*. London: Edward Elgar. Boarnet, Marlon, and Randall Crane. 2001. *Travel by Design: The Influence of UrbanForm on Travel*. New York: Oxford University Press.

Bolton, Roger. 1985. "Three Mysteries about Henry George." In *Henry George and Contemporary Economic Development*, edited by Stephen Lewis. Williamstown, Mass.: Williams College, pp. 7-24.

Boorstin, Daniel. 1962. *The Image; or What Happened to the American Dream*. New York: Atheneum. Boston Transportation Department. 2001. *Parking in Boston*. [Accessed October 28, 2004]. Available at www.cityofboston.gov/accessBoston/pdfs/parking.pdf.

Bottles, Scott. 1987. *Los Angeles and the Automobile*. Berkeley: University of California Press.

Box, Paul. 1970. "The Curb Parking Effect." *Traffic Digest & Review*, pp. 6-10.

Bradley, John. 1996. "Toward a Common Parking Policy: A Cross-Jurisdictional Matrix Comparison of Municipal Off Street Parking Regulations in Metropolitan Dade County, Florida." *Transportation Research Record* 1564: 40-45.

Branch, Melville. 1985. *Comprehensive City Planning: Introduction and Explanation.* Chicago: Planners Press.

Brett, Simon. 1985. "Parking Space." In *A Box of Tricks.* London: Victor Gollancz Ltd.

Brierly, John. 1972. *Parking of Motor Vehicles.* 2nd ed. London: Applied Science Publishers.

Brilliant, Ashleigh. 1989. *The Great Car Craze.* Santa Barbara, Calif.: Woodbridge Press.

Brinkley, David. 1988. *Washington Goes to War.* New York: Alfred A. Knopf.

Brinkman, Lester. 1948. "Offstreet Parking." *Journal of the American Institute of Planners* 14, no. 4 (Fall): 26-27.

Brooks, David. 2002. "Patio Man and the Sprawl People." *The Weekly Standard 007*, no. 46: 19-29.

Brooks, Michael. 2002. *Planning Theory for Practitioners.* Chicago: Planners Press.

Brown, George, Richard McKellar, and Heidi Lansdell. 2004. "A Regional Parking Strategy for Perth." Paper presented at the World Parking Symposium, Toronto, Canada, May.

Brown, Jeffrey, Daniel Hess, and Donald Shoup. 2001. "Unlimited Access." *Transportation* 28, no. 3 (August): 233-267.

————. 2003. "Fare-Free Public Transit at Universities: An Evaluation." *Journal of Planning Education and Research* 23, no. 1 (fall): 69-82.

Brown, Leon. 1937. "Effective Control by Parking Meters." *American City*, August, 53-54.

Brown, S. A., and Thomas A. Lambe. 1972. "Parking Prices in the Central Business District." *Socio-Economic Planning Sciences* 6: 133-144.

Bruun, Eric, and Vukan Vuchic. 1995. "Time-Area Concept: Development, Meaning, and Applications." *Transportation Research Record* 1499: 95-104.

Bryson, John, and Robert Einsweiler. 1988. *Strategic Planning: Threats and Opportunities for Planners.* Chicago: Planners Press.

Buckley, Drummond. 1992. "A Garage in the House." In *The Car and the City*, edited by Martin Wachs and Margaret Crawford. Ann Arbor, Mich.: The University of Michigan Press, pp. 124-140.

Buel, Ronald. 1973. *Dead End.* Baltimore, Md.: Penguin Books.

Bunnell, Gene. 2002. *Making Places Special,* Stories of Real Places Made Better by Planning. Chicago: Planners Press.

Buttke, Carl, and Eugene Arnold. 2003. "Discussion." *Journal Transportation and Statistics* 6, no. 1: 13-14.

Button, Kenneth. 1977. *The Economics of Urban Transport.* Westmead, England: Saxon House.

Caldwell, Bruce. 1997. "Hayek and Socialism." *Journal of Economic Literature* 35. no. 4 (December): 1856-1890.

California Department of Transportation. 2002. *Statewide Transit-Oriented Development (TOD) Study, Parking and TOD: Challenges and Opportunities.* Sacramento: California Air Resources Board.

California Governor's Office of Planning and Research. 1997. *A Planner's Guide to Financing Public Improvements.* [Accessed October 28, 2004]. Available at http://ceres.ca.gov/planning/financing/index.html#contents_anchor.

Calthorpe, Peter. 1993. *The Next American Metropolis.* New York: Princeton Architectural Press.

Calthrop, Edward, and Steff Proost. 2003. "Environmental Pricing in Transport." In *Handbook of Transport and the Environment,* edited by David Hensher and Kenneth Button. Amsterdam: Elsevier.

Calthrop, Edward, Steff Proost, and Kurt Van Dender. 2000. "Parking Policies and Road Pricing." *Urban Studies* 37, no. 1: 63-76.

Cameron, Michael. 1991. *Transportation Efficiency: Tackling Southern California's Air Pollution and Congestion.* Los Angeles: Environmental Defense Fund.

———. 1994. *Efficiency and Fairness on the Road.* Oakland, Calif.: Environmental Defense Fund.

Campoli, Julie, Elizabeth Humstone, and Alex MacLean. 2002. *Above and Beyond.* Chicago: Planners Press.

Casella, Sam. 1985. *Tax Increment Financing.* Planning Advisory Service Report No. 389. Chicago: American Planning Association.

Cassady, C. Richard, and John Kobza. 1998. "A Probabilistic Approach to Evaluate Strategies for Selecting a Parking Space." *Transportation Science* 32, no. 1 (February): 30-42.

Cassidy, John. 2000. "The Price Prophet." *The New Yorker*, February 7, 44-51.

Castells, Manuel. 1983. *The City and the Grassroots*. Berkeley: University of California Press.

Catanese, Anthony, and Alan Steiss. 1970. *Systematic Planning: Theory and Application*. Lexington, Mass.: Heath Lexington Books. Centre for Science and Environment. 2009.

"Choc-A-Block: Parking Measures to Address Mobility Crisis." New Delhi: Centre for Science and Environment. Available at www.cseindia.org/node/100.

Cervero, Robert. 1988. "America's Suburban Centers: A Study of the Land Use Transportation Link." Report No. DOT-T-88-14, U. S. Department of Transportation.

_____. 1996. "Paradigm Shift: From Automobility to Accessibility Planning." Working Paper 677, Institute of Urban and Regional Development, University of California, Berkeley.

_____. 1998. *The Transit Metropolis*. Washington, D.C.: Island Press.

Cervero, Robert, and Yu-Hsin Tsai. 2003. "San Francisco's City CarShare: Travel Demand Trends and Second-Year Impacts." Working Paper 2003-5, Institute of Urban and Regional Development, University of California, Berkeley.

Chapin, F. Stuart. 1957. *Urban Land Use Planning*. New York: Harper & Brothers.

_____. 1965. *Urban Land Use Planning*. 2nd ed. Urbana: University of Illinois Press.

Chapin, F. Stuart, and Edward Kaiser. 1979. *Urban Land Use Planning*, 3rd ed. Urbana: University of Illinois Press.

Cheshire, Paul, and Edwin Mills, eds. 1999. *Handbook of Regional and Urban Economics*, Vol. 3, Applied Urban Economics. Amsterdam: North-Holland.

Chicago Regional Transportation Authority. 1998. *Opportunity Costs of Municipal Parking Requirements*, Prepared by Fish & Associates, K.T. Analytics, and Vlecides-Schroeder Associates, Final Report, April.

Churchill, Anthony. 1972. *Road User Charges in Central America*. Baltimore, Md.: The Johns Hopkins University Press.

Ciriacy-Wantrup, Siegfried. 1952. *Resource Conservation: Economics and Policies*. Berkeley: University of California Press.

City of Chicago, Office of the Inspector General. 2009. "Report of the Inspector General's Findings and Recommendations: An Analysis of the Lease of the City's Parking Meters." Chicago: Office of the Inspector General, June 2. Available at www.chicagoinsp-ectorgeneral.org/pdf/IGO-CMPS-20090602.pdf.

Clark, Peter. 1993a. *An Assessment of the Likely Impact of Changes in Short Term Metered Parking Prices on Parkers in the Central City Area*. TP 608. Cape Town, South Africa: Town Planning Branch, Cape Town City Council.

————. 1993b. *Policies to Manage Parking in the Central City Area*. TP 608/PC. Cape Town, South Africa: Cape Town City Planning Department. Clinch, J. Peter, and J. Andrew Kelly. 2004a. "The Influence of Parking Pricing on the Profile of On-Street Parkers," presented at the Annual Meeting of the Transportation Research Board, January 2004, and forthcoming in the *Transportation Research Record*.

————. 2004b. "Testing the Sensitivity of Parking Behaviour and Modal Choice to the Price of On-Street Parking," presented at the Annual Meeting of the Transporta-tion Research Board, January 2004, and forthcoming in the *Transportation Research Record*.

————. 2004c. "Temporal Variance of Revealed Preference On-Street Parking Price Elasticity." Working Paper 04/2 , Environmental Studies Research Series(ESRS), Department of Environmentali Studies, University College Dublin.

Colliers International. 2003. "North America CBD Parking Rate Survey." *The Parking Professional*, September, 27-31.

Collins, Michael, and Timothy Pharoah. 1974. *Transport Organisation in a Great City, the Case of London*. London: George Allen & Unwin Ltd.

Cook, John, Roderick Diaz, Lee Klieman,Timothy Rood, and John Wu. 1997. "Parking Policies in Bay Area Jurisdictions: A Survey of Parking Requirements, their Method-ological Origins, and an Exploration of their Land Use Impacts." Research Paper for *City Planning* 217, Spring 1997, University of California, Berkeley.

Coombe, Denvil, Peter Guest, John Bates, Paul Masurier, and Colin Maclennan.1997. "Study of Parking and Traffic Demand, 1: The Research Programme." *Traffic Engi-neering and Control* 38, no. 2(February): 62-67.

Cord, Steven. 1965. *Henry George: Dreamer or Realist?* Philadelphia: University of Pennsylvania Press. Crawford, Clan. 1969. *Strategy and Tactics in Municipal Zoning*. Englewood Cliffs, N.J.: Prentice Hall.

Creighton, Roger. 1970. *Urban Transportation Planning*. Urbana: University of Illinois Press.

Cullinane, Kevin. 1993. "An Aggregate Dynamic Model of the Parking Compliance Decision." *International Journal of Transport Economics* 20, no. 1(February): 28-50.

Cullingworth, Barry, and Vincent Nadin. 2002. *Town and Country Planning in the UK.* 13th ed. London: Routledge.

Curtler, William. 1920. *The Enclosure and Redistribution of Our Land.* Oxford: Clarendon Press.

Cutter, Bowman, Sofia Franco, and Autumn DeWoody. 2010. "Do Minimum Parking Requirements Force Developers to Provide More Parking Than Privately Optimal?" Working Paper, Pomona College Department of Economics, August.

Dagan, Hanoch, and Michael Heller. 2001. "The Liberal Commons." *Yale Law Journal* 110, no. 4 (January): 549-623.

Dahlman, Carl. 1980. *The Open Field System and Beyond: A Property Rights Analysis of an Economic Institution.* Cambridge: Cambridge University Press.

Dales, J. H. 1968. *Pollution, Property, and Prices.* Toronto: University of Toronto Press.

Daniels, Thomas, John Keller, and Mark Lapping. 1995. *The Small Town Planning Handbook.* 2nd ed. Chicago: Planners Press.

Dardia, Michael. 1998. *Subsidizing Redevelopment in California.* [Accessed October 28, 2004]. Available at www.ppic.org/content/pubs/R_298MDR.pdf.

Dash, Gordon. 2011. "Enhancing Parking for the Disabled in Raleigh, NC." *The Parking Professional* 27, no. 1: 26-28.

Davis, Audrey, and Toby Appel. 1979. *Bloodletting Instruments in the National Museum of History and Technology.* Washington, D.C.: Smithsonian Institution Press.

Davis, Stacy, and Susan Diegel. 2002. *Transportation Energy Data Book: Edition 22.* Oak Ridge, Tenn.: Oak Ridge National Laboratory.

Day, Alan, and Ralph Turvey. 1954. "The Parking Problem in Central London: An Economic Appraisal." *Journal of the Institute of Transport* 25, no. 11 (July): 406-411.

Deakin, Elizabeth, and Greig Harvey. 1996. *Transportation Pricing Strategies for California: An Assessment of Congestion, Emission, Energy, and Equity Impacts.* Sacramento: California Air Resources Board.

De Alessi, Louis. 1983. "Property Rights, Transaction Costs, and X-Efficiency: An Essay in Economic Theory." *American Economic Review* 73, no. 1 (March): 64-81.

de Cerreño, Allison. 2002. "The Dynamics of On-Street Parking in Large Central Cities." New York: Rudin Center for Transportation Policy and Management, New York University, December.

DeCorla-Souza, Patrick, and Anthony Kane. 1992. "Peak Period Tolls: Precepts and Prospects." *Transportation* 19: 293-311.

Deering, Stephen, Tom Doan, Matthew Fleming, Margaret Hill, Scott Jacobs, and Lauren Larson. 1998. *Ann Arbor Parking Study*. [Accessed October 28, 2004]. Available at www.fordschool.umich.edu/academics/pdf/aps5.pdf.

de Jong, Gerald. 1997. "A Microeconomic Model of the Joint Decision on Car Ownership and Car Use." In *Understanding Travel Behaviour in an Era of Change*, edited by Peter Stopher and Martin Lee-Gosselin. Oxford: Pergamon, pp. 483-503.

Delucchi, Mark. 1997. "The Annualized Social Cost of Motor-Vehicle Use in the U.S., 1990-1991: Summary of Theory, Data, Methods, and Results." UCD-ITSRR-96-3 (1), Institute of Transportation Studies, University of California, Davis, June.

Delucchi, Mark, and James Murphy. 1998. "Motor-Vehicle Goods and Services Bundled in the Private Sector." UCDITS-RR-96-3 (6), Institute of Transportation Studies, University of California, Davis, December.

Demsetz, Harold. 1964. "The Exchange and Enforcement of Property Rights." *Journal of Law and Economics* 7 (October): 11-26.

_____. 1967. "Toward a Theory of Property Rights." *American Economic Review* 57, no. 2 (May): 347-359.

Denman, Donald, and Sylvio Prodano. 1972. *Land Use*. London: George Allen & Unwin Ltd.

Dewberry, Sidney, and Phillip Champagne. 2002. *Land Development Handbook: Planning, Engineering, and Surveying*. 2nd ed. New York: McGraw Hill.

DeWitt, John, Sacha Peterson, Barb Thoman, and David Van Hattum. 2003. *The Myth of Free Parking*. St. Paul, Minn.:Transit for Livable Communities.

Dickey, J. 1983. *Metropolitan Transportation Planning*. 2nd ed. New York: McGraw Hill Book Company.

Dickerson, Marla. 2004. "Mexico's Economy Is Vrooming." *Los Angeles Times*, December 26.

Dickson, Thomas. 1765. *A Treatise on Bloodiletting with an Introduction Recommending a Review on the Materia Medica*. London.

DiPasquale, Denise, and William Wheaton.1996. *Urban Economics and Real Estate Markets*. Englewood Cliffs, N.J.: Prentice Hall.

Dirickx, Yvo, and L. Peter Jennergren. 1975. "An Analysis of the Parking Situationi in the Downtown Area of West Berlin." *Transportation Research* 9: 1-11.

District Department of Transportation. 2009. "Ward 6 Ballpark District Performance Based Parking, December 2009 Report." Washington, D.C.: District Department of Transportation.

Donahue, John. 1997. "Tiebout? Or Not Tiebout? The Market Metaphor and America's Devolution Debate." *Journal of Economic Perspectives* 11, no. 4 (fall): 73-81.

Dorsett, John. 1998. "The Price Tag of Parking." *Urban Land*, May.

Dougherty, Conor. 2007. "The Parking Fix." *Wall Street Journal*, February 3.

Downs, Anthony. 1992. *Stuck in Traffic*. Washington, D.C.: The Brookings Institution and the Lincoln Institute of Land Policy.

Drake, Leonard. 1946. "Traffic Moves in Central Philadelphia." *American City* 61, no. 3 (March): 111-112.

Drèze, Jacques. 1995. "Forty Years of Public Economics: A Personal Perspective." *Journal of Economic Perspectives* 9, no. 2(spring): 111-130.

Dreyfuss, John. 1982. "Spring Street: On the Road to Respectability." *Los Angeles Times*, May 14.

Duany, Andres, Elizabeth Plater-Zyberk, and Jeff Speck. 2000. *Suburban Nation*. New York: North Point Press.

Dueker, Kenneth, James Strathman, and Martha Bianco. 1998. *Strategies to Attract Auto Users to Public Transportation*. [Accessed on October 28, 2004]. Available at http://gulliver.trb.org/publications/tcrp/tcrp_rpt_40.pdf.

Dunn, James. 1998. *Driving Forces: The Automobile, Its Enemies, and the Politics of Mobility*. Washington, D.C.: Brookings Institution Press.

Dunphy, Robert. 2000. "Parking Strategies." *Urban Land*, October.

————. 2003. "Big Foot." *Urban Land*, February.

Dunphy, Robert, Deborah Myerson, and Michael Pawlukiewicz. 2003. *Ten Principles for Successful Development around Transit*. Washington, D.C.: Urban Land Institute.

Eckert, Ross. 1979. *The Enclosure of Ocean Resources*. Stanford, Calif.: Hoover Institution Press.

El-Fadel, Mutasem, and Hayssam Sbayti. 2001. "Parking Facilities in Urban Areas: Air and Noise Impacts." *Journal of Urban Planning and Development* 127, no. 1 (March): 16-33.

Ellerman, A. Denny, Paul Joskow, Richard Schmalensee, Juan-Pablo Montero, and Elizabeth Bailey. 2000. *Markets for Clean Air: The U.S. Acid Rain Program.* Cambridge: Cambridge University Press.

Ellickson, Bryan. 1973. "A Generalization of the Pure Theory of Public Goods." *American Economic Review* 63, no. 3 (June): 417-432.

Ellickson, Robert. 1998. "New Institutions for Old Neighborhoods." *Duke Law Journal* 48, no. 1 (October): 75-110.

Elliott, J. R., and C. C. Wright. 1982. "The Collapse of Parking Enforcement in Large Towns: Some Causes and Solutions." *Traffic Engineering and Control,* June, 304-310.

Emerson, M. Jarvin. 1975. *Urban and Regional Economics.* Boston: Allyn and Bacon.

Eno Foundation. 1942. *The Parking Problem.* Saugatuck, Conn.: The Eno Foundation for Highway Traffic Control.

Epstein, Richard. 2001. "The Allocation of the Commons: Parking and Stopping on the Commons." [Accessed on October 28, 2004]. Available at www.law.uchicago.edu/faculty/epstein/resources/parking.pdf.

Evans, Alan. 1985. *Urban Economics.* Oxford: Basil Blackwell.

Fabian, Lawrence. 2003. "Making Cars Pay: Singapore's State-of-the-Art Congestion Management." *Transportation Planning* 33, no. 1 (winter): 1-10.

Fabos, Julius. 1985. *Land-Use Planning.* New York: Chapman and Hall.

Falcocchio, John, Jose Darsin, and Elena Prassas. 1995. "An Inquiry on the Traffic Congestion Impacts of Parking and Pricing Policies in the Manhattan CBD." New York City Department of Transportation Division of Parking, University Transportation Research Center, Region II, Polytechnic University of New York Transportation Training and Research Center. February.

Fan, Henry, and Soi Hoi Lam. 1997. "Parking Generation of Commercial Developments in Singapore." *Journal of Transportation Engineering* 123, no. 3 (May/June): 238-242.

Fang, Hanming, and Peter Norman. 2003. "To Bundle or Not To Bundle." Discussion Paper No. 1440, Cowles Foundation for Research in Economics at Yale University.

Feitelson, Eran, and Orit Rotem. 2004. "The Case for Taxing Surface Parking" *Transportation Research Part D: Transport and the Environment* 9, no. 4 (July): 319-333.

Ferling, John. 1988. *The First of Men, A Life of George Washington.* Knoxville, Tenn.:University of Tennessee Press.

Fielding, Gordon, and Daniel Klein. 1997. "Hot Lanes: Introducing Congestion Pricing One Lane at a Time." *Access* no.11: 11-15.

Fischel, William. 1985. *The Economics of Zoning Laws.* Baltimore, Md.: The Johns Hopkins University Press.

————. 2001a. *The Homevoter Hypothesis.* Cambridge, Mass.: Harvard University Press.

————. 2001b. "Municipal Corporations, Homeowners and the Benefit View of the Property Tax." In *Property Taxation and Local Government Finance,* edited by Wallace Oates. Cambridge, Mass.: Lincoln Institute of Land Policy, pp. 33-77.

Fischer, LeRoy. 1970. "Gerald A. Hale: Parking Meter Reminiscences." *The Chronicles of Oklahoma* 48, no. 3 (autumn): 341-352.

Fischer, LeRoy, and Robert Smith. 1969. "Oklahoma and the Parking Meter." *The Chronicles of Oklahoma* 47, no. 2(summer): 168-208.

Flink, James. 1970. *America Adopts the Automobile,* 1895-1910. Cambridge, Mass.: MIT Press.

————. 1976. *The Car Culture.* Cambridge, Mass.: MIT Press.

————. 1988. *The Automobile Age.* Cambridge, Mass.: MIT Press.

Flyvbjerg, Bent, Mette Holm, and Søren Buhl. 2002. "Underestimating Costs in Public Works Projects, Error or Lie?" *Journal of the American Planning Association* 68, no. 3: 279-295.

Fogelson, Robert. 2001. *Downtown: Its Rise and Fall, 1880-1950.* New Haven, Conn.:Yale University Press.

Foldvary, Fred. 1994. *Public Goods and Private Communities.* Aldershot, UK: Edward Elgar.

Ford, Kristina. 1990. *Planning Small Town America.* Chicago: Planners Press.

Ford, Larry. 1994. *Cities and Buildings.* Baltimore, Md.: The Johns Hopkins University Press.

————. 2000. *The Spaces Between Buildings.* Baltimore, Md.: The Johns Hopkins University Press.

————. 2003. *"America's New Downtowns: Revitalization or Reinvention?"* Baltimore, Md.: The Johns Hopkins University Press.

Forinash, Christopher, Adam Millard-Ball, Charlotte Dougherty, and Jeffrey Tumlin. 2004. "Smart Growth Alternatives to Minimum Parking Requirements." Paper presented at the annual meeting of the Transportation Research Board, Washington, D.C., January.

Frech, H. E., and William Lee. 1987. "The Welfare Cost of Rationing-by-Queuing across Markets: Theory and Estimates from the U.S. Gasoline Crises." *Quarterly Journal of Economics* 102, no. 1: 97-108.

Frenchman, Dennis. 2000. "Planning Shapes Urban Growth and Development." In *The Profession of City Planning: Changes, Images and Challenges, 1950-2000*, edited by Lloyd Rodwin and Bishwapriya Sanyal. New Brunswick, N.J.: Center for Urban Policy Research, Rutgers, pp. 27-30.

Fujita, Masahisa. 1989. *Urban Economic Theory*. Cambridge: Cambridge University Press.

Fujita, Masahisa, Paul Krugman, and Anthony Venables. 1999. *The Spatial Economy*. Cambridge, Mass.: MIT Press.

Fulton, Arthur, and David Weimer. 1980. "Regaining a Lost Policy Option: Neighborhood Parking Stickers in San Francisco." *Policy Analysis* 6, no. 3 (summer): 335-348.

Fulton, William. 1999. *Guide to California Planning*. 2nd ed. Point Arena, Calif.: Solano Press Books.

_____. 2001. *The Reluctant Metropolis*. Baltimore, Md.: Johns Hopkins Press.

Galbraith, John Kenneth. 1958. *The Affluent Society*. Boston: Houghton Mifflin.

Garreau, Joel. 1991. *Edge City*. New York: Anchor Books.

Gause, Donald, and Gerald Weinberg. 1989. *Exploring Requirements: Quality before Design*. New York: Dorset House.

Gebhard, David. 1992. "The Suburban House and the Automobile." In *The Car and the City*, edited by Martin Wachs and Margaret Crawford. Ann Arbor: University of Michigan Press, pp. 106-123.

George, Henry. 1879 [1938]. *Progress and Poverty, an Inquiry into the Cause of Industrial Depressions and of Increase of Want with Increase of Wealth; the Remedy*. New York: Modern Library.

_____. 1898. *The Science of Political Economy*. Reprinted in *The Legacy and Works of Henry George*. 2002. Cambridge, Mass.: Lincoln Institute of Land Policy.

Gillen, David, 1977a. "Estimation and Specification of the Effects of Parking Costs on Urban Transport Mode Choice." *Journal of Urban Economics* 4, no. 2 (April): 186-199.

———. 1977b. "Alternative Policy Variables to Influence Urban Transport Demand." *Canadian Journal of Economics* 10, no. 4 (November): 686-695.

———. 1978. "Parking Policy, Parking Location Decisions and the Distribution of Congestion." *Transportation* 7, no. 1: 69-85.

Gingerich, Owen. 1993. *The Eye of Heaven: Ptolemy, Copernicus, Kepler.* New York: American Institute Press.

Giuliano, Genevieve. 1992. "An Assessment of the Political Acceptability of Congestion Pricing." *Transportation* 19, no. 4: 335-358.

Glaeser, Edward, and Joseph Gyourko. 2003. "The Impact of Building Restrictions on Housing Affordability." *Economic Policy Review* 9, no. 2 (June): 21-39.

Glaeser, Edward, and Erzo Luttmer. 2003. "The Misallocation of Housing under Rent Control." *American Economic Review* 93, no. 4 (September): 1027-1046.

Glassborow, D. H. 1961. "Parking Charges and Parking Meters." *Westminster Bank Review*, November, 26-34.

Glazer, Amihai, and Esko Niskanen. 1992. "Parking Fees and Congestion." *Regional Science and Urban Economics* 22: 123-132.

Gómez-Ibáñez, José, and Gary Fauth. 1980. "Downtown Auto Restraint Policies." *Journal of Transport Economics and Policy* 14, no. 2 (May): 133-153.

Gómez-Ibáñez, José, William Tye, and Clifford Winston. 1999. *Essays in Transportation Economics and Policy, a Handbook in Honor of John R. Meyer.* Washington, D.C.: Brookings Institution Press.

Goodman, Nathan G., ed. 1945. *A Benjamin Franklin Reader.* New York: Thomas Y. Cromwell Company.

Goodwin, Philip. 1989. "The Rule of Three: A Possible Solution to the Political Problem of Competing Objectives for Road Pricing." *Traffic Engineering and Control* 30: 495-497.

———. 1995. "Road Pricing or Transportation Pricing." In *Road Pricing: Theory, Empirical Assessment and Policy*, edited by Börje Johansson and Lars-Göran Mattsson. Boston: Kluwer Academic Publishers.

_____. 1997. "Solving Congestion: Inaugural Lecture for the Professorship of Transport Policy, University College London." [Accessed October 28, 2004]. Available at www.cts.ucl.ac.uk/tsu/pbginau.htm.

_____. 2001. "Traffic Reduction." In *Handbook of Transport Systems and Traffic Control*, edited by Kenneth Button andDavid Hensher. Amsterdam: Pergamon, pp. 21-32.

Gordon, H. Scott. 1954. "The Economic Theory of a Common-Property Resource: the Fishery." *Journal of Political Economy* 62, no.2 (April): 124-142.

Gordon, Peter, and Harry Richardson. 2001. "Transportation and Land Use."In *Smarter Growth: Market-Based Strategies for Land Use Planning in the 21st Century*, edited by Randall Holcombe and Sam Staley. Westport, Conn.: Greenwood Press.

Gordon, Tracy. 2004. *Planned Developments in California: Private Communities and Public Life*. San Francisco: Public Policy Institute of California.

Goulard, Thomas. 1784. *A Treatise on the Effects and Various Preparations of Lead: Particularly of the Extract of Saturn, for Different Chirurgical Disorders*. London: Elmsley in the Strand.

Gould, Carol. 2003. "Parking: When Less is More." *Transportation Planning* 27, no. 1(winter): 3-11.

Government Institute for Economic Research (Finland). 2001. *Acceptability of Fiscal and Financial Measures and Organisational Requirements for Demand Management* (AFFORD). [Accessed October 28, 2004]. Available at http://data.vatt.fi/afford/reports/final-report2.pdf.

Gratz, Roberta, and Norman Mintz. 1998. *Cities Back from the Edge: New Life for Downtown*. New York: John Wiley & Sons.

Groth, Paul. 1990. "Parking Gardens." In *The Meaning of Gardens*, edited by Mark Francis and Randolph Hester. Cambridge, Mass.: MIT Press, pp. 130-137.

Groves, Martha. 2010. "L.A. Program Aims to Make Parking Easier." *Los Angeles Times*, August 22.

Gruen Associates. 1986. *Employment and Parking in Suburban Business Parks: A Pilot Study*. Washington, D.C.: Urban Land Institute.

Gruen, Victor. 1973. *Centers for the Urban Environment: Survival of the Cities*. New York: Van Nostrand Reinhold Co.

Gur, Yehuda, and Edward Beimborn. 1984. *Transportation Research Record* 957: 55-62.

Gutfreund, Owen. 2004. *Twentieth-Century Sprawl: Highways and the Reshaping of the American Landscape.* New York: Oxford University Press.

Haar, Charles. 1989. "Reflections on Euclid: Social Contract and Private Purpose. In *Zoning and the American Dream,* edited by Charles Haar and Jerold Kayden.Chicago: American Planning Association, pp. 333-354.

Haar, Charles, and Jerold Kayden, eds. 1989. *Zoning and the American Dream.* Chicago: Planners Press.

Hall, Peter. 1982. *Great Planning Disasters.* Berkeley and Los Angeles: University of California Press.

————. 2002. *Urban and Regional Planning.* London: Routledge.

Halperin, Lawrence. 1963. *Cities.* New York: Reinhold Publishing Corporation.

Hamond, M. Jeff, Stephen DeCanio, Peggy Duxbury, Alan Sanstad, and Christopher Stinson. 1997. *Tax Waste, Not Work: How Changing What We Tax Can Lead to a Stronger Economy and a Cleaner Environment.* Oakland, Calif.: Redefining Progress.

Hardin, Garrett. 1977. "The Tragedy of the Commons." In *Managing the Commons,* edited by Garrett Hardin and John Baden. San Francisco: W. H. Freeman and Company, pp. 16-30. First published in *Science* in 1968.

————. 1991. "The Tragedy of the *Unmanaged* Commons." In *Commons without Tragedy,* edited by Robert Andelson. London: Shepheard-Walwyn, pp. 165-182.

Hardwick, M. Jeffrey. 2004. *Mall Maker: Victor Gruen, Architect of an American Dream.* Philadelphia: University of Pennsylvania Press.

Harrington, Winston, Alan Krupnick, and Anna Alberini. 1998. "Overcoming Public Aversion to Congestion Pricing, Discussion Paper 98-27." [Accessed October 28, 2004]. Available at www.rff.org/Documents/RFF-DP-98-27.pdf.

Harriss, C. Lowell. 1972. "Property Taxation." In *Modern Fiscal Issues: Essays in Honor of Carl Shoup,* edited by Richard Bird and John Head. Toronto: University of Toronto Press, pp. 292-317.

Haskell, Douglas. 1937. "Architecture on Routes U. S. 40 and 66." *Architectural Record* 81, no. 5 (May): 15-22.

Haster, Amy, Donald Fisher, and John Collura. 2002. "Drivers' Parking Decisions: Advanced Parking Management Systems." *Journal of Transportation Engineering* 128, no. 1 (January/February): 49-57.

Haworth, Simon, and Ian Hilton. 1981. "Car Parking Standards in Development Control." *Traffic Engineering and Control* 23 (February): 86-88.

———. 1982. "Parking Elasticity—a Tool for Policy Implementation?" *Traffic Engineering and Control* 23 (July/August): 365-369.

Hayek, Friedrich. 1974. "The Pretence of Knowledge." [Accessed October 28, 2004]. Available at http://nobelprize.org/economics/laureates/1974/hayek-lecture.html.

Heilbrun, James. 1987. *Urban Economics and Public Policy.* 3rd ed. New York: St. Martin's Press.

Heller, Michael. 1998. "The Tragedy of the Anticommons: Property in the Transition from Marx to Markets." *Harvard Law Review* 111, no. 3 (January): 621-688.

Henderson, J. Vernon. 1985. *Economic Theory and the Cities.* Orlando, Fla.: Academic Press.

Henderson, William, and Larry Ledebur.1972. *Urban Economics.* New York: Wiley.

Hennessy-Fisk, Molly, and Tami Abdollah. 2007. "Shoppers Can Spend a Lot, Save a Little." *Los Angeles Times*, November 24.

Hensher, David. 2001. "Modal Diversion."In *Handbook of Transport Systems and Traffic Control*, edited by Kenneth Button and David Hensher. Amsterdam:Pergamon, pp. 107-123.

Hensher, David, and Jenny King. 2001. "Parking Demand and Responsiveness to Supply, Pricing and Location in the Sydney Central Business District." *Transportation Research Part A* 35: 177-196.

Henstell, Bruce. 1984. *Sunshine and Wealth.* San Francisco: Chronicle Books.

Hester, Amy, Donald Fisher, and John Collura. 2002. "Drivers' Parking Decisions: Advanced Parking Management Systems." *Journal of Transportation Engineering* 128, no. 1 (January/February): 49-57.

Higgins, Richard, William Shughart, and Robert Tollison. 1988. "Free Entry and Efficient Rent Seeking." In *The Political Economy of Rent-Seeking*, edited by Charles Rowley, Robert Tollison, and Gordon Tullock. Boston: Kluwer Academic Publishers.

Higgins, Thomas. 1985. "Flexible Parking Requirements for Office Developments: New Support for Public Parking and Ridesharing." *Transportation* 12: 343-359.

———. 1993. "Parking Requirements for Transit-Oriented Developments."Paper presented at the annual meeting of the Transportation Research Board, Washington, D.C.

Highway Research Board. 1955. *Parking Requirements in Zoning Ordinances. Bulletin 99.* Washington, D.C.: Highway Research Board.

Hirsch, Werner. 1973. *Urban Economic Analysis.* New York: McGraw-Hill.

————. 1984. *Urban Economics.* New York: Macmillan.

Hirschman, Albert. 1970. *Exit, Voice, and Loyalty: Responses to Decline in Firms, Organizations, and States.* Cambridge, Mass.: Harvard University Press.

Hoch, Charles, Linda Dalton, and Frank So, eds. 2000. *The Practice of Local Government Planning.* Washington, D.C.: International City/County Management Association.

Hogentogler, C. A., E. A. Willis, and J. A. Kelley. 1934. "Intangible Economics of Highway Transportation." In *Proceedings of the Thirteenth Annual Meeting of the Highway Research Board* (December 7-8, 1933). Washington, D.C.: Highway Research Board, pp. 189-205.

Holland, Daniel. 1970. *The Assessment of Land Value.* Madison, Wisc.: University of Wisconsin Press.

Hoover, Edgar. 1965. "Motor Metropolis: Some Observations on Urban Transportation in America." *Journal of Industrial Economics* 13, no. 3 (June): 177-192.

————. 1975. *An Introduction to Regional Economics.* 2nd ed. New York: Alfred A. Knopf.

Hormann, Nancy, and M. Bradley Segal.1998. "PBIDS: A Tool for Revitalizing Business Districts." *California Planner*, November/December, 3-7.

Houstoun, Lawrence. 1997. *BIDs: Business Improvement Districts.* Washington,D.C.: Urban Land Institute in cooperation with the International Downtown Association.

Howitt, Arnold. 1980. "Downtown Auto Restraint Policies: Adopting and Implementing Urban Transport Innovations." *Journal of Transport Economics and Policy* 14, no. 2: 155-167.

Hu, Patricia and Jennifer Young. 1999. *Summary of Travel Trends, 1995 Nationwide Personal Transportation Survey.* Report No. FHWA-PL-00-006. Washington, D.C.: United States Department of Transportation.

Huber, Matthew. 1962. "Street Travel as Related to Local Parking," In *Proceedings of the 41st Annual Meeting of the Highway Research Board.* Washington, D.C.: Highway Research Board, pp. 333-352.

Hultgren, Lee, and Kim Kawada. 1999. "San Diego's Interstate 15 High-Occupancy/Toll Lane Facility Using Value Pricing." *ITE Journal* 69, no. 6 (June): 22-27.

Institute of Transportation Engineers. 1985. *Parking Generation*. Washington, D.C.: Institute of Transportation Engineers.

_____. 1987a. *Parking Generation*. 2nd ed. Washington, D.C.: Institute of Transportation Engineers.

_____. 1987b. *Trip Generation*. 4th ed. Washington, D.C.: Institute of Transportation Engineers.

_____. 1991. *Trip Generation*. 5th ed. Washington, D.C.: Institute of Transportation Engineers.

_____. 1997. *Trip Generation*. 6th ed. Washington, D.C.: Institute of Transportation Engineers.

_____. 2000. *Residential Permit Parking Informational Report*. Washington, D.C.: Institute of Transportation Engineers.

_____. 2003. *Trip Generation*. 7th ed. Washington, D.C.: Institute of Transportation Engineers.

_____. 2004. *Parking Generation*. 3rd ed. Washington, D.C.: Institute of Transportation Engineers. Inwood, J. 1966. *Some Effects of Increased Parking Meter Charges in London*. Harmondsworth, U.K.: Road Research Laboratory.

Isard, Walter. 1956. *Location and the Space Economy*. Cambridge, Mass.: MIT Press.

_____. 1960. *Methods of Regional Analysis: an Introduction to Regional Science*. Cambridge, Mass.: MIT Press.

Isard, Walter, Iwan Azis, Matthew Drennan, Ronald Miller, Sidney Saltzman, and Erik Thorbecke. 1998. *Methods of Interregional and Regional Analysis*. Aldershot, U.K.: Ashgate.

Jackson, John. 1980. *The Necessity for Ruins*. Amherst, Mass.: University of Massachusetts Press.

Jacobs, Allan. 1993. *Great Streets*. Cambridge, Mass.: MIT Press.

Jacobs, Jane. 1961. *The Death and Life of Great American Cities*. New York: Random House.

_____. 1962. "Downtown Planning." Reprinted in *Ideas That Matter, the Worlds of Jane Jacobs*, edited by Max Allen. 1997. Owen Sound, Ontario: The Ginger Press, pp. 17-20.

_____. 1987. "Small Improvements." Reprinted in *Ideas That Matter, the Worlds of Jane Jacobs*, edited by Max Allen. 1997. Owen Sound, Ontario: The Ginger Press, p. 27.

James, P. D. 1972. *An Unsuitable Job for a Woman*. London: Faber and Faber.

Janis, Irving. 1982. *Groupthink: Psychological Studies of Policy Decisions and Fiascoes*. Boston: Houghton Mifflin.

Jia, Wenyu, and Martin Wachs. 1998. Parking and Affordable Housing." *Access* no. 13 (fall): 22-25.

Johnson, Craig, and Joyce Man. 2001. *Tax Increment Financing and Economic Development: Uses, Structures, and Impacts*. Albany, N.Y.: State University of New York Press.

Jones, Bernie. 1990. *Neighborhood Planning: A Guide for Citizens and Planners*. Chicago: Planners Press.

Kadesh, Eileen, and Jay Peterson. 1994. "Parking Utilization at Work Sites in King and South Snohomish Counties, Washington." *Transportation Research Record* 1459: 58-62.

Kaiser, Edward, David Godschalk, and F. Stuart Chapin. 1995. *Urban Land Use Planning*. 4th ed. Urbana: University of Illinois Press.

Kaku Associates. 1994. "Assessment of Future Parking Demand for the Broxton Triangle Development in Westwood Village." Prepared for the City of Los Angeles Department of Transportation, February.

Kanafani, Adib, and Lawrence Lan. 1988. "Development of Pricing Strategies for Airport Parking-A Case Study at San Francisco Airport." *International Journal of Transport Economics* 15, no. 1 (February) 55-76.

Karban, Richard. 1982. "Increased Reproductive Success at High Densities and Predator Satiation for Periodical Cicadas." *Ecology* 63, no. 2: 321-328.

Katz, Arnold, and Shelby Herman. 1997. "Improved Estimates of Fixed Reproducible Tangible Wealth, 1929-1995." *Survey of Current Business*, May, 69-92.

Kay, Jane Holtz. 1997. *Asphalt Nation*. New York: Crown Publishers.

Keefer, Louis. 1963. "Trucks at Rest." *Highway Research Record Number 41*. Presented at the 42nd Annual Meeting of the Highway Research Board, Washington, D.C., January 7-11.

Kelly, Ben. 1971. *The Pavers and the Paved*. New York: Donald W. Brown.

Kenworthy, Jeffrey, and Felix Laube. 1999. *An International Sourcebook of Automobile Dependence in Cities, 1960-1990*. Boulder: University Press of Colorado.

Khattak, Asad, and John Polak. 1993. "Effect of Parking Information on Travelers' Knowledge and Behavior." *Transportation* 20: 373-393.

Kimley-Horn and Associates. 2003. "Downtown Los Angeles Parking Study for Portions of the Historic Core and Adjacent Areas." Prepared for the Community Redevelopment Agency of the City of Los Angeles, September 19.

Kipling, Rudyard. 1909. *With the Night Mail, a Story of 2000 AD*. New York: Doubleday, Page & Company.

Klayko, Branden. 2010. "New York Expands Pop-Up Café Program in 2011." *The Architect's Newspaper*, November 30.

Klein, Eric. 2010. "Parking Holiday Approved for Christmas Shopping." *Berkeleyside*, December 8.

Klose, Dietrich. 1965. *Parkhäuser und Tiefgaragen* [Multi-story and Underground Garages]. Stuttgart: Verlag Gerd Hartje.

Kneafsey, James. 1975. *Transportation Economic Analysis*. Lexington, Mass.: D. C. Heath.

Kodransky, Michael, and Gabrielle Hermann. 2011. "Europe's Parking U-Turn: From Accommodation to Regulation."New York: Institute for Transportation and Development Policy. Available at www.itdp.org/documents/European_Parking_U-Turn.pdf.

Kolozsvari, Douglas. 2002. "Parking: The Way to Revitalization, A Case Study on Innovative Parking Practices in Old Pasadena." Masters thesis, University of California, Los Angeles.

Kolozsvari, Douglas, and Donald Shoup. 2003. "Turning Small Change into Big Changes." *Access* no. 23 (fall): 2-7.

Komanoff, Charles, and Michael Smith. 2000. "The Only Good Cyclist." [Accessed October 28, 2004]. Available at www.panix.com/%7Ejlefevre/cars-suck/research/cyclists .pdf.

KPMG Peat Marwick. 1990. "Dimensions of Parking." Prepared for the U.S. Department of Transportation, Urban Mass Transportation Administration, Office of Budget and Policy, September 10.

Krueger, Anne. 1974. "The Political Economy of the Rent-Seeking Society." *American Economic Review* 64, no.3 (June): 291-303.

Kuhn, Thomas. 1957. *The Copernican Revolution.* Cambridge, Mass.: Harvard University Press.

————. 1996. *The Structure of Scientific Revolutions.* 3rd ed. Chicago: University of Chicago Press.

Lambe, Thomas. 1967. "The Choice of Parking Location by Workers in the Central Business District." *Traffic Quarterly* 23, no. 3 (July): 397-411.

————. 1996. "Driver Choice of Parking in the City." *Socio-Economic Planning Sciences* 30, no. 3: 207-219.

Lan, Lawrence, and Adib Kanafani. 1993. "Economics of Park-and-Shop Discounts, a Case of Bundled Pricing Strategy." *Journal of Transport Economics and Policy* 27, no. 3 (September): 291-303.

Lange, Oskar. 1936. "On the Economic Theory of Socialism. " Reprinted in *Economic Theory and Market Socialism, Selected Essays of Oskar Lange*, edited by Tadeusz Kowalik. 1993. Aldershot, UK: Edward Elgar, pp. 252-270.

Langley, Noel, Florence Ryerson, and Edgar Woolf. 1989. *The Wizard of Oz*, the Screenplay. New York: Dell Publishing.

Larsen, Larissa. 2000. "A Classic Chicago Suburb Thought Community Character Deserved a Separate Plan." *Planning* 66, no. 11 (November): 22-23.

Lave, Charles. 1992. "Cars and Demographics." *Access*, fall, 4-10.

————. 1995. "The Demand Curve under Road Pricing and the Problem of Political Feasibility: Author's Reply." *Transportation Research-A* 29, no. 6: 464-465.

Lawler, Amy, and Michael Powers. 1997. "Traffic Impact Fees—Survey Results." *California Planner*, July/August, 3-5.

Le Corbusier. 1967. *The Radiant City: Elements of a Doctrine of Urbanism to be Used as the Basis of our Machine-Age Civilization.* Translated from the French by Pamela Knight, Eleanor Levieux, and Derek Coltman. London: Faber.

Lee, Douglas. 1987. *"Streets as 'Private'Goods."* In *Public Streets for Public Use*, edited by Anne Vernez Moudon. New York: Van Nostrand Reinhold Company, pp. 261-266.

Lerable, Charles. 1995. *Preparing a Conventional Zoning Ordinance.* Planning Advisory Service Report No. 460. Chicago: American Planning Association.

Levine, Jonathan, and Yaakov Garb. 2002. "Congestion Pricing's Conditional Promise: Promotion of Accessibility or Mobility?" *Transport Policy* 9: 179-188.

Levinson, David. 2002. *Financing Transportation Networks*. Northampton, Mass.: Edward Elgar.

Levinson, Herbert. 1982. "Parking in a Changing Time." In *Urban Transportation; Perspectives and Prospects*, edited by Herbert Levinson and Robert Weant. Westport, Conn.: Eno Foundation for Transportation, pp. 214-219.

———. 1984a. "Whither Parking in the City Center." *Transportation Research Record* 957: 77-79.

———. 1984b. "Zoning for Parking—A Global Perspective." *ITE Journal* 54, no. 11 (November): 18-22.

Levy-Lambert, Hubert. 1974. "Cost Benefit Analysis and Urban Traffic Congestion: The Example of Paris." In *Transport and the Urban Environment*, edited by Jerome Rothenberg and Ian Heggie. New York: John Wiley and Sons.

———. 1977. "Investment and Pricing in the French Public Sector." *American Economic Review* 67, no. 1 (February): 302-313.

Lewis, C. S. 1942. *The Screwtape Letters*. London: Geoffrey Bles, The Centenary Press.

Liebmann, George. 2000. *Solving Problems without Large Government*. Westport, Conn.: Praeger.

Lindsey, Robin, and Erik Verhoef. 2000. "Congestion Modeling." In *Handbook of Transport Modelling*, edited by David Hensher and Kenneth Button. New York: Pergamon, pp. 353-373.

Liebs, Chester. 1985. *Main Street to Miracle Mile: American Roadside Architecture*. Boston: Little, Brown and Company.

Lin-Fu, Jane. 1992. "Modern History of Lead Poisoning: A Century of Discovery and Rediscovery." In *Human Lead Exposure*, edited by Herbert Needleman. Boca Raton, Fla.: CRC Press.

Link, Rex. 1975. "Telephone Survey of Environmental Protection Agency's Metropolitan Los Angeles Air Quality Control Region." Rex Link and Associates.

Lipman, Timothy. 2000. "Power from the Fuel Cell." Access, no. 16 (spring): 8-13.

Lipp, Ronald. 2001. "Tragic, Truly Tragic: The Commons in Modern Life." In *The Commons*, edited by Tibor Machan. Stanford, Calif.: Hoover Institution Press.

Lisco, Thomas. 1967. *The Value of Commuters'Travel Time: A Study in Urban Transportation*. PhD diss., University of Chicago.

Litman, Todd. 1998. "Parking Requirement Impacts on Housing Affordability." *Transportation Planning* 23, no. 4 (winter): 7-10.

————. 2003. "The Online TDM Encyclopedia: Mobility Management Information Gateway." *Transport Policy* 10, no. 3(July): 245-249.

Lloyd, F. J. 1967. "Discussion of Mr. Thomson's Paper." *Journal of the Royal Statistical Society. Series A (General)* 30, no. 3: 371-373.

Longstreth, Richard. 1992. "The Perils of a Parkless Town." In *The Car and the City*, edited by Martin Wachs and Margaret Crawford. Ann Arbor: University of Michigan Press, pp. 141-153.

————. 1997. *City Center to Regional Mall: Architecture, the Automobile, and Retailing in Los Angeles, 1920-1950*. Cambridge, Mass.: MIT Press.

————. 1999. *The Drive-In, the Supermarket, and the Transformation of Commercial Space in Los Angeles, 1914-1941*. Cambridge, Mass.: MIT Press.

Lossing, Benson. 1859. *Mount Vernon and Its Associations*. New York: W. A. Townsend & Company.

Lovins, Amory. 1976. "Energy Strategy: The Road Not Taken." *Foreign Affairs* 55, no. 1: 65–96.

Lund, Hollie, Robert Cervero, and Richard Willson. 2004. "Travel Characteristics of Transit-Oriented Development in California." [Accesssed November 4, 2004]. Available at www.csupomona.edu/~rwwillson/tod/Pictures/TOD2.pdf.

Macrae, Fiona. 2010. "Why It Takes Us Nearly a Year Just to Park the Car." *Daily Mail*, October 25.

Mansfield, Edwin. 1983. *Economics*. 4th ed. New York: Norton.

Manville, Michael. 2010. "Parking Requirements as a Barrier to Housing Development: Regulation and Reform in Los Angeles." UCLA Lewis Center Working Paper, University of California, Los Angeles. Available at www.its.ucla.edu/research/rpubs/Manville _ARO_DEC_2010.pdf.

Manville, Michael, and Jonathan Williams. 2010. "The Price Doesn't Matter If You Don't Have To Pay: Legal Exemption as a Barrier to Congestion Pricing." UCLA Lewis Center Working Paper, University of California, Los Angeles. Available at www.its.ucla.edu/research/rpubs/Manville_Williams_Placards_Dec_2010.pdf.

Manvel, Allen. 1968. "Land Use in 106 Large Cities." In *Three Land Use Studies*. Research Report 12 National Commission on Urban Problems. Washington, D.C.: United

States Government Printing Office.

Martin, Russell. 2000. *Beethoven's Hair*. New York: Broadway Books.

Masello, David. 1988. "Where to Put the Car?" *Metropolis*, April, 76-79. May, Anthony. 1975. "Parking Control: Experience and Problems in London." *Traffic Engineering and Control*, May, 227-229.

Mazumder, Taraknath. 2004. "Methodology for Assessing the Social Cost of On-Street Parking and Its Implications: Case Study of Kolkata." PhD diss. Indian Institute of Technology.

McCarthy, Patrick. 2001. *Transportation Economics*. Oxford: Blackwell Publishers Ltd.

McClintock, Miller. 1924. "Parking—When, Where, and Why?" *American City Magazine*, April, 360-361.

_____. 1925. *Street Traffic Control*. New York: McGraw-Hill Book Company.

McCord, Carey. 1953. "Lead and Lead Poisoning in Early America." *Industrial Medicine and Surgery* 22, no. 9: 393-399.

McCourt, Frank. 1999. *'Tis: A Memoir*. New York: Scribner.

McDonnell, Simon, Josiah Madar, and Vicki Been. 2011. "Minimum Parking Requirements and Housing Affordability in New York City." *Housing Policy Debate* 21, no. 1: 45-68.

McFadden, Daniel. 2002. "The Path to Discrete Models." *Access* no. 20 (spring): 2-7.

McShane, Mary, and Michael Meyer. 1982. "Parking Policy and Urban Goals: Linking Strategy to Needs." *Transportation* 11: 131-152.

Means, R. S. 2001. *Building Construction Cost Data, 2001*. 59th annual ed. Kingston, Mass.: R. S. Means Co.

_____. 2002. *Square Foot Costs*. 24th annual ed. Kingston, Mass.: R. S. Means Co.

Meck, Stuart, ed. 2002. *Growing Smart Legislative Guidebook: Model Statutes for Planning and the Management of Change*. 2002 Edition. Chicago: American Planning Association.

Merton, Robert. 1936. "The Unanticipated Consequences of Purposive Social Action." *American Sociological Review* 1, no. 6: 894-904.

Meyer, John, John Kain, and Martin Wohl. 1965. *The Urban Transportation Problem*. Cambridge, Mass.: Harvard University Press.

Meyer, John, and José Gómez-Ibáñez. 1981. *Autos, Transit, and Cities*. Cambridge, Mass.: Harvard University Press.

Meyer, Michael, and Eric Miller. 2001. *Urban Transportation Planning*. 2nd ed. New York: McGraw Hill.

Meyer, Mohaddes Associates. 2001. "Old Pasadena Parking Study." City of Pasadena.

Mieszkowski, Peter, and Mahlon Straszheim, eds. 1979. *Current Issues in Urban Economics*. Baltimore, Md.: Johns Hopkins University Press.

Mildner, Gerard, James Strathman, and Martha Bianco. 1997. "Parking Policies and Commuting Behavior." *Transportation Quarterly* 51, no. 1 (winter): 111-125.

Mill, John Stuart. 1965. *Principles of Political Economy*. In *Collected Works of John Stuart Mill*. Vol. 3. London: University of Toronto Press and Routledge & Kegan Paul.

Millard-Ball, Adam. 2002. "Putting on their Parking Caps." *Planning*, April, 16-21.

Mills, Edwin. 1972. *Urban Economics*. Glenview, Ill.: Scott, Foresman and Company.

Minett, John. 1994. "Parking in Downtown Tempe." Interim report, Parking Task Force of Downtown Tempe Community Inc.

Mitchell, Robert, and Chester Rapkin. 1954. *Urban Traffic: A Function of Land Use*. New York: Columbia University Press.

Mogren, Edward, and Wilbur Smith. 1952. *Zoning and Traffic*. Saugatuck, Conn.: Eno Foundation for Highway Traffic Control.

Mokhtarian, Patricia, and Ilan Salomon. 2001. "How Derived is the Demand for Travel? Some Conceptual and Measurement Considerations." *Transportation Research A* 35, no. 8: 695-719.

Monissen, Hans. 1999. "Explorations of the Laffer Curve." [Accessed October 28, 2004]. Available at www.gmu.edu/jbc/fest/files/Monissen.htm#_edn1.

Morris, Marya. 1989. "Parking Standards—Problems, Solutions, Examples." *Planning Advisory Service Memo*, July.

Moudon, Anne Vernez, ed. 1987. *Public Streets for Public Use*. New York: Van Nostrand Reinhold Company.

Mowbray, A. Q. 1969. *Road to Ruin*. New York: J. B. Lippincott Company.

Mukija, Vinit. 2003. *Squatters as Developers?* Aldershot, U.K.: Ashgate. Multilevel Parking Industry Association of Japan (Rittai-Chushajou Kougyou-Kai). 1997. *Parking Annual Report*, 1997.

Mumford, Lewis. 1961. *The City in History*. New York: Harcourt.

Muth, Richard. 1969. *Cities and Housing.* Chicago: University of Chicago Press.

_____. 1975. *Urban Economic Problems.* New York: Harper and Row.

_____. 1983. "Energy Prices and Urban Decentralization." In *Energy Costs, Urban Development, and Housing*, edited by Anthony Downs and Katherine Bradbury. Washington, D.C.: Brookings Institution Press, pp. 85-109.

Myers, Ransom, and Boris Worm. 2003. "Rapid Worldwide Depletion of Predatory Fish Communities." *Nature* 423: 280-283.

Nagurney, Anna. 2000. *Sustainable Transportation Networks.* Northampton, Mass.: Edward Elgar.

National Multi Housing Council. 2000. "Apartments and Parking." Research notes, National Multi Housing Council, January.

Nau, Robert. 1929. "No Parking—a Year and More of It." *American City* 40, no. 3(March): 85-88.

Nechyba, Thomas. 2001. "The Benefit View and the New View: Where Do We Stand, Twenty-Five Years into the Debate?" In *Property Taxation and Local Government Finance*, edited by Wallace Oates. Cambridge, Mass.: Lincoln Institute of Land Policy, pp. 113-121.

Nelson, Amanda. 1997. "Fear of Parking." *Town and Country Planning* 66, no. 1: 3.

Nelson, Arthur, and James Duncan. 1995. *Growth Management Principles and Practices.* Chicago: Planners Press.

Nelson\Nygaard Consulting Associates. 2003. "Parking Zoning Ordinance Update." Technical memorandum no. 1 to the City of Palo Alto, February.

Nelson, Robert. 1980. *Zoning and Property Rights: An Analysis of the American System of Land-Use Regulation.* Cambridge, Mass.: MIT Press.

_____. 1999. "Privatizing the Neighborhood: A Proposal to Replace Zoning with Private Collective Property Rights to Existing Neighborhoods." *George Mason Law Review* 7(summer): 827-879. Netzer, Dick. 1974. *Economics and Urban Problems.* New York: Basic Books.

New York, City of, Department of City Planning. 2002. *An Evaluation and Update of Off-Street Parking Regulations in Community Districts 1-8 in Manhattan*, July.

Newman, Oscar. 1972. *Defensible Space.* New York: Macmillan Company.

_____. 1980. *Community of Interest.* Garden City, N.Y.: Anchor Press.

_____. 1996. *Creating Defensible Space*. Washington, D.C.: U.S. Department of Housing and Urban Development.

Newman, Peter, and Jeffrey Kenworthy. 1989. *Cities and Automobile Dependence: A Sourcebook*. Aldershot U.K.: Gower Publishing Company Limited.

Nicholas, J.P., P. Pochet, and H. Poimboeuf. 2003. "Towards Sustainable Mobility Indicators: Application to the Lyons Conurbation." *Transport Policy* 10, no. 3(July): 197-208.

Nijkamp, Peter, ed. 1996. *Handbook of Regional and Urban Economics*, Vol. 1, Regional Economics. Amsterdam: NorthHolland.

Noble, John, and Mike Jenks. 1996. *Parking: Demand and Provision in Private Sector Housing Developments*. Oxford: Oxford Brookes University School of Architecture.

Nozzi, Dom. 2003. *Road to Ruin*. Westport, Conn.: Praeger.

Nriagu, Jerome. 1983. *Lead and Lead Poisoning in Antiquity*. New York: John Wiley & Sons.

Obolensky, Kira. 2001. *Garage, Reinventing the Place We Park*. Newton, Conn.: Taunton Press.

O' Donnell, Edward. 1995. "Alternate-Side-of-the-Street-Parking." In *The Encyclopedia of New York City*, edited by Kenneth Jackson. New Haven, Conn.: Yale University Press, p. 16.

Olson, Mancur. 1965. *The Logic of Collective Action*. Cambridge, Mass.: Harvard University Press.

_____. 1969. "The Principle of "Fiscal Equivalence": The Division of Responsibilities among Different Levels of Government." *American Economic Review* 59, no. 2: 479-487.

Olsson, Marie, and Gerald Miller. 1979. *The Impact on Commuters of a Residential Parking Permit Program*. Washington, D.C.: The Urban Institute.

O' Malley, Marianne. 1985. "Cruising for Parking in Harvard Square: A Model to Evaluate City Parking Policies," John F. Kennedy School of Government, Harvard University, June 17, 1985. Selected by the American Planning Association's Transportation Planning Division for the national award as Best Student Paper for 1985.

Oppewal, Harmen, and Harry Timmermans. 2001. "Discrete Choice Modelling: Basic Principles and Application to Parking Policy Assessment." In *Regional Science in*

Business, edited by Graham Clarke and Moss Madden. Heidelberg: Springer, pp. 97-114.

Orbanes, Philip. 1988. *The Monopoly Companion.* Boston: Bob Adams. Organisation for Economic Co-Operation and Development. 1980. *Evaluation of Urban Parking Systems.* Paris: Organisation for Economic Co-Operation and Development.

———. 1988. *Cities and Transport.* Paris: Organisation for Economic Co-Operation and Development.

Orwin, Charles, and Christabel Orwin.1967. *The Open Fields.* 3rd ed. Oxford: Oxford University Press.

Ostrom, Elinor. 1990. *Governing the Commons.* New York: Cambridge University Press.

Owen, Wilfred. 1959. *Cities in the Motor Age.* New York: Viking Press.

Ozbay, Kaan, Bekir Bartin, and Joseph Berechman. 2001. "Estimation and Evaluation of Full Marginal Costs of Highway Transportation in New Jersey." *Journal of Transportation and Statistics* 4, no. 1: 81-103.

Paben, Jared. 2010. "Bellingham to Offer Free Downtown Parking for Two Weeks before Christmas." *The Bellingham Herald*, December 13.

Palo Alto, City of, California, Planning Commission. 1995. "Application to rezone property at 725-753 Alma Street."Staff Report, May 10, 1995.

Papacostas, Constantinos, and Panos Prevedouros. 1993. *Transportation Engineering and Planning.* 2nd ed. Englewood Cliffs, N.J.: Prentice Hall.

Parker, Ian. 2002. "Traffic." In *Autopia*, edited by Peter Wollen and Joe Kerr. London: Reaktion Books.

Parking Consultants Council. 1992. *Recommended Zoning Ordinance Provisions for Parking and Off-Street Loading Spaces.* Washington, D.C.: National Parking Association.

Parry, Ian, and Kenneth Small. 2002. "Does Britain or the United States Have the Right Gasoline Tax?" Discussion Paper 02-12. Resources for the Future, Washington, D.C. March.

Parsons Transportation Group. 2002. "Parking Study for Home Depot's Southwest Division." Washington, D.C.: Parsons Transportation Group.

Patterson, Theodore. 1979. *Land Use Planning.* New York: Van Nostrand Reinhold Company. Payton, Neal. 1993. "Architects Take a Second Look at Parking." *Parking*, May, 37-43.

Peiser, Richard, with Anne Frej. 2003. *Professional Real Estate Development: The ULI Guide to the Business.* 2nd ed. Washington, D.C.: Urban Land Institute.

Pickrell, Don. 1992. "A Desire Named Streetcar: Fantasy and Fact in Rail Transit Planning." *Journal of the American Planning Association* 58, no. 2: 158-176.

————. 2001. "Induced Demand: Its Definition, Measurement, and Significance."Paper presented at the Eno Transportation Foundation Policy Forum, Washington, D.C., February 22-23.

Pickrell, Don, and Paul Schimek. 1999. "Growth in Motor Vehicle Ownership and Use: Evidence from the Nationwide Personal Transportation Survey." *Journal of Transportation and Statistics* 2, no. 1 (May): 1-17.

Pickrell, Don, and Donald Shoup. 1981a. "Land Use Zoning as Transportation Regulation." *Transportation Research Record* 786: 12-18.

————. 1981b. "Employer-Subsidized Parking and Work Trip Mode Choice." *Transportation Research Record* 786: 30-39.

Pierce, Emmet. 2010. "It's Change for the Better in New Parking Meters." *San Diego Business Journal,* November 29.

Planning Advisory Service. 1964. *Off-Street Parking Requirements.* Planning Advisory Service Report No. 182. Chicago: American Planning Association.

————. 1971. *An Approach to Determining Parking Demand.* Planning Advisory Service Report No. 270. Chicago: American Planning Association.

————. 1983. *Flexible Parking Requirements.* Planning Advisory Service Report No.377. Chicago: American Planning Association.

————. 1991. *Off-Street Parking Requirements: A National Review of Standards.* Planning Advisory Service Report No. 432. Chicago: American Planning Association.

————. 2002. *Parking Standards.* Planning Advisory Service Report No. 510/511. Chicago: American Planning Association.

Polanis, Stanley, and Keith Price. 1991. "Parking Regulations in SoutheasternCities: A Summary Report." *ITE Journal* 61, no. 6 (June): 31-34.

Pollock, Richard, and Donald Shoup. 1977. "The Effect of Shifting the Property Tax Base from Improvement Value to Land Value: An Empirical Estimate." *Land Economics* 53, no. 1 (February): 67-77.

Polzin, Steven, Xaeuho Chu, and Lavenia Toole-Holt. 2003. "The Case for Moderate Growth in Vehicle Miles of Travel: A Critical Juncture in U. S. Travel Behavior

Trends." [Accessed October 28, 2004]. Available at http://nhts.ornl.gov/2001/articles/moderateGrowth/moderateGrowth.pdf.

Popper, Karl. 1985. "The Rationality Principle." In *Popper Selections*, edited by David Miller. Princeton: Princeton University Press, pp. 357-365.

Porter, Richard. 1999. *Economics at the Wheel: The Costs of Cars and Drivers*. San Diego: Academic Press.

Portland Metro Regional Transportation Planning. 1995. "Regional Parking Management Program for the Portland Metropolitan Area." Submitted to the Oregon Department of Transportation.

Portland TriMet. 2002. *Community Building Sourcebook*. [Accessed October 28, 2004]. Available at www.trimet.org/inside/publications/pdf/sourcebook.pdf.

Prest, Alan. 1981. *The Taxation of Urban Land*. Manchester, UK: Manchester University Press.

Proost, Steff, and Kurt Van Dender. 2001. "The Welfare Impacts of Alternative Policies to Address Atmospheric Pollution in Urban Road Transport." *Regional Science and Urban Economics* 31: 383-411.

Public Technology Inc. 1982. *Flexible Parking Requirements*. An Urban Consortium Information Bulletin, DOT-1-82-57, U.S. Department of Transportation.

Pucher, John. 2003. "Socioeconomics of Urban Travel: Evidence from the 2001 NHTS." *Transportation Quarterly* 57, no. 3.

Puget Sound Regional Council. 2000. "Parking Inventory for Seattle and Bellevue, 1999." [Accessed October 28, 2004]. Available at www.psrc.org/datapubs/pubs/parking1999.htm.

_____. 2003. "Parking Inventory for the Central Puget Sound Region, 2002."[Accessed October 28, 2004]. Available at www.psrc.org/datapubs/pubs/parking2002.htm.

Pushkarev, Boris, and Jeffrey Zupan. 1975. *Urban Space for Pedestrians*. Cambridge, Mass.: MIT Press.

Raphael, Steven, and Michael Stoll. 2001. "Can Boosting Minority Car-Ownership Rates Narrow Inter-Racial Employment Gaps?" *Brookings-Wharton Papers on Urban Affairs* 2: 99-137.

Raskin, Andy. 2007. "The Hunter-Gatherer, Parking Division." *New York Times*, February 25.

Ready, Randy. 1998. "Public Involvement, Understanding, and Support: Lessons Learned from the City of Aspen Transportation and Parking Plan." *Journal of Parking* 1, no. 2: 7-12.

Reed, Charles. 1984. "About Retail Parking Zoning Requirements." *The Zoning Report* 2, no. 12 (October): 1-8.

Renner, Michael. 1988. *Rethinking the Role of the Automobile*. Washington, D.C.:World Watch Institute.

Richardson, Harry. 1978. *Urban Economics*. Hinsdale, Ill.: Dryden Press.

————. 1979. *Regional Economics*. Urbana, Ill.: University of Illinois Press.

Richardson, Harry, Peter Gordon, Myung Jin Jun, and Moon Kim. 1993. "PRIDE and Prejudice: the Economic Impacts of Growth Controls in Pasadena." *Environment and Planning A*. 25: 987-1002.

Rittel, Horst, and Melvin Webber. 1973. "Dilemmas in a General Theory of Planning." *Policy Sciences* 4: 155-169.

Robertson, William. 1972. *National Parking Facility Study*. Washington, D.C.: National League of Cities.

Rodriguez, Daniel, David Godschalk, Richard Norton, and Semra Aytur. 2004. "The Connection between Land Use and Transportation in Land Use Plans." Final Report for Project 2003-16, prepared for the North Carolina Department of Transportation, November 1. Available at www.ncdot.org/doh/preconstruct/tpb/research/download/2003-16FinalReport.pdf.

Rodwin, Lloyd. 2000. "Images and Paths of Change in Economics, Political Science, Philosophy, Literature, and City Planning, 1950-2000." In *The Profession of City Planning: Changes, Images and Challenges, 1950-2000*, edited by Lloyd Rodwin and Bishwapriya Sanyal. New Brunswick, N.J.: Center for Urban Policy Research, Rutgers, pp. 3-23.

Rose, Carol. 1986. "The Comedy of the Commons: Custom, Commerce, and Inherently Public Property." *University of Chicago Law Review* 52 (summer): 771-781.

————. 1998. "The Several Futures of Property: of Cyberspace and Folk Tales, Emission Trades and Ecosystems." *Minnesota Law Review* 129: 129-182.

————. 1999. "Expanding the Choices for the Global Commons: Comparing Newfangled Tradable Allowance Schemes to Old-Fashioned Common Property Regimes." *Duke Environmental Law and Policy Forum* 10 (fall): 45-72.

Roth, Gabriel. 1965a. Paying for Parking. London: Institute for Economic Affairs.

———. 1965b. *Parking Space for Cars: Assessing the Demand.* London: Cambridge University Press. Rybczynski, Witold. 1995. *City Life.* New York: Scribner.

Safdie, Moshe. 1997. *The City after the Automobile.* New York: Basic Books.

Sale, Kirkpatrick. 1980. *Human Scale.* New York: Coward, McCann, & Geohagan.

Salomon, Ilan. 1984. "Toward a Behavioural Approach to City Centre Parking: The Case of Jerusalem's CBD." *Cities* 3, no. 3 (August): 200-208.

Saltzman, Robert. 1994. "Three Proposals for Improving Short-Term On-Street Parking." *Socio-Economic Planning Sciences* 28, no. 2: 85-100.

———. 1997. "An Animated Simulation Model for Analyzing On-Street Parking Issues." *Simulation* 69, no. 2: 79-90.

Salzman, Gerald, and Jean Keneipp. 2000. "Parking Demand." In *The Dimensions of Parking.* 4th ed. Washington, D.C.: Urban Land Institute, pp. 11-15.

Salzman, Randy. 2010. "The New Space Race." *Thinking Highways* 5, no. 3: 24-27.

Samuelson, Paul. 1983. "Thünen at Two Hundred." *Journal of Economic Literature* 21 (December): 1468-1488.

Samuelson, Paul, and William Nordhaus. 1989. *Economics.* 13th ed. New York: McGraw-Hill.

San Diego Association of Governments. 1999. "Report to the California Legislature: San Diego's Interstate 15 Congestion Pricing & Transit Development Demonstration Program." [Accessed October 28, 2004]. Available at http://argo.sandag.org/fastrak// pdfs/leg_report.pdf.

———. 2000. "I-15 Congestion Pricing Project, Monitoring and Evaluation Services, Phase II Year Two Overall Report."[Accessed October 28, 2004]. Available at http:// argo.sandag.org/fastrak//pdfs/yr3_overall.pdf.

San Diego, City of, California. 1995. *Parking Meter Program Survey.* San Diego: Transportation Department Street Division.

Santa Clara Valley Transportation Authority. 1997. *Eco Pass Pilot Program Survey Summary of Findings.* San Jose, Calif.: Santa Clara Valley Transportation Authority.

Scannell, Nancy. 1992. "Urban Metered Parking as a Factor in Retail Sales: an Econometric Case Study for Chicago, Illinois." PhD diss., University of Illinois at Chicago.

Schafer, Andreas. 2000. "Regularities in Travel Demand: An International Perspective." *Journal of Transportation and Statistics* 3, no. 3 (December): 1-31.

Schaller, Bruce. 2006. "Curbing Cars: Shopping, Parking and Pedestrian Space in SoHo." New York: Transportation Alternatives. Available at www.transalt.org/files/newsroom/reports/soho_curbing_cars.pdf.

Schelling, Thomas. 1978. *Micromotives and Macrobehavior*. New York: W. W. Norton and Company.

Schilling, Theodor. 1995. "Subsidiarity as a Rule and a Principle, or: Taking Subsidiarity Seriously." [Accessed October 28, 2004]. Available at www.jeanmonnetprogram.org/papers/95/9510ind.html.

Schmider, André. 1977. "L'Espace Urbain,Un Bien Public." *Metropolis*, January, 55-57.

Schneider, Kenneth. 1971. *Autokind vs. Mankind; An Analysis of Tyranny, a Proposal for Rebellion, a Plan for Reconstruction*. New York: W. W. Norton & Company.

Schön, Donald. 1983. *The Reflective Practitioner: How Professionals Think in Action*. New York: Basic Books.

_____. 2000. "Town Planning: Limits to Reflection-in-Action." In *The Profession of City Planning: Changes, Images and Challenges, 1950-2000*, edited by Lloyd Rodwin and Bishwapriya Sanyal. New Brunswick, N.J.: Center for Urban Policy Research, Rutgers, pp. 62-83.

Schultze, Charles. 1977. *The Public Use of Private Interest*. Washington, D.C.: Brookings Institution.

Schumpeter, Joseph. 1942. *Capitalism, Socialism, and Democracy*. New York: Harper and Brothers.

_____. 1954. *History of Economic Analysis*, New York: Oxford University Press.

Scott, Mel. 1995. *American City Planning since 1890: a History Commemorating the Fiftieth Anniversary of the American Institute of Planners*. Chicago: Planners Press.

Seattle, City of, Strategic Planning Office. 2000. *Seattle Comprehensive Neighborhood Parking Study-Final Report*. [Accessed October 28, 2004]. Available at www.seattle. gov/transportation/parking/parkingstudy.htm.

Seburn, Thomas. 1967. "Relationship between Curb Uses and Traffic Accidents." *Traffic Engineering*, May, 42-47.

Segal, David. 1977. *Urban Economics*. Homewood, Ill.: R. D. Irwin.

Segelhorst, Elbert, and Larry Kirkus. 1973. "Parking Bias in Transit Choice." *Journal of Transport Economics and Policy* 7, no. 1 (January).

Seligman, Edwin. 1931. *Issues in Taxation*. 10th ed. New York: Macmillan.

Shaw, John. 1997a. *Planning for Parking*. Iowa City: University of Iowa Public Policy Center.

_____. 1997b. "Parking: Legislation and Transportation Plans." *Traffic Quarterly* 51, no. 2 (spring): 105-115.

Shiftan, Yoram. 2002. "The Effects of Parking Pricing and Supply on Travel Patterns to a Major Business District." In *Travel Behaviour: Spatial Patterns, Congestion, and Modelling*, edited by EliahuStern, Ilan Salomon, and Piet Bovy. Cheltenham, UK: Edward Elgar, pp. 37-52.

Shoup, Donald. 1969. "Advance Land Acquisition by Local Governments: A Cost-Benefit Analysis." *Yale Economics Essays* 9, no. 2: 147-207.

_____. 1970. "The Optimal Timing of Urban Land Development." *Papers of the Regional Science Association* 25: 33-44.

_____. 1978. "The Effect of Property Taxes on the Capital Intensity of Urban Land Development." In *Metropolitan Financing and Growth management Policies: Principles and Practice*, edited by George Break. Madison: University of Wisconsin Press, pp. 105-132.

_____. 1990. *New Funds for Old Neighborhoods: California's Deferred Special Assessments*. Berkeley: University of California, California Policy Seminar.

_____. 1995. "An Opportunity to Reduce Minimum Parking Requirements." *Journal of the American Planning Association* 61, no. 1: 14-28.

_____. 1997a. "The High Cost of Free Parking." *Journal of Planning Education and Research* 17, no. 1: 1-18.

_____. 1997b. "Evaluating the Effects of Cashing Out Employer-Paid Parking: Eight Case Studies." *Transport Policy* 4, no. 4: 201-216.

_____. 1997c. *Evaluating the Effects of Parking Cash Out: Eight Case Studies*. [Accessed on October 28, 2004]. Available at www.arb.ca.gov/research/abstracts/93-308.htm#93-308.

_____. 1998. "Congress Okays Cash Out." *Access* no. 13 (fall): 2-8.

_____. 1999a. "In Lieu of Required Parking." *Journal of Planning Education and Research* 18, no. 4: 307-320.

_____. 1999b. "The Trouble with Minimum Parking Requirements." *Transportation Research Part A: Policy and Practice* 33A, nos. 7/8 (September/November): 349-574.

_____. 2002. "Parking Cash Out," in *Managing Commuters' Behaviour, a New Role for Companies*, Report of the Hundred and Twenty-First Roundtable on Transport Economics, Paris: European Conference of Ministers of Transport, 2002, pp. 41-173. Also published in French as "Rétribution en Cas de Renoncement au Parking Gratuit," in *Gérer les Déplacements du Personnel, un Nouveau Rôle pour l'Enterprise*, Rapport de la Cent Vingt et Unième Table Ronde d'Économie des Transports, Paris: Conférence Européenne des Ministres des Transports, 2002, pp. 45-197.

_____. 2003a. "Truth in Transportation Planning." *Journal of Transportation and Statistics* 6, No. 1: 1-16.

_____. 2003b. "Buying Time at the Curb." In *The Half-Life of Policy Rationales: How New Technology Affects Old Policy Issues*, edited by Fred Foldvary and Daniel Klein. New York: New York University Press, pp. 60-85.

_____. 2004. "The Ideal Source of Local Public Revenue." *Regional Science and Urban Economics* 34, no. 6 (November): 753-784.

_____. 2005. *Parking Cash Out*. Planning Advisory Service Report No. 531. Chicago: American Planning Association. March.

Shoup, Donald, and Mary Jane Breinholt. 1997. "Employer-paid Parking: a Nationwide Survey of Employers' Parking Subsidy Policies." In *The Full Social Costs and Benefits of Transportation*, edited by David Greene, David Jones, and Mark Delucchi. Heidelberg: Springer Verlag, pp. 371-385.

Shoup, Donald, and Don Pickrell. 1978. "Problems with Parking Requirements in Zoning Ordinances." *Traffic Quarterly* 32, No. 4 (October): 545-563.

_____. 1980. *Free Parking as a Transportation Problem*. Washington, D.C.: U.S. Department of Transportation.

Shoup, Donald, and Richard Willson. 1992. "Employer-Paid Parking: The Problem and Proposed Solutions." *Transportation Quarterly* 46, no. 2 (April): 169-192.

Simons, Henry. 1948. *Economic Policy for a Free Society*. Chicago: University of Chicago Press.

Simpson, Hawley. 1927. "Downtown Storage Garages." *The Annals* 123 (September): 82-89.

Small, Kenneth. 1992. "Using the Revenues from Congestion Pricing." *Transportation* 19: 359-381.

Small, Kenneth, and Xuehao Chu. 2003. "Hypercongestion." *Journal of Transport Economics and Policy* 37: 319-352.

Small, Kenneth, and Camilla Kazimi. 1995. "On the Costs of Air Pollution from Motor Vehicles." *Journal of Transport Economics and Policy* 29, no. 1: 7-32.

Small, Kenneth, Clifford Winston, and Carol Evans. 1989. *Road Work.* Washington, D.C.: Brookings Institution.

Smeed, R. J., and J. G. Wardrop. 1964. "An Exploratory Comparison of the Advantages of Cars and Buses for Travel in Urban Areas." *Institute of Transport Journal* 30, no. 9 (March): 301-315.

Smith, Adam. 1776 [1937]. *An Inquiry into the Nature and Causes of the Wealth of Nations.* New York: Modern Library.

Smith, Herbert. 1993. *The Citizen's Guide to Planning.* Chicago: Planners Press.

Smith, M. J. P. 1988. "Parking Carcases." *Inland Architect,* November/December, 58-63.

Smith, Mary. 1996. "Circle Centre: How Parking Helped Make Urban Retail/Entertainment Development Work." *Parking,* September, 25-33.

_____. 1999. "Parking." In *Transportation Planning Handbook,* 2nd ed., edited byi John Edwards. Washington, D.C.: Institute of Transportation Engineers.

_____. 2001. "Planning for Structured Parking." In *Parking Structures,* 3rd ed., edited by Anthony Chrest, Mary Smith, Sam Bhuyan, Donald Monahan, and Mohammad Iqbal. Boston, Mass.: Kluwer Academic Publishers, pp. 7-36.

Smith, Mary, and Thomas Butcher. 1994. "How Far Should Parkers Have to Walk." *Parking,* September, 29-32.

Smith, Steven. 1990. "Using the ITE Parking Generation Report." *ITE Journal* 60, no. 7 (July): 25-31.

Smith, Steven, and Alexander Hekimian. 1985. "Parking Requirements for Local Zoning Ordinances." *ITE Journal* 53, no.9 (September): 35-40.

Smith, Thomas. 1988. *The Aesthetics of Parking.* Planning Advisory Service Report No. 411. Chicago: American Planning Association.

Smith, Wilbur. 1947. "Influence of Parking on Accidents." *Traffic Quarterly* 1, no. 2(April): 162-178.

Smith, Wilbur, and Charles LeCraw. 1946. *Parking.* Saugatuck, Conn.: Eno Foundation.

Smolensky, Eugene, T. Nicholas Tideman,and Donald Nichols. 1972. "Waiting Time as a Congestion Charge." In *Public Prices for Public Products*, edited by Selma Mushkin. Washington, D.C.: The Urban Institute.

So, Frank, and Judith Getzels. 1988. *The Practice of Local Government Planning*. Washington, D.C.: International City Management Association.

Song, Yong Nam. 1995. *Inferring the Value of Walking Time from Parking Rent Data in a Diffused CBD Model*. PhD diss., University of Minnesota.

South Coast Air Quality Management District. 2000. *Best Available Control Technology Guidelines*. [Accessed October 28, 2004]. Available at www.aqmd.gov/bact/BACTG-uidelines.htm.

Southern California Association of Governments. 1996. *1996 State of the Commute Report*. Los Angeles.

_____. 2004. *2004 Regional Transportation Plan*. Los Angeles.

Southern California Association of Non-Profit Housing. 2004. *Parking Requirements Guide for Affordable Housing Developers*. [Accessed November 4, 2004]. Available at www.scanph.org/publications/Pubs2004/Parking%20Requirements%20Guide_forweb.pdf.

Southworth, Michael, and Eran BenJoseph. 1997. *Streets and the Shaping of Towns and Cities*. New York: McGraw Hill.

Southworth, Michael, and Peter Owens. 1993. "The Evolving Metropolis: Studies of Community, Neighborhood, and Street Form at the Urban Edge." *Journal of the American Planning Association* 59, no. 3 (summer): 271-287.

Sowell, Thomas. 1980. *Knowledge and Decisions*. New York: Basic Books.

Spirn, Ann Whiston. 1984. *The Granite Garden: Urban Nature and Human Design*. New York: Basic Books.

Stedman, Donald. 1994. *On-Road Remote Sensing of CO and HC Emissions in California*. [Accessed October 28, 2004]. Available at www.arb.ca.gov/research/abstracts/a032-093.htm.

Sternberg, Robert. 2001. "How Much Money Should One Put into the Cognitive Parking Meter?" *Trends in Cognitive Sciences* 5, no. 5: 190.

Stevenson, Glenn. 1991. *Common Property Economics: A General Theory and Land Use Applications*. New York: Cambridge University Press.

Stewart, Ian. 1997. "Monopoly Revisited." *Scientific American*, October, 116-119.

Stiglitz, Joseph. 1988. *Economics of the Public Sector.* 2nd ed. New York: W. W. Norton.

Still, Ben, and David Simmonds. 2000. "Parking Restraint Policy and Urban Vitality." *Transport Reviews* 20, no. 3: 291-316.

Stover, Vergil, and Frank Koepke. 2002. *Transportation and Land Development.* 2nd ed. Washington, D.C.: Institute of Transportation Engineers.

Stubbs, Michael. 2002. Car Parking and Residential Development: Sustainability, Design and Planning Policy, and Public Perceptions of Parking Provision." *Journal of Urban Design* 7, no. 2: 213-237.

Sussman, Joseph. 2000. *Introduction to Transportation Systems.* Boston: Artech House.

Sutermeister, Oscar. 1959. "Zoning Related to General Programs for Parking Relief." *Traffic Quarterly*, April, 247-259.

Swan, Herbert. 1922. "Our City Thoroughfares-Shall They Be Highways or Garages?" *American City*, December, 496-500.

Swanson, Wayne. 1989. "Parking: How Much Is Enough." *Planning* 55, no. 7(July): 14-17.

Takesuye, David. 2001. "America's Main Street." *Urban Land* 60, no. 10 (October): 34-39.

Talen, Emily, and Gerrit Knapp. 2003. "Legalizing Smart Growth." *Journal of Planning Education and Research* 22, no. 4(summer): 345-359.

Taylor, Brian. 2000. "When Finance Leads Planning: Urban Planning, Highway Planning, and Metropolitan Freeways in California." *Journal of Planning Education and Research* 20, no. 2: 196-214.

Taylor, Michael, William Young, and Peter Bonsall. 1996. *Understanding Traffic Systems: Data, Analysis and Presentation.* Aldershot, UK: Ashgate Publishing.

Taylor, Seymour. 1959. "Freeways Alone Are Not Enough." *Traffic Quarterly*, July, 346-365.

Teitz, Michael. 2000. "Reflection and Research on the U.S. Experience." In *The Profession of City Planning: Changes, Images and Challenges, 1950-2000*, edited by Lloyd Rodwin and Bishwapriya Sanyal. New Brunswick, N.J.: Center for Urban Policy Research, Rutgers, pp.275-304.

Texas Transportation Institute. 2003. *2003 Annual Urban Mobility Study.* [Accessed October 28, 2004]. Available at http://mobility.tamu.edu/.

Thirsk, Joan. 1967. "Enclosing and Engrossing." In *The Agrarian History of England and Wales*, edited by Joan Thirsk. Cambridge: Cambridge University Press, pp. 200-255.

Thoi, Linh. 2010. "Sidewalk Sipping with Sadik-Khan at NYC Pop-Up Café." *The Architect's Newspaper*, August 19.

Thomas, Lewis. 1981. "Medicine without Science." *The Atlantic Monthly*, April, 40-42.

Thompson, Russell, and Anthony Richardson. 1998. "A Parking Search Model." *Transportation Research Part A: Policy and Practice* 32, no. 3 (April): 159-170.

Thomson, J. Michael. 1967. "An Evaluation of Two Proposals for Traffic Restraint in Central London." *Journal of the Royal Statistical Society. Series A (General)* 30, no. 3: 327-377.

_____. 1977. *Great Cities and their Traffic*. Harmondsworth: Penguin Books Ltd.

Thucycides. 1998. *The Peloponnesian War*. Translated by Steven Lattimore. Indianapolis, Iowa: Hackett Publishing Company.

Thuesen, H. G. 1967. "Reminiscences of the Development of the Parking Meter." *The Chronicles of Oklahoma* 45, no. 2(summer): 112-142.

Tiebout, Charles. 1956. "A Pure Theory of Local Public Expenditures." *Journal of Political Economy* 64 (October): 416-424.

Tollison, Robert. 1982. "Rent Seeking: A Survey." *Kyklos* 35, no. 4: 575-602.

Topp, Hartmut. 1991. "Parking Policies in Large Cities in Germany." *Transportation* 18, no. 1: 3-21.

_____. 1993. "Parking Policies to Reduce Car Traffic in German Cities." *Transport Reviews* 13, no. 1: 83-95.

Transit Cooperative Research Program. 2003a. *Strategies for Increasing the Effectiveness of Commuter Benefits Programs*. Report 87. Washington, D.C.: Transportation Research Board.

_____. 2003b. *Traveler Response to Transportation System Changes, Chapter 18—Parking Management and Supply*. Report 95. Washington, D.C.: Transportation Research Board.

Transport for London. 2003. *Congestion Charging: Six Months On*. London: Transport for London.

Transportation Alternatives. 2007. "No Vacancy: Park Slope's Parking Problem and How to Fix It." New York: Transportation Alternatives. Available at www.transalt.org/files/newsroom/reports/novacancy.pdf.

_____. 2008. "Driven to Excess: What Under-priced Curbside Parking Costs the Upper West Side." New York: Transportation Alternatives. Available at www.transalt.org/files/newsroom/reports/driven_to_excess.pdf.

Transportation and Land Use Coalition. 2002. *Housing Shortage/Parking Surplus.* Oakland, Calif.: Transportation and Land Use Coalition.

Transportation Research Board. 1985. *Highway Capacity Manual.* Special Report 209. Washington, D.C.: Transportation Research Board, National Research Council.

Trillin, Calvin. 2001. *Tepper Isn't Going Out.* New York: Random House.

Trinkaus, John. 1984a. "Compliance with Parking for the Handicapped: An Informal Look." *Perceptual and Motor Skills* 58, no. 1: 114.

_____. 1984b. "Shopping Mall Parking Violations: An Informal Look." *Perceptual and Motor Skills* 59: 30.

Tsamboulas, Dimitrios. 2001. "Parking Fare Thresholds: A Policy Tool." *Transport Policy* 8, no. 2 (April): 115-124.

Tufte, Edward. 1978. *Political Control of the Economy.* Princeton, N.J.: Princeton University Press.

Turner, Michael. 1980. *English Parliamentary Enclosure.* Folkstone, England: Dawson.

United Kingdom Department of the Environment, Transport and the Regions. 1998a. *Planning Policy Guidance 13: Transport.* London: Department of the Environment, Transport and the Regions.

_____. 1998b. *Parking Standards in the South East.* London: Department of the Environment, Transport and the Regions.

United Kingdom Department for Transport. 1992. *Transport Statistics Report, Transport Statistics for London 1992.* London: Department of Transportation.

_____. 1998. *A New Deal for Transport: Better for Everyone.* London: Department of Transportation.

_____. 2002. *Making Travel Plans Work.* London: Department for Transport.

United Kingdom Ministry of Transport. 1964. *Road Pricing: The Economic and Technical Possibilities.* London: Her Majesty's Stationery Office.

United States Census Bureau. 1983. *Statistical Brief.* SB/93-5. Washington, D.C.: U.S. Census Bureau.

_____. 1993. *1990 Census of Population and Housing, Supplementary Reports, Urbanized Areas of the United States and Puerto Rico.* 1990 CPH-S-1-2. Washington, D.C.

_____. 1997. *1997 Economic Census.* [Accessed October 28, 2004]. Available at www.census.gov/epcd/www/econ97.html.

_____. 1998. *1995 Property Owners and Managers Survey.* H121/98-1. Washington, D.C.

_____. 2000a. National Population Estimates. "Historical National Population Estimates: July 1, 1900 to July 1, 1999."[Accessed October 28, 2004]. Available at www.census.gov/population/estimates/nation/popclockest.txt.

_____. 2000b. "Total Midyear Population for the World." [Accessed October 28, 2004]. Available at www.census.gov/ftp/pub/ipc/www/worldpop.html.

_____. 2000c. "Selected Historical Decennial Census Urban and Rural Definitions and Data." [Accessed October 28, 2004]. Available at www.census.gov/population/www/censusdata/ur-def.html.

_____. 2000d. *Compendium of Government Finances,* 1997. GC97(4)-5. [Accessed October 28, 2004]. Available at www.census.gov/prod/gc97/gc974-5.pdf.

_____. 2000e. *American Housing Survey for the United States: 1999.* [Accessed October 28, 2004]. Available at www.census.gov/prod/2000pubs/h150-99.pdf.

_____. 2000f. *Census 2000.* [Accessed December 8, 2004]. Available online at www.census.gov/main/www/cen2000.html.

_____. 2001a. *American Housing Survey for the United States: 2001.* [Accessed October 28, 2004]. Available at www.census.gov/hhes/www/housing/ahs/ahs01/tab1a7.html.

_____. 2001b. *Current Population Survey.* [Accessed October 28, 2004]. Available at www.census.gov/population/socdemo/hh-fam/cps2001/wgt-schip-chng.pdf.

_____. 2002a. *Foreign Trade Statistics, FT900, U.S. International Trade in Goods and Services.* [Accessed December 31, 2004]. Available at www.census.gov/foreign-trade/www/index.html.

_____. 2002b. *National Intercensal Estimates(1900-2000).* [Accessed October 28, 2004]. Available at www.census.gov/popest/archives/EST90INTERCENSAL/US-EST90INT.html.

_____. 2003. *2003 Statistical Abstract of the United States.* [Accessed on November 4, 2004]. Available at www.census.gov/prod/www/statistical-abstract-03.html.

United States Congress, House Committee on Public Works. 1959. *The Federal Role in Highway Safety*, Letter from the Secretary of Commerce, March 8.

United States Department of Commerce, Bureau of Economic Analysis. 1998. "Fixed Reproducible Tangible Wealth in the United States." *Survey of Current Business*, September, pp. 36-46.

United States Department of Energy. 1994a. *Emissions of Greenhouse Gases in the United States 1987-1992.* DOE/EIA0573. Washington, D.C.: Energy Information Administration.

_____. 1994b. *Household Vehicles Energy Consumption 1994.* [Accessed October 28, 2004]. Available at www.eia.doe.gov/emeu/rtecs/toc.html.

United States Department of Transportation. 1990. *1990 Nationwide Personal Transportation Survey.* Washington, D.C.

_____. 1995a. *1995 Nationwide Personal Transportation Survey.* Washington, D.C.: U.S. Dept. of Transportation.

_____. 1995b. *Highway Statistics Summary to 1995.* [Accessed October 28, 2004]. Available at www.fhwa.dot.gov/ohim/summary95/.

_____. 1995c. *Highway Statistics 1995.* [Accessed October 28, 2004]. Available at www.fhwa.dot.gov/ohim/1995/index.html.

_____. 1996. *Highway Statistics 1996.* [Accessed October 28, 2004]. Available at www.fhwa.dot.gov/ohim/1996/index.html.

_____. 1997a. *Our Nation's Travel: 1995 NPTS Early Results Report.* [Accessed October 28, 2004]. Available at www.cta.ornl.gov/npts/1995/Doc/EarlyResults.shtml\.

_____. 1997b. *Highway Statistics 1997.* [Accessed October 28, 2004]. Available at www.fhwa.dot.gov/ohim/hs97/hs97page.htm.

_____. 1997c. *National Transportation Statistics, 1997.* Washington, D.C.: Bureau of Transportation Statistics.

_____. 1997d. *Federal, State, and Local Transportation Financial Statistics, Fiscal Years 1982-94.* BTS97-E-02. Washington, D.C.: Bureau of Transportation Statistics.

_____. 1998. *Highway Statistics 1998.* [Accessed October 28, 2004]. Available at www.fhwa.dot.gov/ohim/hs98/hs98page.htm.

_____. 1999. *Highway Statistics 1999.* [Accessed October 28, 2004]. Available at www.fhwa.dot.gov/ohim/hs99/index.htm.

_____. 2000. *Highway Statistics 2000.* [Accessed October 28, 2004]. Available at www.fhwa.dot.gov/ohim/hs00/mf121t.htm.

_____. 2001. *Highway Statistics 2001.* [Accessed October 28, 2004]. Available at www.fhwa.dot.gov/ohim/hs01/index.htm.

_____. 2002a. *Government Transportation Financial Statistics 2001.* [Accessed October 28, 2004]. Available at www.bts.gov/publications/government_transportation_financial_statistics/.

_____. 2002b. *Highway Statistics 2002.* [Accessed October 28, 2004]. Available at www.fhwa.dot.gov/policy/ohim/hs02/index.htm.

_____. 2003a. *NHTS Highlights Report.* [Accessed November 1, 2004.] Available at www.bts.gov/publications/national_household_travel_survey/highlights_of_the_2001_national_household_travel_survey/pdf/entire.pdf._the_2001/.

_____. 2003b. *A Guide for HOT Lane Development.* [Accessed October 28, 2004]. Available at www.itsdocs.fhwa.dot.gov/JPODOCS/REPTS_TE/13668.html.

United States Environmental Protection Agency. 1993. *The Climate Change Action Plan.* Washington, D.C.: U.S. Environmental Protection Agency.

_____. 1995. *National Air Quality and Emissions Trends Report, 1995.* 1995. [Accessed November 1, 2004]. Available at www.epa.gov/airtrends/aqtrnd95/report/index.html/.

_____. 2004. *Parking Alternatives/Community Places.* Washington, D.C.: U.S. Environmental Protection Agency.

United States Federal Transit Administration. 1998. *National Transit Summaries and Trends for the 1997 National Transit Database Report Year.* Washington, D.C.:Federal Transit Administration, U.S. Department of Transportation.

University of Washington Transportation Office. 1997. "Stadium Expansion Parking Plan and Transportation Management Program: Draft 1997 Data Collection Summary." Seattle. December 19.

Urban Land Institute. 1960. *The Community Builders' Handbook.* Washington, D.C.

_____. 1965. *Parking Requirements for Shopping Centers.* Washington, D.C.

_____. 1982a. *Parking Requirements for Shopping Centers.* Washington, D.C.:

_____. 1982b. *Office Development Handbook.* Washington, D.C.

_____. 1983. *Shared Parking.* Washington, D.C.

_____. 1999. *Parking Requirements for Shopping Centers.* Washington, D.C. Urban Task Force. 1999. Towards an Urban Renaissance. London: Spon.

Van Hattum, David, Cami Zimmer, and Patty Carlson. 2000. "Implementation and Analysis of Cashing Out Employer-Paid Parking by Employers in the Minneapolis-St. Paul Metropolitan Area." Final report submitted to the Minnesota Pollution Control Agency and the U.S. Environmental Protection Agency by the Downtown Minneapolis Transportation Management Organization, June 30, 2000.

van der Goot, D. 1982. "A Model to Describe the Choice of Parking Places." *Transportation Research* 16A, no. 2: 109-115.

Van Horn, John. 1999. "Berkeley Makes the Move to Multi-Space Parking Meters." *Parking Today* 4, no. 8 (September): 42-44.

van Kooten, G. Cornelis. 1993. *Land Resource Economics and Sustainable Development: Economic Policies and the Common Good.* Vancouver: University of British Columbia Press.

Venturi, Robert, Denise Scott Brown, and Steven Izenour. 1986. *Learning from Las Vegas: the Forgotten Symbolism of Architectural Form.* Cambridge, Mass.: MIT Press.

Verhoef, Erik. 1996. *The Economics of Regulating Road Transport.* Cheltenham, UK: Edward Elgar.

_____. 2003. "Inside the Queue: Hypercongestion and Road Pricing in a Continuous Time—Continuous Place Model of Traffic Congestion." *Journal of Urban Economics* 54, no. 3: 531-565.

Verhoef, Erik, Peter Nijkamp, and Piet Rietveld. 1995. "The Economics of Regulatory Parking Policies: The (Im)possibilities of Parking Policies in Traffic Regulation." *Transportation Research A* 29A, no. 2: 141-156.

_____. 1996. "Regulatory Parking Policies at the Firm Level." *Environment and Planning C: Government and Policy* 14: 385-406.

Vickrey, William. 1954. "The Economizing of Curb Parking Space," *Traffic Engineering,* November, pp. 62-67. Later incorporated in testimony to the Joint Committee on Washington, D.C., Metropolitan Problems in 1959, and republished in the *Journal of Urban Economics* 36 (1994): 42-65.

_____. 1955. "Some Implications of Marginal Cost Pricing for Public Utilities." *American Economic Review* 45, no. 2: 605-620.

_____. 1967. "Optimization of Traffic and Facilities." *Journal of Transport Economics and Policy* 1, no. 2: 123-136.

_____. 1993. "My Innovative Failures in Economics." *Atlantic Economic Journal* 21, no. 1 (March): 1-9.

_____. 1994. "Statement to the Joint Committee on Washington, D.C., Metropolitan Problems." *Journal of Urban Economics* 36: 42-65.

Voith, Richard. 1998a. "The Downtown Parking Syndrome: Does Curing the Illness Kill the Patient?" *Federal Reserve Bank of Philadelphia Business Review*, January/February, 3-14.

_____. 1998b. "Parking, Transit, and Employment in a Central Business District." *Journal of Urban Economics* 44, no.1: 43-58.

Vuchic, Vukan. 1999. *Transportation for Livable Cities.* New Brunswick, N.J.: Center for Urban Policy Research.

Wachs, Martin. 1989. "When Planners Lie with Numbers." *Journal of the American Planning Association* 55, no. 4 (autumn): 476-479.

_____. 1994. "Will Congestion Pricing Ever Be Adopted?" *Access* no. 4 (spring): 15-19.

Walters, Alan. 1961. "Empirical Evidence on Optimum Motor Taxes for the United Kingdom." *Applied Statistics* 10, no.3: 157-169.

Ward's Communications. 1999. *Ward's Automotive Yearbook 1999.* 61st ed. Southfield, Mich.: Ward's Communications.

_____. 2000. *Ward's Automotive Yearbook 2000.* 62nd ed. Southfield, Mich.

_____. 2001. *Ward's Motor Vehicle Facts and Figures 2001.* Southfield, Mich.

_____. 2002a. *Ward's Automotive Yearbook 2002.* 64th ed. Southfield, Mich.

_____. 2002b. *Ward's Motor Vehicle Facts and Figures 2002.* Southfield, Mich.

_____. 2002c. *Ward's World Motor Vehicle Data 2002.* Southfield, Mich.

_____. 2003. *Ward's Automotive Yearbook 2003.* 65th ed. Southfield, Mich.

Warner, Sam. 1992. "Learning from the Past." In *The Car and the City*, edited by Martin Wachs and Margaret Crawford. Ann Arbor, Mich.: University of Michigan Press, pp. 9-15.

Washington State Department of Ecology and City of Olympia Public Works Department. 1995. *Impervious Surface Reduction Study: Final Report.* Olympia, Washington: Washington State Department of Transportation.

Washington State Department of Transportation. 1999. *Local Government Parking Policy and Commute Trip Reduction.* Olympia, Washington: Washington State Department of Transportation,Commute Trip Reduction Office.

Wasserman, Louis. 1979. "The Essential Henry George." In *Critics of Henry George*, edited by Robert Andelson. London: Associated University Presses, pp. 29-43.

Weant, Robert, and Herbert. Levinson.1990. *Parking*. Westport, Conn.: Eno Foundation.

Weaver, Clifford, and Richard Babcock. 1979. *City Zoning: The Once and Future Frontier*. Chicago: Planners Press.

Webster, Chris. 2003. "The Nature of the Neighborhood." *Urban Studies* 40, no.13 (December): 2591-2612.

Weinberger, Rachel, John Kaehny, and Matthew Rufo. 2010. "U.S. Parking Policies: An Overview of Management Strategies." New York: Institute for Transportation and Development Policy. Available at www.itdp.org/documents/ITDP_US_Parking_Report.pdf.

Weiner, Edward. 1999. *Urban Transportation Planning in the United States: An Historical Overview*. Westport, Conn.: Praeger Publishers.

Whitaker, John. 1997. "Enemies or Allies? Henry George and Francis Amasa Walker One Century Later." *Journal of Economic Literature* 35, no. 4: 1891-1915.

Whiteside, Clara. 1926. *Touring New England on the Trail of the Yankee*. Philadelphia: The Penn Publishing Company.

Whyte, William. 1988. *City*. New York: Doubleday.

————. 1989. "The City: Rediscovering the Center." *Inland Architect*, July/August, 50-55.

Wigan, Marcus. 1977. "Traffic Restraint as a Transport Planning Policy 3: The Effects on Different Users." Environment and Planning A 9, no. 10: 1177-1188.

Wilbur Smith and Associates. 1965. *Parking in the City Center*. New Haven, Conn.

————. 1966. *Transportation and Parking for Tomorrow's Cities*. New Haven, Conn.

————. 1969. *Motor Trucks in the Metropolis*. New Haven, Conn.

————. 1972. "A Peripheral Parking Program, Central City—Los Angeles." Los Angeles: City of Los Angeles Board of Parking Commissioners.

————. 1981. "Los Angeles Central City Parking Study," Los Angeles. Wildavsky, Aaron. 1973. "If Planning Is Everything, Maybe It's Nothing." *Policy Sciences* 4, no. 2: 127-153.

————. 1979. *Speaking Truth to Power*. Boston: Little, Brown and Company.

Williams, Heathcote. 1991. *Autogeddon*. London: Jonathan Cape.

Williams, Jonathan. 2010. "Meter Payment Exemption for Disabled Placard Holders as a Barrier to Managing Curb Parking."Thesis submitted for the degree of Master of Arts in Urban Planning, University of California, Los Angeles. Available at http://shoup.bol.ucla.edu/MeterPaymentExemptionForDisabledPlacardHolders.pdf.

Williams, Norman and John Taylor. 1986. *American Planning Law, Land Use and the Police Power*. Wilmette, Ill.: Callaghan & Company.

Williams, P. Buxton, and Jon Ross. 2003. "Parking as an Engine of Economic Development." *The Parking Professional*, September, 20-24

Willson, Richard. 1995. "Suburban Parking Requirements: A Tacit Policy for Automobile Use and Sprawl." *Journal of the American Planning Association* 61, no.1:29-42.

_____. 2000. "Reading between the Regulations: Parking Requirements, Planners' Perspectives, and Transit." *Journal of Public Transportation* 3, no. 1: 111-128.

Wilson, James. 1980. "The Politics of Regulation." In *The Politics of Regulation*, edited by James Q. Wilson. New York: Basic Books, pp. 357-394.

_____. 1997. "Cars and Their Enemies." *Commentary*, July, 17-23.

Wilson, James and George Kelling. 1982. "Broken Windows." *The Atlantic* 249, no. 3 (March): 29-38.

Winston, Clifford, and Chad Shirley. 1998. *Alternate Route*. Washington, D.C.:Brookings Institution Press.

Witheford, David K., and George E. Kanaan. 1972. *Zoning, Parking, and Traffic*. Westport, Conn.: Eno Foundation for Transportation.

Wittenberg, Jason. 2002. "Garages: Not Just for Cars Anymore." *Zoning News*, August, 1-5.

_____. 2003. "Parking Standards in the Zoning Code." Zoning News, January, 1-4.

Wohl, Martin, and Brian Martin. 1967. *Traffic System Analysis for Engineers and Planners*. New York: McGraw-Hill Book Company.

Wolf, Winfried. 1996. Car Mania, *A Critical History of Transport*. London: Pluto Press.

Wormser, Lisa. 1997. "Don't Even Think of Parking Here." *Planning*, June, 10-14.

Yelling, James. 1977. *Common Field and Enclosure*, 1450-1850. London: Macmillan Press.

Young, Arthur. 1801. "An Inquiry into the Propriety of Applying Wastes to the Better Maintenance and Support of the Poor," *Annals of Agriculture* 36: 497-547.

Yousif, Saad, and Purnawan. 1999. "On Street Parking: Effects on Traffic Congestion." *Traffic Engineering and Control*.

索 引